prometeo
libros

SOBERANÍA CIUDADANA Y PRESIDENTES
EN BUSCA DE HEGEMONÍA

Isidoro Cheresky

Soberanía ciudadana y presidentes en busca de hegemonía

prometeo
libros

Cheresky, Isidoro
   Soberanía ciudadana y presidentes en busca de hegemonía / Isidoro Cheresky. - 1a ed . - Ciudad Autónoma
de Buenos Aires : Prometeo Libros, 2019.
   440 p. ; 23 x 16 cm.

   1. Historia Argentina. 2. Historia Política Argentina. 3.
Ciencia Política. I. Título.
   CDD 982.07

Diagramación: Eleonora Silva
Corrección de galeras: Elda Morales y Liliana Stengele

© De esta edición, Prometeo Libros, 2019
Pringles 521 (C1183AEI), Buenos Aires, Argentina
Tel.: (54-11) 4862-6794 / Fax: (54-11) 4864-3297
editorial@treintadiez.com
www.prometeoeditorial.com

Índice

Introducción

Este libro aborda el curso de la política durante los gobiernos de Néstor Kirchner y Cristina Fernández de Kirchner a través del estudio de las campañas electorales y sus resultados, así como de las decisiones de gobierno, y la presencia y gravitación ciudadana y popular en la vida pública y en su relación con el gobierno.

A la vez, tiene la ambición de identificar la mutación de la democracia que se viene experimentando en Argentina y en Occidente en las últimas décadas.

Cuando la presidencia de Néstor Kirchner se consolidó, en consonancia con el movimiento bolivariano impulsado por Hugo Chávez, invocó una pretensión "refundacional", un nuevo comienzo para la Nación, cuyo logro inicial en el caso apuntó a la recuperación del crecimiento económico con la premisa de un gobierno ordenado (superávits gemelos: fiscal primario y del comercio internacional) y a promover una política redistributiva en favor de los trabajadores y los excluidos sociales (en salarios de convenio, en reducción de la informalidad, en planes sociales de "economía popular" y en subsidios de asistencia).

En la dimensión institucional los mayores logros fueron la reanudación de los juicios a los imputados por crímenes de lesa humanidad durante la dictadura militar de los setenta y cuya tramitación había sido iniciada y luego cancelada y dada por concluida en los años ochenta, y por la abrogación del decreto del ex Presidente Carlos Menem del indulto y excarcelación otorgada a los miembros de las juntas militares. Asimismo, el gobierno impulsó una renovación con procedimientos de transparencia de la cuestionada Corte Suprema.

Por cierto, el contexto internacional favoreció el considerable incremento de las exportaciones agropecuarias que reditúan un ingreso regular de dólares a la economía y al fisco por el pago de una tasa; pero fue decisivo el desendeudamiento resultado de una reestructuración audaz, e inusual por su alcance, de la deuda pública. La reducción en más de dos tercios del valor nominal de los títulos alivió considerablemente la situación fiscal argentina y sus consecuencias negativas para su equilibrio.

De modo que Kirchner, habiendo llegado al poder en circunstancias inusuales –pues fue proclamado presidente con el 22.24% de los votos cuando su rival Carlos Menem desistió de competir en el balotaje–, alcanzó gran popularidad a poco de iniciar su gestión por decisiones que por la amplitud de su eco positivo condujeron a una escena de poder unipolar, dejando poco espacio para los actores políticos opositores, algunos de los cuales incluso apoyaron puntualmente las principales decisiones.

Pero la concentración de poder y la arbitrariedad –la transferencia recurrente de capacidades legislativas al Ejecutivo, o la intervención al INDEC que dejaría al país sin estadísticas confiables, entre otras decisiones– tuvieron poca visibilidad crítica y en cambio amplia tolerancia ante el argumento del Presidente Kirchner, quien sostenía que el país se hallaba en el "infierno" desde la debacle del 2001 ponderando el decisionismo de su accionar como necesario para recuperar lo retrocedido y avanzar con una agenda pendiente.

Sin embargo, por ese entonces las propias aspiraciones de gobierno concentrado eran matizadas con frecuencia por el curso institucional en otros emprendimientos de este primer gobierno kirchnerista. Desconfiado de lo que entonces denominaba "pejotismo", buscó aliados con una "transversalidad" que ofrecía un puente de ingreso al movimiento oficialista a los que habían militado en el izquierdista Frepaso, para ulteriormente hacia el final de su mandato promover la Concertación Plural. Ésta asoció a su movimiento a la mayoría de los gobernadores radicales sellando para las elecciones presidenciales de 2007 una fórmula "bipartidista" del Frente para la Victoria con Cristina Kirchner y el radical Julio Cobos.

La recuperación de bienestar en ese periodo incluyó una considerable reducción de la pobreza, aunque el núcleo duro de la misma se mantuvo. La informalidad de los asalariados disminuyó, aunque nunca fue menor a un tercio de ellos. Pero lo más notable ha sido el contraste entre la proclamada vocación nacional y popular y la colusión que se tejió, impulsada desde la cúspide del poder político, con los empresarios de la obra pública, pero también de las redes de energía, el transporte y algunas importaciones efectuadas por el Estado nacional con suministros para el servicio público. Los emprendimientos cartelizados no podrían ser simplemente calificados como corrupción. La tradicional "patria contratista" del pasado habría tenido comparativamente un alcance poco significativo.

La coalición de negocios comandada desde la cúspide del poder había asignado doble faz a áreas del Estado, de modo tal que los mismos funcionarios designados para atribuir licitaciones y controlar la ejecución de los contratos eran los encargados de la apropiación de fondos públicos que se guiaban por pautas informales pero constantes; a los precios de mercado se adicionaban los sobreprecios para las empresas cartelizadas que acordaban alternarse en la obtención de contratos, y la cuota del gobierno que era recibida por la empresa y entregada a los funcionarios como "retorno". Esta era una red que transgredía por cierto la ley, pero se "institucionalizaba" guiada por lo acordado entre los involucrados. Esa "institucionalidad" en las sombras extendía esa práctica de despojo y disciplinaba, pues cada empresario se avenía a la lealtad corporativa del cartel: los funcionarios obedecían órdenes normativizadas de modo tal que esos actores podían pretender ser simplemente eslabones.

La descripción tomada de lo informado en la causa judicial en curso "Asociación ilícita", da cuenta de lo indisoluble de las prácticas del Estado y de las del mercado e incluso de la primacía que tienen los poderes ejecutivos concentrados. Es el Estado quien regula al mercado con la salvedad de que la globalización ha complicado el funcionamiento de las economías dada la primacía del capital financiero internacionalizado.

Sin embargo, en cuanto al régimen político es posible diferenciar en el kirchnerismo dos períodos. La elección de Cristina Kirchner en 2007 con el caudal electoral justo para evitar el balotaje y ante una oposición dividida confirmaba ya que una mayoría del electorado no le era afin. El desenlace del conflicto con el agro que se prolongó por tres meses concluyendo con el rechazo parlamentario a la resolución 125 indujo un drástico cambio de rumbo en el gobierno. La pareja presidencial Kirchner y su reducido entorno acusaron el impacto, al punto de dudar sobre su continuidad en el gobierno y por entonces emergió la presunción que era el fin de ese movimiento estructurado desde el poder. La denuncia de los intelectuales y militantes kirchneristas considerando que el conflicto agropecuario había sido el inicio y parte de un proyecto destituyente daba cuenta de una evolución conceptual. No se denunciaba una conspiración de hecho inexistente, sino el amplio cuestionamiento ciudadano que según los denunciantes desconocía la legitimidad de las decisiones de un gobierno surgido de las urnas. Por cierto, la derogación de la resolución 125 siguió un camino institucional y fue el Congreso el que no convirtió en ley una decisión administrativa. Pero también es cierto que ello sucedió porque los ruralistas y los amplios sectores urbanos que se sumaron procuraban vetar esa decisión y lo lograron. Según la interpretación que calificó ese proceso de "destituyente", las movilizaciones ciudadanas y populares no podrían poner en cuestión las decisiones gubernamentales.

Y desde ese entonces el gobierno y el movimiento oficialista se embarcaron en un nuevo rumbo. Decisiones nacionales y populares impulsadas desde el gobierno, antagonismo ante las demandas o protestas originadas desde los movimientos ciudadanos y populares.

Pero la reconquista de la popularidad sería posible según el nuevo rumbo si se debilitaba o eliminaba a un enemigo que recién entonces pasó a ser tal pues hasta entonces había sido favorecido por decisiones en la atribución de distribuidoras de cable TV. Se emprendió una confrontación con el multimedia Clarín designado como el responsable de la derrota oficialista en el conflicto agropecuario por el rol de su diario y emisoras en el transcurso del mismo. Ese enemigo fue objeto de una prédica cotidiana que se incrementó cuando la nueva ley de medios fue sancionada en el Parlamento con el voto favorable de una parte de la oposición.

Desde entonces, la actuación explícita o implícita del gobierno delimitaba un "nosotros" y un "ellos". El cuestionamiento de la concentración de los medios de comunicación era por cierto fundado, pero no eran esos los principales capitales concentrados, con los cuales el trato como se ha indicado era de otra naturaleza. Y aún luego del fracaso de la versión del oficialismo para las retenciones a las exportaciones, no hubo iniciativas que obstaculizaran a los fondos de inversión y otros productores en el sector agropecuario. Ello evidenciaba que el propósito de la nueva Ley de Medios era un recurso para el dominio de la comunicación política.

De una gestión de gobierno aunque no muy institucional, que en los primeros años buscaba afirmarse en consensos y cooptaciones, se viró a una exaltación del autoritarismo presidencial que aún siendo por entonces electoralmente una primera minoría no admitía sufrir traspiés o derrotas. Sin embargo, en lo inmediato el electorado mantuvo mayoritariamente su afinidad con la gran movilización del conflicto agropecuario al que se habían sumado diversos sectores opositores. Las elecciones de 2009 pese al acento plebiscitario en apoyo al gobierno que se le insufló, dado que Néstor Kirchner encabezó seguido por Daniel Scioli la lista de candidatos a legisladores bonaerenses, concluyeron con un triunfo electoral de los adversarios al kirchnerismo, consignado este en los resultados nacionales como una minoría inferior a un tercio de los electores y sin mayoría en el Congreso.

En esas condiciones, el gobierno emprendió una ofensiva legiferante, destinada a acreditar su perfil nacional y popular y fortalecerse. Logró aprobar varias leyes con el voto aportado por una parte de la oposición que apoyó las iniciativas progresistas, aunque ulteriormente debiera sumarse a las críticas sobre su implementación. La más innovadora y abarcativa fue la Asignación Universal por Hijo. Pero también lo fueron reformas muy importantes por distintas razones, tal la ley de medios audiovisuales y la supresión de las AFJP rehabilitando la jubilación pública.

Si se cuestionaba el *status quo* del capitalismo, es decir la relación capital/trabajo, era para normalizarlo y también introducir algunas reformas: que no hubiese asalariados informales, aliviar la pobreza y que el desarrollo económico que se mencionaba, pero no se impulsó apropiadamente, absorbiera a los desocupados.

La ola bolivariana o el movimiento nacional y popular, como se lo llama en Argentina, estaba atado al pasado y por ello confiaba en un ejercicio autoritario del poder si era acompañado por políticas que favorecieran a los sectores populares. El vínculo amigo/enemigo puede instalarse en ciertas circunstancias extremas, pero no tuvo curso tan amplio en la medida en que si bien podía generar una confrontación entre los extremos no involucraba durablemente al conjunto de la sociedad.

Las consecuencias del conflicto del "campo" ilustraron la fluidez de los alineamientos. La movilización ruralista y ciudadana alentó la deserción en el oficialismo, en algunos casos momentánea, de diputados, senadores y del propio vicepresidente. Pero toda la estructura de poder estuvo conmocionada incluyendo a gobernadores, intendentes, sindicalistas y movimientos sociales. El gobierno experimentó una prolongada caída en la confianza pública, pero sin embargo logró recuperar la iniciativa y por cierto la fragmentación e impericia de los dos años en que las oposiciones tuvieron mayoría parlamentaria facilitó el reagrupamiento del kirchnerismo y el atractivo de Cristina Kirchner para las elecciones presidenciales 2011, que aparejaron la recuperación de la Presidencia y de la mayoría parlamentaria.

La segunda presidencia de Cristina Kirchner estuvo signada por la caída y estancamiento de la actividad económica; mantener el consumo popular como motor de la economía no era ya sustentable; se había ignorado el fomento a la inversión productiva aun en los años en que el país gozaba de solvencia. La retórica oficial no pudo mitigar las consecuencias de la caída de los ingresos salariales –los salarios reales a nivel nacional de los trabajadores registrados en el sector privado experimentaron entre 2006 y 2011 un crecimiento promedio del 3.8% anual, un total de 25.6% en esos seis años; entre 2012 y 2015 el crecimiento de ese mismo sector de asalariados había caído hasta el 0.1% (Centro de Estudios y Servicios de la Bolsa de Comercio de Santa Fe)–; ni evitar la disminución en los fondos para subsidios y la ayuda social que así como la alta inflación afectó en mayor medida a amplios sectores sociales formales e informales.

A poco andar se activó la movilización sindical con paros generales –los primeros desde el acceso de los Kirchner al gobierno– y participación en la protesta callejera de las organizaciones sociales; a la vez, se sucedieron cacerolazos antigubernamentales multitudinarios, diferentes a los actos efectuados durante el conflicto del campo que habían sido desencadenados y convocados por un reclamo sectorial. Estos cacerolazos estaban signados por la negatividad que podía albergar descontentos variados, pero eran la reaparición del no sujeto ciudadano. Estas expresiones populares y ciudadanas daban cuenta de que el voto presidencial en 2011 no había sido un sólido reagrupamiento, por el contrario, el cristinismo promotor de movilizaciones menores y el activismo de la propia Presidenta se desarrolló desde entonces en un contexto de aislamiento del gobierno.

Hubo moderados intentos de reversión de la política económica apuntando a disminuir la sobrevaluación de la moneda nacional y la inflación, pero esos amagues fueron congelados pues ya a mediados de 2014 se colocó en el centro de la prédica oficial la lucha contra los "fondos buitres". La inversión de capitales productivos imaginada que no se producía fue dejada de lado y el consumo sostenido con la capacidad productiva instalada sin posibilidades de expansión por las restricciones a las importaciones, aparejaba entonces mayor déficit fiscal e inflación.

La emergencia de Sergio Massa como un nuevo actor líder de popularidad prefiguró una posible alternativa postkirchnerista. La lista de diputados del Frente Renovador con la que triunfó en las elecciones legislativas de 2013 en el distrito bonaerense logró la participación o el apoyo de intendentes kirchneristas que querían abandonar el barco, junto a dirigentes de otra filiación y notables, pero fue su ruptura con la Presidenta y sus ambiciones reeleccionistas el factor principal de su popularidad –en ese entonces– obteniendo una amplia mayoría electoral bonaerense, que incluyó 20 de los 24 distritos del conurbano, la que no podría ser explicada por la intervención de ningún aparato militante.

El descontento por las consecuencias del estancamiento no era tan solo por la inflación, el impuesto a las ganancias, los salarios estancados y la ayuda social en riesgo. El descontento se producía estando el gobierno empeñado en su confrontación con Clarín que no tenía gran eco popular y con la justicia detestada por Cristina Kirchner por aceptar medidas cautelares que retrasaban el desmembramiento del multimedia. Asimismo la Corte Suprema declaró inconstitucional un paquete de leyes de "democratización de la justicia" que de ejecutarse hubiesen posibilitado una ampliación de la hegemonía del gobierno de Cristina Kirchner o de cualquier otro. La tensión llegó al máximo con la acusación formulada ya a inicios de 2015 por el fiscal Alberto Nisman, con pedido de inicio de una causa judicial a la Presidenta, por haber promovido un Memorándum de entendimiento con Irán. Se la acusaba de complotar para eximir a los acusados iraníes de su responsabilidad en el atentado terrorista contra la mutual judía Amia y sacar la causa del ámbito judicial argentino.

La diversidad de conflictos institucionales y sociales, incluyendo la fractura del movimiento oficialista en los tiempos cristinistas, activó un espacio público diverso en el que los argumentos parciales de los candidatos presidenciales tardaron en llegar y eran menos audibles que la confrontación de negatividades: uno (Mauricio Macri) proponiendo que se desbaratara el continuismo del gobierno saliente y su movimiento porque su política había llevado al estancamiento y a la inestabilidad económicas, y el otro (Daniel Scioli) blandiendo la bandera de la salida al *impasse* económico, que ambos contendientes reconocían, pero sin dejarla en manos de los acusados de neoliberalismo, pues ello aparejaría la pérdida de las conquistas de los trabajadores y el incremento de la considerable pobreza existente.

En 2015 la disputa fue entre candidatos débiles en términos de popularidad y en una elección que concluyó en un resultado con escaso margen a favor de Mauricio Macri.

El actuar y votar de los electores deparó varias sorpresas, entre ellas la reversión en la primera vuelta de las expectativas inicialmente depositadas en Scioli a favor de Macri y la coalición Cambiemos y ello en buena medida por la consagración de una indudable líder de popularidad, María Eugenia Vidal, como gobernadora bonaerense. Esa primera vuelta evidenció el estancamiento del voto a Scioli, quien retrocedió ligeramente en relación a las PASO. Si bien Massa no ingresó al balotaje, retuvo su electorado de las PASO y anticipó el fraccionamiento de fuerzas en el futuro Congreso, pues daba cuenta de una tercera fuerza con peso.

Si tomamos en consideración los resultados de las PASO podemos percibir que un 40% del electorado no había votado por ninguno de los candidatos que llegaron al balotaje, y que en las coaliciones que apoyaban a uno u otro las reticencias eran explícitas y públicas. Es esa diversidad en el electorado la que favoreció la radicalización en la campaña del balotaje dando tanto predominio a los enunciados de descalificación al adversario.

El ciclo de los gobiernos kirchneristas ha sido generalmente considerado como una respuesta a la debacle del 2001, es decir, elecciones adelantadas con varios rivales de poco arraigo compitiendo y la consagración accidental de uno de ellos, Néstor Kirchner, que adquiriría popularidad desde el gobierno con iniciativas audaces que aparejaron normalización, crecimiento y políticas distributivas. Desde el inicio el gobierno contaba con la desarticulación de los partidos preexistentes incluso del peronismo del que provenía. La agenda gubernamental abordaba lo esperado y lo inesperado, pero su éxito gobernando en solitario le proveyó una alta popularidad y ese fue su sostén para liberarlo de restricciones en el qué y cómo decidir.

Pero la ciudadanía emergió en variantes diversas y no forzosamente coincidentes, como un límite y un desafío, en lugar de las fuerzas políticas tradicionales.

Aun contando con el crédito de los primeros años, el gobierno debía revalidar sus títulos a partir de 2006 con actos y pronunciamientos en los que participaban los diferentes componentes del movimiento oficialista, pero resistiendo los requisitos mínimos de una estructura partidaria, la que hubiese limitado el alcance del verticalismo.

El Presidente y luego la Presidenta generaron un entorno de leales, contaron con el aval organizado del sindicalismo al menos hasta la segunda presidencia de Cristina Fernández de Kirchner y de los movimientos sociales oficialistas. Pero el dispositivo organizacional permanente era provisto por el propio aparato de Estado, los gobernadores, los intendentes, heredados de lo que había sido el peronismo, y solo experimentó una cierta renovación en los años finales del ciclo. Este sector periférico del movimiento de administradores provinciales y locales lo integraban en su mayoría gestores de perfil ideológico desteñido que guardaban una lealtad variable y no eran afines a las desestabilizaciones que provocaba el rumbo nacional y popular que formulaba la cúspide gubernamental, pero eran leales a los recursos provistos en los años de prosperidad y al enraizamiento electoral del movimiento, mientras este perduró. La gestión, fuese buena o mala, se guiaba por un principio pragmático de permanecer en el poder, que en las intendencias del conurbano bonaerense era una tradición.

De modo que el movimiento oficialista Frente para la Victoria carecía de una estructura partidaria en sentido estricto, eran las posiciones en el Estado y los recursos que proveía lo que oficiaba como organización política gobernante.

El cristinismo contó con redes propias, de las cuales la más significativa era La Cámpora. El funcionamiento del gobierno y de las instancias dependientes que administran el cobro de impuestos, la recaudación y pagos de jubilaciones y pensiones, la línea aérea de bandera así como los diferentes ministerios fueron organismos de permanente creación y renovación de empleos y contratos. La formación de agrupaciones políticas oficialistas –de arriba hacia abajo– se hacía posible porque la militancia puede ser la contrapartida requerida para la obtención de un empleo o de un contrato, lo que no excluye la militancia por convicción, pero que está también estimulada por la inserción en funciones públicas.

Sin embargo, el régimen democrático tradicional no podía ser capturado por un ejercicio del poder concentrado y vertical, porque la relación de los ciudadanos con el poder había cambiado, y aunque no prevaleciera una disposición participativa, el disciplinamiento hacia los gobernantes que habían sido electos se había disipado.

Cabe abordar anticipando los argumentos que se desarrollan en este volumen, los trazos de la nueva ciudadanía y la redefinición que apareja para la democracia.

Los Kirchner, como otros gobiernos bolivarianos, expresaron en sus inicios el descontento ciudadano y popular con el *status quo* y con la clase política que se sucedía, con variantes, en el poder. Pero en Argentina esa ciudadanía nueva, que dio legitimidad a un gobierno que nació electoralmente débil, ya había exhibido su autorreferencialidad en la debacle y el estallido del 2001. "Que se vayan todos" era la exteriorización del rechazo a los gobernantes y sus privilegios y a la ineptitud para prevenir una crisis de magnitud. Se evidenció también una latencia de la democracia directa o de la auto representación que tenía ya algunas raíces a nivel microsocial. Pero aun cuando proliferaron el asambleísmo y la deliberación barrial en Buenos Aires y algunas grandes ciudades, la sociedad no se movilizaba por una sociedad alternativa, aunque el rechazo a la representación y a la clase política eran el eje aglutinante. La movilización ciudadana, prolongada por varios meses, decayó, en tanto un gobierno transitorio concluyó con la convocatoria anticipada a elecciones presidenciales.

Las elecciones de 2003 para parlamentarios ilustraron también la fragmentación política y el escaso entusiasmo por un candidato en particular, pero quien resultó electo se fortaleció en el gobierno sostenido por el veredicto favorable de la opinión.

De modo que el precedente de los gobiernos Kirchner estuvo signado por la ciudadanía en el centro de la escena y por ello debe entenderse que ella es el sustento efectivo de la legitimidad, por las urnas o por su expresión en el transcurso del periodo presidencial.

Los líderes de popularidad emergen porque pueden disputar un liderazgo en la arena ciudadana estableciendo una relación directa con los electores, y el personalismo es de por sí un crédito para quien compite. La dificultad que afrontan es instituir un sentido diferente al de sus rivales, lo que frecuentemente tiene como principal recurso la negatividad que es convocante porque el o los destinatarios del descontento –una situación social o económica, el rechazo *per se* a quienes gobiernan o a algún rival en particular– parecen más específicos que las promesas.

De modo que esta nueva ciudadanía nutrida por la hipervisibilidad y la hiperpresencia –provistas por los medios de comunicación tradicionales y nuevos– es libre y diversa y en consecuencia no se atiene al respeto de las autoridades tradicionales –no solo a las partidarias– y puede elegir y aún promover. Los *outsiders* emergentes son líderes que responden –dan sentido y forma– a un gran malestar o descontento que no es apropiadamente, o de un modo verosímil, abordado por la representación tradicional. Pero la dinámica de una campaña electoral puede revelar el descontento de sectores sociales desesperados por la situación que atraviesan o por el modo en que se la representan –*in crescendo* a lo largo de la campaña– e impulsar un *outsider* "extremista" que propone terminar con el estado de cosas denunciados y en primer lugar con los propios principios y recursos democráticos. Incluso en ciertas circunstancias promover acciones de violencia estatal y/o denunciar minorías étnicas o religiosas como parte de su acción de gobierno. El tipo de movimiento de negatividad es tal, pues lo que designa no es solo a una clase política que al representar adquiere un rango de privilegio sobre los semejantes, sino a una variedad de situaciones con frecuencia disimuladas o banalizadas por el sistema representativo (la inseguridad, la corrupción en gran escala), por lo que ciudadanos de tradición democrática y liberal pueden despolitizarse, retraerse sobre la preservación de sus existencias, ante peligros reales en algunos casos y en otros imaginarios, estableciendo un vínculo pulsional de soluciones drásticas a problemas complejos bajo la inspiración de ese tipo de líderes. Son los que mejor expresan su ira. La ciudadanía que está en el centro de la escena puede también ante los desafíos contemporáneos buscar una cohesión de rechazo y negatividad en su seno procurando restablecer una ciudadanía auténtica, discriminando entre los propios y los ajenos según si se acreditan raíces nacionales antiguas, las creencias religiosas, la etnicidad, y buscar la preservación de una comunidad "comuntarista" cerrada en torno a sus pretendidos valores originarios y excluyente de toda hibridación.

Los ciudadanos de a pie, ni los más pobres ni los más solventes, son los depositarios acreditados de las virtudes cívicas o humanas. Aunque, por cierto, quienes estan socialmente excluidos pueden virar de la pasividad a una movilización en vistas a un cambio pro igualitario pues son los perjudicados por el *status quo*.

De modo que el término ciudadanía, que es apropiado, recubre las diferencias socioculturales que contiene. Con frecuencia se emplean términos como "ciudadanía" o bien "movilización popular", ambos términos se refieren a ciudadanos pero las modalidades de existencia y acción a veces se superponen y a veces difieren. Según Hannah Arendt es la acción la que une en la diversidad, comunica y da poder a las mujeres y hombres y en ese ir más allá de la mera reproducción de la existencia prevalece un sentido no privatista de la vida en común. Pero ella también sostiene que la fuerza, aunque no puede crear poder en el sentido mencionado, sí puede destruirlo.

Por cierto, se vive en un mundo en el que existen corrientes de opinión que sedimentaron con la experiencia de la vida en común y ellas siguen siendo, aun difusas, una referencia presente. Pero difícilmente la referencia a la justicia social, o bien a la civilidad y los derechos sean *per se* un parteaguas, pues son ya un patrimonio común de la gran mayoría o más bien son objeto de disputa por quienes dicen promoverlos. Por caso, los principios democráticos pueden tener una derivación antiuniversalista, que puede inducir a cuestionar quiénes son aquellos que tienen derecho a tener derechos. De modo que el consenso democrático puede ser desplazado por una reformulación antiliberal y antigualitaria de valores y principios en su universalidad, reinterpretándolos, lo que requeriría cambios de una radicalidad propia de una situación de excepción.

De modo que aunque lo notorio, lo que suele aparecer como más visible, son los liderazgos de popularidad de diferente vocación, en verdad lo que se viene expandiendo, ante todo en detrimento del sistema de partidos y de la representación tradicional, es una nueva ciudadanía. Ciudadanía que a diferencia de lo que se designaba como pueblo no es un sujeto sino una arena de individuos y de grupos que son objeto de disputa entre los aspirantes a liderar y a gobernar.

El desapego de las pertenencias continuas en las actividades productivas y creativas, y la fluidez en sus alineamientos cuando participan de acciones políticas, es lo que hace de los ciudadanos individuales, junto a actores institucionales emergentes el centro de la escena pública. Por ello es posible que emerjan líderes de popularidad no solo imprevistos sino impensados, pues no se derivan de círculos de poder que retengan una autoridad tradicional eficaz propia de "los de arriba", aun con los recursos que estos preservan.

Este es un dilema decisivo de nuestro tiempo, si esa libertad en que el modo de vivir juntos depende más que nunca de la vocación y las decisiones de los contemporáneos será soportable y llevará a la existencia de democracias con comunidad política, o si como ya lo advertía Tocqueville retraerá los individuos a la sola preocupación por la seguridad y la reproducción de la vida en sentido biológico, confiando el gobierno a un amo providencial y desechando toda participación en el sentido y el rumbo de nuestras sociedades, en el quienes somos, no identitario y excluyente, que es el que nutre la deliberación sobre la libertad, la igualdad, la solidaridad. Los humanos creadores y no tan solo reproductores biológicos, ¿serán característicos de nuestro futuro?

La relación de los ciudadanos con el poder es oscilante. La autonomía mencionada proviene de la distancia actual que considera a los representantes no solo como agentes funcionales y necesarios para la administración de la sociedad sino como una elite, una clase política con amplios privilegios inherentes a su posición y que puede ser arbitraria en sus decisiones pues ellas emanan de la voluntad del propio líder eventualmente acompañado por un círculo restringido.

En resumen, los electores designan gobernantes legales y los reconocen, pero no transfieren plenamente la soberanía en el acto electoral, esto es lo que sucede aunque no lo digan las leyes y contradiga las Constituciones; la condición ciudadana, pese a la diversidad de pertenencias particularistas que la subyacen, es de alerta y eventualmente de desconfianza persistente, lo que con frecuencia habilita el cuestionamiento de la legitimidad de los actos de gobierno que son sometidos al escrutinio público o incluso su pertinencia y por ello mismo la democracia deviene continua. Las principales decisiones de gobierno pueden ser desafiadas en su legitimidad y una movilización generalizada puede traducirse en veto. En ese contexto de movilización ciudadana pueden desagregarse representaciones de niveles inferiores, e incluso las instancias judiciales activarse e inhibir o vetar la ley o decisión promovida por el gobierno o el parlamento.

Esta dispersión del poder amplía potencialmente la libertad y el poder en el ámbito de las actividades públicas, pero también la incertidumbre. Muchos contemporáneos aun siendo críticos de la representación se retraen ante la eventualidad de adentrarse en los vericuetos de las decisiones políticas nacionales. La negatividad en parte descalifica la representación política, pero en parte también la requiere.

La ciudadanía en el centro de la escena conlleva la libertad de las personas en sus actos y en particular en su voto y da cuenta del grado en que la fuente de legitimidad (el pueblo en la tradición de las revoluciones democráticas) recupera una presencia activa. Ello constituye una expansión de la democracia tanto más significativa si el sustraerse a la obediencia o a la dependencia se extiende a sectores de la sociedad que se han encuadrado en una pertenencia partidista como requisito implícito o explícito para asegurar lo necesario para la sobrevivencia.

La referencia a la ciudadanía pone de relieve la pertenencia a una comunidad política, que tiene en común de ser iguales en derechos y de reconocerse entre sí como semejantes, pero alude a realidades diversas diferenciadas en la condición sociocultural. La fisonomía de la comunidad política en Argentina revela la variedad de estratos ciudadanos diferenciables en términos de la intensidad política e incluso del alcance de su autonomía. Por una parte, aquellos que participan regularmente en la comunicación política informándose y eventualmente opinando y están insertos en alguna instancia relevante de la vida pública, son los cotidianamente activos, y coexisten en esta franja de los "politizados" quienes son autónomos/independientes y quienes están encuadrados en redes partidarias o son altos funcionarios gubernamentales; en nuestra sociedad en conjunto son una franja minoritaria variable no mayor al 10% (alrededor de 3.000.000), pero que capilarmente permea al resto.

La mayoría de los ciudadanos puede ser reconocida como audiencia y abarca a los que son generalmente partícipes asistemáticos de la comunicación política, pero abandonan la pasividad, se involucran y se movilizan cuando se sienten concernidos por un conflicto o una decisión pública relevante. Su acceso a la información y con frecuencia la pertenencia a redes digitales, de afinidad ideológica o no, ha incrementado la gravitación de esta franja. De hecho cuando ella se moviliza hay cacerolazos, y ella genera también sujetos sociopolíticos por fuera de los tradicionalmente existentes.

Los sectores más carenciados de bienes básicos están abocados cotidianamente a asegurarse la sobrevivencia; pueden depender al menos parcialmente de las organizaciones sociales o de los punteros por reconocimiento o necesidad, y pese a ello su subordinación puede ser sobrellevada y adquirir cierta autonomía. Participan de esta sociabilidad que en parte se ha constituido como "economía popular", pero son también audiencia de los medios públicos de comunicación, es decir que pueden sustraerse a un mensaje único.

El nuevo modo de representación por el que acceden al gobierno líderes personalistas se sustenta en la credibilidad de la renovación y ruptura con el *status quo* que prometen y esa desconfianza tiene sustento. Los partidos políticos remanentes y otras organizaciones son partícipes en grados variables del *status quo* y las críticas reformistas abundan en matices y no pueden ni cuentan generalmente con los recursos humanos para trazar otro rumbo. Custodian tradiciones que han perdido vigencia. El líder de popularidad es flexible pero puede ser contundente, puede definir un enemigo sobre todo en los inicios de su proyección a la escena nacional, pero su relación instituyente con la ciudadanía suele reconfigurarlo por disposición personal o por cálculo. Algunos de esos liderazgos han evolucionado especialmente en América Latina y quizás con émulos en Europa del Este hacia la expansión de un poder hegemónico y con la aspiración de permanecer en el poder de por vida.

Pero otros líderes de popularidad han dado vuelta el sistema representativo con vocación a reconstituirlo en un equilibrio con instancias públicas ciudadanas.

Esos nuevos representantes personalistas –los líderes de popularidad de vocación democrática– deben cogobernar con una ciudadanía que mantiene su distancia generando de hecho ámbitos de sociabilidad y deliberación propios. Surgen líderes que concentran un enorme poder e introducen reformas que aspiran a mejorar la sociedad, a modernizarla, lo que parece implicar en nuestro tiempo abandonar o limitar el corporativismo conservador y fortalecer la comunidad política de modo que ella sea la fuente de seguridad y solidaridad, pues las corporaciones de toda naturaleza son defensivas o conservadoras. Sin embargo, muchos trabajadores experimentan la modernización e incluso cambios culturales como un desamparo, y aun la pérdida de un lugar en el mundo sin lograr una reformulación de sus proyectos de vida.

Los líderes emergentes aun depositarios de un crédito de popularidad personal pueden pertenecer o crear un colectivo político o si se quiere un partido de nuevo cuño, lo que contribuiría a una democracia continua con deliberación estratégica y a la vez moderaría el personalismo. No una nueva organización autorreferida sino un ámbito en que el programa renovador o modernizador, y el líder que lo representa en términos personalistas, conviva con pares con los que se elaboran políticas públicas, y esa evolución sería un trazo de una democracia continua en que el personalismo persiste, pero acotado y en que la identificación del rumbo político es explícita, mas sujeta a la relación de equilibrio con los poderes autónomos de la sociedad. Por cierto, la estabilización de una democracia en la que el poder está dividido, lo que implica que los ciudadanos no participan simplemente sino que cogobiernan, requiere más reflexión y observación de lo que sucede en las democracias occidentales en mutación.

La expansión de la ciudadanía podría evolucionar hacia una división del poder en nuevos términos, en la que la representación tradicional aggiornada coexista con un poder ciudadano con instituciones identificables que lo habiliten para el cogobierno, sin capacidades ejecutivas.

La organización de la comunidad política requiere de ámbitos institucionales firmes que habiliten y contengan la diversidad, y aseguren la gestión de los recursos para la vida y para la preservación de los derechos. Los gobiernos representativos y el Congreso, y las instancias superiores del sistema judicial a nivel nacional, albergan siempre más alla de la calidad moral de las personas que lo integran, privilegios y beneficios, pero son componentes ineludibles de la vida en común que los cambios hacia una democracia continua pueden acotar en su arbitrio.

¿Cómo contrarrestar el elitismo y limitar sus privilegios? La emergencia de observatorios ciudadanos y de comités de monitoreo extragubernamental de las políticas públicas con existencia autónoma inmersos en la ciudadanía, con dispositivos de consulta amplia, pueden acotar los referidos privilegios e inhibir un ejercicio arbitrario del poder. Este diseño proveería canales al descontento, y mecanismos de elaboración de decisiones; permitiría una participación activa a quienes se quieren involucrar en la deliberación y programación política y una instancia de acceso a quienes se interesan esporádicamente.

En síntesis, se trata de concebir un equilibrio entre el poder surgido de las urnas y el que emerge de la actividad ciudadana corriente. La animación de la vida y la comunicación política serían más sustantivas y la resolución de los conflictos podría resultar en acuerdos postdeliberativos, en plebiscitos o eventualmente en la disolución de las Cámaras y la convocatoria a nuevas elecciones si la talla de los desacuerdos lo merece.

La conflictividad es propia de la democracia y en períodos en que se está en busca de otra relación entre ciudadanos y elites, ella adquiere mayor relieve. La aspiración a la estabilidad, con cambios y reformas pero que den esperanzas de previsibilidad para las vidas individuales y grupales, es un componente de la normalidad política. Ni la desconfianza ni el estallido ciudadano serán desalojados pues se enraizan en las diferencias que atraviesan a la ciudadanía, pero el aparecer ciudadano o popular no debería generar relaciones amigo/enemigo ni inspirar acciones coercitivas. El punto es en qué medida la mutación en curso puede conducir a habilitar todos los canales de una ciudadanía que al menos en parte espera coparticipar del poder, en tanto que otra parte aspira tan solo según los casos a ser escuchada o satisfecha. La coparticipación gobernante incluye lo que venga de las redes sociales digitales y de los observatorios de la gestión (políticas públicas sectoriales) y de la política (leyes, poderes del Estado, iniciativas ciudadanas políticas).

Reconocimientos

El autor de este libro es Director, tributario del grupo de investigación "Las nuevas formas políticas" con sede en el Instituto de Investigaciones Gino Germani (Facultad de Ciencias Sociales, Universidad de Buenos

Aires), e investigador principal del CONICET. Mi reconocimiento a los colegas que forman o formaron parte del equipo de investigación, a los becarios y a los asistentes; con todos ellos he participado en investigaciones que han estimulado mi propias indagaciones. A la par de esa labor en común, la creación y actividad de un Grupo de Trabajo CLACSO en coparticipación con muy destacados colegas de Latinoamérica acentuó una perspectiva comparativa, de la cual me he inspirado. Aunque este libro expone mis interpretaciones y conclusiones, no hubiese sido posible sin esos contextos de reflexión común. Con ellos hemos elaborado libros colectivos y Seminarios nacionales e internacionales, resultados de múltiples convenios de cooperación con instituciones de varios países. Debo mencionar asimismo la Cátedra de Teoría Política Contemporánea en la Facultad de Ciencias Sociales de la Universidad de Buenos Aires, a mi cargo durante años desde 1992, que requirió de una enseñanza concebida como el ejercicio del pensar la política y lo político, y que se hizo posible mediante la actividad no rutinaria de la cátedra contando con la participación de estudiantes cooperativos y replicantes que fueron otra fuente de estimulo para mí mismo.

He contado junto a mis asociados y becarios con el apoyo de instituciones que proveyeron recursos y control de su empleo, que hicieron posible nuestro trabajo de campo, la participación en los eventos mencionados y la publicación de una decena de libros colectivos y numerosos artículos. Los principales apoyos financieros para los proyectos argentinos provinieron de la propia Universidad de Buenos Aires y de la Facultad de Ciencias Sociales, del CONICET, de la Agencia Nacional de Promoción Científica y Tecnológica, *Le réseau de coopération et d'action culturelle français*, la *Organisation Internationale de la Francophonie*, y del servicio cultural de la Embajada de Italia en Argentina. A todos ellos mi reconocimiento por haber seleccionado nuestros proyectos e iniciativas en contextos competitivos.

Finalmente, mi agradecimiento por la labor y la paciencia de quienes tanto contribuyeron en la relectura del manuscrito proponiendo correcciones, enmendando errores y sugiriendo cambios, Magdalena Garmendia y Marcos Falcone.

PRIMERA PARTE

1.
Las elecciones nacionales de 1999 y 2001. Fluctuación del voto, debilitamiento de la cohesión partidaria y crisis de representación[1]

Las elecciones nacionales de 1999 y 2001 tuvieron una gran significación política e institucional, aunque la magnitud de la renovación de cargos en cada una de ellas haya sido diferente[2]. Ambas fueron pletóricas en novedad política y provocaron directa o indirectamente un cambio en el poder. De modo que su análisis permite comprender la evolución de la vida política, de las instituciones representativas, de los partidos políticos y de la ciudadanía capturados por la crisis de representación.

Ambas elecciones ofrecen un contraste marcado entre sí más allá del poder institucional que estuvo en juego en cada caso. En tanto que la renovación presidencial hacia el final del siglo XX se hizo en un clima de esperanza y moderado optimismo que consagraba una alternancia en la que por primera vez un presidente peronista entregaba el poder a un opositor, las elecciones 2001 expresaron la frustración con el cambio político iniciado dos años antes, una frustración que también apuntaba

[1] Una versión de este texto apareció previamente en Cheresky, I. y Blanquer, J. M. (editores) (2003), *De la ilusión reformista al descontento ciudadano*, Homo Sapiens, Rosario.

[2] En 1999 se realizaron elecciones nacionales para la renovación de los cargos nacionales (Presidente y la mitad de la Cámara de Diputados, pero no de Senadores), gobernadores y legisladores provinciales, intendentes y representantes locales. En verdad, se trata de un ciclo electoral que se inició con las elecciones provinciales de Córdoba en diciembre de 1998 y concluyó en mayo de 2000 con la elección del jefe de Gobierno de la Ciudad de Buenos Aires. Pero el epicentro fue el 14 de octubre de 2001, fecha en que se llevaron a cabo elecciones nacionales para la renovación parcial de la Cámara de Diputados y para la renovación completa del Senado Nacional, que por primera vez se elegiría por voto directo de acuerdo a las modificaciones introducidas en la Constitución con la reforma de 1994.

a los dirigentes políticos en general y en particular a los candidatos de los partidos tradicionales.

En 1999 la pugna política giraba en torno a la experiencia de la década de los 90. Los gobiernos sucesivos de Carlos Menem habían cambiado la Argentina produciendo estabilidad monetaria y desarrollo económico en los primeros años, pero al precio de una integración dependiente en el mundo que finalmente había aparejado estancamiento y recesión y cuya cristalización era una deuda pública muy incrementada y un déficit fiscal considerable. En esos años las amenazas corporativas a la democracia se habían debilitado o esfumado, pero las prácticas institucionales eran deficientes, habiéndose extendido el decisionismo presidencial alentado por la diluida división de poderes.

El poder concentrado había posibilitado un arbitrio de los funcionarios que los llevó, en algunos casos, a dar cuenta de sus actos en los tribunales y acreditó en la ciudadanía la sospecha de una corrupción generalizada en las dependencias administrativas y políticas del Estado.

El Pacto de Olivos[3], que facilitó la reforma de la Constitución en 1994, quedó como un símbolo de la capacidad presidencial de manipular y arrinconar a la oposición con el principal propósito de posibilitar su permanencia en el poder, lo que apareció reiterado y frustrado unos años después cuando el presidente Carlos Menem intentó reeditar su pretensión reeleccionista a espaldas de la Constitución que él mismo había reformado.

Después de la primera reelección de Carlos Menem, el descontento social se había incrementado alentando un reagrupamiento de la oposición, lo que se tradujo en la conformación de una coalición entre el Frente País Solidario (Frepaso), naciente fuerza política de centroizquierda que había ocupado el segundo lugar en las elecciones presidenciales de 1995, y el centenario partido Unión Cívica Radical (UCR). Este conglomerado ganó por amplio margen las elecciones nacionales de renovación parlamentaria de 1997, pero ya entonces era perceptible que en él convergía un electorado heterogéneo constituido, por

---

[3] Es el nombre que se le asignó al acuerdo establecido entre Carlos Menem y el ex presidente Raúl Alfonsín que implicaba un compromiso bipartidista sobre el alcance de la reforma constitucional, según los términos acordados por ambos líderes y cuya precisión se lograría posteriormente por el trabajo de comisiones técnicas integradas por expertos de ambos bandos.

una parte, por quienes rechazaban el llamado "modelo" basado en la convertibilidad del peso y en la apertura de la economía, y por otra parte, por quienes se oponían a un estilo de gobierno marcado por la transgresión a las normas institucionales y sospechado de negociados de un volumen superior a los usuales en los regímenes democráticos. Asimismo, existía una amplia sensibilidad social y descontento con los altos índices de desocupación y pobreza, que revelaba insatisfacción con la difundida creencia oficial de que el mercado haría su obra extendiendo a los excluidos por el derrame de los beneficios del esperado crecimiento.

La ilusión que generó la creación de la Alianza y la perspectiva de un cambio de orientación a nivel general, como resultado del pronosticado éxito en las elecciones presidenciales, fue moderada pero consistente. Esa convergencia electoral, sin embargo, no se profundizó ni se convirtió en un movimiento de renovación política y social que involucrara a la sociedad estimulando la participación y la deliberación como inicialmente se pensaba; debilidad en la formación de un sustento social que no dejó de tener consecuencias electorales, e incluso institucionales, cuando llegó la hora de gobernar.

La postulación del candidato presidencial de la Alianza[4], el futuro presidente Fernando De la Rúa, fue la culminación de una dinámica política que se cifraba en dar primacía al voto rechazo; en otras palabras, desde que las elecciones de 1997 habían mostrado la amplitud del voto aliancista, se esperaban las presidenciales para la reiteración de esa amplia disposición de voto negativo al presidente saliente sin que se prestara mayor atención a hacer público un programa de gobierno.[5]

Fernando De la Rúa había sido siempre minoritario en su partido, y si había prosperado en su carrera política hasta alcanzar la jefatura del gobierno de la Ciudad de Buenos Aires en 1996 y luego ganar la postulación a la presidencia, era por su popularidad social, recogida por las encuestas de opinión, y no porque gozara del reconocimiento

[4] Así se denominó a la coalición política formada entre la Unión Cívica Radical y el Frepaso en 1997.

[5] Por cierto, en su momento, a instancias de Raúl Alfonsín se formó el Instituto Programático de la Alianza, que delineó un Programa y dirigió una Carta a los Argentinos, pero estos documentos no inspiraron ni la campaña del candidato ni, ulteriormente, la acción de gobierno.

mayoritario entre sus compañeros de partido. Siendo considerado un radical de centroderecha, fue sin embargo, bien aceptado por la fuerza de centroizquierda de la coalición una vez que ganó las elecciones internas abiertas a Graciela Fernández Meijide, la rival que estos le habían opuesto.[6]

Finalmente, la fórmula presidencial fue completada con el líder del Frepaso, "Chacho" Álvarez, en tanto que la por entonces también popular Graciela Fernández Meijide fue consagrada candidata de la Alianza para la gobernación de la provincia de Buenos Aires.

Desde 1983 la importancia del electorado independiente había ido creciendo, de modo que los resultados de las elecciones en la naciente democracia eran inciertos, dependían de lo que sucediese en la campaña electoral. Sin embargo, en estos comicios, como en los que se habían efectuado en 1989 al final del mandato de Raúl Alfonsín, el resultado parecía definido por adelantado; el voto contra Menem afectaría a quien se presentara como candidato del partido oficialista, y ello fue así aun cuando el postulante fuera Eduardo Duhalde, reconocido adversario del presidente saliente a la vez que asiduo partícipe del poder oficialista.

Eduardo Duhalde había enfrentado a Carlos Menem en los años precedentes contribuyendo decisivamente a impedir una reiterada postulación del presidente saliente, pero pese a ello no logró diferenciarse ni logró aparecer como pretendía, no solo como una variante del voto antimenemista, sino incluso como la mejor.[7] Duhalde se empeñó en la diferenciación a lo largo de la campaña electoral, infringiendo incluso el consenso generalizado sobre la política económica hasta llegar a abordar el tema tabú de la deuda externa, al proponer una condonación de

---

[6] El 29 de noviembre de 1998 Fernando De la Rúa se impuso a Graciela Fernández Meijide en las elecciones internas abiertas que realizó la Alianza para dirimir la candidatura presidencial. Se emitieron 2.384.784 sufragios, es decir, votó el 12,8% de los electores habilitados. El postulante radical obtuvo el 63,8% de los sufragios luego de una extraña campaña en donde todos los candidatos no podrían expresar diferencias sustantivas, puesto que se suponía estaban comprometidos por un programa común. Algunos líderes del Frepaso consideraban que el candidato radical era el más apto para asegurar el triunfo de la Alianza en las futuras elecciones nacionales, lo cual debe haber pesado en la modesta *performance* de la candidata progresista.

[7] De hecho, había sido el vicepresidente de Menem electo en 1989 y luego había renunciado para conquistar la gobernación de la provincia de Buenos Aires. Era una figura destacada del elenco peronista y el que no haya participado del Pacto de Olivos y luego se opusiera a la segunda reelección no lo acreditaron en un rol opositor sustantivo.

ésta para facilitar futuros pagos menores de intereses y capital. Dada la desventaja en que lo colocaban las encuestas, en él recayó el rol de *challenger* durante la campaña electoral, empeñado en alterar una escena que parecía ya haber definido los lugares de uno y de otro, en tanto que el presumido triunfador se limitaba a formular una mínima promesa de moralización de la vida pública y de genérica mejora en las condiciones de vida. Esta estrategia de Fernando De la Rúa fue exitosa pues, como estaba previsto, ganó cómodamente las elecciones, pero mostró sus límites, puesto que el margen de ventaja fue bastante inferior al previsto y con un efecto de arrastre también inferior al esperado.[8] La derrota de la Alianza en la disputa por la estratégica gobernación de la provincia de Buenos Aires amortiguó el resultado de las elecciones presidenciales y proveyó la imagen de un cierto equilibrio de fuerzas.

Es que las elecciones nacionales de 1999 requieren de una presentación matizada de sus resultados. El candidato de la Alianza ganó las elecciones generales con un voto, si no homogéneo, sí mayoritario en casi todo el país: se impuso en veinte de los veinticuatro distritos. Por el contrario, a nivel de gobernadores, los justicialistas ganaron en catorce provincias incluyendo las más importantes, en tanto que la Alianza solo obtuvo el triunfo en ocho de ellas.[9] Esta diferencia en el resultado provino de una importante fluctuación en el voto entre la disputa presidencial, la de diputados nacionales y la de gobernadores, que fue facilitada por el hecho de que solo en seis casos se eligió el ejecutivo provincial el mismo día que el presidente de la Nación; en otros quince, las elecciones fueron anteriores, en tanto que en la ciudad de Buenos Aires se llevaron a cabo recién en mayo del 2000.

La competencia por conquistar el voto de una ciudadanía crecientemente independiente y, en consecuencia, de voto fluctuante, fue tempranamente percibida por partidos y líderes e indujo una profunda evolución en las prácticas políticas. Por una parte, la atención a los lazos directos entre líderes y ciudadanos alteró los mecanismos de selección

---

[8] Las encuestas le habían dado unos meses antes hasta 20 puntos de ventaja pero en las elecciones no superó los 10 puntos. Lo más significativo es que los candidatos a diputados de la Alianza recogieron un porcentaje menor de sufragios que en 1997, cuando ésta acababa de constituirse.

[9] La gobernación de una provincia, Neuquén, fue ganada por un partido provincial y otra, Corrientes, no eligió gobernador pues se hallaba intervenida.

de candidatos, y aún más permanentemente, la definición de los centros de poder en los partidos: las estructuras y los liderazgos surgidos de la acumulación o la competencia en el interior del aparato partidario cedieron rápidamente el paso a líderes que por su popularidad directa eran requeridos por los partidos a los que pertenecían en algunos casos, o directamente constituían una nueva fuerza política en torno a su popularidad.

Al mismo tiempo persistieron estructuras políticas que eran fuente de adhesión ciudadana, aunque las lealtades cautivas estuvieran en franca disminución. La práctica de coaliciones se había extendido, pero solo en algunos casos como expresión de un proceso de convergencia política, en otros, y ello fue notorio en las elecciones mencionadas, se produjeron coaliciones a un cierto nivel de institucionalidad entre fuerzas que competían entre sí a otro nivel. La coalición Alianza mostraba por primera vez al histórico partido radical en asociación con una fuerza nueva y en parte contestataria, e incluso cediéndole posiciones clave como la vicepresidencia, la candidatura a gobernador de la provincia de Buenos Aires y a jefe de Gobierno de la ciudad de Buenos Aires, entre otras.

En definitiva, las elecciones generales de 1999 ilustraron el significativo alcance de la fluctuación política; el sorprendente triunfo de Raúl Alfonsín en 1983 no había sido un hecho excepcional e irrepetible. El sistema político era crecientemente competitivo, y ello debido a una ciudadanía que evolucionaba hacia el abandono de su inscripción preferencial en torno a la fractura peronismo-antiperonismo. Pero, ¿se trataba simplemente de una evolución a una mayor competitividad política en los marcos institucionales conocidos? El sistema político mismo mostraba signos decisivos de transformación, los partidos estaban en un cierto proceso de desagregación en el que se privilegiaba a los líderes de opinión como centros de poder y a las encuestas y los medios de comunicación como recursos de percepción y captación de ciudadanos votantes. Cada vez era menos posible identificar campos políticos en lucha perfectamente delineados en los diferentes niveles de competencia.

Dos años después, para las elecciones nacionales de renovación de la Cámara de Diputados y de elección por primera vez de todos los senadores por voto directo, efectuadas el 14 de octubre, el panorama político había cambiado sustancialmente y las tendencias apuntadas se habían acentuado.

Lo sobresaliente de ese escrutinio fue la extensión del rechazo a las alternativas políticas existentes: uno de cada cuatro ciudadanos se abstuvo de votar y, entre quienes lo hicieron, una proporción similar lo hizo con un sufragio anulado o en blanco. Por otra parte, la proporción de votos concentrada en los grandes partidos mayoritarios fue mucho menor que la media histórica, y ello en provecho de pequeñas formaciones de centroizquierda emergentes o de los pequeños partidos de izquierda.

Esta deserción ciudadana de los encuadramientos tradicionales opacó el triunfo del peronismo, que fue abrumador en términos relativos, y que le dio el predominio que le faltaba en la Cámara baja y reforzó su posición en algunas provincias, pero que se vio relativizado por el hecho de que esta fuerza opositora también había perdido votos respecto a la elección precedente, la que en su momento había marcado la mayor derrota del peronismo desde la refundación democrática de 1983. La Alianza, la gran perdedora en términos institucionales, había experimentado, por su parte, una verdadera debacle al reducir su peso electoral a menos de la mitad de lo que había reunido en la elección precedente.

Estos resultados eran signos de una discontinuidad del sistema representativo, ilustración de una crisis cuyo primer afectado era el gobierno, que se hallaba a tal punto aislado que no había contado con candidatos que se identificaran con él o que, al menos, hubiesen prescindido de sumarse al coro crítico. En verdad, la reacción gubernamental ante el resultado adverso procuró transformar la debilidad en fortaleza, aunque con el ingenuo recurso de sostener que, al no haber estado presente en la lid, el pronunciamiento electoral no lo alcanzaba. Lo que de todos modos contaba a su favor es que el peronismo, pese a su éxito, no podía evitar los efectos del descrédito general de los dirigentes políticos y que se hallaba fracturado en torno a varias jefaturas en pugna. La debilidad general le daba así al gobierno algunas posibilidades que no fueron aprovechadas.

Unos meses después, a fines de diciembre, el descontento popular se amplificaría al confrontarse con un poder presidencial débil y a la vez reacio a tomar en cuenta los resultados electorales. Luego del escrutinio parecía posible pensar en una recomposición política que, tomando en cuenta el veredicto popular, reorientara la acción gubernativa sobre la base de una coalición amplia. Pero la renuencia del presidente en llevar a cabo esa reorientación terminó creando las condiciones para un abandono anticipado del poder.

El resultado electoral, aunque sorprendente por su forma y amplitud, no fue en absoluto inesperado. La ciudadanía, confinada a una posición de opinión pública expectante, había asistido a los vaivenes políticos y económicos en que se envolvió la gestión de la Alianza. La economía continuó estancada y, por ello, bajo el peso creciente de la deuda externa. La dependencia del país respecto al flujo de capitales, sobre todo financieros, y a las recomendaciones de los organismos internacionales de control, en particular del FMI, se fue incrementado a la par. De modo que el gobernar necesitaba cada vez más de tener en cuenta los requerimientos del mercado y de los mencionados organismos que esperaban una gestión de reducción del gasto que hiciera verosímil el cumplimiento de los compromisos de pago. Pero estos requisitos de equilibrio, de gobernabilidad, solían ir a contracorriente de la preservación del lazo de representación política. La evolución de las expectativas de los inversores, expresada en el índice de riesgo país construido por las agencias calificadoras, fue, durante el año 2001 en especial, una suerte de espejo que guiaba los temores y las reacciones públicas de esos mismos agentes bursátiles. Cada día los mercados daban la tónica de la situación y el gobierno, así como los particulares, eran compelidos a actuar en consecuencia. De hecho, este índice anunció la interrupción del crédito público bastante antes que se declarara la cesación de pagos.

Un factor mayor de deterioro político fue el modo vergonzante en que las decisiones políticas se alinearon con esa presión internacional. Durante este período el gobierno emitió decretos y el parlamento votó leyes que imponían sacrificios salariales e impositivos a los ciudadanos o atribuían poderes excepcionales a los gobernantes, eludiendo por lo general una explicación pública responsable y atribuyendo más bien su actuar a la presión de personas y entidades de facto que tenían una capacidad de represalia que obligaba a conceder.

El desempeño de las fuerzas políticas fue acorde con sus responsabilidades institucionales. La Alianza reveló no disponer de otra política económica que la de tratar de mantener el modelo que había resultado exitoso en el primer quinquenio de los 90 y se inhibió de tomar cualquier iniciativa en este plano. El desencanto con la gestión de Fernando De la Rúa se debió más bien a su incompetencia y a su incapacidad por reformular un rumbo, pero la opinión no hacía recaer las responsabilidades del deterioro de las condiciones de vida y del endeudamiento nacional exclusivamente en esta gestión de gobierno. La frustración inicial provino de constatar que la promesa de otro estilo político, si bien inicialmente moderó el decisionismo, luego fue olvidada. El decisionismo, retomado con entusiasmo, revelaba más la arbitrariedad y el deseo de evitar una argumentación pública en contextos deliberativos, que la energía ejecutiva eficiente.

En la crisis por la presunción de sobornos en el Senado, el Vicepresidente "Chacho" Álvarez y algunos pocos miembros del cuerpo aparecieron dispuestos a impulsar la investigación trabada por los bloques mayoritarios. Cuando se dio intervención a un juez federal, sometido él mismo a juicio político por sospechas de enriquecimiento ilícito, éste condujo la investigación a un *impasse* luego de un desempeño poco profesional. Asimismo se frustró la expectativa de moralizar la vida pública y de disipar el sentimiento de que en paralelo a los esfuerzos personales del común de la gente, persistía la corrupción institucional. Esta rápida evaporación de perspectivas y la embrionaria desafección de los ciudadanos se cristalizaron en el *affaire* de las "coimas del Senado", que estalló al trascender la sospecha de que algunos representantes habían sido sobornados para obtener su voto en la sanción de una importante ley. De ese modo, antes de cumplirse un año de acceso al poder, el Vicepresidente de la Nación renunciaba ruidosamente en protesta por una conducta presidencial considerada como de connivencia con los presuntos actos delictivos, iniciándose el proceso de desagregación de la Alianza gobernante. Este hecho tuvo una gran implicancia política puesto que no se trató tan solo del debilitamiento, que se revelaría fatal para ella, de la coalición gobernante. En él se evidenció un naciente divorcio entre la vida de las instituciones políticas, en las que operaban mecanismos de solidaridad corporativa sospechados de ocultar la apropiación de recursos públicos y el tráfico de influencias, y el estado de la opinión que se sentía cada vez más ajena del "espectáculo político". Este juicio negativo hacia la "clase política" incluía el desapego de la opinión hacia lo que aparecía como un exceso de complicidades, incluyendo los acuerdos de cooperación política, aunque estos a veces indicaban una razonable disposición a preservar las instituciones.

La ciudadanía alentada por los medios de comunicación, que revelaron indicios y obtuvieron confesiones informales y trascendidos en el ámbito senatorial, estaba convencida de la verdad de los hechos denunciados y por un momento respaldó al vicepresidente renunciante cuando este reaccionó ante lo que aparecía como indolencia o complicidad presidencial.

Esta crisis abrió un hiato entre la ciudadanía y la representación que se iría ensanchando con el tiempo. Desde la renuncia de Álvarez –el 10 de octubre de 2000– la coalición se debilitó y el Frepaso entró en un proceso de disgregación. Pero lo más notorio sería el desapego de la opinión, en particular del sector que había votado a la Alianza y que ahora, confrontada al desconocimiento de las promesas mínimas y a la vorágine de la crisis económica, se situaría en una posición fluctuante. Pasado el momento inicial de adhesión al vicepresidente renunciante, este cayó en el descrédito al no ser capaz de dar una continuidad pública a su liderazgo. Del mismo modo, Domingo Cavallo gozó de una imprevista popularidad cuando varios meses después, en abril del 2001, en medio de los vaivenes de la sucesión del ministro de Economía de la Alianza, terminó haciéndose cargo de esa función y esbozó una política que procuraba armonizar la responsabilidad ante los mercados y los acreedores, con promesas de política económica que iban en el sentido de las expectativas ciudadanas.

El ciclo de liderazgos efímeros incluye a aquellos políticos cuyo reconocimiento provenía de una denuncia intransigente de los padecimientos populares y las responsabilidades justamente de la "clase política", que son muy observados en su estilo político y pueden rápidamente ver su estima pública erosionada.

Los vaivenes de estos liderazgos efímeros formaron parte del clima general de rechazo creciente a los dirigentes, que se alimentaba tanto de las sospechas de corrupción como del desagrado ante los mencionados procedimientos de cooperación política, lo que cristalizó en presumir la existencia de una "clase política". La aprobación de leyes fundamentales (ley de reforma laboral, ley de competitividad, ley de déficit cero) se alcanzó gracias a la colaboración implícita o explícita de las principales fuerzas políticas. Cuando Domingo Cavallo se hizo cargo del Ministerio de Economía y requirió una importante concentración de poderes contenidos en la ley de competitividad, el tan denostado Ministro gozaba de un amplio apoyo de la población y sus políticas entonces neokeynesianas concitaron la esperanza de una salida de la recesión y del estrangulamiento económico, lo cual le permitió obtener un apoyo parlamentario proveniente de fracciones de todo el espectro político. Otras leyes, como la de déficit cero, fueron aprobadas merced a la ejecución del ya célebre método Jaroslaysky[10], por el cual la oposición, pese a pronunciarse en contra del proyecto de ley dio un apoyo implícito contribuyendo a formar *quorum*, pero sin participar plenamente de las sesiones con todos sus integrantes, de modo tal que en el momento de la votación no prevaleciera el voto negativo. En algunos casos incluso se prestaban votos para alcanzar las mayorías necesarias.

Esta imagen de acuerdos y complicidades en las instancias representativas debe ser completada con la constatación de que a lo largo de este proceso se produjo una fragmentación considerable de los grupos partidarios, aunque no siempre fue explícita, que reflejaba en el interior de los partidos la crisis de representación.

Algunos de estos procedimientos revelaban no solo complicidades sino quizás, en algunos casos, contribuciones inevitables o incluso deseables para la estabilidad institucional, pero que coadyuvaron a ahondar el cisma entre las instituciones y el estado de la opinión. Al calor de una crisis continua que fraccionó a las fuerzas políticas al tiempo que las impulsaba a participar de un consenso de emergencia, se configuró la crisis de representación. Los ciudadanos, defraudados y con nuevas demandas surgidas de la crisis, no se sentían representados, no solo porque los lazos originales se habían fracturado, sino sobre todo porque los dirigentes políticos se hallaban a la defensiva y su preocupación por la gobernabilidad, por alejar el país de la debacle definitiva, y en el caso de algunos de ellos, por la defensa de sus intereses y negociados, los alejaba de la enunciación de alternativas al curso emprendido por el

---

[10] César Jaroslavsky, presidente de la bancada de la UCR en 1989, cuando se produjo la transmisión anticipada del mando de Raúl Alfonsín, debió hacer cumplir los compromisos que llevaron a la bancada radical a facilitar la aprobación de leyes parlamentarias antes que se institucionalizara la primacía peronista. Los procedimientos aplicados en ese momento, y que se renovaron ulteriormente, dieron el nombre al método.

gobierno. Esta incapacidad era paralela a una propensión a instalarse en el campo critico y a desolidarizarse respecto del gobierno. De modo que con frecuencia los mismos actores institucionales procuraban expresar el descontento aun sin elaborar salidas, a la vez que actuaban en vistas a asegurar la gobernabilidad, suscitando la sospecha sobre sus motivaciones. En este sentido, gobierno y oposición se hallaban desdibujados puesto que esta última tampoco podía jugar su rol plenamente. En esta paradójica impotencia reside una de las principales raíces el descrédito de los dirigentes y más aún de la desilusión política.

En paralelo a la crisis y decadencia económica se instaló así la crítica a la política en tanto tal, en la que convergieron diferentes perspectivas. La constatación de la raíz política de la crisis argentina –es decir que la situación de la economía era resultado al menos parcialmente de decisiones de gobierno y no tan solo de circunstancias accidentales o externas– acompañada de la intuición popular sobre el sistema ilegítimo de distribución de bienes y financiamiento de la política, alimentaron la expectativa de profundas reformas en este ámbito. Estas reformas, si se adoptaba una perspectiva consistente, requerían una verdadera reestructuración del Estado[11], pero desde otra perspectiva que fue más comúnmente seguida, se trataba tan solo de reducir el gasto político, suprimiendo en algunos casos y achicando en otros las instancias representativas, o disminuyendo los salarios y los gastos de los legisladores, etc. En asociación con estos reclamos referidos al gasto, se formulaban otros que apuntaban a una mejor representación basada en una intervención más directa de la ciudadanía en la elaboración de la "oferta" política y en las consecuencias de su voto[12]. Estos planteos mezclaban una lúcida crítica a la corrupción política estructural con una apresura-

[11] Dos aspectos fundamentales de estas reformas del Estado se referían, por una parte, a la eliminación de los circuitos partidarios y particularistas de atribución de beneficio y de asignación de gastos públicos, en pos del cobro de impuestos, lo que requería de decisión política y técnica y conciencia ciudadana. El sentimiento de injusticia, que en cada ciudadano tiene una base intuitiva, se refiere en buena medida a estos dos aspectos cruciales en los que falla el Estado argentino: en la atribución de recursos y la responsabilidad fiscal.

[12] Unos de esos reclamos pretende obligar a los partidos a llevar a cabo internas abiertas, y otro, a modificar los mecanismos de representación suprimiendo la lista colectiva para grandes distritos, llamada sábana, en provecho de circunscripciones uninominales o de un número pequeño de representantes que así podrían ser conocidos por los electores. Ambas reformas expresaban un saludable reclamo de visibilidad, pero hubiesen debido

da descalificación de los recursos institucionales existentes, y el sentido emergente de esa amalgama era el reclamo antipolítico que proponía tirar todo por la borda o emprender reformas apresuradas. Esa orientación era estimulada por portavoces de un ideal de desreglamentación mayor en provecho de una lógica de espontaneidad social y de mercado. Sin embargo, la corriente mayoritaria de reclamos, si bien revestía la característica heterogénea de todo movimiento de opinión, estaba predominantemente dirigida a reclamar la reestructuración del Estado y a restablecer su intervención reguladora. Pesaba en este tendencia la experiencia de retiro del Estado de los 90 que fue percibida mayoritariamente como negativa.[13]

De modo que los resultados electorales del 14 de octubre de 2001 no tienen su fuente en un estado circunstancial de la opinión, sino en un proceso de más largo aliento, y si su repercusión no fue inmediatamente percibida en toda su amplitud, ello se debe a las mismas razones de extrañamiento en que se encontraban los dirigentes políticos.

Luces y sombras del triunfo de la Alianza en las elecciones nacionales de 1999

La amplia ventaja de Fernando De la Rúa sobre Eduardo Duhalde, de más del 10% (48.4% el candidato de la Alianza contra 38.3% de su adversario peronista), le dio una legitimidad equiparable a la de sus antecesores en la presidencia de la Nación, quienes habían triunfado por márgenes análogos. Por cierto, esta circunstancia se vio matizada por los resultados provinciales y por la traducción institucional de los resultados en la composición de las Cámaras.

ser examinadas con detenimiento porque podrían ser lesivas de la libertad política, la una, y de la representación más amplia de las minorías, la otra.

[13] Una encuesta hecha en la Capital y en el conurbano bonaerense luego de las elecciones del 14 de octubre de 2001 indicaba que más del 80% de los entrevistados estaba a favor de un Estado que intervenga para distribuir equitativamente la riqueza (Graciela Romer & Asociados en *La Nación*, 28 de octubre de 2001). En otro estudio de opinión se observaba que, en el mismo ámbito de la Ciudad de Buenos Aires y el conurbano, la propensión estatista era fuerte (41% por la nacionalización de la banca contra 39% en desacuerdo; 65% por la reestatización de las empresas públicas privatizadas, contra un 26% de opinión contraria), aunque la intención mayoritaria era de no dar la espalda al mundo (60% en contra de no pagar más la deuda externa, contra un 34% de opinión contraria) Hugo Haime y Asociados (*Página 12*, 24 de marzo de 2002).

Sin embargo, era grande la significación de ese triunfo para el funcionamiento de las instituciones políticas. Se ratificaba la competitividad de la vida política puesto que por segunda vez, luego del inesperado acceso de Raúl Alfonsín a la presidencia en el comienzo de la refundación democrática, los peronistas eran derrotados en elecciones libres y esta vez precisamente el Presidente justicialista saliente transmitiría el mando a un opositor.

La derrota de Eduardo Duhalde era indudable e ilustrativa del descenso del voto cautivo de esta fuerza política que fuera considerada otrora como imbatible, puesto que se trataba del peor resultado obtenido por ella desde el restablecimiento de la democracia[14]. Los resultados de las listas de diputados nacionales peronistas estaban en retroceso respecto de las anteriores elecciones, en las que esas listas ya habían sido derrotadas: 1997: 36.3%; 1999: 32,7%.

Pero en las elecciones provinciales se produjo una reversión de tendencia. En quince de ellas los comicios se celebraron en una fecha anterior a la de las elecciones para cargos nacionales, en muchos casos para evitar el efecto arrastre de la elección presidencial, y efectivamente en nueve de ellas el resultado fue de signo contrario al nacional, y en todas estas se consagraron gobernadores peronistas. En algunas provincias que votaron sus autoridades en la misma fecha de la elección presidencial se produjo un efecto arrastre que favoreció a la Alianza, pero en el caso de la provincia de Buenos Aires esta influencia de la elección nacional no fue operante y los peronistas obtuvieron un resonante triunfo que empalideció el resultado nacional favorable a la Alianza. Tanto más cuanto que este ámbito local fue sede de una batalla política con suspenso a diferencia de la puja presidencial que, como se ha señalado, tenía desde el inicio un triunfador presumido.

La primacía de Carlos Ruckauf sobre Graciela Fernández Meijide en la lucha por la gobernación bonaerense afectaba por cierto a la Alianza, que alienaba en manos de la oposición el control del más grande distrito y, en particular, a su socio de centroizquierda, el Frepaso, que veía sus candidatos propios descartados y solo se resarciría unos meses des-

---

[14] El *score* de los candidatos justicialistas a la presidencia había sido el siguiente: 1983: 40,15%; 1989: 47,39%; 1995: 47,87%; 1999: 38,3%.

pués con el triunfo para la jefatura de gobierno de la ciudad de Buenos Aires.[15]

Como se ve por los resultados, la Alianza había logrado triunfar canalizando el voto antimenemista a nivel nacional. Pero la estrategia del postulante presidencial, cifrada en retener un electorado capturado desde el inicio, le hizo finalmente alcanzar un resultado que, aunque le atribuía una legitimidad indiscutida, era inferior al que pronosticaban las encuestas hasta un par de meses antes del escrutinio y que comportaba un retroceso respecto al nivel obtenido por la coalición en las precedentes elecciones legislativas de 1997.

**Resultados de las dos principales fuerzas políticas
en las elecciones para diputados nacionales**

	1999	1997
Alianza	43,7%	45,7% (36,3 +7 + 2,4)
Justicialismo	32,7%	36,3%

Los resultados globales de la Alianza incluyen los obtenidos por sus integrantes en aquellos distritos en que se presentaron por separado.

En resumen, el resultado de las elecciones era discernible en su sentido general pero no trasmitía un mensaje único, el voto había sido fluctuante entre los diferentes niveles de representación y el resultado institucional denotaba una dispersión del poder. La Alianza alcanzó a formar una primera minoría de 119 diputados (UCR 83, Frepaso 36) frente a 100 del justicialismo sobre un total de 257 legisladores[16]. En tanto en el Senado el justicialismo seguía siendo mayoritario con 39 miembros frente a 21 de la Alianza y 9 de los partidos provinciales, aunque la renovación de este cuerpo no estaba en juego en estas elecciones. El justicialismo continuaba al frente de catorce gobernaciones, en tanto

[15] Entre los candidatos de la Alianza, el Frepaso contaba con el candidato a vicepresidente, Carlos Álvarez y dos candidatos a gobernador, en las provincias de Buenos Aires, y Neuquén, a quienes en el momento de ser postulados se consideraban que tenían posibilidades de éxito. Graciela Fernández Meijide, una vez derrotada en las elecciones internas de la Alianza en las que se definió el candidato presidencial, prefirió la postulación a gobernadora de la provincia de Buenos Aires, donde tenía una elevada imagen de popularidad, a integrar la fórmula comunal en localidades del conurbano bonaerense.

[16] El vasto conglomerado de los partidos provinciales reunía 27 miembros y Acción por la República, liderado por Domingo Cavallo, contaba con 11 legisladores.

que la Alianza solo alcanzaba a encabezar ocho distritos al final de este proceso. Este equilibrio institucional era por una parte resultado de la mencionada fluctuación del voto pero, resultaba tambén de un sistema electoral que, al sobreponderar el voto en las provincias más pequeñas y menos desarrolladas, favoreció al peronismo que apareció bien implantado en varias de ellas.[17]

Estrategias de campaña y fluctuación del voto

Las elecciones generales de 1999 no fueron, como era el caso para estos eventos en el pasado, un acto simultáneo, sino que se desgajaron en el tiempo siguiendo los criterios variados de los gobiernos nacionales y locales. Se iniciaron en diciembre de 1998 con los comicios locales en Córdoba y finalizaron en mayo de 2000 con los efectuados en la ciudad de Buenos Aires. La anticipación de las elecciones locales, estuvo influenciada por la presunción de un resultado adverso al oficialismo a nivel nacional, lo que incitó, especialmente a los gobernadores de ese signo político, a disociarse de la debacle adelantando las elecciones.[18]

A esta incitación institucional a considerar separadamente la decisión de voto provincial de la nacional a que se vieron sometidos los ciudadanos, se sumaron otras iniciativas más precisas de los actores políticos que favorecieron la fluctuación.

Algunos candidatos a gobernador de partidos provinciales –Carlos Balter del Partido Demócrata de Mendoza y Luis Patti de la Unidad Bonaerense de la Provincia de Buenos Aires–, en provincias que realizaron sus elecciones locales simultáneamente con las nacionales, resolvieron presentar boletas incompletas, es decir, sin el segmento de la

---

[17] El carácter de mayoría parlamentaria y el hecho de tener enfrente a una oposición que controlaba la mayoría de los grandes distritos serían sin duda factores de debilidad de la Alianza en el gobierno, pero ello parece haber sido secundario respecto a la vulnerabilidad a la acción presidencial y a las luchas intestinas que primaron en el propio oficialismo. En cuanto a la distorsión federal del voto consistente en una sobrerrepresentación parlamentaria de las provincias chicas, ella fue ineludible, como lo demuestran los trabajos de Natalio Botana y Ernesto Calvo en Abal Medina y Calvo (2001), pero no deben ser exageradas. Para obtener mayoría en la Cámara baja el justicialismo necesitó ganar, luego de acceder a la presidencia en 1989, varias elecciones sucesivas y solo la alcanzó en 1995 y por un corto período.

[18] De todos modos, hubo gobernadores radicales que también impulsaron una fecha adelantada para las elecciones en su provincia.

fórmula presidencial, dejando a sus electores en la disyuntiva de elegir un candidato de otro partido o eventualmente abstenerse para ese cargo. Estos candidatos locales confiaban en tener una capacidad de arrastre suficiente como para contrarrestar el habitual punto de referencia en la decisión del voto, la fórmula presidencial, y consideraron que por el contrario, aliarse a alguna fórmula para el ejecutivo nacional desalentaría a sus partidarios que no tenían preferencias convergentes a ese nivel.[19]

Una incitación a la deslealtad electoral aún más estructurada había sido la adopción a un nivel de representación de un mismo candidato en listas que competían por otros cargos en la misma elección. Los casos más notorios se dieron también en las provincias de Buenos Aires –la inclusión acordada de Carlos Ruckauf, candidato a gobernador del Partido Justicialista, en las boletas de Acción por la República (AR) y de la Unión del Centro Democrático (UCEDE)– y en Mendoza –la lista mixta de AR y PJ para los niveles de gobernador y diputados nacionales–.[20]

De todos modos, lo más significativo fue la libre pluralidad de preferencias en comicios desdoblados –en particular, aquellos que votaron, por ejemplo, candidato a presidente de un partido y candidato a gobernador de otro– y en algunos casos, el corte de boleta. Actos originados más en la propia ciudadanía[21], pero que correspondían a una tendencia al predominio del voto antimenemista a nivel presidencial y en menor

[19] En verdad, los mencionados candidatos se vieron defraudados, Carlos Balter, que unos meses antes de las elecciones estaba a la cabeza de las intenciones de voto, fue superado por el candidato de la Alianza, quién se vio favorecido por el mencionado efecto arrastre del candidato presidencial y por la candidatura justicialista para la gobernación reforzada por el acuerdo a nivel provincial con Acción por la República. La lista encabezada por Luis Patti también fue desfavorecida por la polarización incitada por la campaña del candidato Carlos Ruckauf, obteniendo un *score* inferior a la esperanza suscitada por las encuestas.

[20] En algunos casos esta articulación fue resistida por los electores; es notorio el caso de la provincia de Buenos Aires donde una parte del electorado del AR cortó boleta para evitar votar al "intruso" peronista. Con todo, como se verá, el voto atado de AR le permitió al candidato justicialista conquistar la gobernación.

[21] En verdad, la presunción de que algunos sectores de la ciudadanía podían ser propensos a cortar boleta incitó a ciertos candidatos a propiciar esa conducta. Fue el caso de Carlos Balter en Mendoza que aconsejaba llevar una tijera al cierto oscuro y de los llamados de Eduardo Duhalde a los "peronistas del Frepaso" a eliminar a Fernando de la Rúa en su voto, o de Carlos Ruckauf a los radicales bonaerenses para que cortaran

medida para diputados nacionales, y a un voto sobre la base de consideraciones locales para los otros niveles de representación.[22]

De modo que el marco general de estas elecciones estuvo signado por una suerte de separación de la competencia presidencial y nacional del resto de la contienda, basada en parte en la presunción de un resultado descontado a ese primer nivel.

Esta puja electoral estuvo dominada por la primacía del mensaje político dirigido a una ciudadanía general a través de los medios de comunicación, en particular de la televisión. La interacción con la ciudadanía definida en estos términos, predominantemente como opinión pública escrutada por las encuestas, supuso un creciente peso del estado de la opinión, y solo secundariamente, formas de participación ciudadana más activa. De hecho, la Alianza postuló para la presidencia a su líder de opinión mejor posicionado, pero luego de una inédita elección interna abierta entre líderes de opinión;[23] en el peronismo, aunque el candidato fue consagrado sin competencia equivalente, este llegó tardíamente a la postulación, luego de una feroz disputa interna que estuvo eslabonada por consultas electorales.[24]

Los partidos políticos estuvieron relegados en las decisiones atinentes a la elección nacional, y ello se acentuó porque en el caso de los principales contendientes se trataba, como se ha visto, de candidatos distantes de la jefatura partidaria. Pero las articulaciones entre fuerzas políticas no estuvieron ausentes y fueron importantes e incluso decisivas en algunos casos. Para el peronismo ya se han mencionado precedentemente las de la provincia de Buenos Aires y las de Mendoza. La Alianza,

---

boleta en detrimento de la frepasista Fernández Meijide. Así, el corte de boleta se incorporó como referencia electoral práctica posible de una selectividad ciudadana mayor.

[22] Se verá más adelante la significativa inversión de los resultados que se produjo en algunas provincias que realizaron las elecciones en una fecha anticipada a las nacionales, pero aun en las que se llevaron a cabo en una fecha coincidente, el efecto arrastre fue menguado por las consideraciones locales, con la particularidad significativa de la provincia de Buenos Aires, en la que el efecto arrastre fue nulo.

[23] Los principales líderes partidarios estuvieron fuera de esa competencia y Chacho Álvarez fue llevado a una candidatura, la de vicepresidente, a último momento.

[24] En el peronismo el estado de la opinión y la expresión ciudadana a través de las elecciones fueron decisivas para bloquear la tentativa de Carlos Menem en forzar nuevamente su postulación. El último capítulo de esa puja fue el fracaso de la lista que apadrinaba en las elecciones internas del PJ a la provincia de Buenos Aires, luego de lo cual su tentativa quedó definitivamente sepultada.

por su parte, siendo ella misma una compleja articulación, se coaligó a su vez en los casos de San Juan, Jujuy, Salta, Mendoza, Corrientes y Santa Fe, adhiriendo en algunos de estos casos a las candidaturas de los partidos provinciales.[25]

Al momento de activarse la campaña, cuando las candidaturas fueron oficializadas, la presumida diferencia de posibilidades entre los candidatos los incitó a adoptar estrategias diferentes. En tanto, Fernando De la Rúa procuró mantener su ventaja "haciendo la plancha"; como la metáfora deportiva lo indica, su rival cifraba sus posibilidades en la desestabilización del posicionamiento de origen.

La campaña del aliancista pretendía tan solo recoger una ola que se había gestado ya en ocasión de las elecciones legislativas y que se pronunciaba negativa o retroactivamente sobre la gestión de Carlos Menem a lo largo de los 90.

Luego de la reelección de 1995, la opinión había virado mayoritariamente hacia un rechazo de la presumida corrupción gubernamental, cuya actualidad había sido alimentada por una sucesión de denuncias y de escándalos y de un estilo de gobierno excesivamente decisionista a los ojos de una ciudadanía ahora más exigente. El estancamiento económico durante los últimos dos años de gobierno, con sus consecuencias en términos de desocupación y empobrecimiento, así como una naciente conciencia sobre las consecuencias eventualmente catastróficas de un Estado endeudado, deficitario e incapaz de recaudar, alimentaba la esperanza de un cambio de rumbo. El nuevo humor social y de expectativas era notorio y se expresaba en una escena en la que la economía no era un tema de diferenciación significativo y con la cual, a diferencia

[25] Las coaliciones se habían multiplicado. Uno de los componentes de la Alianza, el Frepaso, era él mismo un conglomerado de fuerzas entre las que se contaban como núcleo el Frente Grande, heredero indirecto en una escisión del peronismo, pero en el que jugaban un rol importante el socialismo democrático y, en menor medida, otros grupos de izquierda como el Partido Intransigente y también la Democracia Cristiana. Para la composición del Frepaso ver Cheresky (1994), y Novaro y Palermo (1998). En las elecciones nacionales de 1999, la Alianza extendió sus compromisos a otras fuerzas, en particular al bloquismo y a la Cruzada Renovadora en San Juan, y al Partido Renovador en Salta. En ambos casos apoyó los candidatos a gobernador de sus aliados provinciales. Por su parte, el Partido Demócrata Progresista de Santa Fe incluyó en sus listas la candidatura presidencial del binomio encabezado por Fernando de la Rúa. En cuanto al Justicialismo, mantuvo ciertas alianzas tradicionales con la UCeDé, el Modin, País, el Movimiento Popular Fueguino y el Partido del Progreso Social de Rosario.

de 1995, el miedo a la alternancia estaba ausente. Es decir, la promesa mínima de moralización de la vida pública y de moderadas políticas sociales alentaba, por cierto, esperanzas no completamente coincidentes. La fórmula presidencial producía sintonías en direcciones diferentes. Fernando De la Rúa, de estilo moderado, de hábitos convencionales, proveniente de los sectores más conservadores de su partido, era una garantía en la continuidad de una política económica considerada por ese entonces, pese a todo, como portadora de prosperidad futura. Carlos Álvarez, "Chacho" para sus fervientes seguidores, representaba la innovación política hecha de promesas de depurar la vida pública y de mejorar la condición de los humildes. La nula conflictividad entre ambos candidatos abría la esperanza de una referencia duradera para un amplio espectro social.

Frente a un estilo de campaña aliancista poco confortativo, el candidato justicialista apostaba a politizarla empeñándose en producir una diferenciación difícil de alcanzar. Aunque su estrategia electoral fue zigzagueante, en términos generales.[26] Eduardo Duhalde procuraba diferenciarse nítidamente del presidente saliente, colocándose como el portador de una alternativa efectiva, por lo que se pretendía como "el mejor cambio" y procuraba presentar a su adversario aliancista como el verdadero continuismo ("los que quieren más ajuste que voten a De la Rúa"). Sobre todo en la fase final, hizo hincapié en la identidad peronista, rescatando una conflictividad social también ausente en su adversario: "O estamos del lado de los trabajadores o estamos del lado de una concentración económica que crece más y más"[27], y ello pese al aluvión de críticas que le había valido precedentemente su cuestionamiento de la deuda externa pública. Bastante antes de ser consagrado como candi-

---

[26] Eduardo Duhalde fue tardíamente consagrado por su partido, en el mes de agosto de 1999, luego de haber sorteado el sabotaje de Carlos Menem, quien hubiese deseado, ya que no podía postularse, al menos, consagrar un candidato afín. La campaña de Duhalde fue oscilante. Inicialmente tardó en diferenciarse de Carlos Menem, y darle a su prédica un tono de peronismo tradicional, posición que luego abandonó en vistas a mejorar su imagen ante el *establishment* y anudar una coalición con Domingo Cavallo, que finalmente se frustró. Pero en la fase final de la campaña volvió a temas tradicionalmente peronistas, en particular a la denuncia de un plan de ajuste de sus adversarios inspirado en los consejos del FMI.

[27] En uno de los principales actos de campaña electoral en el estadio del Club River Plate, al que concurrieron unas 50.000 personas (*Clarín*, 26 de septiembre de 1999).

dato había sostenido la conveniencia de una condonación de la deuda externa para crear posibilidades reales de pagar intereses y amortizar el capital.

Junto a las referencias que trasgredían el consenso modernizante de los 90, el candidato peronista procuró decididamente desplazar la atención hacia una solución a lo que él consideraba, en solitario, como una inminente emergencia económica por medio de una "concertación social", que obviamente fue rechazada por la Alianza. Sin embargo, una serie de promesas vinculadas a la concertación orientadas a reactivar la producción y absorber el desempleo fueron formuladas, y en la misma línea de presentarse como un articulador social, incluyó en sus listas de diputados junto a los tradicionales dirigentes sindicales, a representantes de la Unión Industrial y de la Sociedad Rural.[28]

Duhalde buscaba también dar un tono federal a su campaña, explotando la presencia de su compañero de fórmula, el tucumano "Palito" Ortega, que había llegado a la política luego de una amplia popularidad como cantante, al calificar a sus oponentes como "la fórmula del obelisco". La expectativa del *challenger* peronista era la de llegar a la segunda vuelta, especulando, quizás infundadamente, con la posibilidad de que en un balotaje los votos del tercer candidato, Domingo Cavallo de Acción por la República, se volcasen en su favor.[29]

Pero la fuerza del voto retrospectivo, de la propensión a sancionar al gobierno saliente de Carlos Menem, y en consecuencia, a su partido, se mostró irreversible. Pese a todo, Eduardo Duhalde apareció como la continuidad y poco pudieron sus intentos de reposicionamiento. Sus críticas al modelo, que con el tiempo se revelarían más atinadas de lo que a la mayoría le parecía en ese momento, no tuvieron mayor eco y su

---

[28] El candidato peronista proponía específicamente una reducción del impuesto al valor agregado (IVA), un compromiso con los empresarios para suspender los despidos por un año y una exención impositiva por año a las pequeñas empresas que aportasen trabajo. El tono nacionalista y proteccionista de su propuesta se resumía en la rehabilitada consigna de "compre argentino". En esta línea, promovía una coalición social expresada en la composición de su lista de diputados en la provincia de Buenos Aires, en la que junto a los líderes de los trabajadores, incluía a O. Rial de la UIA y a Alchourrón de la SRA.

[29] Las gestiones preelectorales para una coalición habían fracasado, quizás precisamente, porque el voto de centroderecha sería renuente a votar por un candidato peronista, sobre todo si éste era Eduardo Duhalde, mucho más cerca de la tradición partidaria que Carlos Menem, y su adversario era Fernando De la Rúa.

coalición social reforzó la imagen de un corporativismo poco seductor para los sectores urbanos modernos.[30]

En la lucha por los ejes de diferenciación triunfó la enunciación más abstracta de la Alianza que correspondía a un llamado más general a la ciudadanía, en detrimento de los anclajes sociales que evocó Duhalde, pero éste, sin embargo, logró recuperar posiciones entre los más humildes, en particular en el conurbano de la provincia de Buenos Aires. Es decir que el voto peronista, en decidido retroceso, tendió a mantenerse mejor o incluso a recuperar posiciones en su electorado más tradicional.[31]

Los estilos de campaña electoral estuvieron en consonancia con los perfiles apuntados. Como en toda campaña, hubo una actividad con variados medios, pero el recurso predominante de la emprendida por el candidato ganador fue la publicidad televisiva dirigida al ciudadano espectador.

Lo común fue la campaña publicitaria televisiva que desplazó a los programas periodísticos guiados por un comunicador, los cuales sobrevivieron, pero sin la centralidad de antaño. Esta novedad dio a los candidatos una gran autonomía en construcción de las imágenes y en la pugna por armar una escena en la que posicionarse a sí mismos y a sus adversarios. La idea de espectáculo político tomó un giro novedoso con el recurso a los *spots* publicitarios con actores que ofrecían discursos de formato ficcional y que ocasionalmente, dialogaban con los emitidos en los *spots* del adversario.

De este modo, cierta estética sofisticada sustituyó al debate de ideas. Pero dentro de ese marco, la publicidad del candidato Eduardo Duhalde tuvo un carácter más tradicional, haciendo más hincapié en mostrar las realizaciones de su gobierno provincial, en identificar lugares y personajes reales y en recurrir a emisores institucionales.

Sobre todo en la fase final de la campaña, el peronismo se mostró más conforme a la tradición, recurriendo a la presencia mediática direc-

[30] Las transformaciones sociales, acentuadas en los noventa, habían debilitado a los protagonistas sociales clásicos en los que se apoyaba tradicionalmente el peronismo y a los que Duhalde parecía haber querido reanimar sin mayor éxito.

[31] Rosendo Fraga (1999) y Artemio López (1990) han puesto de relieve la permanencia de un voto popular peronista. Sobre esas elecciones se puede consultar también Carlos Fara, "Observaciones sobre los resultados electorales del 24 de octubre de 1999", s/d.

ta del candidato, resituándolo en las caravanas y en los actos masivos. Así Duhalde, intentando reavivar la tradición, se mostraba rodeado de algunos líderes partidarios de predicamento distrital, considerando que la carta del peronismo unido constituía aún un recurso importante. La rehabilitación de la marcha partidaria modernizada y de los emblemas partidarios, así como una publicidad más clásica que mostraba al "pueblo peronista", fueron elementos de una estrategia de campaña más particularista, más popular y menos ciudadana.

Coexistencia, entonces, de interpelación mediática y de movilización a través de aparatos y redes, pero en las que el predominio se inclinó hacia la imagen construida. En esta experiencia es posible constatar que en ese entonces la calle era tan solo el lugar ocasional de la expresión ciudadana y su peso en la expresión mediática estaba relativizado.

El correlato de la construcción de imágenes ofertadas por los candidatos fue la medición permanente de los efectos de su recepción, es decir, del electorado como opinión pública representada a través de las encuestas.

Las encuestas jugaron un rol central de regulación de la campaña electoral. Por un lado suministraban el resultado probable, incidiendo en la persistencia o corrección de la estrategia de los candidatos, al tiempo que eran objeto de cuestionamiento por parte del candidato desfavorecido. Según quienes protestaban por su publicación reiterada, la simulación continua del acto electoral a través de esas mediciones debía ser descartada para rehabilitar la incertidumbre, suponiéndose que en ausencia de estudios de opinión pública se restablecía la paridad de los candidatos y lo que sucediese en la campaña tendría un efecto incrementado.

Excursus: la provincia de Buenos Aires

La batalla política que no pudo darse en el orden nacional, sí se libró en la provincia de Buenos Aires. Puede decirse que en ésta, a diferencia de la escena nacional, el resultado se definió en la campaña electoral. Es aquí donde el candidato peronista a gobernador pudo conmover la escena y convertir una expectativa desfavorable en éxito.

La significación de la rivalidad entre Graciela Fernández Meijide y Carlos Ruckauf y el desenlace de esta lucha se incrementó porque la candidata aliancista encarnaba también una apuesta importante del Frepaso y de los sectores más progresistas en la coalición ganadora, y porque los últimos días previos a la elección la connotación autoritaria e identitaria del llamado de Ruckauf a los electores dramatizó la importancia del resultado en ese distrito.

Puede argumentarse consistentemente que el candidato peronista tomó ventaja al lograr una articulación política desde el momento de la inscripción de las listas electorales, que jugó muy a su favor al asegurarse que otros dos partidos, la UCeDé y Acción por la República, hicieran propia su candidatura, y en consecuencia, incluyeran ese segmento del voto en sus propias boletas.[32]

Pero debe constatarse que en este distrito la Alianza experimentó un amplio retroceso y que para entenderlo debe adoptarse una perspectiva más amplia que tenga en cuenta la evolución del electorado, es decir, la fluctuación del voto. Fernández Meijide obtuvo en esa oportunidad un porcentaje de sufragios sensiblemente inferior al obtenido cuando, unos dos años antes, había encabezado la lista de diputados de la entonces recientemente constituida Alianza, e incluso la boleta presidencial de De la Rúa obtuvo un *score* inferior al de ese momento.[33]

Este retroceso tuvo sin duda causas múltiples. Por lo pronto, debe constatarse que, en general, el justicialismo bonaerense mejoró su resultado respecto de las elecciones precedentes, debido a la recuperación del predicamento en los sectores más populares, que también se reflejó en el *score* de Eduardo Duhalde. Otra muy general tuvo que ver con los criterios diferenciados que parecieron orientar el voto ciudadano a nivel nacional y a nivel provincial. A nivel nacional, la ola antimenemista era incontenible, pero ella no alcanzó forzosamente a los candidatos justicialistas locales. La estrategia electoral de la Alianza en la provincia de Buenos Aires estuvo muy en sintonía con la "promesa mínima" efectuada por De la Rúa, pero éste parece haber sido un error, pues a este nivel

---

[32] Graciela Fernández Meijide obtuvo el 41,4% de los votos y su rival el 37,4% en las boletas del PJ, a los que se añadieron 5,8% de Acción por la República y 5,0% de la UCeDé, ganando éste con un total del 48,3%.

[33] La lista de la Alianza obtuvo para las elecciones de diputados nacionales de 1997 en esta provincia el 48,3% de los votos, en tanto que Graciela Fernández Meijide obtuvo para gobernadora en 1999 siete puntos menos (41,4%) y el propio de la Rúa 44,5%.

no podía contarse con el voto retrospectivo o voto rechazo que se había instalado en el nivel nacional.

Más aún, a pesar de los intentos desesperados de Duhalde por diferenciarse de Menem, Ruckauf, en términos generales, reivindicó las realizaciones de Duhalde como gobernador de la provincia haciéndose eco de la popularidad obtenida por aquel en mérito a ciertos aspectos de su gestión. Pero, a la vez, Ruckauf construyó su diferencia en torno al tema de la de seguridad urbana por medio de una áspera polémica con su adversaria, pero que también rozó a Duhalde.

Por lo pronto, sus críticas a la política de seguridad en el ámbito provincial provocaron la renuncia de León Arslanian,[34] quien estaba a cargo de una vasta depuración de la "maldita policía", tal como era calificada la fuerza bonaerense, sobre todo luego del descubrimiento de la red de complicidades que constituyeron la trama del asesinato del periodista José Luis Cabezas por presunta incitación del empresario Alfredo Yabrán, y de la participación de altos jefes en el atentado contra la sede de la comunidad judía.

El desplazamiento del ex juez, logrado por el postulante suponía una inflexión en la política de seguridad en provecho de una orientación de mano dura. Carlos Ruckauf se lanzó en una ofensiva de frases espectaculares y ambiguas que daban el tono de la nueva orientación, "meterle bala a los delincuentes", asegurando que apoyaría a la policía "aun a costa de la vida de los delincuentes".

Legitimaba así conocidas prácticas de violación de los derechos humanos que habían dado popularidad a uno de sus adversarios a quien disputaba una franja del electorado, el subcomisario Patti. A la connotación ideológica de su planteo se agregaban propuestas orientadas a endurecer las penas, y en particular a responder al fundado pero ambiguo descontento de los sectores ciudadanos que percibían la incapacidad en efectivizar las condenas, y a asegurar una mayor presencia policial en las calles.

Aunque el programa provincial de la Alianza contenía propuestas sobre el tema, destinadas a un control civil de la fuerza policial, a la intervención distrital de fiscales judiciales y a la participación de votos ciudadanos locales en la actividad de prevención del delito, la imagen

---

[34] Ministro de Seguridad de la provincia de Buenos Aires de 1998 a 1999.

dada en la campaña era que la Alianza procuraba desplazar el tema del centro de la deliberación dejando la impresión de que no le daba entidad y que las soluciones se derivarían de políticas en otro ámbito, en particular el educativo. Característico de esta orientación era el *spot* en que la candidata a gobernadora sostenía: "¿Por qué cuando hablan de seguridad piensan en balas? ¿Por qué cuando hablan de trabajo piensan nada? ¿Por qué no hablan de drogas?"

A ello se sumó una acción identitaria que calificaba a Fernández Meijide de "abortista y anticristiana". La candidata, que había firmado en la Cámara de Diputados un proyecto de ley sobre la legalización del aborto, fue colocada a la defensiva por expresiones de su adversario que le imputaba una actitud hacia seres humanos consistente "en matarlos antes de que nazcan por el solo hecho de ser pobres". Esta campaña identitaria adquirió mayor consistencia cuando la Conferencia Episcopal de la Iglesia Católica recomendó a los fieles votar por aquellos candidatos que rechazaran el aborto y varios prelados retomaron el tema en sus sermones dominicales.

Es cierto que el contexto de la ola delictiva ya había favorecido la emergencia de una formación provincial, la del subcomisario Patti, que ilustraba tanto la sensibilidad al tema en todos los sectores sociales como la disposición de algunos a una acción represiva ilegal. Pero al mismo tiempo, el accionar policial descontrolado e incluso la conexión de algunos de sus miembros con el mundo del delito creaban una sensibilidad favorable a ver la complejidad del problema, pero que no fue abordada francamente en la campaña aliancista.

Se han señalado dos factores que incrementaron las posibilidades del candidato peronista a la gobernación, más allá de la coalición hilvanada con la UCeDé y AR: la deserción de una franja de votantes radicales que cortó boleta a nivel de gobernador, sobre todo en el interior de la provincia, y una recuperación de votos en los sectores más carenciados del conurbano bonaerense, los del segundo cordón.[35]

Según los cálculos de Artemio López, el 83% de los votos que distanciaron a Ruckauf de Graciela Fernández Meijide fueron obtenidos en el conurbano, tal como lo ilustra el cuadro siguiente:

---

[35] Ver al respecto Artemio López (1999).

**Comparación de los resultados de las elecciones de 1997
(a diputados) con las de 1999 (a gobernador) en porcentajes[36]**

	1999			1997		
	PJ	Alianza	Dif. %	PJ	Alianza	Dif. %
2.° cordón	54,5%	34,7%	-19,8	47,3%	41,9%	-5,4
Gran Bs. As.	48,4%	40,3%	-8,1	41,3%	47,5%	6,2

Como se ve, en el segundo cordón la diferencia a favor del PJ, que era del 5,4% en 1997, paso a ser más del 20% en 1999, y en el Gran Buenos Aires, en general, la relación de fuerzas se revirtió a favor del justicialismo, produciéndose la conjunción de la recuperación del voto más popular con el aporte del voto de partidos más influyentes en los sectores sociales más solventes.

Puede estimarse que las chances de la candidata de la Alianza dependían de una diferenciación positiva, que probablemente no logró construir y quizás decidió desde el inicio de la campaña no encarar. Carentes de esta diferenciación renovada en vinculación con los problemas locales, candentes en la provincia de Buenos Aires, los rasgos de popularidad pueden tornarse puntos de vulnerabilidad. Que Fernández Meijide fuese una *outsider* de la política hacía más verosímil su combate contra la corrupción y reforzaba la creencia en su autonomía, pero en la medida en que su discurso no se amplió quizás suficientemente, el venir de afuera se trocó en rasgo de inexperiencia y en duda sobre su capacidad de gestión, bajo el embate de un adversario incisivo.

En este plano cabe agregar que los líderes del Frepaso, fuertemente instalados en la opinión pública desde su emergencia como críticos del Pacto de Olivos, al no pertenecer a un partido tan organizado como los históricos y tener una trayectoria más nueva, tenían que renovar su lazo de representación cada vez –careciendo de una inscripción pública tan permanente como otros líderes y teniendo un electorado cautivo más reducido– al tiempo que generaban las resistencias habituales en adversarios y aliados.

Una consideración particular debería darse a la desprejuiciada diferenciación emprendida por Carlos Ruckauf con el llamado al voto

---

[36] Datos elaborados sobre la base de la información suministrada en Artemio López (1999), *op. cit.*

identitario, al calificar a su adversaria de atea y anticristiana. No es posible estimar si esta resonante delimitación en términos religiosos ha sido electoralmente eficaz.[37] Pero su empleo expresa probablemente la percepción de que el debilitamiento de las pertenencias tradicionales y de las identidades políticas globales sume a muchos sectores sociales en una suerte de desamparo de sentido, que puede ser explotado con la propuesta de identificaciones particularistas y no pertinentes cuando son trasladadas al plano público.

La fluctuación del voto

Entre los principales cargos en disputa (fórmula presidencial, diputados nacionales, gobernador, representantes provinciales y municipales) se produjeron fluctuaciones significativas en el voto, coadyuvadas en la mayoría de los casos por la realización de las elecciones en fechas diferentes, lo que no requería entonces del corte de boleta para el voto heterogéneo.

La mayor polarización se produjo en las elecciones presidenciales entre el candidato de la Alianza, Fernando De la Rúa y el del Partido Justicialista, Eduardo Duhalde que en conjunto reunieron el 87% de los votos "positivos". El voto para diputados nacionales presentó ya una mayor dispersión a favor de los partidos menores, sin embargo, los dos principales concentraron aún el 76% de los votos "positivos".[38]

Variación del voto partidario según el nivel de representación en las elecciones de 1999 (en porcentajes)

	Presidente	Gobernador	Diputados
PJ	38,27%	43,28%	32,69%
Alianza	48,37%	42,03%	43,70%
Otros	13,36%	14,69%	23,61%

[37] Se puede presumir incluso que algún sector liberal de la derecha reaccionó negativamente, si se toma en cuenta el corte de boleta de los votantes de Acción por la República en el ámbito de la provincia de Buenos Aires. Esa fuerza política obtuvo para presidente 9,3%, para diputados 7,2%, y para gobernador 5,8%.

[38] La concentración del voto en las dos principales fuerzas para diputados nacionales había sido: 86,6% en 1983; 78,5% en 1985; 80,2% en 1987; 79,5% en 1989; 69,5% en 1991; 73,6% en 1993; 59% en 1995; 81,9% en 1997; y 76,4% en 1999.

Puesto que para diputados nacionales se vota a listas y se elige por representación proporcional según distritos provinciales, se hacía posible una mejor expresión de preferencias hacia terceras fuerzas, favoreciendo así una significativa dispersión del voto.

En el voto a gobernador se volvió a producir una concentración bipartidista pero con una inversión de tendencia.[39] PJ y Alianza reunían el 85% de los votos, pero en este caso la suma de los votos del PJ a nivel de los ejecutivos provinciales superaba levemente a los de la Alianza. Para considerar debidamente la masividad del desplazamiento del voto a favor del peronismo y en perjuicio de la Alianza, debe tenerse en cuenta que los datos generales están atenuados, dado que para Jefe de Gobierno de la ciudad de Buenos Aires el justicialismo obtuvo una cantidad de votos muy inferior a su caudal histórico, debido a la polarización ocurrida en esta oportunidad en desmedro de su candidato, en elecciones que se hicieron con posterioridad a las presidenciales.[40]

En resumen, los votos para gobernadores obtenidos por el justicialismo superaron en 787.497 sufragios al voto presidencial, ilustrando de ese modo el poder superior de convocatoria de los mandatarios provinciales, que en muchos casos se presentaban a la reelección.[41] Este incremento del 10,02% indica una fluctuación del voto tanto más significativa cuanto que el voto presidencial fue el resultado de una polarización, por lo que a nivel de diputados el voto peronista disminuyó en 1.200.342 votos, lo que representa un 16,5% menos. Cabe remarcar que el voto del PJ, para los ejecutivos provinciales, estaba incluso subestimado debido a que la alternativa a la Alianza, en el distrito de la Capital Federal, era una tercera fuerza que atrajo las preferencias del

---

[39] Estos cálculos se han hecho omitiendo la provincia de Corrientes, que no eligió gobernador en esta oportunidad.

[40] Las elecciones para jefe de Gobierno de la ciudad de Buenos Aires se hicieron el 7 de mayo de 2000. En ellas se produjo una polarización entre Aníbal Ibarra, candidato de la Alianza, finalmente ganador, y Domingo Cavallo, quien había competido por la presidencia con su propio partido y que ahora a nivel subnacional concentraba los votos opositores al nuevo oficialismo nacional. Incluso en esta oportunidad se notó una considerable fluctuación del voto, puesto que Ibarra obtuvo unos 200.000 votos menos de los obtenidos por Fernando De la Rúa para presidente.

[41] En la caso de la provincia de Córdoba, el candidato peronista Juan Manuel de la Sota, ganó las elecciones en el tradicional reducto del radicalismo, pese a la ola antimenemista a nivel nacional.

voto peronista.[42] La tendencia, en dicho distrito, fue en esa oportunidad atípica: el PJ obtuvo para presidente 467.068 votos, para diputados 180.304 y para jefe de Gobierno 30.096.

En conjunto, la oscilación del voto peronista abarcó más de 2.000.000 de electores. En provincias como Santa Fe, Formosa y San Luis, el incremento del voto a gobernador respecto al presidencial representó para este partido un porcentaje superior al 24%.

La Alianza experimentó también una intensa fluctuación del voto, pero en un sentido opuesto al de sus adversarios. Su mayor caudal fue para presidente, y respecto a esta cifra obtuvo 1.075.788 votos menos a diputados (-11,7%) y 1.333.365 menos para gobernadores (-14,8%).

Aunque el comportamiento electoral local tuvo, como se ha señalado, diferencias significativas con el nivel nacional, ello redundó paradójicamente en la reducción del número de los gobernadores electos por los partidos provinciales y terceras fuerzas, alcanzando el triunfo tan solo Jorge Sobisch del Movimiento Popular Neuquino. Domingo Cavallo, candidato a Jefe de Gobierno por una coalición local en la Capital Federal, hizo una buena elección pero fue derrotado por el candidato de la Alianza y lo mismo sucedió con Ricardo Bussi en Tucumán, que fue superado por el candidato peronista en una elección triangular.

En sentido contrario puede percibirse el efecto desalentador a la fluctuación del voto que se produce cuando las elecciones son simultáneas. El 27 de octubre de 1999, seis provincias renovaron sus cargos electivos y en dos de ellas –Mendoza, donde había una competencia triangular para gobernador, y Entre Ríos– triunfaron, desmintiendo los pronósticos y las encuestas previas, los candidatos a gobernador de la Alianza.[43]

[42] La Alianza Frente por un Nuevo País, que llevaba a Gustavo Béliz como candidato a senador, obtuvo 12,12% de los votos, en tanto que la lista para diputados encabezada por Irma Roy alcanzó el 6,51%, es decir, casi la mitad del electorado de esa Alianza de filiación peronista cortó boleta.

[43] El efecto arrastre fue significativo en Entre Ríos, donde la lista presidencial obtuvo el 51,4% de los votos y la de gobernador, el 49,1%, logrando la supremacía por escaso margen sobre la lista justicialista, que había alcanzado el 47,5% de los votos, pese a que éste había mejorado mucho el *score* del candidato presidencial que había alcanzado tan solo el 40,9%. En Mendoza, en cambio, los resultados para gobernador de la Alianza estuvieron más de 15 puntos debajo de los obtenidos para presidente. De todos modos obtuvo el triunfo, pese a que el candidato de Partido Demócrata local hizo una buena elección.

En la provincia de Buenos Aires, en cambio, como se ha visto, aunque las elecciones presidenciales y provinciales fueron simultáneas, el PJ logró incrementar los votos a gobernador reteniendo su electorado y estableciendo un sistema de alianzas con otras fuerzas políticas.

Los resultados de las elecciones de diputados y senadores de 2001 en una perspectiva comparativa

Las elecciones nacionales del 14 de octubre de 2001 marcaron una discontinuidad brusca respecto al ciclo electoral precedente. Estuvieron signadas por un retroceso de las opciones tradicionales y, sobre todo, por la irrupción del voto "negativo" en sus diferentes manifestaciones (voto nulo y blanco) y también abstención. Los resultados evidenciaron una crisis de representación, y en ese sentido, presentaban una especificidad que relativiza toda comparación, puesto que el elegir mismo era cuestionado en esa oportunidad. De este modo, bajo una forma distinta a las anteriores, las elecciones fueron ilustrativas también de una creciente autonomía ciudadana y de la emergencia de nuevas propuestas de representación.

Si se tiene en cuenta que se trata de elecciones que en el orden nacional solo ponían en juego las bancas correspondientes a la renovación parcial de la cámara de diputados y la elección de los senadores, es decir que la boleta solo tenía dos secciones y que las elecciones para esos cargos eran simultáneas, el margen para la fluctuación intertemporal era reducido, aunque algo de eso sucedió en favor de partidos provinciales. Pero el signo dominante fue el masivo desplazamiento de votos entre elecciones sucesivas del oficialismo, pero también de la oposición peronista, hacia la abstención y el voto negativo y, en menor medida, hacia fuerzas políticos alternativas.

Este cambio en el comportamiento electoral se preanunció durante la breve campaña electoral, aunque no en la magnitud alcanzada. En verdad, la formalidad del escrutinio dio la oportunidad para que cristalizara un cambio significativo en la disposición ciudadana.

Isidoro Cheresky

Campaña electoral sin oficialismo:
la disputa por el voto opositor

El periodo preelectoral estuvo signado por los intensos vaivenes de la crisis económica: en marzo, la llegada de Domingo Cavallo al Ministerio de Economía con la imagen de alguien escuchado en el mundo de las finanzas, y que traía la promesa de una estrategia económica que sortearía las más duras políticas de ajuste para atenerse a procedimientos neokeynesianos de aliento al crecimiento, despertó esperanzas y coadyuvó a alcanzar un consenso parlamentario para habilitar una concentración de poder. Pero pronto la expectativa se fue debilitando, pese a excepcionales iniciativas de reestructuración de la deuda y de restricción del gasto en vistas al déficit cero.

Desde varios meses antes de las elecciones el índice de riesgo país superó los mil puntos, lo que significaba que el crédito para las finanzas públicas estaba cortado y la progresión de ese índice, que llegó en la semana previa a las elecciones a los 1800 puntos –casi el más alto del mundo en ese entonces– fue alejando la perspectiva de una recuperación. El sistema financiero y el conjunto de la economía, afectados por la significativa fuga de capitales que se produjo a lo largo del año, dependían cada vez más de la confianza de los ahorristas nacionales en la salud del sistema y en su disposición a no precipitarse a retirar sus ahorros e inversiones. En vísperas de los comicios, la caída en la recaudación fiscal, en un 14% respecto al año anterior, indicaba tanto la declinación de la actividad económica como los efectos de un creciente escepticismo que retraía la contribución a las arcas públicas.

Las semanas que precedieron a las elecciones fueron dominadas por una completa reversión de tendencia en el estado de la opinión, lo que se reflejaba en el pronunciamiento de los actores políticos. Ahora, el fuego se concentraba en el rechazo a la política económica, que había vuelto a requerir la reducción del gasto público, y a la responsabilización del Ministro de Economía, cuya renuncia era reclamada por la mayoría de los candidatos. Pero este coro negativo no suscitó interés en los electores que siguieron sin entusiasmo la breve y deslucida campaña electoral.

Esta situación de ausencia del oficialismo electoral no es excepcional y probablemente corresponde a las tendencias contemporáneas que rigen la recreación la legitimidad política. De hecho, en 1989, Eduardo Angeloz, para competir por la presidencia, procuró diferenciarse de su correligionario presidente al punto que esgrimió como trofeo la provocada renuncia del Ministro de Economía. En 1997, el entonces presidente Carlos Menem se consideró a tal punto eximido de la derrota de los peronistas en las legislativas que esgrimió ese resultado como traición de la impericia de su rival Eduardo Duhalde y lo tomó como pretexto para relanzar sus intenciones reeleccionistas. Y el propio Menem consideró el resultado de las presidenciales de 1999 como un factor de debilitamiento de sus adversarios internos que sería alentador para encarar su retorno en 2003.

Del mismo modo, Fernando De la Rúa se situó en una posición de desentendimiento, confiando en que las elecciones pudieran desautorizar a sus rivales en el Partido Radical y reproducir una fragmentación en el liderazgo peronista, que le permitiera maniobrar en el futuro. Sin embargo, su fragilidad era inédita dada la orfandad de partido en que se hallaba, situación muy diferente a la que conocieron su predecesores.[44] El rápido descrédito de la estrategia económica mencionada había acentuado el aislamiento del gobierno, de modo que en el segundo semestre del año sus índices de popularidad eran del orden del 9%.

La escena electoral, en consecuencia, aunque presentaba a candidatos en competencia, no permitía establecer una línea divisoria entre oficialismo y oposición, puesto que ninguno de los postulantes de la Alianza defendía la acción de gobierno y, por el contrario, los principales candidatos convergían en un coro crítico continuando de ese modo la escasa diferenciación política de los meses precedentes.

Sin embargo, en esa escena era posible establecer ciertas distinciones significativas. Entre los propios candidatos de la Alianza, la posición de Rodolfo Terragno, candidato a senador por la ciudad de Buenos Aires y aspirante a candidato presidencial para el futuro, prometía imponer un cambio en el modelo económico y en el gabinete; en tanto que su correligionario Raúl Alfonsín, que disputaba la senaduría por la provincia de Buenos Aires, siendo crítico de la orientación económica y

---

[44] En su propio reducto, la ciudad de Buenos Aires, de la que había sido jefe de Gobierno, no logró que la lista de sus partidarios ganaran las elecciones internas. Por el contrario, ese distrito llevó como candidato a uno de sus más enconados adversarios, su ex jefe de gabinete, Rodolfo Terragno.

manteniendo las mismas esperanzas, se concebía como un interlocutor para orientar al presidente hacia un cambio y con acuerdo nacional de gobernabilidad con los peronistas luego de las elecciones.

El tono de ácida crítica al gobierno, y en particular al Ministro de Economía, dado por el candidato porteño, contrastaba con la posición moderada del candidato peronista a senador por la provincia de Buenos Aires, Eduardo Duhalde, quien, aunque criticaba la acción de gobierno, daba signos de impulsar a futuro fórmulas de cooperación política.

Sin embargo, hacia el final de la campaña, las exigencias de los gobernadores peronistas, acuciados por el incumplimiento de la coparticipación federal de los impuestos, incitó a los candidatos peronistas a una crítica más abierta y frontal al propio presidente.

La tónica de las confrontaciones preelectorales estuvo dada por la competencia porteña. En los candidatos de la Alianza pesaba con fuerza el desafío tanto de las alternativas, en particular la Afirmación para una República de Iguales (ARI), que por un momento apareció con posibilidades de obtener el primer lugar, y el de los partidos de izquierda, que adicionaron sus fuerzas dispersas, lograron un *score* inédito. Una paradoja significativa es que en este distrito los únicos candidatos que defendían la acción de gobierno, o al menos de su Ministro de Economía, eran los de una lista en que se habían aliado los partidarios de Domingo Cavallo con los representantes, sobre todo menemistas, del peronismo.

La crisis económica –que contenía la posibilidad de una evolución catastrófica y la debilidad del poder político– tenía en conjunción un efecto depresivo sobre la coyuntura y pesó fuertemente para relativizar en el ciudadano común la trascendencia del acto electoral. El gobierno era considerado como responsable de lo que sucedía, no tanto por su acción como por su incapacidad de establecer un rumbo inteligible. Esta situación fue momentáneamente paleada cuando se generó la ilusión en el plan heterodoxo de Cavallo, pero cuando esta esperanza se desvaneció, la desnudez de gobierno pareció más evidente. La perspectiva de continuar en esta situación por otros dos años era también difícil de concebir, tanto para el ciudadano común como para los analistas políticos.

El creciente clima de descontento ciudadano se preanunciaba en la emergencia de una perceptible tendencia al voto negativo y en la popularidad volátil de los líderes emergentes. La disidente Lilita Carrió, que parecía haber capitalizado el descontento luego de haber desplazado en la opinión pública a los dirigentes preferidos de la oposición, también retrocedió en ese registro para el momento en que se iba a votar, cuestionada por los excesos de sus denuncias y por las incertezas de su posición de liderazgo.

La centralidad del voto negativo en los resultados electorales

A la hora del escrutinio se planteó un dilema en la interpretación de los resultados. Muchos, movidos por una perspectiva institucional, se focalizaron en los llamados votos positivos. El peronismo había ganado conquistando posiciones parlamentarias decisivas para el futuro. Pero el análisis no podía simplemente poner en el centro de la reflexión al sistema institucional, puesto que este precisamente aparecía cuestionado. La masa de abstencionistas, de quienes anularon su voto o votaron en blanco reunía en conjunto el 42,67% del electorado potencial, proporción bien superior a la de aquellos que votaron por las dos principales fuerzas políticas que habían gobernado el país desde la refundación democrática y que sumadas alcanzaban el 34,6% de ese mismo conjunto ciudadano.

La fragilización de la relación con las instituciones políticas ilustrada por la mencionada relación presentaba aspectos diferenciados.

Por una parte, en estas elecciones hubo un récord de votantes habilitados que no concurrieron a los comicios, alcanzando estos al 24,58% del padrón, un incremento del 6,81% respecto a 1994.[45]

En cuanto a los votos anulados y blancos, éstos representaron en conjunto el 23,99% de los votos emitidos[46]. Es decir, 4.508.883 sufragantes, casi uno de cada cuatro, rechazó las opciones que se le presentaban. En general, este comportamiento electoral fue más acentuado en los sectores urbanos y de mayor nivel socio económico o educativo. La Capital Federal (24,47%) y Neuquén (24,49%) tuvieron un récord de

[45] Los datos mencionados se refieren a las elecciones legislativas. Debe tenerse en cuenta que cuando se trata solo de elecciones legislativos la concurrencia suele ser menor a aquellas oportunidades en que también se elige presidente.

[46] De ellos, un 13,23% eran nulos y un 10,76% eran votos en blanco.

votos anulados, en tanto Santa Fe encabezó los distritos con alta proporción de voto en blanco (30.38 %).[47]

Votos blancos y anulados son ambas formas activas de rechazo a las ofertas políticas existentes, pero el voto anulado, que contiene generalmente boletas electorales destruidas o algún mensaje escrito del elector, revelaba un mayor grado de intensidad. Estos votantes que así se expresaban conforman una categoría de nuevos disconformes.

Esta expresión de protesta tuvo por cierto un sesgo social, puesto que fue más característica de los barrios de clase media y alta. Así, como se ha señalado, el voto nulo y blanco fue muy importante en Capital Federal, pero tuvo una distribución barrial relativamente despareja: los votos negativos fueron superiores al 30% en Palermo, Saavedra, Socorro, Belgrano y Pilar; con menos del 24%, Villa Lugano, Concepción y Balvanera Oeste. En la provincia de Buenos Aires también se notó cierta diferenciación social en este voto: el promedio de votos "negativos" para toda la provincia fue del 25.85%. En San Isidro y Vicente López ese voto supero el 31%, pero hubo localidades como Almirante Brown, Malvinas Argentinas, Esteban Echeverría, Merlo, Moreno y José C. Paz en donde fue menor al 18%.

El Partido Justicialista obtuvo el 36,3% de los votos para diputados nacionales, superando ampliamente a la Alianza que solo alcanzó el 23,03% en todo el país. Esta ventaja le permitió alcanzar una posición de hegemonía institucional: conservar la mayoría absoluta en el Senado, alcanzar una primera minoría holgada en Diputados y reafirmar su predominio en la mayoría de las provincias, puesto que resultó mayoritaria en diecisiete distritos.

Pero este predominio institucional no podía ocultar el hecho de que la nueva mayoría participaba del deterioro de la legitimidad política general, el peronismo había ganado ampliamente, pero con un caudal de votos inferior en 872.453 sufragios al resultado obtenido dos años antes, cuando había sido derrotado catastróficamente, es decir, una disminución en su caudal del 14,41%. Más que en otros distritos,

---

[47] El promedio de voto en blanco en las elecciones de diputados nacionales realizadas desde 1983 es de 3,04%, pero en los ochenta el promedio era inferior y se subió en la década siguiente.

el peronismo había perdido votos en la provincia de Buenos Aires y en Santa Fe.

Es decir que el triunfo justicialista encubría su caída en votos absolutos, disimulada por el modo de cálculo que no tomaba en cuenta los votos negativos y no evidenciaba la dispersión del electorado sufragante.

En cuanto a la Alianza, su caída fue catastrófica pues perdió 4.800.937 votos respecto a la elección precedente, es decir que su caudal disminuyó en un 59,33%, y de hecho fue derrotada en provincias que gobernaba, como Entre Ríos, Mendoza y San Juan, pero con todo logró triunfar en seis distritos. Es que sus retrocesos mayores se produjeron en distritos como Capital Federal, en donde, gracias a la dispersión del voto, llegó primera pero viendo su caudal electoral reducido a casi un cuarto de lo que era precedentemente, una caída similar se produjo en la provincia de Buenos Aires.[48] Es decir que la Alianza retrocedió más en el litoral, donde más ilusiones había despertado.

De modo que, aunque las elecciones se nacionalizaron en torno a la crítica al gobierno y a la política económica, el peso de los poderes locales se hizo sentir sobre todo en las provincias del interior.

Otro aspecto de la transformación en el comportamiento político es la desconcentración del voto. En 1999, peronistas y radicales sumaban el 71,32% de los votos emitidos, proporción que en esta elección cayó al 45,06%. Pero esta significativa dispersión no benefició a los partidos provinciales y de centroderecha como Acción por la República, que eran las opciones de las elecciones precedentes, sino a nuevas fuerzas de vocación "alternativista" como Afirmación para una República de Iguales (ARI) y al Polo Social. La izquierda, aunque fragmentada, incrementó su caudal electoral, obteniendo el 27,12% de los votos en la ciudad de Buenos Aires y a nivel nacional con más de 600.000 votos, se convirtió en la cuarta fuerza nacional. El ARI tuvo el segundo puesto en Capital Federal y el tercero en Buenos Aires, Córdoba y Santa Fe.

---

[48] En Capital Federal, los candidatos de la Alianza ganaron con 260.000 votos, en tanto que en 1999 habían obtenido 1.029.340. En la provincia de Buenos Aires, la Alianza salió segunda con 814.376 votos, casi un cuarto de los 3.080.133 obtenidos dos años antes.

Las elecciones como dispositivo democrático de renovación política

Las elecciones han sabido recoger incluso el cuestionamiento de los canales que ofrece, y en ese sentido, podían albergar la crisis de representación.

De hecho, cuando desde fines del año 2001 el descontento con la representación y con el modo en que se aseguraba el imperio de la ley se expresó a través de la movilización ciudadana, divorciada de sus canales tradicionales, el cuestionamiento a los gobernantes que sucedieron al presidente renunciante invocaba la falta de legitimidad electoral, y la reivindicación de esa práctica fundente de toda legitimidad fue frecuente. Es más, votar se transformó en el recurso por excelencia, que acompañaba en su momento a las prácticas deliberativas de las asambleas barriales, como un procedimiento que conscientemente procuraba preservar la ciudadanía de las manipulaciones minoritarias.

Las elecciones son, por cierto, el mecanismo de renovación política por excelencia. Su formato y periodicidad alimentan la formación de alternativas, pero al mismo tiempo establecen restricciones para la renovación, pues ésta está regulada: tiempos legales para los mandatos, condiciones para el acceso a los cargos.

En sociedades en debacle, como la argentina, aparecieron dos tipos de límite a las expectativas depositadas en las elecciones. Uno proveniente de la renovación esperada de la representación política que no se producía o, al menos, no con la velocidad requerida, y ello porque la emergencia de líderes reconocidos y de organizaciones que los sustenten es un proceso que responde a otras lógicas que las de la mera regularidad de las elecciones.

Otro límite provenía de las restricciones a la soberanía nacional, es decir, a la eficacia y a la creencia colectiva en la voluntad política en un país que por sus endeudamientos se hallaba muy sujeto a imperativos provenientes del contexto externo y que para contrarrestarlos o atenuarlos requería de consensos internos que revitalizaran la conflictividad más de lo que la conformación política libre admitiría.

No obstante, los resultados electorales constituyen una realidad que dirime conflictos y reorienta las acciones políticas. Cada actor se reacomoda en función de ese principio exterior a cada uno de ellos y que constituye un marco disciplinador. Las elecciones intermedias, como las recientemente consideradas, revisten cierta especificidad. Son las elecciones por excelencia del voto castigo y a veces anticipatorias, como fueron las de 1987 y 1997, el voto contra un presidente saliente y un partido. A la vez, las formas democráticas no les reconocen un carácter plebiscitario que afectaría la estabilidad del gobierno; sin embargo, en las democracias más débiles es inevitable que tengan consecuencias legitimadoras o deslegitimadoras generales.

Las elecciones del 14 de octubre de 2001 pusieron en la palestra el debate sobre un comportamiento electoral relativamente inusual. El sentido de ese comportamiento, como el de todo acto de negatividad o rechazo, está abierto a evoluciones variadas. El voto "negativo" era parte general de un vasto abanico de movilización electoral que se extendió desde aquellos que al abstenerse se retiraban del proceso hasta los otros que votando positivamente manifestaban su descontento con las opciones políticas, inclinándose por un voto con una mayor pretensión de innovación o que revestía simplemente un carácter testimonial. Pero en esta variedad de reacciones lo más significativo fue el voto propiamente "negativo", que invitó a considerar el conjunto de la reacción como crisis de representación, puesto que se puso en evidencia un reclamo de carencia política, es decir que se buscó una representación, pero se expresó insatisfacción con las alternativas que se proponían.

El voto negativo es activo, se trata de electores que concurren y pretenden expresarse y buscan probablemente que su acto tenga consecuencias, y esto es particularmente cierto para el voto anulado.

Y en verdad esas elecciones produjeron un efecto inesperado al dar cabida a un sector de electores que se apoderaron de una categoría de cómputo técnica, habitualmente neutra, el voto anulado y blanco, para darle un sentido nuevo. Se construyó una expresión que no estaba institucionalmente habilitada. El antecedente había sido, desde 1955 a 1973, el empleo del voto en blanco como expresión del peronismo por entonces electoralmente proscrito.

La fluctuación del voto tuvo otras expresiones significativas, ilustrativas también de la autonomía y selectividad ciudadana, en particular, en el distrito porteño. La lista peronista no oficial, la encabezada por la diputada Irma Roy, obtuvo la mitad de los votos que los de la lista de senadores de su partido, luego de que se revelara que la mencionada legisladora adicionaba a su sueldo el cobro de una jubilación de privilegio. Más notorio fue el caso de Luis Zamora, que fue premiado por el electorado con más del 7% de los votos en reconocimiento a su probidad personal. El mismo candidato reconoció que su electorado expresaba más una protesta que un voto de izquierda.[49]

¿Cúales fueron las consecuencias institucionales de esa elección?

Como resultado de las elecciones, el PJ renovó su mayoría absoluta en el Senado[50], alcanzó la primera minoría en Diputados[51] y reafirmó su hegemonía en la mayoría de las provincias[52]. Así, por primera vez desde 1983, un gobierno se encontraba en minoría en ambas cámaras, despertando las especulaciones referidas a la debilidad característica de los regímenes presidencialistas. Estos regímenes tienen un desdoblamiento de la legitimidad, puesto que tanto el presidente como el parlamento se originan directamente en el voto popular, de modo que cuando ejecutivo y legislativo entran en conflicto abierto puede producirse un *impasse* institucional, ya que no existiría un tercero legalmente habilitado para dirimir entre ambos.

Este tipo de conflictos ha estado en la base de la inestabilidad política de los años sesenta y ha llevado a criticar la conveniencia de esta forma de gobierno.[53] Se especuló en su momento sobre la eventualidad de un gobierno de coalición que procurara tomar en cuenta las no-

[49] El partido Autodeterminación y Libertad no hizo publicidad electoral y su candidato a diputado se limitó a aparecer como invitado en algunos programas televisivos. La lista encabezada por Luis Zamora obtuvo el 7,17% de los votos. Zamora sostuvo: "Creo que una parte de lo que se expresó previamente en un voto en blanco o impugnado finalmente se decidió canalizarlo a través de mí" (*La Nación*, 16 de octubre de 2001).

[50] El Senado quedó integrado por 39 peronistas, 26 de la Alianza (UCR 25 y Frepaso 1). 6 de los partidos provinciales y 1 del ARI.

[51] Los principales bloques de la Cámara baja como resultado de esta elecciones quedaron integrados así: 117 del PJ, 97 de la Alianza, 20 de los partidos provinciales y 23 de otros partidos.

[52] Resultó ganador en 17 provincias, en algunas de las cuales había elecciones locales. En particular, recuperó la mayoría en ambas Cámaras en la estratégica provincia de Buenos Aires, en la que dos años antes se hallaba a merced de un predominio aliancista que lo obligaba a cohabitar y a negociar tanto a nivel local como nacional.

[53] Ver Linz. J.y Valenzuela, A. (comp.) (1994).

vedades que planteaban los resultados electorales, y Raúl Alfonsín y Eduardo Duhalde parecían haber obrado en esa dirección. Pero una vez conocidos los resultados, el presidente, en primer lugar, dio la espalda a una interpretación verosímil de estos y a la posibilidad de una recomposición del poder al afirmar que: "Si ha habido muchos votos nulos o en blanco, es un reclamo a la clase política en general" y concluyó que para su fuerza política "el resultado electoral es excelente".[54] Por su parte el justicialismo, acicateado por un resultado que lo cuestionaba también, amenazó con alterar su actitud cooperativa y se empeñó en proponer una derogación de la ley de competitividad, pero sus posibilidades eran escasas pues hubiese debido reunir los dos tercios de los parlamentarios.

A diferencia de situaciones análogas en el pasado, predominó la prudencia y la cooperación institucional. Todos se sentían cuestionados, y aunque ello propiciaba la diferenciación política en vistas a reestablecer lazos de representación con la ciudadanía, también era cierto que la emergencia económica ponía límites a lo que pudiese considerarse como conductas disruptivas, eventualmente rechazadas por esa misma ciudadanía. La experiencia de las elecciones de octubre de 2001 enseñaba que no era suficiente la crítica radicalizada para encontrar eco popular, las exigencias de la representación política eran mayores. Esta debilidad de la "clase política" en su conjunto la incitaba a la prudencia.

Debe tenerse en cuenta también que en muchos líderes políticos había estado presente una vocación de proteger la continuidad institucional. Finalmente, la mencionada indiferenciación política que se agudizó con la crisis tuvo por cierto un componente de incapacidad en escapar a una concepción *kitsch* de la política[55] que, de tanto procurar satisfacer el estado de la opinión y controlar los efectos de los actos políticos, llegó al divorcio completo por incapacidad de construir un sentido que pudiera efectivamente construir la representación. Pero hubo también un aprendizaje democrático que ha favorecido entre los representantes nuevas costumbres, con un mayor componente de preocupación por el interés general.

---

[54] Ver *La Nación* 18 de octubre de 2001.
[55] Ver Plot (2001).

Pero si, pese a las interpretaciones conspirativas sobre los acontecimientos que llevaron a la renuncia de Fernando De la Rúa el 20 de diciembre de 2001, puede sostenerse que una crisis mayor fue evitada es porque, si bien por un momento la crisis de legitimidad superó el marco institucional articulándose con la debacle económica, y conduciendo a una suerte de desobediencia cívica que provocó el alejamiento del presidente, esta vez no hubo ruptura institucional.

2.
De la crisis de representación al liderazgo personalista. Alcances y límites de la salida electoral de 2003[1]

Las elecciones generales, posteriores a la debacle de fines de 2001 que incluyó la renuncia del presidente Fernando de la Rúa, se estiraron en un largo ciclo que se inició el 15 de septiembre de 2002 con las elecciones anticipadas para gobernador en la provincia de Santiago del Estero y que culminó el 23 de noviembre de 2003 con las legislativas y provinciales en Tierra de Fuego, San Luis, Entre Ríos y Corrientes. Variadas estrategias adoptadas por los gobiernos provinciales llevaron a la dispersión temporal del acto electoral, no solo para los cargos provinciales sino incluso para la elección de legisladores nacionales. La mayoría de estos comicios fueron pospresidenciales, es decir, transcurrieron en los siete meses ulteriores a la elección de Néstor Kirchner.

El ciclo electoral al que nos referimos conllevó una verdadera transición de un estado de precariedad política –con partidos y liderazgos cuestionados, y poder presidencial debilitado– asociado a un notorio malestar y escepticismo social, a una recomposición política en torno de un presidente voluntarista y de pretensiones renovadoras, a la vez que el humor social tornaba al optimismo. Las elecciones estuvieron en el centro de esta transición y en buena medida fueron el recurso que contuvo la intervención de diferentes actores y en primer lugar de la propia ciudadanía, que supo reconocerse en lo que resultaba de su pronunciamiento. Este fue el camino por el que comenzó a absorberse la crisis de representación que se había acentuado a lo largo de 2001 y terminaría estallando a fines de ese año.

<hr>

[1] Una versión de este texto apareció previamente en Cheresky, I. y Blanquer, J. M. (editores) (2004), *¿Qué cambió en la política argentina? Elecciones, instituciones y ciudadanía en perspectiva comparada*, Homo Sapiens, Rosario.

El ciclo electoral tuvo entonces un punto de inflexión al consagrar-se un nuevo presidente. La realización de esas elecciones estuvo en la agenda desde el momento en que se produjo la discontinuidad institucional por la renuncia del presidente electo en 1999, y sobre todo en vistas al gran descontento ciudadano que apuntaba mucho más allá del presidente renunciante y de la alianza gobernante. Durante los primeros meses de 2002 la eventualidad de la renovación de todos los mandatos se había convertido en un planteo reiterado que sin embargo, no tuvo sino consecuencias marginales y en verdad distorsivas de la intención original. Por otra parte, la superación de la crisis política y general se planteaba también como búsqueda de una salida que debía transitar el camino de las urnas. El primer sustituto del presidente Fernando de la Rúa, Adolfo Rodríguez Saá, fue electo por la Asamblea Legislativa por un período de tres meses al cabo de los cuales debían llevarse a cabo las elecciones generales, y fue la presunción de que el mandatario no tenía la intención de cumplir esa promesa lo que acarreó la desconfianza de los gobernadores y provocó su alejamiento. Su sucesor, Eduardo Duhalde, siendo el caudillo peronista con más poder, gobernaba interinamente sobre la base de una coalición parlamentaria amplia, y sin embargo, su autoridad era inestable al punto que cuando se produjo la sangrienta represión de una protesta social su recurso para canalizar el descontento y estabilizar su gobierno fue anticipar la realización de las elecciones presidenciales y la transferencia del mando. Aunque la convocatoria electoral descomprimió la tensión, la realización normal de los comicios y su alcance estuvieron en duda hasta último momento. Con todo, la realización de las elecciones presidenciales terminó por suscitar la atención ciudadana, pero resultó en un voto disperso entre varios candidatos, ninguno de los cuales logró reunir un apoyo decisivo.

Por cierto, la variedad en la oferta electoral y la dispersión del voto tuvieron alguna ilustración en el pasado reciente en la medida en que se había resquebrajado el tradicional bipartidismo, puesto que en las presidenciales de 1995 el segundo lugar fue ocupado por una nueva fuerza política –el Frepaso que relegó en esa oportunidad a la UCR a un lejano tercer puesto–; en 1999 también hubo tres candidatos notorios –aunque uno de ellos no recaudó un caudal de votos que lo hiciese competitivo– y terminó triunfando por primera vez una verdadera coalición política resultado de la reunión entre una fuerza emergente y una tradicional.

En 2003, la efectivización del balotaje hubiese sido una novedad, que se vio frustrada por el retiro del candidato más votado antes de la segunda vuelta. Esta situación inédita indicaba cuán conmovido estaba el tradicional bipartidismo y aun la bipolaridad, pero la frustración de la segunda vuelta planteó un interrogante respecto de la autoridad de la que pudiese gozar el presidente electo.

Pese a la incertidumbre que rodeó la realización de estas elecciones, se llevaron a cabo y de ellas surgió un presidente legitimado por el voto, tanto por el efectivo como por el virtual.[2] Pero, ¿cuál sería el predicamento y la capacidad de gobernar del nuevo presidente?

La amplitud del interrogante se fundaba en que la realización de las elecciones y su resultado eran al menos parcialmente problemáticos, pero sobre todo porque si bien del proceso electoral surgía un Ejecutivo legal, no aparecía en cambio una escena política reconstituida. Uno de los partidos tradicionales se había reducido a la mínima expresión y el otro, el aparente ganador, aparecía fragmentado y con un presidente llegado al gobierno de modo accidental, es decir, por fuera de los cauces principales y de los condicionamientos habituales: era un presidente inesperado, ¿sería también un presidente imprevisible?[3]

La elección presidencial marcó una inflexión en el proceso político y electoral. Si la excepcionalidad[4] que prevalecía hasta ese entonces fue

---

[2] Una encuesta de Gallup realizada en Capital Federal y el Gran Buenos Aires del 1 al 3 de mayo de 2003 mostraba que un 61% de los consultados votaría a Kirchner y el 31% a Menem en una segunda vuelta. Es interesante notar que según el mismo estudio un 61% se definía como independiente a la pregunta sobre su filiación política. Otros estudios de opinión de ese momento ofrecían un panorama similar.

[3] Para ilustrar el carácter accidental o inesperado del presidente se han evocado los sucesivos intentos del líder peronista Eduardo Duhalde por encontrar un delfín que compitiese exitosamente con su rival. Fue *in extremis* que el peronista díscolo Néstor Kirchner fue invitado a transformarse en candidato oficialista.

[4] Aunque la excepcionalidad aquí anotada no se corresponde plenamente con el concepto de Carl Schmitt, parece apropiado señalar que sobre la base del sufragio y del apoyo de la opinión incrementó el decisionismo y la concentración de poderes presidenciales, en detrimento de las capacidades parlamentarias. Pero lo más notorio es que prácticas que suscitaron airadas reacciones públicas en los noventa, ahora eran no solo consentidas sino puestas en el crédito de un gobernante que era considerado como alcanzando un desempeño a la altura de las circunstancias.

la de la dispersión del poder y la carencia de una autoridad política –lo que provocaba incertidumbre respecto de la continuidad del orden público–, con posterioridad a las elecciones presidenciales hubo un cambio decisivo en el clima público, uno de cuyos componentes principales ha sido el restablecimiento de la autoridad presidencial; pero lejos de un retorno de la normalidad precedente lo que se desplegó fue un peculiar formato político caracterizado por su poca institucionalidad.

De modo que las elecciones presidenciales suministraron un presidente legitimado por el voto popular y, aunque la expectativa de renovación política no se satisfizo sino parcialmente, surgió una escena política diferente. Las elecciones no solo consagraron a un presidente, sino que en un contexto en donde las identidades tradicionales se hallaban cuestionadas, los diferentes actores habían podido mostrar sus posibilidades y límites, y tenían en consecuencia un papel asignado en la normalización política. Las enseñanzas del proceso electoral revelarían más adelante que la fluctuación política que había caracterizado la primera fase del ciclo electoral no había desembocado en una redistribución de la ciudadanía en nuevas identidades bien definidas, sino que los liderazgos ahora parecían estar confrontados con una renovación permanente de sus vínculos representativos.

Ya entonces parecía que no se podía simplemente pensar la evolución que abría al proceso electoral, que sin duda aparejaba estabilización, como una normalización y más específicamente una reconstitución del sistema de partidos tal como parecía evolucionar a lo largo de los 90.

Al asumir la presidencia Néstor Kirchner, puede decirse que la excepcionalidad fue enunciada y promovida desde el propio Ejecutivo. A la situación heredada, un país en cesación de pagos y renegociando su reinserción en el mundo, empobrecido y económicamente disminuido y con un sistema institucional debilitado, se respondía con una intensa acción voluntarista del presidente. La escena apareció configurada por la sintonía entre un presidente que inició una reforma institucional en ámbitos decisivos –enjuiciamiento de los miembros de la Corte Suprema sospechados de fallos espurios por connivencia con el poder político de los 90, puesta en revisión de todos los contratos del Estado con las empresas que habían tomado a cargo la provisión de bienes básicos y la producción de bienes estratégicos, intervención en la obra social de los jubilados que manejaba una parte considerable de los fondos públicos y que era tradicionalmente considerada un ámbito de corrupción, etc.– y una opinión pública que giró bruscamente del escepticismo al entusiasmo, deslumbrada por la acción de un presidente que pretendía desdecir tanto la imagen de los 90 considerados ahora como una época de corrupción y connivencia con los poderes fácticos, como la de un pasado más reciente percibido como de ineficiencia.

De todos modos el aura que rápidamente envolvió al presidente trascendía la suma de actos puntuales. En términos generales, Néstor Kirchner se presentó como un líder dispuesto a encarar la reforma de instituciones, y aunque subsistió la duda de cuán lejos iría respecto de los intereses relacionados con sus sostenes justicialistas, su imagen, al menos al cabo de su primer año de gobierno, fue la de un cruzado de la lucha contra el poder de las corporaciones, habiendo extendido su intervención a las Fuerzas Armadas y a las diferentes fuerzas de seguridad. Sin embargo, su estilo personal confrontativo y dramatizador y un aire de improvisación contribuyeron a que su acción fuera puesta en duda; aunque su popularidad declinó, no aparecieron durante sus primeros años de gobierno rivales con predicamento suficiente ni en el peronismo ni en la oposición como para hacerle contrapeso.

Ese vínculo plebiscitario, aunque virtual pues era el resultado de la imagen acreditada por las encuestas y apenas figurada por el reconocimiento del común cuando el presidente aparecía en público, fue una fuente de poder efectivo que contrarrestó la ausencia de recursos institucionales propios de la que adolecía el presidente. De hecho, el Parlamento y en particular la bancada oficialista, que durante los primeros siete meses del nuevo presidente seguía conformada según los resultados de las elecciones de octubre de 2001 y la precedente, se alineó rápidamente con la voluntad presidencial, siendo los disidentes en ese período ocasionales y relativamente minoritarios.[5] Por cierto, la interpretación de ese poder derivado del apoyo ciudadano requiere precisiones. No se trataba tan solo de la habitual importancia de la opinión en las sociedades democráticas que llevó a los representantes a tomarla

---

[5] Una excepción que ilustra la potencialidad de los descontentos en el justicialismo se produjo en oportunidad de votar la destitución de Eduardo Molina O´Connor de la Corte Suprema.

particularmente en consideración y sobre todo en un año electoral, por las consecuencias en el voto, sino del modo en que el propio presidente potenció ese vínculo al esgrimir explícita o implícitamente las consecuencias de un pronunciamiento adverso de sus presuntos sostenes en el Parlamento.

La imagen de un presidente que no se echaría atrás y que daba prueba de ello al recurrir a los decretos de necesidad y urgencia o a la delegación de facultades legislativas, descartando así la participación activa de las mayorías justicialistas en las Cámaras, colocaba a los parlamentarios en la disyuntiva de provocar una escisión cuyas consecuencias podrían arrastrarlos en primer lugar a ellos si contrariaban las decisiones presidenciales o a alinearse, esperando algunos de ellos un cambio en las relaciones de fuerza.

Este formato debe ser convenientemente sopesado. Aun siendo así, este vínculo invita a registrar la importancia de la figura presidencial como organizadora de la vida política. En condiciones de desinstitucionalización como las apuntadas, debía tomarse la medida de todo lo que el presidente adquiría como capacidades. Pero también debía advertirse la contrapartida de un poder ciudadano incrementado y la expansión de formas de expresión –la opinión pública o bien la presencia pública movilizada– que, por su carácter no pautado, colocaban al presidente en una posición de potencial fragilidad.

De hecho, en la transición política que se analiza –de la crisis de representación al liderazgo personalista–, la ciudadanía se expresó a través de dos vías: por el pronunciamiento electoral y por medio de su figura de opinión pública. La primera expresión es sin duda legal y en algún sentido inaugural y sin ella no se hubiese podido designar al presidente, pero la segunda ha sido decisiva en términos de la capacidad de acción política. Es decir que el poder presidencial que estructuró la recomposición política fue tributario por cierto de su consagración electoral, aunque esta fuese precaria, pero su estabilización y el gran incremento de capacidad tuvieron su sustento en la opinión pública, fruto de su acción emprendida desde el gobierno.[6]

---

[6] Se ha dicho que el gobierno atendió al estado de la opinión pública para favorecerse. Parecería más apropiado decir que su cuestionamiento de la orientación y estilo de gobierno de los noventa correspondió a su promesa electoral y en alguna medida a la trayectoria pasada de Kirchner, aunque la energía con la que fue llevada a cabo fue

El formato político que se esbozó desde el día de la asunción del mando, el 25 de mayo, mantenía las figuras formales del sistema institucional, pero la realidad de la vida política era divergente de los dispositivos institucionales. Instancias representativas y partidos políticos salieron del centro de la escena, sin dejar de ser recursos significativos. El Parlamento mantuvo una dimensión deliberativa y de aparición crítica, pero los partidos y líderes de oposición se hallaron desprovistos de sustento.

Pero los polos de iniciativa política fueron otros. El presidente, rodeado de un entorno y con un poder concentrado, gobernó desde el inicio valiéndose de todos los recursos de la decisión (decretos de necesidad y urgencia y delegación de facultades), sin mayor vínculo con su partido de origen, que permaneció sin autoridades desde el momento en que Carlos Menem cesó como su máxima autoridad, quien de todos modos desde las elecciones carecía de capacidad de conducción. Las decisiones adoptadas en su círculo más íntimo eran simplemente aceptadas o ratificadas por los parlamentarios. La relación con la ciudadanía era de tipo plebiscitaria, en el sentido de que convocaba a la adhesión ante la evidencia de lo que se decidía sin mayor despliegue argumenta-

sorprendente. Otros aspectos de su política de derechos humanos, su disposición confrontativa, etc., no siempre se correspondieron con el espíritu público dominante. El particular clima heredado de los noventa y que predominaba todavía en las vísperas de la elección estaba teñido de escepticismo, incrédulo respecto de las posibilidades de enfrentar exitosamente a las corporaciones y a los poderosos. Probablemente si Kirchner hubiese sido más explícito durante la campaña electoral sobre estas dimensiones de su acción, hubiese recibido críticas que lo habrían desacreditado ante la mayoría pues por ese entonces existía la convicción de que los límites de la acción política eran estrechos. Es decir que Kirchner, al haber actuado como lo hizo, recogía parcialmente un segmento de opinión, pero que antes de las elecciones presidenciales no era de todos modos generalizado, como lo prueba el voto por Carlos Menem y por Ricardo López Murphy, uno representante de los noventa y otro crítico de los aspectos institucionales, pero no del llamado "modelo". Kirchner expresaba convicciones no compartidas por muchos votantes, pero no dudó en ponerlas en obra (en particular la política de derechos humanos o su relación con las Fuerzas Armadas). Es decir que la acción emprendida fue instituyente: probó que políticas deseadas pero riesgosas eran posibles, que otras políticas relegadas podían ser revalorizadas e incluso que otras impensadas podían recibir adhesión. Esa acción de gobierno recibió apoyo y hasta atención expectante de parte de los opositores que reconocían de algún modo la autenticidad de la persona, que no podía ser blanco de las sospechas habituales de los dirigentes políticos. Incluso los rasgos más cuestionables de su estilo personal fueron recibidos con indulgencia por el ciudadano común.

tivo o de consulta. Con el paso del tiempo surgirían desafíos de la sociedad que prescindirían igualmente de los canales representativos tradicionales. Tanto la protesta popular, y en particular la canalizada por las organizaciones piqueteras, como más tarde la movilización ciudadana por seguridad, estaban desvinculadas de los partidos y dirigentes políticos con presencia institucional. El presidente y los ciudadanos movilizados espontáneamente o por los nuevos canales constituyeron entonces los dos polos de iniciativa del nuevo formato político instalado en la transición de salida de la crisis de representación.

Los partidos políticos e incluso los líderes políticos emergentes tenían dificultades para hacerse un lugar en la escena. En primer lugar, por las dificultades en encontrar un ángulo crítico consistente y permanente.[7] También por la poca disposición del gobierno en acreditar una escena en donde los opositores, al menos aquellos con legítima representación parlamentaria, recibieran un tratamiento de copartícipes de la vida pública.

Las elecciones pospresidenciales –que se prolongaron por siete meses hasta fines de noviembre de 2003– se convirtieron en un test de confianza al presidente, complementario al estado de la opinión y también en un recurso para mejorar los apoyos institucionales de este.

La ratificación de la confianza ciudadana, sin embargo, fue indirecta en muchos casos porque la oposición se diluyó; sus principales expresiones (el ARI y Recrear) tuvieron dificultades en presentar alternativas en todos los distritos y, en general, su desempeño electoral fue decepcionante. Pero parte de los opositores eventuales, incluidos candidatos radicales, evitaron presentarse como alternativa al presidente Kirchner y en muchos casos incluso se presentaron como afines a él.[8]

El presidente tuvo una intensa intervención en la campaña, sobre todo en los distritos en los que pudo marcar su diferencia. En la ciudad de Buenos Aires apoyó una lista de coalición en torno del jefe de

---

[7] De hecho, aunque la popularidad presidencial cayó a lo largo del tiempo y más aún la valoración de la acción de gobierno, ello no fue en provecho de los líderes o fuerzas políticas de la oposición.

[8] Un caso notable fue el candidato de centro derecha a jefe de Gobierno de la Ciudad de Buenos Aires, Mauricio Macri quien, pese a su presunta vocación a ser jefe de la oposición de ese signo evitaba nacionalizar la campaña y especialmente mostrarse como un adversario del presidente.

Gobierno saliente, Aníbal Ibarra, quien buscaba y logró su reelección en oposición al candidato apoyado por el Partido Justicialista local. Esa fue su principal apuesta que confirmó la incidencia que por ese entonces tenía entre los electores porteños, al punto de haber pesado decisivamente para cambiar el sentido en que evolucionaba la intención de voto. En otros distritos apoyó a candidatos que no eran los consagrados oficialmente por su partido. En los casos restantes se conformó con avalar las candidaturas existentes, pero tratando de introducir a sus seguidores en las listas de legisladores.

De modo que el predomino del peronismo –indudable en términos cuantitativos– ya no podía ocultar la tensión que persistía en su seno. Asimismo, se hallaba relativizado por la circunstancia de que el radicalismo obtuvo resultados mucho mejores que en las presidenciales, al lograr retener algunas gobernaciones e intendencias, e incluso incorporando alguna conquista.

Para tener una perspectiva general de esta segunda fase del ciclo electoral, debe tenerse en cuenta que resurgió con fuerza la abstención y el voto negativo en una de sus variantes, el voto en blanco, y ello al punto de que sus índices fueron comparables o superiores a la "elección protesta" del 14 de octubre de 2001, que anticipó el estallido de descontento de fines de año. Esas elecciones legislativas fueron reveladoras de aspectos poco visibles en la evolución del segundo semestre de 2003, signado por la recuperación de la confianza pública.

La notable declinación de la participación electoral y del voto positivo mostró una fase larvada de la expresión ciudadana que acotó el alcance de la reconstitución de la autoridad política que había tenido su fuente en el liderazgo presidencial, en la persistencia de algunos líderes de popularidad y en lealtades locales arraigadas, pero ya no incondicionales. Reafirma que las elecciones, en la medida en que convocan al pronunciamiento de todos, exhiben una perspectiva que va más allá de lo inmediatamente visible. Debemos concluir que en este ciclo coexistió el restablecimiento de la confianza ciudadana y aun la esperanza, con los estallidos de descontento ciudadano y popular, y finalmente con reticencia hacia la oferta política y con el retiro de la participación cívica elemental. Probablemente no se trató de compartimientos estancos y hubo sectores ciudadanos que participaron simultáneamente de dos o incluso tres de las categorías aludidas. En parte esta posibilidad de buscar la representación y reconocerla –sobre todo a nivel presidencial– y simultáneamente participar directamente de reclamos y descontentos era ilustrativa de la consolidación de una ciudadanía independiente. Pero las expresiones de rechazo alertaban también sobre un componente de cuestionamiento de la "clase política". Al cabo de la segunda fase del ciclo electoral, el partido del presidente había conquistado la mayoría en la Cámara de Diputados, y los candidatos de ese signo habían revalidado títulos o habían sido electos, lo que sumado a la mayoría de la que se beneficiaba en el Senado, habilitaba a referirse a la situación existente en términos de hegemonismo. Este término aludía en verdad a la combinación de mayorías institucionales con presidencialismo decisionista por obra del ejercicio de poderes especiales y una política de gobierno poco afín con la argumentación pública, sea en el trato con la oposición, como con el ámbito público en general.

Los términos formales de una escena dominada por la etiqueta peronista eran indiscutibles. Pero ¿se trataba simplemente de la recuperación del peronismo? ¿Era el partido del presidente? En verdad, si las tensiones que atravesaban al peronismo eran parte de un proceso de división inconcluso o bien los avatares usuales de un partido político en las condiciones posteriores a una crisis política mayor, se instalaban como preguntas difíciles de responder.

Puede decirse que en general el presidente gozó del apoyo parlamentario necesario. Pero que a la vez, pese a contar con esa mayoría al menos formal, gobernó en buena medida ignorando al Parlamento y pretendió continuar con esa modalidad decisionista.

Elecciones presidenciales sin partidos, ciudadanos en busca de preferencias

Las elecciones presidenciales de 2003 estuvieron marcadas por el traumatismo de la crisis de representación y de la desarticulación del modelo económico gestado en torno de la convertibilidad. Desde la renuncia de Fernando de la Rúa se produjo una vacancia de poder que fue suplida con dificultades por Eduardo Duhalde, sin que la legitimidad dejase de estar cuestionada. Aunque los gobernadores peronistas terminaron ungiendo como presidente luego del traspié de Adolfo Rodríguez Saá, al derrotado candidato de las elecciones de 1999, fueron reacios a integrar su gobierno; sin embargo, este estuvo sostenido por una amplia coalición parlamentaria integrada también por radicales y frepasistas. Pese a la fragmentación y acuciados por el descrédito, los remanentes del sistema político se unieron para sostener al gobierno.

Los términos del ínterin presidencial nunca fueron complemente establecidos puesto que aunque la designación era para finalizar el mandato pendiente, la realización de elecciones anticipadas estuvo planteada desde el inicio y fogoneada por alguno de los caciques de la diáspora peronista, hasta que la desestabilización provocada por una luctuosa represión de una protesta popular llevara a principios de julio de 2002 a anunciar la realización de los comicios y la transferencia del mando, siete meses antes de lo previsto, a quien en ellas resultase electo.

La debacle de diciembre de 2001 y la experiencia ulterior habían cristalizado una evolución de la opinión ciudadana que venía experimentando un giro desde fines de los 90, y que se acentuó desde entonces. El descontento con la "clase política", el descompromiso con las identidades tradicionales y las expectativas de políticas públicas en ruptura con el paradigma neoliberal predorninante hasta entonces fueron los signos de una sociedad desesperanzada y que luego del estallido de fines de 2001 y los primeros meses de 2002 tendió a refugiarse en el escepticismo —en particular los sectores urbanos— y para los menos, a identificarse con la protesta popular.

El clima generalizado era de identificación con el estallido urbano y aun con la protesta popular. Así, según una encuesta de ese entonces, el 70% se manifestaba de acuerdo con el cacerolazo aunque solo el 12% decía haber participado; el 77% era favorable a las asambleas vecinales aunque solo el 14% habría participado y finalmente el 40% expresaba su acuerdo con los piquetes.[9]

El tema electoral estaba en el tapete desde el momento en que durante los cacerolazos, producidos ya siendo Duhalde presidente interino, la multitud le reprochaba no haber sido instalado por el voto popular. En consonancia con ello, el reclamo por elecciones anticipadas no

---

[9] Encuesta de Gallup, nacional, con 1.045 casos, publicada en *La Nación* en la primera semana de abril de 2002.

solo estaba en boca de algunos rivales con aspiraciones, sino que era un sentimiento extendido.[10]

Una mayoría abrumadora de hasta el 90% se pronunciaba por la renovación de todos los mandatos[11], pero al manifestarse la intención de voto predominaba la negatividad de modo tal que entre quienes no sabían si iban a votar (34,7%) y quienes lo harían en blanco o nulo (27,4%) llegaban a casi dos tercios de la ciudadanía[12]. La gran mayoría sostenía no sentirse representada por ningún partido político.[13]

Respecto de la política económica, lo notorio era un giro crítico sobre la privatización de los servicios públicos[14], en tanto que las posi-

[10] Según una encuesta de CEOP, nacional de 960 casos, el 50,3% reclamaba elecciones anticipadas en tanto que un 40,3% se pronunciaba porque Duhalde finalizara el mandato (*Clarín*, 26 de mayo de 2002). Coincidentemente el 46% se pronunciaba por elecciones anticipadas según una encuesta nacional de Gallup de 1.256 casos publicada en *La Nación* (19 de mayo de 2002).

[11] Encuesta de Catterberg y Asociados, 602 casos en grandes ciudades y suburbios, publicada en *Página 12* (19 de mayo de 2002). Coincidentemente, un 85,5% se pronunciaba en el mismo sentido, según una encuesta telefónica de Ibope de 600 casos para Capital y Gran Buenos Aires publicada por *Página 12* (7 de julio de 2002).

[12] Encuesta Ibope-OPSM basada en 600 casos de Capital Federal y Gran Buenos Aires, publicada en *Página 12* (12 de mayo de 2002).

[13] Tal era la opinión de un 87% de los encuestados, aunque persistía una cierta filiación política puesto que junto al 52% que se manifestaba directamente como independiente, un 23% se consideraba peronista y un 6% radical. Encuesta de Gallup de 1.251 casos a nivel nacional, publicada en *La Nación* (30 de junio de 2002).

[14] Un 65% se pronunciaba a favor de su reestatización, según una encuesta de Hugo Haime basada en 400 casos de Capital Federal y Gran Buenos Aires, publicada en *Página 12* (24 de marzo de 2002). La evolución a lo largo del tiempo era notoria. A inicios de los años 80 la posición favorable a un Estado que proporcionara los servicios básicos con tarifas moderadas "sin preocuparse por posibles pérdidas" era significativa, pues contaba con la aprobación del 63% de los encuestados en 1981, el 56%, en 1982 y el 58% en 1986, en E. Cattergberg (1989). En ese marco, la posición frente a la política de privatizaciones de los 90 fue variable. Por ejemplo, en 1986 las opiniones favorables a las privatizaciones alcanzaban el 29,8%, mientras las negativas al 26,3%, en 1989 se produce un vuelco y los pro llegan al 59,4% en tanto que los negativos al 16,4%, es decir, tres a favor por uno en contra. El clima favorable a las privatizaciones duró unos años, pero la experiencia de gestión privada de las empresas públicas derivó en crecientes opiniones negativas con el paso del tiempo. Luego de haber caído abruptamente en los años subsiguientes, la opinión favorable a las privatizaciones alcanzó en 1993 al 36,4%, superando por poco a las negativas: 33,3%. Pero al año siguiente ya se percibía un cambio de tendencia en la percepción pública que incrementaba las opiniones negativas. Según los datos ulteriores, una mayoría de los argentinos pensaba que las escuelas (72%), el sistema de salud (62%), los fondos de pensión (58%), el petróleo (63%), la

ciones respecto del trato con los organismos de crédito y monitoreo internacionales era oscilante y dividida; así según una encuesta, el 50% se manifestaba en desacuerdo con dejar de pagar la deuda pública, en tanto que el 38% estaba de acuerdo. Por otra parte, el 46% sostenía que el país necesitaba ayuda internacional para salir adelante, mientras que una proporción similar opinaba lo contrario.[15] Sin duda se había producido un giro pronunciado en la opinión, contrario a las políticas "neoliberales" practicadas en los 90, pero probablemente dicho giro adoptaba una forma más bien de rechazo de lo realizado en ese entonces que de adhesión a una alternativa específica. Aun así lo notorio era el reclamo de una mayor presencia del Estado.

La transición política iniciada el 1º de enero de 2002 con la asunción de Duhalde estuvo condicionada por el mencionado clima de cuestionamiento ciudadano y popular.

El desapego ciudadano respecto de la representación existente tenía como correlato el fraccionamiento político extremo. El peronismo, en cuyas manos había caído la decisión política, se hallaba atravesado por tensiones que se prolongarían a lo largo del gobierno de transición. El presidente se hallaba aislado en el propio peronismo, pues sus principales líderes eran competidores en la expectativa de la futura lid y en todo caso reacios a heredar inmediatamente las cargas de la debacle. En este sentido, la debilidad del gobierno provenía tanto de la desconfianza de los gobernados como de la desagregación de su propio partido.

Como se ha indicado, desde el inicio estuvo planteado el interrogante sobre la fecha y el alcance de las elecciones. Aunque Duhalde fue electo para completar el mandato pendiente y se apresuró a anunciar la realización de elecciones para mediados de septiembre del año siguiente, la especulación sobre su adelantamiento fue permanente.

electricidad(54%) y la minería (58%) debían estar en manos del Estado. Solo el 26% de los encuestados se manifestaba favorable a las privatizaciones efectuadas en la década de 1990 (suplemento "El espejo de América", *La Nación*, 16 de abril de 1998).

[15] Encuesta Gallup, nacional, de 1.251 casos publicada en *La Nación* (20 de julio de 2002). Según la encuesta de Hugo Haime mencionada precedentemente el 34% estaba de acuerdo con no pagar la deuda externa y un 60% se mostraba en contra, un 52% de acuerdo con negociar con el FMI y un 37% en contra. En tanto según una encuesta de Catterberg y Asociados también mencionada precedentemente, publicada en *Página 12* (19 de mayo de 2002), el 68% se manifestaba a favor de una política independiente de lo que opinara el FMI.

Durante 2002 se especuló con la renovación de todos los mandatos. Pero este reclamo se incentivó al conocerse la convocatoria a elecciones presidenciales. Los precandidatos Rodríguez Saá y Kirchner fueron voceros de esta iniciativa, pero ella había sido ampliamente retomada por la mayoría de los gobernadores peronistas.[16] Incluso el líder radical Raúl Alfonsín había sugerido la reforma de la Constitución Nacional para hacer factible la caducidad de los mandatos que no estaban prontos a finalizar y poder efectivizar el reclamo de renovación completa. Finalmente, una iniciativa transversal dio lugar a un publicitado encuentro entre Néstor Kirchner, Elisa Carrió y Aníbal Ibarra en pro de la renovación de los tres poderes.[17]

En cuanto a los procedimientos electorales, un esbozo de reforma política se produjo con la sanción de una ley que establecía las internas abiertas, simultáneas y obligatorias para todos los partidos que tuviesen más de un precandidato y reglamentarse la duración y modalidad de las campañas electorales. Pero estas elecciones "primarias", cuestionadas ante la justicia, finalmente no se llevaron a cabo, transformándose el modo de selección de los candidatos partidarios en una terna candente de la interna peronista. El antagonismo entre los precandidatos de origen peronista era tal que se hacía difícil concebir un mecanismo que permitiese asegurar la unidad partidaria. Por un momento se acordó promover una ley de Lemas que permitiese a varios candidatos partidarios competir en las elecciones generales y que el más votado sumara los sufragios de los otros, pero el carácter anticonstitucional de la iniciativa llevó a que esta no prosperara. Finalmente, un congreso partidario controlado por los allegados al presidente Duhalde autorizó a todos los candidatos de origen peronista a competir en las elecciones generales, pero sin que ninguno de ellos pudiese llevar la etiqueta y el aval partidario. De ese modo, el presidente y líder bonaerense contaba obstaculizar

---

[16] Documento final firmado por catorce gobernadores, mencionado en *La Nación* (4 de julio de 2002).

[17] Por entonces, el oficialismo había desertado del proyecto, en estado de tratamiento parlamentario, para enjuiciar a los miembros de la Corte Suprema. Se especulaba que la iniciativa conjunta de Carrió, Kirchner e Ibarra sería el inicio de una coalición política entre los tres líderes (*La Nación*, 12 de junio de 2002).

el retorno al poder de su gran adversario Carlos Menem.[18] Esta solución es indicativa de las profundas divisiones que, de hecho, ponían en duda que los diferentes grupos formaran parte de un mismo partido, "con la estrategia de neolemas cabía la posibilidad que ninguno se clasificara, o que Menem –que aparecía como posible perdedor en el segundo turno– fuese el único peronista qua se clasificara [para el balotaje]".[19]

De modo que la escena preelectoral, tal como se presentaba en el momento de la convocatoria a las urnas, se caracterizaba por la apatía ciudadana (aparentemente en contraste con el reclamo electoral antes mencionado) y por la dispersión entre cinco candidatos, ninguno de los cuales competía bajo un emblema tradicional. En los de origen peronista, uno, Carlos Menem, era ex presidente y presidente en ejercicio del partido, pero siendo adversario acérrimo del mandatario en ejercicio no contaba con los favores del núcleo bonaerense del aparato partidario, que era por entonces el dispositivo principal. Otro, fugaz ex presidente, Adolfo Rodríguez Saá, era marginal al aparato partidario que de hecho lo había llevado a renunciar al cabo de una semana de estar al frente del Ejecutivo, pero aparecía como el mejor posicionado en las encuestas al inicio de la competencia. Finalmente, Néstor Kirchner se había lanzado a la campaña con el modesto objetivo de valerse de ella para hacerse conocer más allá de los confines de su provincia patagónica y recorría el país para ir aglutinando a peronistas disidentes, frepasistas desencantados y otros militantes de izquierda para conformar una nueva fuerza política en vistas a un futuro de poder que no parecía próximo.

Los otros dos postulantes posicionados provenían del tronco radical. Elisa Carrió había abandonado el partido centenario durante la gestión de la Alianza, descontenta con la designación de Domingo Cavallo en abril de 2001 como ministro de Economía, y había creado una fuerza política de centro-izquierda con fuerte énfasis en la moralidad pública

[18] Aunque Eduardo Duhalde, aliado a algunos caudillos del interior, controlaba el aparato y pudo tener mayoría en el congreso partidario, se especulaba que en las elecciones internas Carlos Menem resultaría triunfador. Es decir que el ex presidente era en el ámbito de los adherentes partidarios un líder con popularidad y que esa condición podía contrarrestar el peso del aparato partidario. Esta disociación entre aparato y comportamiento del peronista de base ilustra el grado en que una lógica de opinión y decisiones individuales había alcanzado también a esta fuerza política tradicionalmente heterogénea, pero disciplinada.

[19] (Levitsky, 2003).

y la lucha contra la corrupción. Ricardo López Murphy había abandonado su partido pocos meses antes de la contienda electoral, en febrero de 2002, también, como Carrió, con un énfasis en la restauración institucional, pero en su caso en asociación con una perspectiva económica neoliberal.

Desde mediados de 2002 hasta el acto electoral, esos cinco candidatos constituyeron un pelotón más o menos compacto, pero a lo largo de esos meses, los dos que según las encuestas estaban inicialmente en la cabecera –Carrió y Rodríguez Saá– terminaron en la cola.

Se puede identificar momentos de inflexión en la puja entre los otros tres candidatos.

Carlos Menem fue experimentando un ascenso gradual desde un umbral que se había creído insuperable, hasta alcanzar la primera posición y ser finalmente el triunfador de la primera vuelta. De hecho, logró convertirse en el candidato peronista por excelencia, desde el punto de vista de la composición de su voto y con la salvedad de que inclusive en los votos de esta pertenencia se produjo un proceso de dispersión.

Ya en enero de 2003, el tablero se conmovió nuevamente cuando Néstor Kirchner recibió el apoyo del presidente Duhalde y se convirtió de hecho en el candidato oficialista. Se proyectó entonces en las encuestas con la pretensión de ser el candidato antimenemista y comenzó a articular los recursos que le permitieron ingresar al balotaje.

Finalmente, a dos semanas del 27 de abril, Ricardo López Murphy experimentó un ascenso repentino y comenzó a albergar la esperanza de disputar la segunda posición a Kirchner y pasar al balotaje; alimentó esta expectativa presentándose como la opción no peronista y procurando construir una identificación que no lo encasillase en el rótulo de centro-derecha.

La existencia de varios competidores en relativa igualdad de condiciones incrementó la lucha por definir la línea de la torta electoral, es decir, la configuración de los campos políticos y en consecuencia de las identidades. En la medida en que la candidatura de Menem se acrecentó, la política y la experiencia que él encarnaba dominó la campaña. El núcleo de sus partidarios se solidificó, pero quienes no lo votaban en la primera oportunidad parecían dispuestos a votar a todo candidato que se le opusiera en la segunda vuelta. Es decir que los otros cuatro competidores y más particularmente Kirchner, Carrió y Rodríguez Saá se esmeraban por aparecer como la mejor alternativa a los años 90 y su emblema. Como se verá, ese antagonismo dio un tono ideológico a la campaña que se incrementó con la perspectiva un tanto diferente de López Murphy.

La naturaleza personalista de los liderazgos permitía una plasticidad en la tentativa de construir sus imágenes públicas, y en particular los que no habían estado en primera línea en la década precedente pudieron aspirar a encarnar los reclamos de renovación política. Prácticamente todos ensayaron alguna fórmula coalicional. Menem, quien de todos modos encarnó en su momento, a inicios de los 90, una alianza social, heterodoxa para la tradición peronista, procuró reeditarla al tiempo que practicaba un *lifting* político apropiado para los nuevos tiempos.[20]

La apertura de Kirchner, dada la transformación de su proyecto original, fue en parte la de peronizar sobre todo su desempeño en el conurbano bonaerense y en otras latitudes, donde debía acreditar su cuestionada identidad partidaria.

Los otros candidatos eligieron a extrapartidarios como compañeros de formula: López Murphy, en vistas a ampliar su fórmula hacia el interior, se coaligó con los partidos provinciales de raigambre conservadora haciendo de Ricardo Gómez Diez su candidato a vicepresidente; Rodríguez Saá procuró reforzar su vocación nacional y popular frentista asociando al disidente radical Melchor Posse; en tanto que Elisa Carrió compartió su postulación con Gustavo Gutiérrez, miembro del Partido Demócrata mendocino de tradición conservadora y liberal.

Carlos Menem pretendió producir una renovación de imagen completa, con un planteo distinto en el plano económico pero tratando de acreditar con un signo positivo su gestión de los 90. Puso en primer plano promesas distributivas que anunciaban un incremento de los ingresos y del empleo.[21] Pero, quizá porque las expectativas de cambio en

---

[20] Como se verá, su recurso de *aggioramiento* fue el rejuvenecimiento de su *staff* de técnicos, sobre todo el económico, pero no vaciló en proclamar que llegado el caso ofrecería a su rival, López Murphy, el Ministerio de Economía. Su candidatura era postulada también por la derechista UCeDé.

[21] Entre ellas, un incremento del 30% de los salarios, lo que sería posibilitado por una reducción en los aportes sociales patronales, mantenimiento de los planes Jefes y Jefas de Hogar a lo que se añadiría una beca escolar y una rebaja del IVA que redundaría en los precios de los productos de consumo popular.

la economía, en medio de la crisis, no podían ser escuchadas y creídas, el centro de la promesa de este candidato era el restablecimiento del orden y de la seguridad, haciendo uso de mano dura.[22] La credibilidad de su vocación de cambio se cifraba en buena medida en la renovación de su *staff* que fue liderado por jóvenes economistas, y luego de la primera vuelta, por un economista que no era del entorno tradicional.[23] Sostenía enfáticamente que cuando ejerciera su tercera presidencia, "la histórica", no volvería ninguno de los que se había desempeñado junto a él en los 90, y tocando la fibra más sensible de las sospechas sobre su gestión pasada, prometía un monitoreo de la honestidad de los funcionarios por parte de Transparency International.[24]

Toda la apuesta de esa candidatura se cifraba en tornar partido de la dispersión y alcanzar en la primera vuelta una diferencia significativa que exhibiera su poderío y allanara la resistencia de los votantes adversos, con la promesa de una gobernabilidad posible ante opciones débiles o inconsistentes.

Néstor Kirchner vislumbró posibilidades de acceder a la presidencia cuando se transformó en candidato oficialista, poco más de tres meses antes de los comicios.

Este nuevo posicionamiento afectó el veto que tenía anteriormente como constructor de una nueva opción y aparejó el desafío de elaborar un discurso acorde con las perspectivas inmediatas de acceso al poder, es decir, menos basado en la denuncia. Desde entonces, tuvo mayores posibilidades para aspirar a una parte del voto peronista, pero sufrió de la competencia en el electorado independiente por parte de López Murphy, y en menor medida, de Elisa Carrió, quien tenía un enraizamiento relativamente más antiguo, pero que por entonces estaba en retroceso.

En continuidad con lo que venía predicando, mantuvo su perfil nacionalista, productivista, anticorrupción, antifrivolidad y antiimperialista. Pero lo dominante de su discurso no fue la formulación de un programa articulado, sino una convocatoria al voto rechazo. Calificaba a

---

[22] Ponía en la misma serie los desórdenes callejeros como los que se producían al ingreso o salida de las canchas de fútbol con los delitos comunes, los secuestros extorsivos y la protesta social, y prometía una acción represiva que incluía al Ejército.

[23] En el primer caso se trataba de Pablo Rojo y luego de Carlos Melconian.

[24] Organización no gubernamental con sede en Alemania.

su adversario, el presidente de los 90, como "el fantasma del pasado",[25] denunciando ese tiempo tanto en términos políticos como morales.

Aunque formulándola en términos negativos, este candidato procuraba instalar la opción de otro modelo; promovió un voto retrospectivo, colocándose de este modo en sintonía con el humor social que efectivamente parecía propenso a un voto sanción respecto de lo realizado en esa década.

Por cierto, al aceptar el apoyo presidencial, sus actos en el interior y sobre todo en el conurbano se plegaban módicamente a los rituales peronistas, pero el tono más visceral y recurrente fue el de enunciados en términos clasistas, del lado de los sectores medios y bajos frente al capitalismo concentrado. Esta combinación, unida a la promesa de encarar una expansión del mercado interno y en particular de la obra pública, y la de reducir drásticamente el monto de la deuda pública, configuraron un tono setentista, anunciador de lo que caracterizaría posteriormente el discurso y la acción presidencial.

Pero el impulso que llevaría a Néstor Kirchner al balotaje no fue tan solo resultado de su posicionamiento competitivo individual. Necesitó de adicionales de popularidad y verosimilitud para por un lado, dar seguridades de equilibrio de gestión que acotaran sus referencias "nacionales y populares", lo más significativo fue su promesa de retener al por entonces exitoso ministro de Economía Roberto Lavagna, y en el mismo sentido debe computarse la incorporación a la fórmula presidencial de Daniel Scioli quien, pese a su pasado menemista, era apreciado en los sectores medios por su moderación. Asimismo, fue necesario un esfuerzo excepcional del propio presidente y su esposa para movilizar a los intendentes y punteros del conurbano bonaerense donde finalmente se lograron las diferencias que posibilitaron alcanzar el segundo puesto.[26]

De todos modos, los votos que asegurarían el ascenso de Kirchner estaban compuestos por votantes de origen peronista, pero también en una proporción considerable, de antiguos votantes de la Alianza.[27]

[25] A lo que Carlos Menem respondía calificándolo de "muleto" de Duhalde.

[26] En el conurbano se propiciaba la presencia de los líderes locales junto al presidente y la distribución de afiches ilustrativos para favorecer una estrategia de sumatoria de votos desde abajo hacia arriba, inusual en las campañas presidenciales tradicionales.

[27] Según una encuesta de boca de urna del CEOP, un 34,1% de ex votantes justicialistas y un 25,2% de ex aliancistas votaron por el ex gobernador de Santa Cruz.

Durante la campaña electoral, Néstor Kirchner no devino un líder de popularidad ni tuvo un desempeño mediático que le creara un vínculo intenso con un sector del voto ciudadano. Se sirvió de los medios de comunicación *in extremis*, sobre todo en la etapa en que no era aún candidato oficialista, y con un uso muy tradicional de aquellos. Su popularidad, como ya se ha indicado, se construyó una vez que el concurso de circunstancias que se están tratando, en parte accidentales, lo llevaron a la presidencia.

En razón de ello, el problema de Kirchner era reunir recursos para llegar al balotaje puesto que en ese caso, y en la certeza de que su rival sería Carlos Menem, su triunfo final estaría asegurado.

Ricardo López Murphy alcanzó un crecimiento más sorprendente que el de sus rivales exitosos, si se toma en cuenta el magro punto de partida y los limitados recursos organizacionales. Debía sobrellevar la imagen de su breve gestión al frente de la cartera de Economía en el gobierno de la Alianza, repudiada por los impopulares recortes en el gasto público, especialmente educativo, que en su momento había propuesto. Pero su imagen era también la de una persona rigurosa, y pudo capitalizar ese rasgo ante quienes esperaban una salida clásica y con sacrificios de la economía quebrada; también logró revertir su imagen ante algunos sectores –incluso provenientes del arco progresista– que anhelaban mejoras institucionales y honestidad en la función pública. Aunque contó sobre todo en la fase final de su campaña, con el apoyo explícito y en muchos casos implícito de algunos de sus antiguos compañeros del partido radical y con el favor de parte del mundo de los negocios, la base de su ascenso fue un emergente liderazgo de popularidad asentado en la imagen que construyó.

La fórmula programática del candidato, para la recuperación del país, podría ser considerada convencional y simple: restablecer la ley y el Estado de derecho –asegurando los derechos, con foco en el ahorro y en la inversión– como condiciones para un crecimiento cifrado en las exportaciones y en las inversiones internacionales.[28] Aunque mencio-

---

[28] Para ello la Argentina debía honrar sus compromisos. Su objetivo en este punto era asegurar un superávit primario del 4% anual destinado a encarar el pago de la deuda pública.

naba políticas sociales[29] y prometía mantener el gasto social, considerando que el ajuste que él mismo había propuesto en su momento, ya se había efectuado "espontáneamente" por obra de la devaluación; este era su punto más débil. El Estado austero que propiciaba era básicamente administrador y según el paradigma neoliberal practicado en los 90, la mejora en las condiciones de vida provendría del efecto arrastre producido por el crecimiento de un país normalizado. Pero aún en este punto el candidato puede haber tocado provechosamente una cuerda de fastidio con las sospechadas políticas sociales en los propios sectores populares y aun en quienes tienen sensibilidad social.

Su prédica tenía también una referencia a valores tradicionales, lo que le permitió reivindicar las políticas de desregulación y privatización de los 90, diferenciándose del despilfarro fiscal y el endeudamiento irresponsable: trabajar, trabajar y trabajar, era una fórmula que gustaba repetir.

Pero lo que le permitió extender su influencia más allá del ámbito de los negocios fue su pretensión, en parte lograda, de ser intérprete de la "frustración" y el "cansancio" ciudadanos. El espíritu del estallido urbano de fines de 2001 encontraba en este líder político una expresión posible. Sus propósitos eran firmes en coincidencia con su ícono –el bulldog–, pero sus finalidades eran moderadas y en sintonía con una sociedad desesperanzada. Proponía, en definitiva, orientarse por una versión prolija de lo que se hacía en el mundo y proceder según las reglas de la racionalidad.

En apoyo de esa posición moderna y transideológica, se reivindicaba como "el Lula argentino". Su reticencia a la polémica y a la proclama, y su promesa de reformas progresivas que apuntaban más a la modificación de las costumbres que a grandes cambios institucionales (algunos de los cuales sin embargo él también propiciaba), lo hacían a la vez atractivo y creíble ante los sectores urbanos, con los que logró efectivamente implantarse. A este planteo de republicanismo cívico se agregaban los guiños discursivos que comunicaban su condición de no peronista en una disputa dominada por candidatos de ese origen.

---

[29] Se oponía, sin embargo, a la continuación del Plan Jefes y Jefas de Hogar y proponía sustituirlo por un salario familiar a la niñez.

Los otros dos candidatos, entre los que tenían aspiraciones verosímiles, habían retrocedido a lo largo de los meses de exposición

Rodríguez Saá contaba con la notoriedad que había adquirido en su paso por la presidencia y trató de sacar provecho de ella, presentándose como alguien que había sido desalojado por el aparato partidario controlado precisamente por sus adversarios en la lid electoral. Su campaña, que contó con el respaldo de algunos políticos y sindicalistas disidentes[30], carecía de una estructura nacional y tuvo como recursos las prestaciones televisivas del candidato, con indudable brillo mediático, y la recorrida por el país de una caravana, denominada "marcha de los sueños".

Sus promesas recordaban a las formuladas en su breve transito por la presidencia, que había estado signado por la espectacularidad y la heterogeneidad.[31] Pero en el contexto de múltiples ejes de diferenciación que no alcanzaban a predominar, la prosperidad económica de la provincia en la que había gobernado durante años, pese a las protestas por las restricciones a las libertades públicas y el modo de gobernar, le daban crédito al candidato entre sus coterráneos y en las provincias vecinas.

Elisa Carrió era una líder emergente, que habiendo estado a la cabeza de las encuestas de popularidad desde que –en 2001– abandonó su partido de origen y a lo largo de buena parte de 2002, comenzó a declinar cuando se definió la escena electoral y se trataba de evaluar las capacidades de gobierno. Su abandono de la campaña durante un lapso, para presionar por la renovación de todos los mandatos, y las denuncias espectaculares en momentos en que existía una expectativa de reordenamiento político no contribuyeron a mantener su alto potencial electoral. Sin embargo, el núcleo urbano de su popularidad –constituido por una identidad cultural de centro-izquierda– resistió a

[30] Amén del ex líder carapintada Aldo Rico, algunos intendentes del conurbano (aparte de Rico, los más notorios eran Raúl Otacehé y el caudillo de San Isidro y compañero de fórmula, Melchor Posse) y el ex líder sindical rebelde Hugo Moyano se pasaron a sus filas hacia mediados de 2002, cuando aparecía como el candidato más promisorio.

[31] La proclamación jubilosa de la cesación de pagos de la deuda pública y un plan de un millón de empleos fueron parte de una acción que coexistió con el apoyo a los organismos de derechos humanos y la incorporación al equipo de gobierno del cuestionado José Luis Manzano. Los puntos programáticos mencionados, junto a la mejora de las jubilaciones, seguían siendo las alusiones más frecuentes de su plan de gobierno.

las candidaturas que hacia el final de la competencia aparecían con más posibilidades, y su liderazgo permanecería latente luego de la recomposición política que acarreó el avance de popularidad de Néstor Kirchner desde la presidencia.

La moralidad pública y la lucha contra las mafias estaban en el centro de su planteo republicano. Pero a diferencia de López Murphy, la defensa de las instituciones aparecía asociada a políticas sociales solidarias con la lucha contra la pobreza con criterios universalistas, impulsando propuestas como el ingreso ciudadano para la niñez y la vejez. Pero el tono de la política social propuesta se apartaba del libreto tradicional de la izquierda al enfatizar el objetivo de reconstruir la familia, del mismo modo que sostenía la eventualidad de repoblar el interior del país.[32] En la misma línea su tónica era nacionalista[33], convergiendo en este punto con sus rivales Kirchner y Rodríguez Saá.

Aunque pretendía como otros capitalizar el antimenemismo, su campaña electoral procuró apartarse de los cánones tradicionales indicados para el éxito electoral.

La candidata hacía gala de un desinterés por pesar en la puja política aproximándose a un planteo que anunciaba su triunfo en la próxima contienda, o en otras futuras, como ineluctable, y resultado de una prédica de connotación testimonial.[34] Llamaba a un voto de conciencia que parecería ser parte de una acción esperanzada en cambiar las costumbres ciudadanas y no tan solo de obtener el favor electoral. Su campaña de escasos recursos era también colocada en contraposición al gasto electoral de sus adversarios, a los que pedía cuenta de sus contribuyentes y montos.

Los resultados de la primera vuelta mostraron un ganador votado por uno de cada cuatro electores, y un grupo de candidatos con escasa diferencia de votos entre sí.

[32] Alejadas de los planteos tradicionales de izquierda, algunas de sus propuestas parecían haber asimilado en parte las de la tercera vía. Véase en particular Giddens (1996, 1999).

[33] Fue impulsora de una ley para evitar la venta de tierras a inversores extranjeros, en momentos en que ese bien se había abaratado por la devaluación.

[34] "Sin aparato, sin estructura, a fuerza de testimonio", afirmaba en los debates televisivos. Enfatizaba asimismo el heroísmo individual y la pelea contra la adversidad como virtudes de su acción militante, que pretendía ser una contribución para la recuperación moral ciudadana.

Resultados de la elección presidencial, 27 de abril de 2003

Carlos Menem (Frente por la Lealtad 19,40%, UCeDé 4,97%)	24,45%
Néstor Kirchner (Frente para la Victoria)	22,24%
Ricardo López Murphy (Alianza Movimiento Federal Recrear)	16,37%
Adolfo Rodríguez Saá (Alianza Frente Movimiento Popular 12,07%; Unión y Libertad 2,04%)	14,1%%
Elisa Carrió (Afirmación República de Iguales)	14,05%
Leopoldo Moreau (Unión Cívica Radical)	2,34%
Votos positivos: 19.930.111	

Fuente: Dirección Nacional Electoral.

Las elecciones habían alcanzado una limitada nacionalización, de modo que la mayoría de los candidatos tenían reductos a partir de los cuales se extendía su influencia: en la mayoría de los casos –Menem, Rodríguez Saá y Kirchner– se podía identificar un afincamiento regional más o menos cruzado con una dimensión sociológica. Menem, a partir de su provincia de origen (La Rioja), ganó en los distritos linderos hasta Córdoba, sobrellevando en algunos casos las indicaciones e influencia de los líderes locales (entre otras, de los Juárez en Santiago del Estero, de Castillo en Catamarca y de Miranda en Tucumán), siendo su voto el más repartido nacionalmente. Obtuvo también buenos resultados en distritos residenciales de la provincia de Buenos Aires, gracias a que una boleta alternativa para votarlo era la de la derechista UCeDé, la que le aportó un porcentaje módico, pero decisivo para alcanzar la primera posición. Rodríguez Saá también ganó en su reducto (San Luis) y en las dos provincias vecinas (en Mendoza, notablemente sin contar con sustento significativo en el peronismo local). Kirchner también se benefició de un voto regional, pero a ello añadió la capacidad de arrastre del aparato partidario, sobre todo en Formosa y Jujuy donde obtuvo altos porcentajes, y la provincia de Buenos Aires donde obtuvo como él esperaba la diferencia decisiva.[35]

[35] El 25,72% de la provincia de Buenos Aires le significó 1.910.516 votos, del total de 4.312.517 obtenidos a nivel nacional. Los del Gran Buenos Aires totalizaron 1.284.901 votos.

El voto de López Murphy y Carrió fue esencialmente urbano, y en el caso del primero con sus mejores resultados en las zonas residenciales de "clase alta". López Murphy ganó en la ciudad de Buenos Aires, y salió segundo en las provincias de Córdoba y Mendoza, con altos resultados en las ciudades capitales de esas provincias y otras del interior. En la ciudad de Buenos Aires sus mejores resultados fueron en los barrios tradicionales el Socorro y Pilar con más del 40% de los votos y en Palermo con más del 45%. Triunfó también en Vicente López y San Isidro, distritos residenciales del conurbano.

Carrió tuvo un voto un poco más disperso, pero esencialmente urbano. Su posición de segunda en la ciudad de Buenos Aires fue ilustrativa de su retroceso en lugares en donde su popularidad era tradicionalmente mayor.

Como se ha visto, a lo largo de la campaña electoral se registró una fluctuación del voto que no parecía respetar en términos generales las fronteras tradicionalmente establecidas. Dicha fluctuación persistió y durante los últimos días se registró un fenómeno más específico de volatilidad que daba cuenta de la indecisión de los electores y de la definición del voto a último momento.[36]

A la luz de los resultados indicados pueden hacerse ciertas consideraciones de carácter general. En primer lugar, que la crisis de representación evolucionó en esa oportunidad hacia la búsqueda de una preferencia, en que finalmente persistió la fragmentación político-ideológica de contornos no completamente identificables, puesto que no se produjo una bipolaridad. Como se verá, el signo del rechazo mayoritario a la figura de Carlos Menem reunía componentes heterogéneos de oposición a las fórmulas económicas neoliberales y a la gestión sospechada de corrupción e identificada con el endeudamiento público.

Para muchos electores se planteó el dilema de optar por orden legal y honestidad en la función pública o por un gobierno con mayor justicia social. Una gran masa de electores oscilaba entre candidatos que parecían corresponder más a uno u otro de esos principios. Pero la opción decidida para las presidenciales, como se vería en las subsi-

---

[36] Según las estimaciones del CEOP, este voto volátil alcanzó al 30% de los electores, y otras encuestas permiten estimar que afectó particularmente al electorado más urbano.

guientes elecciones y en el comportamiento de la opinión pública, no comprometía los alineamientos futuros.

De modo que podía reconocerse una indefinición ciudadana –quizá paralela a la indefinición de la oferta formulada por los candidatos– que abría la posibilidad de diferentes rumbos para la reconstitución del lazo de representación. Esta "disponibilidad ciudadana" será un recurso decisivo para el éxito de Néstor Kirchner en instituir un lazo representativo con una política inesperada.

El voto negativo, anti-Menem, hacía abstracción de la división entre peronismo y no peronismo, como lo ilustraban las proyecciones de voto para la segunda vuelta que se venían formulando. Cualquier candidato de los principales, con variaciones en el porcentaje, parecía habilitado para derrotar al expresidente en el balotaje.

De modo que en vistas a la segunda vuelta y mientras se creyó que esta se llevaría a cabo, se constituyó un campo bipolar que los candidatos no podían regular. Tanto López Murphy como Rodríguez Sáa procuraron hacer valer su capital electoral interviniendo en la escena posterior a la primera vuelta. En particular, el líder de Recrear presumió "somos la segunda fuerza del país" proponiendo a los candidatos un debate y definiciones para que el electorado se decidiese, al tiempo que insinuaba una preferencia por el voto en blanco en razón de que la puja era entre dos peronistas. Rodríguez Sáa, por su parte, aceptó el asedio de Menem pero postergó una definición que no llegó a producirse; de todos modos, su fuerza se fue desgranando por las inmediatas deserciones de dirigentes intermedios que anunciaron, contra la inclinación del puntano, su apoyo a Kirchner.

Carlos Menem no había obtenido la ventaja esperada en la primera vuelta y pese a sus intentos de lograr apoyos y obtener frutos de un posicionamiento público más agresivo[37], se confrontó a los pocos días con el pronóstico unánime de un resultado abrumadoramente negativo en las urnas.[38] Luego de un malogrado intento de denunciar un pre-

---

[37] En tanto Kirchner adoptaba un perfil bajo e incluso viajaba al exterior, el expresidente enfatizaba que la opción era entre ser Cuba, en caso de triunfar su adversario, o España, que sería el horizonte en caso de ejercer una tercera presidencia. También se refería al pasado supuestamente montonero de su rival.

[38] La mayoría de las encuestas que circularon informalmente lo daban por derrotado por una diferencia de 65% a 25% o superior.

sunto fraude electoral, terminó desistiendo de competir en el balotaje; Kirchner, por su parte, no pudo ver efectivizado el veto virtual que le estaba destinado.

Cambio de escenario: elecciones pospresidenciales bajo la influencia de un presidente popular y voluntarista

Con el acceso de Néstor Kirchner a la presidencia, las elecciones que se sucedieron en los meses siguientes adquirieron una significación nueva, poniendo en juego la legitimidad presidencial, su relación con el peronismo y la suerte de otros nuevos liderazgos emergentes.

Las elecciones desgranadas en el tiempo han tenido algunos momentos que concentraron la atención ciudadana, pero este curso de expresión cívica alternaba con la significación creciente que adquirió la opinión pública conformada por los sondeos de opinión con relación a las grandes innovaciones que se precipitaron en los primeros meses de la nueva presidencia.

En efecto, el presidente Kirchner emprendió una acción de gobierno que le permitía darse un sustento más amplio y más personal del que carecía como triunfador de la primera vuelta. Había accedido a la presidencia por una articulación de esfuerzos en los que el componente de reconocimiento público era uno más; pero desde la función ejecutiva lograría una popularidad que no había alcanzado ninguno de sus predecesores del ciclo democrático iniciado en 1983, y que como se ha indicado, se transformó en el resorte principal para él y su entorno, en tensión con los liderazgos de su propio partido y de la oposición.

Como se ha visto, los primeros meses de gobierno estuvieron marcados por la permanente iniciativa renovadora del gobierno en el plano interno y por una también innovadora gestión de la relación con el Fondo Monetario Internacional (FMI) y otras instancias internacionales ante las cuales el país era deudor moroso. El respaldo público fue creciendo continuamente y dando, como se ha visto, sus frutos de disciplinamiento institucional. Los recursos primeros del nuevo presidente provenían de un contacto directo con la ciudadanía, pero la fuerza de ese vínculo redundaba en mayorías parlamentarias y un espíritu más cooperativo con el Ejecutivo en otras instancias del Estado y de la sociedad.

Las elecciones, que se efectuaban en ese período inicial de la presidencia, estuvieron marcadas por este clima de creciente poder presidencial, lo que revirtió la relación que él había tenido precedentemente con dirigentes políticos, caudillos locales y punteros. El presidente, que había sido evitado cuando era candidato, se transformaba en una presencia requerida. El clima público había variado a tal punto que incluso peronistas reticentes o dirigentes de otras familias políticas se ponían en sintonía o al menos buscaban no enfrentarse con él.[39]

En las elecciones pospresidenciales, por su propio carácter, dado que se ponían en juego intereses y proyectos provinciales y locales, reapareció el sistema de partidos, o lo que quedaba de él, en tanto que las fuerzas emergentes confrontaron con la prueba de construir una presencia territorial que el liderazgo de popularidad no les proveía.

El peronismo, que ganó la mayoría de las competencias electorales, no pudo, sin embargo, tener listas únicas en todos los distritos e incluso en varios de ellos las listas oficiales respondían a dirigentes poco afines con el nuevo liderazgo presidencial.

En verdad, la tensión en el campo peronista en torno de la figura de Carlos Menem, que había llegado al borde de la división formal ante las elecciones presidenciales, se desplazó rápidamente. Los partidarios del ex presidente de los 90 se retiraron a sus posiciones institucionales y solo reaparecieron esporádicamente. Pero una nueva pugna, entre el presidente Kirchner y su padrino electoral, Eduardo Duhalde, comenzó a dominar la escena, lo que potenció algunas de las disputas distritales, en particular la de Misiones y la de la ciudad de Buenos Aires, y de un modo más indirecto la de la provincia de Buenos Aires.

La diferenciación se alimentaba del interés de variados postulantes a los cargos en disputa, quienes se alineaban en algunos casos allí donde

---

[39] Romero, que logró la reelección en Salta, y Verna, en La Pampa, compitieron con opositores que el gobierno auspició, manifestando al ser electos su integración al oficialismo. Desde otras posiciones, Luis Juez, electo intendente de Córdoba en una lista en la que convergían peronistas disidentes, radicales e independientes, se proclamó partidario del presidente. E incluso el radical Cobos, finalizada la contienda electoral que lo llevó a la gobernación de Mendoza, manifestó sus simpatías con el presidente. En verdad, fueron escasos los opositores más frontales. Entre ellos se encuentra Sobisch quien conquistó, a la cabeza de su partido provincial, la gobernación de Neuquén; pero el propio Macri durante la campaña electoral porteña se cuidaba de destacar la voluntad de colaborar con el presidente, para el caso en que fuese electo.

podían, pero adquirió un carácter más general que estaba implícito desde el inicio y se potenció en la medida en que Eduardo Duhalde criticó algunas de las decisiones presidenciales, en particular su impulso a la anulación de las leyes de obediencia debida y punto final y la política de "guante blanco" hacia las acciones piqueteras, manteniendo su disconformidad aunque más callado con el estilo presidencial.[40]

Kirchner, desde el momento en que se encontró al frente del Ejecutivo, se involucró en la campaña electoral y trató de pesar en la confección de listas.[41] Sus intervenciones más significativas se produjeron en los distritos en que promovió una disputa con el peronismo oficial. El momento electoral más álgido fue el de las elecciones porteñas y bonaerenses –entre fines de agosto y mediados de septiembre[42]–que coincidió con uno de los momentos más intensos de la tensa negociación con el FMI. En ese entonces, el presidente pedía ayuda para "torcerle la mano a los de allá", contribuyendo a darle a la puja electoral un carácter de plebiscito con tintes nacionalistas. En el ámbito porteño, el presidente contribuyó a prolongar el pronunciamiento antimenemista de las elecciones precedentes, calificando a Mauricio Macri de "personero económico de los 90". La dramatización lo llevaba a referirse al cerco que los poderosos querían establecer en torno de su persona amenazando con que si lo presionaban "poco me cuesta agarrar los micrófonos y contarle al pueblo argentino" (*Clarín*, 2 de septiembre de 2003).

De hecho, el peronismo se encontró con una variedad de situaciones, ilustrativas en algunos casos de la supervivencia de la división del peronismo para la lid presidencial y en general de la vocación de Kirchner por apoyar a sus seguidores para los cargos representativos, incluso en desacuerdo con los dirigentes partidarios locales.

Las opciones más ostensibles se produjeron en Misiones, ciudad de Buenos Aires y Catamarca donde apoyó a candidatos que competían

---

[40] Ya desde el inicio del nuevo gobierno se hacían evidentes las reservas del caudillo bonaerense ante el ímpetu con que el presidente confrontaba con las corporaciones militares y empresariales.

[41] Logró introducir candidatos afines en las listas peronistas de Entre Ríos, Formosa, Jujuy, Misiones, San Juan, Santa Cruz, Santa Fe y Tucumán. También en listas de coalición en la ciudad de Buenos Aires, Catamarca y Corrientes.

[42] Expectativa que se prolongó hasta fines de septiembre cuando los comicios en Misiones pusieron en oposición al candidato del presidente con el de Duhalde.

con el peronismo local, optando ora por peronismos disidentes, ora por coaliciones en las que se habían integrado los partidarios del presidente. En Misiones el gobernador saliente, Carlos Rovira, luego de ser expulsado del PJ, creó el Frente Renovador en asociación con un sector del radicalismo, y con apoyo activo del presidente derrotó a su adversario apadrinado por Eduardo Duhalde.[43] En la ciudad de Buenos Aires ingresaron diputados peronistas por las dos coaliciones principales que compitieron, uno de ellos por la centro-izquierda, que recibió el activo apoyo presidencial.

En otros casos, como los de las provincias de Buenos Aires y San Juan, los candidatos peronistas oficiales contaban con el respaldo presidencial y compitieron, exitosamente, contra listas conformadas por allegados a los que habían sido los rivales peronistas de Kirchner en las elecciones presidenciales. En el distrito bonaerense el candidato oficial era el propio gobernador saliente, Felipe Solá, quien con el 43,3% prevaleció por un amplio margen sobre sus seguidores inmediatos, Luis Patti –12,39%–, aliado de Carlos Menem, y Aldo Rico –11,56%– que había estado asociado a Adolfo Rodríguez Saá en las presidenciales. El voto peronista tradicional se dispersó y el candidato oficial triunfó aglutinando votos de variadas procedencias.[44] Otra puja más solapada se planteó entre el voto a gobernador y a diputados nacionales en la propia lista oficial del peronismo. Duhalde había confeccionado ya antes de los comicios presidenciales una heterogénea lista de candidatos que le eran afines y se negó a abrirla o depurarla, pese a las críticas públicas que ésta había recibido por parte del propio gobernador, Felipe Solá, y de allegados al presidente. La diferencia en el voto favoreció levemente al gobernador (por un poco más del 2%), con lo que se sentó otro an-

[43] Carlos Rovira obtuvo el 47,8% de los votos en tanto que su adversario Ramón Puerta el 33%. El partido ganador envió dos diputados al Congreso nacional: uno kirchnerista y otro radical. En Catamarca, la coalición ganadora consagró también dos diputados nacionales, uno afín al presidente y otro al radicalismo.

[44] Según las encuestas en boca de urna de la agencia CEOP, una proporción un poco superior de los votantes de López Murphy y de Carrió se inclinaron por el gobernador reelecto, en tanto que la mayoría de los votantes de Menem y Rodríguez Saá se inclinaron por peronistas disidentes.

tecedente en un territorio clave, sea en vistas al control del peronismo bonaerense o a la estrategia de la transversalidad.[45]

En San Juan, José Luis Gioja ganó la gobernación ante Roberto Basualdo, un candidato sostenido por Adolfo Rodríguez Saá.[46]

Hubo otras provincias –Río Negro, Salta y La Pampa– en las que las listas disidentes favorecidas por el presidente, con intensidad variable, fueron derrotadas. En Salta y La Pampa triunfaron candidatos a la gobernación allegados al ex presidente Menem, pero en el caso de Río Negro la presencia de dos listas peronistas favoreció el triunfo del candidato radical.[47]

Por último, en el caso de Tierra del Fuego, la división del voto peronista favoreció a la lista no oficialista que llevó a un radical a conquistar la gobernación.

El radicalismo recuperó en las elecciones pospresidenciales su condición de segunda fuerza política, aunque sus logros a nivel institucional no se tradujeron en una presencia consistente en la escena política nacional. El radicalismo reemergió de las cenizas, logrando retener algunas gobernaciones, incluso contradiciendo aquellos pronósticos que anunciaban un resultado desfavorable, como en el caso de Mendoza.[48] Y en la provincia de Buenos Aires, aunque la candidata radical a la gobernación, Margarita Stolbizer, obtuvo el cuarto lugar, mejoró, de un modo incluso sorpresivo la *performance* que había tenido el candidato partidario en el distrito para las presidenciales; un número considerable de gobiernos locales –cuarenta y dos– quedaron en manos de este partido y ello merced a un muy significativo corte de boleta.

[45] Particularmente durante los primeros meses del nuevo gobierno se especuló sobre el alcance de la política de la llamada "transversalidad" que procuraría impulsar el presidente. Es decir, el establecimiento de alianzas o la constitución de fuerzas políticas por fuera del peronismo en vistas a neutralizar al aparato partidario peronista, que según se presumía devendría más hostil en la medida en que decayese la popularidad presidencial.

[46] La diferencia fue de 41,5% a 30,8%.

[47] Kirchner apoyó, sin mayor compromiso, a Unidos por Salta, una alianza de la UCR, el MID y Recrear.

[48] La imagen de personalidad alejada de la tan cuestionada vida política pasada permitió que el candidato a gobernador fuese incluido en las listas de Recrear y del Partido Federal, las que agregaron un 13% de votos que le aseguraron el triunfo.

En cuanto a las nuevas fuerzas que habían tenido un desempeño notable en la competencia presidencial, la tendencia fue marcadamente declinante en los distritos en que lograron presentar candidatos. Los candidatos a gobernador de Recrear, el partido de Ricardo López Murphy, obtuvieron promedios que representaron entre el 25% y el 30% de los votos obtenidos precedentemente.[49]

El ARI cayó en proporciones aún mayores en la provincia de Santa Fe y se mantuvo mejor en la provincia de Buenos Aires. En la ciudad de Buenos Aires se integró a la coalición que apoyó a Aníbal Ibarra para la jefatura de gobierno, pero habiendo sido desfavorecida en las negociaciones para confeccionar las listas no obtuvo ningún legislador. El triunfo del ARI en las elecciones legislativas de Tierra del Fuego y la conquista de la intendencia de San Martín fueron excepciones a esta regla.[50]

El resultado de las elecciones pospresidenciales había reflejado el predominio formal del justicialismo y permitió a éste alcanzar la mayoría en ambas cámaras, aunque la variedad de listas de proveniencia advertía sobre divergencias y fraccionamientos eventuales.

Pero la expresión electoral de la ciudadanía incluye también una dimensión claramente contrastante con el señalado restablecimiento de la autoridad política y del clima público de optimismo. La abstención y el voto en blanco, comportamientos electorales que tienen en común el negarse a elegir entre las opciones ofrecidas por los partidos, alcanzaron niveles superiores a los que estas conductas representaron en la atípica

---

[49] Es cierto que las características del voto local deben ser objeto de un análisis más detenido para establecer cuánto de este voto se debe a la personalidad de los candidatos y cuánto a la existencia de una lealtad partidaria. En el conurbano bonaerense algunos intendentes con gran peso propio fueron en listas vecinales, como García y Posse, este último por fuera de la sábana radical. El radicalismo perdió las gobernaciones de Entre Ríos y Chubut.

[50] El ARI de Elisa Carrió que había tenido una excelente performance en la provincia de Santa Fe para las presidenciales con el 25,6% de los votos cayó, para diputados nacionales, al 6,73% al dividir fuerzas con el socialismo que presentó una lista más competitiva, arrastrada por su popular candidato a gobernador, Hermes Binner. En la provincia de Buenos Aires descendió de 15,30% a presidente, a 9,52% para diputados y 8,32% para gobernador, y en Santa Fe de 25,16% a presidente a 8,81% para diputados. En la ciudad de Buenos Aires, donde el voto a Lilita Carrió había alcanzado al 19,86%, la fusión con Fuerza Porteña para las elecciones de legisladores nacionales llevó al ARI a no obtener ninguna banca, pese a la presumida significación de su aporte.

elección del 14 de octubre de 2001, la que se había caracterizado por el disconformismo ciudadano. Si en su conjunto el voto rechazo en esa oportunidad había sido un poco inferior es porque la otra modalidad, más activa, de renuencia a la oferta electoral –el voto nulo– no fue significativa. La abstención que había sido del 24,58% en 2001, había bajado al 21,78% en las presidenciales de 2003, pero en las legislativas en su conjunto alcanzó un promedio superior a los precedentes: 28,50%.[51] Por su parte, el voto en blanco que había alcanzado al 10,76% en 2001, fue insignificante en las presidenciales –0,99%–, pero en las legislativas alcanzó un promedio récord de 12,74%.[52] De modo que en esta oportunidad, como en 2001, la amplitud del triunfo electoral peronista ocultaba la caída del voto positivo que afectaba –aunque de modo variable– a todos los partidos (Cheresky, 2003). En la provincia de Buenos Aires, por ejemplo, Felipe Solá alcanzó el triunfo con alrededor de 2.500.000 votos, muy por debajo de los 3.400.000 que había obtenido el gobernador peronista precedente, Carlos Ruckauf, y que el propio Solá había acompañado en 1999 al ser consagrado vicegobernador.

En definitiva, en las elecciones pospresidenciales la desagregación de la oferta política y la fluctuación del voto ciudadano adquirieron una fisonomía específica.

Congreso Nacional
Cámara de Diputados (257 escaños)

PJ	UCR	Interbloque Federal	ARI	Otros
130	45	17	11	54

---

[51] La abstención alcanzó el 43,7% en Catamarca donde el candidato a senador era el cuestionado Ramón Saadi. Las elecciones para diputados y senadores eran la tercera oportunidad en que se convocaba a votar. Córdoba (39%), Tucumán y Jujuy (34%) tuvieron también altos índices de abstención. En la ciudad de Buenos Aires, pese a la dramatización de la contienda, hubo, para la elección de jefe de Gobierno, índices de abstención –31,4% en la primera vuelta, 29,6%, en la segunda vuelta– superiores a las presidenciales 22,8%.

[52] Los picos de voto en blanco se alcanzaron en Santa Fe (22,45%), Santa Cruz (23,24%) y Jujuy (20,22%).

Cámara de Senadores (72 escaños)

PJ	UCR	Otros
41	15	16

La máxima desagregación se dio en el distrito porteño, en el que se conformaron alianzas *ad hoc* en torno de las dos principales candidaturas en pugna. En las elecciones bonaerenses también se mantuvo en forma significativa la desagregación política con relación al campo peronista, junto a otras desagregaciones mencionadas precedentemente.

El voto ciudadano fue fluctuante y autónomo. En las elecciones porteñas, el triunfo de Aníbal Ibarra se debió en buena medida a la "indisciplina" de quienes habían votado a Luis Zamora y Patricia Bullrich en el primer turno, y que no siguieron en la segunda vuelta las consignas de voto de esos dirigentes.

Otro ejemplo significativo es el de la provincia de Buenos Aires en donde el voto local y provincial apareció con frecuencia disociado.[53] Ello permitió, como se ha indicado, la reelección de muchos intendentes de origen radical, puesto que una parte significativa del electorado en esas localidades votó para el Ejecutivo local al candidato radical y para la gobernación al candidato peronista. A ello se sumó una autonomía del voto local que derivó en cambios en los Ejecutivos locales, aun a contracorriente de la tendencia general.[54] Este peso de las redes políticas locales obligó a los líderes provinciales y nacionales, pese a su condición usual de "locomotoras" de las listas sábana, a negociar con los aparatos locales cuando debían armar las candidaturas de los partidos o coaliciones. Fue el caso de Ibarra y Macri en la ciudad de Buenos Aires y de Binner en Rosario.

Fue particularmente significativo de la autonomía electoral el triunfo de Martín Sabbatella y Ricardo Ivoskus en las localidades de Morón y San Martín, en el Gran Buenos Aires, pues en esos casos no contaban con el apoyo de fuerzas políticas tradicionales. Y del mismo modo fue

[53] De los 134 distritos bonaerenses, Felipe Solá ganó en 123, Stolbizer en 8, Acción Federal (Luis Patti) en uno y Frente Popular Bonaerense (Aldo Rico) en uno, pero los intendentes justicialistas se impusieron solo en 75 comunas.

[54] De este modo el justicialismo ganó 25 comunas en las que no venía gobernando, pero en cambio perdió 10, con lo que totalizó 75. Las listas vecinales triunfaron en 12 distritos.

significativo el triunfo del ex fiscal y ex adherente peronista Luis Juez en la ciudad de Córdoba.

Todas estas son expresiones de un voto ciudadano selectivo, que conlleva un importante corte de boleta estimulado por una intención de voto por un liderazgo local personalista.[55]

[55] En sentido contrario, el triunfo del candidato socialista Lifschitz para intendente de Rosario con el magro *score* de 33% de los votos, indica que los votos de su predecesor, Hermes Binner, quien había obtenido en 1999 el 64% del electorado local, estaban bastante personalizados y no eran fácilmente transferibles.

3.
Un signo de interrogación sobre la evolución del régimen político[1]

La recuperación de la iniciativa política a partir de las elecciones presidenciales de 2003 fue decisiva en el rumbo adoptado y en el éxito de la salida de la crisis. Por cierto, los signos de recuperación se remontan a los meses posteriores a la designación de Eduardo Duhalde como presidente interino, periodo en el que la acción de gobierno estuvo sustentada en una amplia coalición de representantes parlamentarios y de los gobernadores que pusieron restricciones, pero también se las autoimpusieron. Estos protagonistas, si bien sobrevivieron a la debacle, se vieron debilitados todos, en grados variables, por el estallido de desafección ciudadano, llamado por sus instrumentos de expresión sonora "cacerolazo".

Los políticos aludidos "por el que se vayan todos" supieron entonces cooperar para evitar la amplificación de la crisis. Pero esos meses de estabilización en la caída dieron como resultado más destacable la organización de las elecciones de abril de 2003, una salida electoral de la que se esperaba la constitución de un gobierno con el sustento ciudadano necesario para abordar los problemas de fondo. Es decir, que los recursos políticos en ese entonces existentes, por su descredito, eran incapaces de encarar la salida de la crisis más allá del consenso defensivo (decisivo) alcanzado, que procuró preservar lo que quedaba en pie de las instituciones. La declaración de la cesación de pagos de la deuda pública y el abandono de la Ley de convertibilidad, formalizados a principios de 2002, consagraron una situación de hecho que precipitó rápidamente a la mayoría de los argentinos –y en particular de los de menos recursos– en una crisis de una magnitud inédita en la Argentina.

---

[1] Una versión de este texto apareció previamente en Cheresky, I. (compilador) (2006), *La política después de los partidos*, Prometeo, Buenos Aires.

Las elecciones presidenciales proveyeron un Presidente, que debido a la incompletitud del proceso electoral, tuvo una investidura legal, pero la mayor legitimidad la alcanzó solo con un ejercicio del poder que lo llevó a adquirir popularidad, una popularidad pronto en expansión que le permitió actuar con independencia del sustento parlamentario, en una relación directa con la opinión pública.

Néstor Kirchner se instaló como líder por su acción de gobierno, configurando una imagen de representación del pueblo sustentada en una relación directa con la ciudadanía, aunque esta relación revistiera un carácter virtual o imaginario y solo ocasionalmente se tradujera en el contacto real o incluso mediado.

De este modo, la reanimación de la vida política adoptó un perfil muy característico y su encauzamiento tuvo como eje el restablecimiento de la autoridad presidencial. Al mismo tiempo, si bien otros líderes obtuvieron reconocimiento en la vida pública, la desconfianza hacia la "clase política" se mantuvo, asociada a la desafección hacia los partidos políticos. Ejerciendo un liderazgo personalista, el Presidente apareció como el artífice del cuestionamiento a las corporaciones y adquirió capacidad para restringir sus pretensiones económicas o de influencia en las decisiones políticas. Logró estabilizar la economía e impulsar un rumbo de desarrollo, desentendiéndose de las pretensiones y reclamos de los intereses financieros. Sostuvo su posicionamiento de identificación con el pueblo, sin embargo, manteniendo una política de administración de gastos que hizo al país atravesar un periodo de crecimiento con superávit fiscal.

La política de derechos humanos emprendida promovió el reinicio de los juicios que habían sido suspendidos o anulados por las leyes de amnistía y perdón, a la vez que el Presidente producía un desplazamiento de las altas cúspulas de la FF.AA. y de las fuerzas de seguridad (en el caso de la policía, especialmente la bonaerense, procedió a una verdadera depuración).[2] Un sentimiento extendido de justicia rehabilitada embargó a una parte de la sociedad y a buena parte de la propia magistratura que se involucró. Las amnistías y perdones de los años

---

[2] Esta acción más que otras suscitó –sobre todo en el año 2006, cuando avanzaron los juicios– una reactivación de la polémica respecto de la relación con la responsabilidad de los protagonistas de la dictadura militar de los setenta y de las violaciones de los derechos humanos.

ochenta aparecían, no como el resultado de una justicia satisfactoria y una reconciliación nacional, sino simplemente como la impunidad otorgada a responsables de crímenes, obtenidas por el temor de la sociedad y los responsables políticos ante la capacidad desestabilizadora de las Fuerzas Armadas, ampliamente ilustrada en los años ochenta. La acción reemprendida por conocer lo sucedido con las víctimas de la dictadura de los setenta hasta donde ello fuese posible y el sancionar a los responsables[3] constituyeron una inflexión inesperada, pues la relación con el pasado parecía haberse clausurado en un punto de compromiso, por lo que la revisión encarada presentó bases renovadas para una sociedad democrática sustentada en principios de igualdad y humanidad, y ello pese que esta obra estaba connotada por la subjetividad de los actores que la emprendieron.[4]

Esta persistencia en la revisión del pasado, contó para el presente y el curso futuro, pues dejó a la sociedad más conforme con sus principios democráticos dado que principios de justicia imperfectamente realizados se habían rehabilitado y expandido. Pero planteaban nuevos desafíos para la iniciativa presidencial y para la sociedad en general. La acción de la justicia requeriría estar acompañada de un debate público alimentado por el propio gobierno, quien había tomado las iniciativas en este ámbito, que permitiese evaluar el pasado de violencia en el que al terrorismo de Estado le cupo ser matriz de una experiencia inédita de trasgresiones humanas e institucionales que no deben olvidarse para que haya pacificación, pero que fueron acompañadas por ideas y otros actores apologéticos de la violencia y de la militarización de la política que, si hoy no son quizás judiciables, sí son ingredientes políticamente juzgables de ese pasado a recordar. Es decir que la justicia sobre los

---

[3] Los niños sustraídos a sus padres desaparecidos y entregados a familias de adopción constituyeron una franja particular de personas vivas, que sin embargo son en algún sentido desaparecidos puesto que fueron sustraídos a su mundanidad, privados del conocimiento sobre sus orígenes. La búsqueda de esas personas en vistas a una acción reparadora continúa principalmente por obra de las Abuelas de Plaza de Mayo.

[4] El acto realizado el 27 de marzo de 2004 en el predio que albergó a la Escuela de Mecánica de la Armada y que fuera un siniestro centro de torturas bajo la dictadura de los setenta, en donde funciona actualmente el Museo de la Memoria, tuvo una fuerte significación reparadora, un tanto sesgada por un discurso presidencial que ponía énfasis en la nueva política de derechos humanos, pero considerándola el inicio de la revisión de ese pasado e ignorando de ese modo los pasos muy significativos que se dieron en los años ochenta por impulso del presidente Raúl Alfonsín.

crímenes de derechos humanos se abrió paso, luego de que se hubiera hecho posible, porque los poderes fácticos que los trababan estaban en buena medida desarticulados, pero también porque la sociedad en general había saldado cuentas con ese pasado y en su inmensa mayoría no estaba imbuida ni de la nostalgia por los protagonistas de esos tiempos ni por el espíritu de venganza. Sin embargo, la reiniciación de los juicios reactivó una conflictividad que puso en escena no solo a grupos identificados con actores del pasado, sino también a grupos que reclamaban dejar ese pasado en el olvido para no realimentar la conflictividad temida. Una respuesta sobre los fundamentos no solo jurídicos, sino políticos de los juicios debería alcanzar cierto grado de universalismo que confirme en ese plano, el político, que no se trata de venganza y que si los crímenes amparados en la investidura del Estado no son equiparables a los efectuados por civiles, no por ello caen en el olvido las responsabilidades de unos y de otros.[5]

[5] En las principales áreas en que el Presidente Kirchner tomó iniciativas que iban a contracorriente de intereses adquiridos o de poderes fácticos, se planteaba el problema del contexto político e institucional que permitía fijar un sentido a esa acción –especialmente en la relación con los empresarios y con la Iglesia que serán considerados más adelante– amén de la aquí tratada que concierne a la sociedad en su conjunto y no tan solo a la corporación militar. En lo que hace al pronunciamiento político el Presidente ocasionalmente se posicionó condenando la violencia política en general, así cuando luego de la anulación de las leyes de amnistía se reiniciaron los procesos a los acusados de crímenes imprescriptibles él sostuvo que aprobaba ese curso de acción aclarando "eso no significa que avale cualquier acto de terrorismo de otro tipo, queremos justicia y terminar la impunidad" (*La Nación*, 17 de noviembre de 2005). Pero estas declaraciones y otras similares no fueron suficientes ante las voces, por cierto minoritarias pero potentes que asociaban los reclamos de justicia con la identificación con la acción guerrillera de los años setenta.

En cuanto a los fundamentos jurídicos que se invocaron para revisar la amnistía y el perdón de los procesados y condenados, la Convención Americana de Derechos Humanos no permite amnistiar delitos de lesa humanidad. En base a ello la Comisión Interamericana de Derechos Humanos en su informe de 1992 ya había dictaminado que las leyes de perdón eran incompatibles con la Constitución.

En cuanto a las leyes de amnistía y punto final, en junio de 2005 la Corte Suprema de Justicia las declaró nulas habilitando las acciones judiciales que se habían clausurado. Uno de los miembros de la Corte, Ricardo Lorenzetti, sostuvo un principio –que inspiró a la mayoría– según el cual los delitos que no pueden olvidarse no deben olvidarse, sosteniendo a favor de la imprescriptibilidad de los crímenes de lesa humanidad que el derecho "tiene un contenido ético, y si el legislador dicta una ley que revela una insoportable contradicción con la justicia, el ciudadano no debe obedecerla", *La Nación*, 15 de junio de 2005.

Así presentado ese modelo, el que rehabilitó la política luego de la crisis de representación, exhibió un escenario unipolar. En el centro un Presidente con capacidad de ser el organizador de la vida política, que tomaba las principales iniciativas y reproducía su legitimidad constatando *a posteriori* la aceptación o las reticencias a sus políticas. Los límites interpuestos por la protesta popular y ciudadana resultaron intermitentes y estuvieron signados por la especificidad de los reclamos y con frecuencia ilustraron más una capacidad de veto que de iniciativa programática.

En cuanto a las fuerzas políticas organizadas y en particular las de oposición, ellas no se recuperaron de la debacle sino que padecieron crecientemente de la fragmentación y desagregación.

Esta unipolaridad se ilustró por la capacidad del Presidente de incidir en las sucesivas elecciones, en particular en las legislativas de 2005. Sin embargo, en esa oportunidad, como se verá más adelante, los resultados mostraron que la popularidad del Presidente no se transfería completamente a sus partidarios en los niveles provinciales y locales.

En efecto, la realidad en términos de poder institucional era diversa: varias gobernaciones estaban en manos de líderes no oficialistas y formalmente el bloque oficialista en el parlamento retrocedió en su peso deviniendo la primera minoría, la Corte Suprema renovada luego del juicio político propiciado por el gobierno a varios de los miembros que la integraban, adoptó una posición de independencia respecto a los presuntos requerimientos del Ejecutivo y en algunas oportunidades tomó iniciativas que rectificaron o interpelaron a los otros poderes en sus decisiones.

Pero esta dispersión de poder tenía, sobre todo, expresiones puntuales y resultaba más potencial que efectiva.

Por cierto, en esos años se acentuó una delegación de capacidades legislativas en el Ejecutivo, que dieron un carácter continuo a la concentración de poder. Pero, en términos generales, la mencionada unipolaridad en la escena pública no puede ser explicada tan solo por la debilidad institucional o las disposiciones concentradoras del poder, sino que tiene un condicionante principal en la debilidad de las oposiciones políticas.

El gobierno adquirió un gran crédito de legitimidad al haber avanzado en la salida de la crisis produciendo políticas, que aunque discutidas desde el punto de vista de su continuidad a largo plazo y de la contraparte decisionista que las acompañaba, dejaron poco margen para la crítica, tanto de izquierda como de derecha.

La recuperación de un sentido de justicia, al destrabar la impunidad alcanzada por la amenaza latente de la fuerza, y el logro de un equilibrio y una solvencia económica dejaron poco margen para una oposición, que por otra parte, luchaba por reconstituirse sobre nuevas bases e incluso desidentificándose también de las fuerzas políticas tradicionales.

El formato de salida de la crisis: poder concentrado sustentado en la opinión pública

La salida de la crisis configuró un verdadero formato de liderazgo sustentado en la opinión pública cuyo modo de constitución y rasgos característicos cabe precisar para ver en qué medida constituye una originalidad política. Por otra parte, un interrogante surgía entonces: ¿puede este formato asociado a la invocación de la "situación de excepción" ser considerado transitorio o tendría vocación a continuarse?

Como se ha indicado, al asumir la presidencia, Néstor Kirchner era considerado un presidente débil por la precariedad de su legalidad y la endeblez de su respaldo electoral inicial. Se pronosticaba una continuidad de la fragmentación política en la que él emergió como un triunfador accidental, y se consideraba que su gobierno sería tributario de los compromisos preexistentes y los que pudiese establecer en esas condiciones.

Aunque constituyó un gabinete en el que coexistían ministros y funcionarios heredados de su predecesor junto con sus allegados de antaño, la mayoría de ellos traídos de Santa Cruz, evacuó rápidamente la posición continuista en que se lo presumía instalado, iniciando una acción de gobierno caracterizada por iniciativas de gobierno heterodoxas por medio de las cuales procuraba la identificación con el pueblo y con la Nación. Sus primeras acciones significativas fueron institucionales: promoción del enjuiciamiento de los miembros de "la mayoría automática" de los miembros de la Corte Suprema, reestructuración en los altos mandos de las Fuerzas Armadas, e iniciativas de alto contenido simbólico en recordación de las víctimas del terrorismo de Estado. Ya más adentrado en su mandato, culminó la ya mencionada derogación de las leyes de amnistía y efectivizó la reestructuración y disminución de la deuda pública. El éxito en este último emprendimiento lo logró a contracorriente de la opinión de buena parte de los expertos económicos y de los grupos de interés, y constituyó una politización de un tema que en los años 90 se había vedado al ejercicio del poder político. La idea de que la deuda pública debía ser "honrada" so pena del descrédito internacional del país y de la enemistad de los mercados, aun cuando todos los otros contratos habían caído y la mayoría de la población sufría las consecuencias de la desvalorización de la moneda nacional, estaba fuertemente instalada. La politización consistió entonces en resituar ese principio de honorabilidad (el cumplimiento de los compromisos que suponía respetar el valor nominal de los títulos emitidos), en el contexto de una situación en la que se había producido una verdadera quiebra en la economía nacional que conllevó el desconocimiento de la "deuda social" garantizada cuando la moneda no se deprecia, y en que en consecuencia los recursos debían ser asignados según principios que tuvieran un sentido colectivo admisible.[6]

A fines de febrero de 2005 la reestructuración de la deuda pública había concluido satisfactoriamente. El canje de los títulos de la deuda en cesación de pagos había logrado una aceptación (76,07%), equivalente a 62.000 millones de dólares, lo que permitiría reducir la deuda pública total de 191.254 millones de esa moneda a 125.000 millones, tras una quita del 65,66% sobre el valor nominal de los títulos renegociados.

Tras el canje, la carga de la deuda se aliviaba considerablemente en su monto puesto que pasaba de representar 180% del Producto Bruto Interno en 2004 a 72% en 2005, y en los plazos de restitución del capital que se alargaban de ocho años y siete meses a catorce años y tres meses. Además, la porción dolarizada de la deuda cayó del 66% a 37%. De modo que el costo promedio anual de esa deuda que había llegado en 2001 a ser de 10.175 millones de dólares quedó en lo inmediato reducido a 3.200 millones de dólares.

---

[6] Joseph Stiglitz (2002) sostiene que la bancarrota es una cláusula no escrita de todo contrato, al cuestionar la idea de que cada una de las obligaciones en ellos contenidas tuviesen una suerte de santidad. Y agrega que hay también un contrato social, pues dicho contrato requiere la provisión de protecciones económicas y sociales básicas, que incluyan oportunidades razonables de empleo.

La solvencia de la economía argentina se vio reforzada por el crecimiento general y en particular de las exportaciones agrícolas, lo que permitió durante los primeros años un superávit primario que no tuvo parangón en el pasado y la disponibilidad de fondos para una intervención creciente del Estado principalmente en sus políticas sociales, en la obra pública y en la provisión de subsidios que permitieron regular los precios de algunos servicios básicos (particularmente transportes).

Este encarrilamiento exitoso de la economía permitió el mejoramiento de los índices sociales ya apuntado y una prosperidad de los negocios que acarreó el respaldo implícito de algunos grupos empresarios junto con las protestas de otros que se veían recortados en su márgenes de ganancia por los impuestos a las exportaciones (sobre todo de los agropecuarios y los petroleros).[7]

El rasgo más característico de la imagen de Kirchner, con todo, fue su identificación con el pueblo ilustrada en dos facetas de su acción, la económico-institucional y la política. La reducción de la desocupación y la pobreza fue en parte un resultado del crecimiento de la economía y solo medidas parciales (como el incremento de las jubilaciones mínimas) tuvieron una vocación redistributiva directa; pero hubo un empeño consistente en congelar el aumento de las tarifas en los servicios públicos para los usuarios y en contener el incremento de precios. Esta política se hizo bajo una tonalidad confrontativa con los empresarios con el recurso frecuente a la interpelación presidencial pública.

Con las empresas de servicios públicos que fueron privatizadas se llevó a cabo una política orientada a prolongar la revisión y actualización de los contratos que se fue haciendo paulatinamente en un clima de impaciencia de las compañías, sin admitir el aumento de las tarifas al público en general. Ello condujo al retiro de algunos inversionistas y a nacionalizaciones, la más notoria de las cuales fue la de Aguas Argentinas.[8] Las negociaciones tenían una faz pública en la que

[7] Incluso la Asociación Empresaria Argentina y la Unión Industrial Argentina formularon respaldos explícitos al gobierno durante la extensa y desgastante negociación de la deuda pese a la ya mencionada crítica y pronósticos agoreros de los principales gurúes económicos.

[8] En septiembre de 2005 anunció su retiro el grupo Suez, principal operador de Aguas Argentinas. El gobierno había rechazado un aumento escalonado de tarifas para el año siguiente y se negaba a hacerse cargo de las deudas de la empresa luego de la pesifica-

el Presidente ponía de relieve el rol del Estado como defensor de los intereses del pueblo. En un acto público en La Matanza, cuando las negociaciones con el inversor extranjero estaban en curso, Kirchner expresó: "Vengan a trabajar y a invertir y no solo a buscar rentabilidad... Me cuesta creer qué mal se acostumbraron estas empresas, que se sientan a negociar pidiendo aumentos del 60% en el agua ¡Minga que les vamos a aumentar! Primero que le den agua al pueblo."[9]

La política hacia los servicios privatizados procuró renegociar los contratos evitando los aumentos de tarifas al consumidor y buscando el retiro de los numerosos reclamos de indemnizaciones por la pesificación que estaban en curso ante los tribunales internacionales. En términos generales, se evitó impulsar la renacionalización.[10]

El presidente fue también vigilante ante los incrementos de precios e intervino públicamente en varias oportunidades consideradas críticas. Ante un aumento de tarifas del combustible al público por parte de la empresa Shell en 2005, Kirchner se dirigió a la población con un llamado de boicot: "No comprar más a Shell, ni una lata de aceite y que se den cuenta que los argentinos no soportamos más este tipo de acciones". Defendió "el boicot nacional que le pueda hacer el pueblo a quien se está abusando del pueblo", y llamó finalmente a "reaccionar como corresponde, sin violencia."[11]

---

ción, como ésta pretendía. Ya en el mes de abril más silenciosamente se había retirado Electricité de France, principal socio de Edenor. Aunque este retiro aparecía en parte asociado a una retirada general de los mercados emergentes, los dirigentes del grupo manifestaron su cansancio por haber esperado la confección de un nuevo contrato que reconociese el aumento de tarifas. Manifestaban haber tenido pérdidas por 354 millones de pesos desde la devaluación (*La Nación*, 27 de abril de 2005).

[9] *La Nación*, 28 enero de 2005. El Estado reprochaba a la empresa no haber hecho suficientes inversiones y en consecuencia no haber extendido la red de provisión de agua y cloacal en sectores del conurbano bonaerense.

[10] Otra excepción fue la de Correo Argentino que, ante un cuantioso canon impago, pasó a manos del Estado en noviembre de 2003 y, visto el éxito en rentabilidad de esta gestión, no fue reprivatizado. En cuanto a la nacionalización de Aguas Argentinas, ella fue bien recibida; según una encuesta de Analogías, 72% de los consultados era favorable a la nacionalización de ese servicio. (Ver Informes del Centro de Estudios Nueva Mayoría, 29 de mayo de 2006). Según una encuesta de OPSM, 80% de los entrevistados apoyaba la decisión de rescindir el contrato de Aguas Argentinas. (En Informes de Opinión Pública, Centro de Estudios Nueva Mayoría, 17 de abril de 2006).

[11] En un acto en la Casa Rosada (*La Nación*, 11 de marzo de 2005). Más tarde, en un acto en la ciudad de Posadas insistió sobre su rol: "Me dicen que no hable así porque así no

Con las entidades empresarias nacionales y en particular con los supermercadistas hubo conflictos reiterados. Cuando en un coloquio empresario se hizo referencia a los presuntos efectos inflacionarios del aumento de salarios, el Presidente los interpeló: "no nos merecemos que algunos dirigentes supermercadistas nos digan que si damos esto les vamos a aumentar los precios como si fuésemos rehenes de ellos. Los empresarios deben evitar este tipo de expresiones."[12] Unos meses después, cuando el temor a una carrera inflacionaria se acentuaba, Néstor Kirchner denunció a los dueños de los supermercados Coto y Jumbo por una actuación cartelizada y por así "querer saquear el bolsillo de los argentinos".[13] Finalmente, los supermercados aceptaron una rebaja de 15% en los precios de ciertos productos básicos, la que luego de variadas alternativas pareció haber tenido un efecto de contención en el alza de precios. A esos acuerdos se sumó una acción más compulsiva de congelación de las exportaciones vacunas y de productos lácteos ante la resistencia de acuerdos de precios en estos sectores.

La política favorable a los intereses populares en la que se embanderaba el presidente estuvo acompañada de una intervención moderadora de los aumentos salariales. Cuando el poderoso gremio de los camioneros inició acciones en reclamo de un incremento salarial que amenazaba con desencadenar una escalada inflacionaria, el Presidente intervino personalmente para poner un tope a esa demanda que sirvió de límite para los salarios establecidos en el resto de los convenios.[14]

debe hablar un Presidente. Uso estas palabras porque mi deber es defender al pueblo". Luego de su llamado, grupos piqueteros próximos al gobierno bloquearon 32 bocas de expendio de Shell sin que la policía interviniese. El ministro de Economía, R. Lavagna, condenó estos métodos: "...claramente no son propios de una sociedad que pretende funcionar civilizadamente". (*La Nación*, 16 de marzo). Ulteriormente, el propio presidente descalificó a los a los escraches piqueteros.

Finalmente, en abril, Shell dio marcha atrás en el aumento programado; el Presidente calificó esta evolución como "una victoria del pueblo argentino" en un acto en la Casa Rosada. (*La Nación*, 7 de abril de 2005). Un conflicto similar se suscitó en septiembre de 2006 cuando la misma empresa quiso lanzar una nafta de calidad especial a precios superiores, lo que provocó la reacción del gobierno y una rectificación de la empresa.

[12] Las expresiones empresarias habían sido formuladas en el pre-coloquio de IDEA (*La Nación*, 19 de julio de 2005).

[13] *La Nación*, 25 de noviembre de 2005.

[14] El incremento escalonado que se acordó con los camioneros para 2006 fue de 19%; teniendo en cuenta que la inflación anual pasada rondaba el 12%, el incremento salarial

La otra dimensión del presidente identificado con el pueblo fue su sensibilidad a la protesta popular y cívica. Las políticas sociales de Estado postularon una reducción del asistencialismo en favor de la incitación al trabajo a través del requerimiento de contrapartidas a los planes asistenciales y de créditos para micro-emprendimientos. Estas políticas fueron, sin embargo, criticadas por su falta de universalismo y la inexistencia de un seguro de desempleo, única condición que las hubiese sustraído definitivamente de la posibilidad de fomentar lazos clientelares.[15] El aspecto más notorio de la política para encauzar la protesta social fue el vínculo de cooperación con una parte de los movimientos piqueteros que fueron asociados a la acción de gobierno en el área social y sostenidos con políticas sociales variadas. En buena medida, se logró una desmovilización y pacificación asociando un sector de esos movimientos a los planes de gobierno. Pero en el transcurso del año 2005 ello fue acompañado por una política menos tolerante con la ilimitación de la acción callejera.[16] No obstante, la red de agrupaciones

efectivo fue moderado. De hecho, como se ha visto, los salarios no recuperaron los niveles anteriores al inicio del gran ciclo depresivo de la economía (mediados de 1998), en tanto que los índices de la producción ya superaron ese punto de referencia.

[15] A comienzos de 2006, 1.400.000 personas recibían el Plan Jefes y Jefas de Hogar y 300.000 el Plan Familias. Los nuevos planes imponían requisitos más estrictos para su recepción, pero los intendentes eran los principales organizadores de la adjudicación y distribución.

[16] La política hacia los cortes de ruta ya se había definido en términos más preocupados por asegurar el orden público luego de los acontecimientos ante la legislatura porteña que terminaron acarreando la renuncia del entonces ministro de Interior Gustavo Beliz, pero se precisaron en los meses anteriores a las elecciones ante una reactivación de la actividad piquetera. El Presidente había denunciado que el gobierno estaba siendo sometido a "una extorsión y a una provocación" y acusó a los grupos de ultraizquierda de ser "funcionales a la derecha", aunque aseguró que de todos modos no iba a reprimir. (*La Nación*, 20 de agosto de 2005). Esta reacción era en respuesta al corte del puente Pueyrredón y la liberación compulsiva de los peajes en cuatro accesos a la Capital sucedida unos días antes. Poco después el nuevo ministro de Interior, Aníbal Fernández, anunció que no se permitiría más el corte del puente Pueyrredón (*La Nación*, 31 de agosto de 2005), y ulteriormente se restringió el acceso a la Plaza de Mayo para que no fuese ocupada de modo continuo por campamentos de agrupaciones piqueteras como había sucedido por ese entonces. En el proceso electoral la hiperactividad piquetera y de grupos violentos como Quebracho amenazaba con traer consecuencias electorales. Según una encuesta de la Consultora X publicada hacia fines de junio, 63% de los entrevistados se manifestaba en contra de los métodos empleados por los piqueteros en tanto que 63,2% expresaba una imagen negativa de la relación que había establecido el gobierno con un grupo piquetero en detrimento de otros.

populares vinculadas al gobierno se fue convirtiendo en el recurso principal de apoyo al Presidente y de la dinámica movimientista.

Sin embargo, la sensibilidad a la protesta ciudadana era más vasta e incluyó una disposición del presidente a hacerse eco de las demandas más variadas. En el caso de los reclamos de seguridad urbana –conducidos por el ingeniero Juan Carlos Blumberg– aparejó promesas en la política de seguridad y la anuencia a reformas del Código Penal que fueron consideradas inoportunas o que no se condecían con la vocación progresista del Presidente. En el reclamo ambientalista el gobierno y el propio presidente oscilaron en sus políticas, pasando de una posición inicial más proclive a la negociación y a la aceptación de los dictámenes de expertos que podían conducir a un monitoreo de las papeleras instaladas en la orilla oriental del río Uruguay, a un "no a las papeleras" en donde los argumentos ambientalistas coexistieron o incluso fueron superados por los meramente conservacionistas, bajo la presión de las asambleas vecinales. Incluso ante fallos de justicia como fue el de la libertad condicional otorgada a Omar Chabán,[17] el presidente se vio tentado de intervenir so pretexto de "que el gobierno no se va a callar ante la injusticia y el dolor".[18]

El presidente acreditó una imagen más amplia de intransigencia en su relación con las corporaciones y grupos de poder. El reclamo de subordinación de las Fuerzas Armadas, policiales y de seguridad al poder civil fue acompañado de profundas reestructuraciones y de sanciones a los focos de rebeldía que aparecieron ocasionalmente.

Una tensión continua tiñó la relación con la jerarquía de la Iglesia Católica. Las críticas de la institución religiosa aludían a la situación

---

[17] Señalado como el principal responsables de la masacre en la discoteca República de Cromañón ocurrida el 30 de diciembre de 2004.

[18] *La Nación*, 14 de mayo de 2005. El gobierno no solo se pronunció públicamente sino que el entonces ministro de Interior, Aníbal Fernández, solicitó al procurador general de la Nación que instruyera a los fiscales para que apelaran el fallo de la Cámara de Apelaciones. Amén de la significación política de intervenir públicamente sobre un fallo de un tribunal, la opinión generalizada de los juristas fue que la procuraduría es un órgano extra-poder que no puede recibir instrucciones del Presidente. En esta oportunidad como en otras, miembros de la Corte Suprema se pronunciaron, particularmente Eugenio Zaffaroni (*La Nación*, 18 de mayo) y Elena Highton de Nolasco (*La Nación*, 14 de mayo), rechazando las presiones políticas, la idea de plegarse en las decisiones de justicia a los estados de opinión pública, y reclamaron que se dejara trabajar a la justicia sin injerencias.

social del país, a aspectos importantes de la orientación cultural y de salud reproductiva y más veladamente al estilo de gobierno. El gobierno se consideró injustamente valorado en sus reformas sociales, pero los puntos culminantes de conflicto surgieron con motivo de lo que el gobierno consideró intromisiones inaceptables. La más grave surgió cuando monseñor Antonio Baseotto, obispo castrense, manifestó su oposición a las intenciones del ministro de Salud propicias a la despenalización del aborto, recurriendo a una cita bíblica que afirmaba que "quienes escandalizan a los niños" merecen "ser arrojados al mar con una piedra de molino atada al cuello". Inmediatamente el Presidente decidió la remoción del obispo de sus tareas en las Fuerzas Armadas, lo que fue considerado por la Iglesia y el Vaticano como una intromisión en un ámbito ajeno a las competencias presidenciales, suscitándose una controversia que continuó por mucho tiempo.[19]

Cabe mencionar también la crítica a los medios de prensa, tema reiterado en las intervenciones presidenciales, e incluido en su posición de denunciador de las corporaciones y los poderes fácticos. El diagnóstico presidencial, que presumía la falta de independencia de los periodistas,[20] se expresaba en una reticencia a los contactos con la prensa lo que llegó a constituir un rasgo de la acción presidencial; el Presidente

[19] *La Nación*, 19 de marzo de 2005. El Presidente firmó un decreto por el cual dejaba sin efecto el acuerdo gubernamental que había designado en el año 2002 al obispo castrense. Pero los conflictos con la jerarquía tuvieron otras expresiones: en julio de 2004 el Presidente había respondido a la críticas de monseñor Aguer, Arzobispo de La Plata sobre la situación de carencia social persistente, acusándolo de haber sido fiador de intereses financieros inescrupulosos. Una ilustración espectacular de la tensión fue la ausencia inédita del Presidente en la celebración del Tedeum realizado en la Catedral el 25 de mayo de 2005; en esta oportunidad el Presidente eligió trasladarse a la ciudad de Santiago del Estero participando en la celebración del oficio religioso por el obispo de esa ciudad perteneciente el ala progresista del clero, junto al gobernador radical, Gerardo Zamora, uno de sus aliados políticos.

[20] En el contexto en que anunciaba la repatriación de los fondos que Santa Cruz había depositado en bancos extranjeros durante su gestión como gobernador de esa provincia, tema que había sido objeto de numerosas notas periodísticas críticas y ocasionales interpelaciones públicas, el Presidente sostuvo: "En algunos casos más que periodistas son empleados de los medios que no pueden escribir ni lo que piensan. Porque si escriben lo que piensan el dueño de los medios lo echa" (*La Nación*, 2 de agosto de 2005).

desvalorizaba la comunicación política y, si era el protagonista central de ella, ello sucedía por vía indirecta.[21]

Puede considerarse que un resorte de la construcción de un proyecto propio y de la contribución al modelo de salida de la crisis que se generó provenía de la vocación presidencial por construir sus propios recursos de afirmación en el poder, pero si cifró sus esperanzas en un lazo directo con la ciudadanía y en una eventual recomposición política no fue por vía de una mera adaptación a las demandas provenientes de una opinión descontenta. Como ya se ha indicado, las decisiones iniciales del presidente fueron en buena medida a contracorriente del sentido común prevaleciente en esa opinión, aunque por cierto logró conquistarla. El presidente actuó sobre la base de convicciones previas a su acceso al poder y que había puesto en marcha con la constitución de una corriente política que construía alianzas por fuera del justicialismo, hasta que recibió a poco más de tres meses de las elecciones la propuesta de Eduardo Duhalde para ser investido por el oficialismo de entonces.[22] Su distanciamiento de las estructuras partidarias lo había llevado a retraerse en su reducto del justicialismo santacruceño desde donde había promovido el Grupo Calafate en apoyo de la candidatura presidencial de Eduardo Duhalde en 1999, para luego apartarse cuando éste inició negociaciones que finalmente se frustraron en vistas a una alianza con Domingo Cavallo. Luego de la debacle de fines de 2001 tomó una

---

[21] Néstor Kirchner no daba conferencias de prensa, y si reunió a los periodistas fue ocasionalmente para un anuncio. No asistía a programas televisivos, no lo hizo durante la campaña electoral presidencial ni lo hizo Cristina Fernández de Kirchner en la competencia por la senaduría bonaerense. Sin embargo, en la medida en que la agenda pública estuvo dominada por su acción de gobierno, su mensaje pasaba por las retransmisiones de los frecuentes actos en la Casa de Gobierno y de los actos en localidades en todo el país, aunque especialmente en el conurbano bonaerense, y por contactos informales con la población que el Presidente fomentaba rompiendo a veces el protocolo. Algunos de sus ministros sí tenían contacto más o menos asiduo con los medios de prensa.

La Sociedad Interamericana de Prensa, por su parte, cuestionó públicamente la relación del presidente Kirchner con los periodistas y su manejo de la publicidad oficial. (*La Nación*, 4 de marzo de 2005).

[22] Néstor Kirchner estaba en plena campaña por su candidatura en competencia con otros candidatos de filiación peronista y decidido a independizarse. "Cuando me preguntan si iba a ir por dentro o por afuera del PJ, les decía que solo hubiera ido a la interna si el justicialismo se ponía de acuerdo en un programa de gobierno común, que luego defendiera el ganador. ¡Pero Menem tiene una visión totalmente opuesta a la que tenemos nosotros!" (Kirchner y Di Tella; 2003).

posición radicalizada a favor de la renovación de todos los mandatos electivos (para lo cual debía producirse previamente su caducidad), por lo que se reunió circunstancialmente con Aníbal Ibarra y Elisa Carrió. Su opinión sobre el peronismo, aun habiendo sido consagrado candidato presidencial oficialista, era crítica: "Si usted me pregunta cuál es la ideología del peronismo, le respondería: una inmensa confederación de partidos provinciales con liderazgos territoriales muy definidos... La falta de discusión interna quedó patentizada cuando el gobierno de De la Rúa se derrumbó y el peronismo debió hacerse cargo del gobierno y de la crisis. Lo único que había en el justicialismo era unidad jurídica, porque en su seno tenía corrientes abiertamente contradictorias y excluyentes, diría".[23] Por ello anunció como finalidad una reconstrucción nacional y como instrumento "un frente nacional, popular, progresista y racional". Puesto que "en el interior del peronismo se reproducen las contradicciones y la complejidad de la totalidad de la sociedad argentina", no se trataba según él de centrarse en o limitarse a la tradición peronista, sino de rescatar sus valores originales e integrarlos en un movimiento que abarcara desde el centro-derecha al centro-izquierda cuyo filo de identificación fuera la ruptura con la "década menemista":[24] Su distanciamiento de la estructura peronista, pese a su condición de candidato oficial, era parte de un diagnóstico de vacancia grave en la representación política y social.[25] Y su proyecto era crear, como lo formuló repetidamente ya desde la presidencia, un reagrupamiento político que calificó finalmente como de centro-izquierda en la expectativa de afrontar un desafío con el otro polo político de una escena política bipolar. De este modo, al cabo de su experiencia de varios años de gobierno y cuando emprendió la construcción de una "coalición plural" cuyo contorno no parecía muy claro, procuró responder a la acusación de querer absorber y satelizar a aliados que fue conquistando en torno al peronismo –en definitiva, a la sospecha de una estrategia "pan-peronista"–

[23] *Ibíd.*

[24] *Ibíd.*

[25] Respecto de los partidos políticos formulaba un diagnóstico terminante: "La sociedad ha dejado de identificar a los partidos políticos con ideas y proyectos y los asocia únicamente a los intereses de sus dirigentes con un fuerte sentido corporativo", lo que iluminó su reticencia al diálogo político institucional a lo largo de los primeros años de su presidencia.

sosteniendo que: "En la Argentina todos sabemos que la reconstrucción de los partidos políticos va a llevar largo tiempo. Mientras tanto, la construcción del espacio [estratégico para una alternativa superadora] se debe hacer en base a ideas superadoras que seguramente provendrán de hombres y mujeres de distintos partidos". Y subrayaba que el progreso en esa dirección frentista lo habría hecho a expensas de una mera acumulación de poder con los recursos más fácilmente a su alcance, al sostener que: "Pude ser presidente del Partido y no lo fui, ni lo soy, ni lo seré. Pude haberme dedicado a armar una aceitada maquinaria partidaria y no lo hice".[26] Pero este movimientismo difería de otros fenómenos aludidos por la misma época.

Por cierto, se observa un ejercicio de la voluntad política de impronta muy personalista y que establece un vínculo difuso con el pueblo, en el sentido de que no está definido por ningún canal institucional ni mediación y que en consecuencia presupone un pueblo, que no se expresa sino como opinión pública, como movilización popular o cívica fragmentaria,[27] o como electorado. En otras palabras, no existía una expresión política organizada y unificada de carácter nacional y sustento social, que estuviese en sintonía con la orientación del Presidente y su entorno, y tampoco se formulaba una argumentación pública ni una deliberación que dieran alguna densidad y proyección estratégica certera a esa orientación. El setentismo atribuido a Néstor Kirchner y su entorno quizás tenía sustento, no en la nostalgia o la identificación con los actores del pasado, pero sí en la afinidad con una creencia de ese pasado: la de presumir que el pueblo tiene una identidad originalmente constituida, intereses definidos con antelación a que la deliberación política posibilite la constitución de una identidad política efectiva. Si así fuese, si el pueblo tuviese una existencia real, tendría entonces sentido situarse, identificarse o pretender ser la encarnación del campo del pueblo. La experiencia de los primeros años de gobierno, en los que la acción se basó en muchos tópicos pendientes, posibilitó privilegiar y disociar la acción considerada como emanación natural de la pertenencia a un

---

[26] Entrevista otorgada a periodistas de *Página/12*, 21 de mayo de 2006. En una entrevista de ese mismo día con el matutino *Clarín*, Néstor Kirchner indicaba su preferencia de establecer acuerdos con movimientos sociales más que con partidos políticos.

[27] Ver Cheresky (2006a).

campo político social, de la argumentación, la deliberación, y eventualmente, la negociación política. Pero ese decisionismo enraizado en la idea de que estar del lado del pueblo es optar por un lugar prefigurado tuvo plena vigencia y fue el núcleo del formato de salida de la crisis que tuvo su momento de esplendor y sobre cuyo futuro se cernía al final del mandato de Kirchner un signo de interrogación.

Una acción política presidencial movimientista que es tal en tanto se institucionaliza y congrega adhesiones individuales originadas en un espectro político relativamente amplio, pero que tiene como sustento, frágil por cierto, a la opinión pública. La popularidad de Kirchner se mantuvo en altos niveles aunque disminuyeron luego de las elecciones legislativas de 2005. Popularidad que contrastaba con la declinación de quienes fueron sus competidores en 2003 y con la existencia de liderazgos opositores y no oficialistas solo a nivel local.

Pero se trató de una popularidad de reconocimiento que produjo disciplinamiento en las filas justicialistas al estar favorecida por la precariedad de apoyo propio con que contaban muchos líderes justicialistas, y acompañada de la caída vertical de la cautividad política de la que se beneficiaban en el pasado los caudillos políticos locales. Del mismo modo, en una escena de creciente fragmentación, numerosos responsables políticos de otros orígenes especialmente con responsabilidades de gobierno, se acercaron al entonces Presidente no tan solo, y probablemente no principalmente, por los efectos de la bonanza económica, sino porque ese liderazgo aun con los cuestionamientos que suscitaba por su limitada sintonía con las prácticas políticas del pluralismo institucional, gozaba en sus primeros años de una legitimidad "progresista" en un contexto de escasez de alternativas.

Respecto del régimen político, se han formulado caracterizaciones que retoman conceptos ya acuñados. Quienes hacen hincapié en el decisionismo personalista respaldado electoralmente, en un contexto de ausencia o debilidad de instituciones políticas, de control y ejercicio compartido del poder, aluden a la "democracia delegativa".[28] También

---

[28] Las democracias delegativas se basan en la premisa de que la persona que gana la elección está autorizada a gobernar como crea conveniente, solo restringidas por la cruda realidad de las relaciones de poder existentes y por la limitación constitucional del término de su mandato: "El presidente es considerado la encarnación de la nación y el principal definidor y guardián de sus intereses" (O'Donnell; 1997).

se ha aludido al régimen político como "cesarismo democrático",[29] destacando aún más el liderazgo concentrado que el consentimiento.

Pese a que estos conceptos describen aspectos significativos del régimen político, no puede afirmarse que la unipolaridad y la concentración de poder señaladas constituyan elementos definitivos y estabilizados de una democracia reducida a su dimensión electoral.

Las elecciones legislativas de 2005 y el panorama institucional y político que habilitaron

Las elecciones legislativas realizadas el 23 de octubre de 2005[30] fueron la oportunidad para que se definieran posicionamientos políticos y se esbozaran fuerzas políticas emergentes, pero de ellas no resultó inmediatamente una recomposición de la escena política. Por el contrario, la desagregación de las fuerzas políticas tradicionales se confirmó y acentuó, al tiempo que se delimitaban los alcances de los liderazgos emergentes.

No tuvieron las características típicas de las "elecciones intermedias" puesto que fueron dominadas por la vocación de Néstor Kirchner de lograr una legitimidad que completara las insuficiencias de su mandato de origen, por lo que las elecciones se nacionalizaron en buena medida por efecto de un llamado del entonces Presidente para ser "plebiscitado"[31]. Ulteriormente, cuando se produjo la división del peronismo en el principal distrito electoral y un sector de esta fuerza se enroló en una campaña opositora, se intensificó la intervención de Kirchner como

---

[29] Cesarismo: "Régimen político en que el poder se concentra en un individuo y su séquito o entorno inmediato, que hace de correa de trasmisión pero detenta pocas atribuciones propias. El jefe máximo actúa como árbitro en todas las decisiones importantes, en muchos casos las inicia, y es fuente última de legitimidad para sus partidarios. Típicamente, un régimen cesarista se establece después de un período prolongado de guerras civiles o conflictos internos –y a veces externos– muy intensos" (Di Tella *et al.*, 1990).

[30] En esa fecha se procedió a una renovación por mitades de la diputación nacional, de un tercio del Senado y de cargos representativos en las provincias. A diferencia de 2003, las elecciones se unificaron en un mismo día.

[31] Tempranamente el presidente Kirchner dio la tónica de su intención de un voto polarizado. En una inusual entrevista concedida al programa político "A dos voces", afirmó: "En octubre se juega un modelo de gobernabilidad. En todas las elecciones de este tipo se plebiscitan las gestiones" (*La Nación*, 10 de marzo 2005).

principal protagonista (aunque no disputaba ningún cargo), esta vez en vistas a ser "ayudado", según reclamaba al llamar a los electores a votar por las listas que contaban con su aval.

Néstor Kirchner buscaba una prueba formal de popularidad que afirmara su poder de liderazgo, pero también un refuerzo de su situación institucional en el Congreso y en algunas provincias en las que podía aspirar a derrotar a sus rivales, o a debilitarlos. De este modo propugnaba una polarización entre partidarios y adversarios.

En dichas elecciones también se confirmó la configuración de un incipiente polo de centroderecha y de algunos liderazgos locales de centroizquierda.

La elecciones revelaron también la continuidad de una independencia ciudadana que por un lado puso un límite al carácter plebiscitario de la elección, al consagrar listas locales no oficialistas aun en localidades en donde la popularidad presidencial era elevada, y también la persistencia de un sector de ciudadanos, con peso incrementado desde 2001, que rechazaban la oferta política por medio de la abstención y del voto en blanco.

La confección de la oferta electoral quedó, salvo excepciones, en manos de los líderes políticos y fue ocasional la efectivización de la competencia en las elecciones internas abiertas que se realizaron el primer domingo de agosto; el total de participantes en las pocas elecciones internas que se efectuaron alcanzó apenas al 3% del padrón nacional. En algunas de las elecciones internas más competitivas, como las del radicalismo de la provincia de Buenos Aires o las del socialismo porteño, la participación fue también baja y en algunos casos los resultados fueron impugnados por los perdedores.[32]

---

[32] En la UCR de la provincia de Buenos Aires hubo 62.000 sufragios, 0,79% del padrón habilitado. En la ciudad de Buenos Aires, donde la UCR y el Partido Socialista efectuaron elecciones internas votaron en total 32.000 personas, 1,5% del padrón habilitado. En la UCR de la Capital Federal votaron alrededor de 24.000 personas sobre un padrón partidario de 100.000 y unos 2.000.000 de independientes que también podían sufragar. Puede compararse la experiencia argentina con la de las elecciones internas uruguayas por esas fechas en las que sufragó 42% del padrón. El fracaso de las internas parece ilustrar el hecho de que los partidos más competitivos no consideran que sus candidatos serían más atractivos si surgiesen de ese procedimiento de selección, y es probable que este sea considerado azaroso o vulnerable a la manipulación por fuerzas adversas en comparación con el veredicto que proveen las encuestas de opinión. Por otra parte, fuerzas políticas más ideológicas o con identidad muy definida no consi-

Al momento de constituirse la oferta electoral se evidenció que los partidarios del Presidente, al incorporar incluso a muchos que acudían circunstancialmente al amparo de su bendición, constituían un campo heterogéneo. Sin embargo, el sentido que dominó estas elecciones emanaba de la fractura que se produjo en el peronismo bonaerense,[33] que derivó en que dos listas para senadores nacionales de esa provincia concitaran la atención, una encabezada por Cristina Fernández bajo la sigla Frente para la Victoria, y otra encabezada por Hilda (Chiche) Duhalde, esposa del ex presidente Duhalde por el Partido Justicialista.

Esta ruptura se produjo contra la mayoría de los pronósticos, que consideraban que puesto que las conveniencias del presidente eran las de consolidar su poder –e incluso había formulado el desafío de calificar a las elecciones como un plebiscito– llegaría a un arreglo con su antiguo patrocinador y rival, quien solo demandaba retener una cuota de poder. Aunque las razones concretas de la ruptura para la conformación de una lista única fueron circunstanciales, lo cierto es que Néstor Kirchner parecía haberse propuesto una diferenciación lo suficientemente nítida como para subordinar a su rival, o bien para derrotarlo incluso corriendo riesgos.[34] La lista de diputados nacionales del Frente para la Victoria incluía dirigentes peronistas que habían adherido al kirchnerismo, peronistas "setentistas" que se habían alejado del aparato partidario, dirigentes sindicales y sociales y ex frepasistas.

Con la nueva sigla, Néstor Kirchner avaló candidaturas en las provincias de Misiones, Catamarca, La Rioja y San Luis, en las que com-

deran apropiado someter la selección de sus candidatos a la eventual participación de extrapartidarios.

[33] La tensión entre Néstor Kirchner y Eduardo Duhalde se mantuvo desde el inicio de la presidencia del primero y tuvo variadas expresiones públicas. El congelamiento del Partido Justicialista, que se mantenía en estado de acefalía a nivel nacional desde marzo de 2004, fue una de las consecuencias de esa tensión. Pero ya a fines de 2004 un realineamiento impulsado por Felipe Solá se perfilaba en la provincia de Buenos Aires desde el momento en que el gobernador manifestó sus preferencias por la candidatura de Cristina Kirchner y recibió como réplica una fractura en el bloque de diputados bonaerenses; estos fueron algunos de los avatares de las elecciones en la provincia de Buenos Aires.

[34] Los puntos que resultaron inaceptables para Duhalde y que llevaron a la ruptura parecen haber sido la decisión del Presidente de retener el pleno arbitrio en la confección de la lista de candidatos nacionales, excluyendo a "los impresentables", y el requerimiento de que un tercio de los candidatos a los puestos de representación provinciales fueran nominados por su aliado, el gobernador Felipe Solá.

petía con el peronismo oficial de esas localidades. Incluso en distritos como Santa Fe y la ciudad de Buenos Aires, el recurso a la sigla frentista ilustraba una estrategia, puesto que en estos casos el PJ había sido absorbido por la nueva sigla.[35] En total, el Frente para la Victoria se presentó como tal en 15 de los 24 distritos.

Pero esta orientación rupturista coexistía con otra de conciliación con adversarios pasados y probablemente futuros, pues el presidente apoyó las listas justicialistas oficiales en Salta y en La Pampa, logrando en el primer caso introducir una candidata afín.[36]

En otras localidades manifestaban su adhesión al presidente varias listas. Finalmente, en Corrientes, Santiago del Estero, Tierra del Fuego, Neuquén y Misiones se constituyeron listas compuestas por radicales y peronistas o independientes alineados con el presidente.

El centroderecha liderado por Mauricio Macri y Ricardo López Murphy lanzó una coalición bajo la sigla PRO que solo tuvo proyección como tal en la ciudad de Buenos Aires, en la provincia de Buenos Aires y en Entre Ríos. Pero los partidarios de López Murphy se presentaron con la sigla Recrear en Tucumán, Corrientes, Salta, Córdoba, Chaco, La Pampa y Neuquén, y en alianzas varias (frecuentemente con la UCR) en otros seis distritos. Esta tendencia estuvo ausente en ocho distritos.

En cuanto al radicalismo, tuvo representación en casi todos los distritos, en algunos con alianzas y con orientaciones divergentes entre sí respecto de la política nacional, que se reflejarían en los votos de los representantes parlamentarios que fueron electos.

La campaña electoral se precipitó antes de los términos legales. Cristina Kirchner inició la campaña bonaerense bajo el signo de "una nueva política" frentista que denunció duramente a sus adversarios

---

[35] La proliferación de partidos en estas elecciones, entre ellos algunos de los leales al Presidente, se hizo posible porque el decreto 535/05 habilitó a 546 agrupaciones políticas que habían iniciado los trámites de reconocimiento pero que no habían obtenido aún la habilitación legal para participar en las elecciones de ese año. La ley 25611, aprobada en 2002, había derogado la cláusula que establecía la caducidad de los partidos que en dos elecciones consecutivas no hubiesen obtenido 2% de sufragios sobre los votantes habilitados. Estas regulaciones facilitaron la proliferación de siglas; por ejemplo, en la ciudad de Buenos Aires, 56 siglas se disputaron el voto local.

[36] En estos distritos retrocedía respecto a las legislativas de 2003 en las que, bajo la inspiración de la estrategia de "la transversalidad", había auspiciado listas de leales opuestas a esos gobernadores antiguos aliados de Carlos Menem.

identificándolos con la mafia[37], haciendo proselitismo sin la simbología peronista, la que no figuraría siquiera en las boletas o publicidades partidarias,[38] y acompañada regularmente por el propio Presidente. La nueva política estaba ilustrada más por la acción de gobierno que por la promesa electoral. La postulante favorita llevaba, desde que comenzaron las mediciones, una considerable ventaja en las encuestas que se acrecentaría a medida que se acercaba la fecha de los comicios, y que indicaba que había logrado la adhesión de parte del electorado tradicional peronista y a la vez una adhesión substancial de quienes en el pasado habían votado por fórmulas no peronistas. Por ello no necesitaba disputar las elecciones. En todo caso se situó en una perspectiva poco identificada con la tradición peronista y fuertemente crítica de la acción de Eduardo Duhalde.[39] En buena medida, esta campaña considerada en su momento "la madre de todas las batallas" por la significación que adquiría la disputa por la primacía en el distrito bonaerense, sede del aparato peronista tradicionalmente poderoso y controlado por años por el ex presidente, no produjo una diferenciación clara quizás porque la enunciación de la diferencia política debía difuminarse por los requerimientos propios de alcanzar el éxito electoral, lo que incluyó buscar

[37] Cristina Kirchner lanzó informalmente su candidatura en un acto en La Plata aludiendo al ex presidente Duhalde como alguien que se inspiraba, no en un guión peronista sino en el de la célebre saga de la "cosa nostra", *El Padrino*. Interpelaba a Kirchner en tercera persona como lo había hecho Evita con Perón denunciando gravemente una presunta amenaza proveniente de sus adversarios: "No se deje intimidar, usted sabe que le quieren torcer el brazo. Lo hacen porque quieren volver a apoderarse de la rentabilidad de los argentinos" (*La Nación*, 8 de agosto de 2006). En ese acto estaban presentes todos los gobernadores, salvo Juan Carlos Romero de Salta, y 61 intendentes bonaerenses.

[38] El analista Rosendo Fraga resume así su observación del estilo de campaña: "El oficialismo nacional no utiliza la denominación de PJ y optó por el de Frente para la Victoria. Tampoco utiliza los símbolos partidarios del peronismo ni canta su histórica marcha. Incluso las menciones a Perón se han eliminado y las referencias a Evita se realizan desde una interpretación histórica que busca presentarla como una figura de izquierda, lo que resulta por lo menos discutible desde el punto de vista histórico" (Informes del Centro de Estudios Nueva Mayoría, 6 de octubre de 2005).

[39] El presidente Kirchner, quien acompañaba a su esposa en la campaña bonaerense, empleaba las expresiones más agresivas sosteniendo que le habían dado las llaves de una Argentina en llamas, o que "a Buenos Aires la vendieron y la destrozaron" (siendo que Duhalde había sido gobernador de la misma desde 1989 y durante 10 años) (*La Nación*, 28 de julio 2005).

exitosamente el cambio de bando de parte de los intendentes y de las redes clientelares del aparato peronista bonaerense.

La campaña de Hilda "Chiche" Duhalde tuvo desde el inicio un perfil definido, cuyas aristas más salientes fueron la reivindicación de la identidad peronista[40] y la crítica a la confrontación presidencial con las corporaciones, recomendándole que no mirara más al pasado. En una entrevista periodística, su reivindicación de los afectados por las críticas presidenciales eran claras: "La Argentina necesita del consenso de todos los sectores: legisladores, la Iglesia, las Fuerzas Armadas, los sindicatos, los medios de comunicación, los empresarios, todos tienen algo que aportar". Por cierto "Chiche" se consideraba la candidata de los pobres, pero su prédica era en pos de un orden que había sido perturbado, y la encarnación de la desestabilización, a la que aludía reiteradamente, eran los piqueteros que contaban con la complacencia gubernamental. También acentuaba su condición de candidata bonaerense natural frente a su adversaria foránea, que había pasado su vida en Santa Cruz y de hecho era ya senadora por esa provincia. Pero su pasado y sus alianzas electorales con Luis Patti y el acuerdo con Aldo Rico, que la llevó a incluir a la hija de él como candidata a diputada nacional, dieron sustento a la diferenciación política que establecía Néstor Kirchner.[41]

Inmediatamente después de la ruptura, el duhaldista José María Díaz Bancalari fue desplazado de la presidencia del bloque parlamentario oficialista, y los diputados duhaldistas trabaron la aprobación de leyes enviadas por el Poder Ejecutivo. La ruptura en el peronismo parecía consumada pero en torno a ella se perfilaban diferentes evoluciones. Hilda Duhalde expresaba un proyecto crítico del presidente Kirchner, pero que a la vez se pretendía garante de la gobernabilidad, asegurando que apoyaría la estabilidad del gobierno luego de las elecciones y

[40] De hecho, el acto de lanzamiento informal de su campaña se hizo en la Quinta de San Vicente en la que había estado a su regreso del exilio el General Perón.

[41] Según el acuerdo sellado con el líder derechista y ex comisario bonaerense cuestionado por los organismos de derechos humanos, Luis Patti, la lista de su Partido –el PAUFE– incluiría a Chiche como candidata al Senado. En el acto formal de lanzamiento de la campaña, que se realizó en la ciudad de Rosario dándole un carácter nacional, Néstor Kirchner denunció "un pacto para desestabilizar el país" (*La Nación* 25 de agosto de 2005), aludiendo de este modo a la conformación de una coalición gestada por sus adversarios peronistas bonaerenses con sectores de derecha, a la que vinculaba con las acciones piqueteras que se intensificaron por ese entonces.

pugnaría por otro peronista que lo sustituyera en el poder para las futuras elecciones presidenciales.[42] La apuesta a mantener la unidad del peronismo en vistas a recuperar en el futuro su control estaba alimentada por los peronistas tradicionales existentes en ambos bandos.[43] El Presidente, por su parte, persistía en su visión rupturista, tema sobre el que se pronunció taxativamente: "Se equivocan los que creen que el 24 de octubre, después de las elecciones, nos vamos a sentar a una mesa a ver cómo arreglamos las cuentas. Yo no soy del pacto de Olivos. Yo no pacto."[44]

La fractura del peronismo era efectiva, aunque la competencia institucional en la provincia de Buenos Aires tuvo diferentes grados de intensidad. Para candidatos nacionales y provinciales hubo listas enfrentadas, pero a nivel local, en varias localidades, los intendentes peronistas se fueron realineando con el Presidente y pudieron mantener sus adeptos en las listas locales, y en varias intendencias que siguieron leales a la candidatura de Chiche se produjo un realineamiento con el oficialismo a *posteriori* de las elecciones.

Por otra parte, el bloque parlamentario "Peronismo Federal", que formaron los diputados duhaldistas con aliados del interior del país, se dividió a los pocos meses y la mayoría adoptó la conducta de acompañar la iniciativas oficialistas, aunque manteniéndose fuera del bloque kirchnerista.

Estas idas y vueltas no oscurecían la constatación de la fragmentación del peronismo, que por sobre el pragmatismo y el interés de poder de los dirigentes locales, reflejaba el debilitamiento de los lazos de encuadramiento de las bases. La experiencia de la campaña electoral de 2005 introdujo con fuerza en el peronismo la disociación y tensión

---

[42] Rechazando la visión difundida por los opositores no peronistas de una entente entre peronistas de diferente pelaje, manifestaba en un acto público en Morón: "No confundan a la gente, el 24 de octubre me encontrarán trabajando para controlar el gobierno y fortalecer los partidos" (*La Nación*, 11 de octubre de 2005).

[43] Poco antes de la contienda electoral los candidatos que encabezaban la principales listas para diputados en pugna en el distrito bonaerense habían relativizado el enfrentamiento. Alberto Balestrini decía: "...hay que sentarse a conversar con el duhaldismo y tratar de armar algo que sirva a las políticas del Presidente", en tanto que su rival Villaverde afirmaba: "Somos justicialistas y por tanto una elección no cambia nada" (*La Nación*, 11 de octubre de 2005).

[44] *La Nación*, 11 de agosto de 2005.

entre las bases y los dirigentes locales, reduciendo la significación del electorado cautivo.[45]

Esa disputa concentró la atención y el interés en detrimento de otras fuerzas que no tuvieron mayor éxito en su intento de terciar, en particular la UCR, PRO y el ARI, que tenían expectativas de convertirse en *challangers* del peronismo y no lo lograron.

Otro distrito de disputa intensa fue el de la ciudad de Buenos Aires donde la competencia principal era triangular. En este escenario hubo diferentes estrategias de polarización, en alguna medida fallidas todas ellas, aunque el candidato de centro derecha, Mauricio Macri, logró afirmarse mejor pero refugiándose en una diferenciación más centrada en los problemas locales y resistiendo a la nacionalización de la campaña, es decir, desistiendo de aparecer –como implícitamente pretendía– como líder de oposición de centro derecha al Presidente.[46] Elisa Carrió sí asumió como pocos otros candidatos un discurso opositor nacional, emprendiendo una crítica virulenta de lo que calificaba como

[45] En el resquebrajamiento del aparato bonaerense intervinieron sin duda factores varios, pero el principal fue la popularidad de Cristina Kirchner, asociada a la obra de gobierno transmitida por los medios de comunicación. Los punteros o líderes locales fueron cabezas de redes de solución de problemas (Ver Auyero; 2001), que podían guiar a su "clientes" dentro de ciertos límites, puesto que para mantener la red debieron adaptarse a la opinión de las bases. Los peronistas del conurbano, aun en las regiones más empobrecidas, participaron de algún modo en la vida pública influida por lo que circulaba en los medios, especialmente la televisión, e incluso en los casos en que no eran "audiencia política" no estaban sustraídos a los influjos de la comunicación política en su vida cotidiana. Su demanda de contención y su frecuente dependencia de recursos del Estado no anuló su participación en el espacio público aunque ésta fuera de baja intensidad. Fue la popularidad de Cristina Kirchner construida por la difusión de su imagen mediática y por el reconocimiento a la acción del gobierno al que representaba, la que presionó para que se produjese una adhesión a su figura que en buena medida vino "de abajo hacia arriba". La ilustración de que el peronismo aun el bonaerense, ahora debilitado, no era ya desde algunos años una máquina de encuadramiento tan disciplinada; lo muestra la incapacidad que tuvo en 2003 Eduardo Duhalde para convocar a elecciones internas en el justicialismo, puesto que de haberlo hecho, era su rival Carlos Menem quien hubiese triunfado, pese al control que él tenía de los cuadros del aparato partidario.

[46] El PRO había hecho su presentación en sociedad en un acto en la localidad de Lanús (*La Nación*, 31 de agosto de 2004), con una pretensión de alternativa opositora y modernizante con consignas tales como "una revolución contra los conservadores", refiriéndose a los políticos que habían gobernado en los cincuenta años precedentes, pero los candidatos de esta corriente, especialmente Mauricio Macri, terminaron recluyéndose en su campaña de distrito.

autoritarismo y abandono del republicanismo en el funcionamiento del régimen político y procurando capitalizar el electorado de centro-izquierda[47], aunque postulando una amplia alianza política que la llevó a incorporar figuras provenientes del radicalismo consideradas poco afines con su posicionamiento.[48] Sus intentos de triunfar en la elección fueron saboteados exitosamente por la acción de sectores del oficialismo, que promovieron una denuncia por fraude fiscal contra su principal candidato en la ciudad a pocos días de los comicios –que se revelaron finalmente falsas– a lo que se sumó *in extremis* la intervención crítica del propio Presidente.[49]

La izquierda tradicional, que en el pasado había tenido una figuración importante, retrocedió aquí como en casi todo el país, resultado de divisiones y querellas inaudibles para los electores.[50]

En el resto del país, los líderes que auspiciaban listas no oficialistas procuraron resistir la nacionalización de la campaña, como fue el caso del socialista Hermes Binner en Santa Fe o del radical Julio Cobos en

[47] Planteó reiteradamente temas urticantes para el gobierno, en particular denunció la continuidad de la expatriación de los fondos de la provincia de Santa Cruz, que habían sido depositados en Suiza para preservarlos de la debacle y cuyo retorno al país se había prometido y postergado.

[48] Incorporó en sus listas de legisladores locales a Enrique Olivera y Teresa Anchorena, el primero de ellos como cabeza de lista y presumible aspirante a la Jefatura de gobierno de la Ciudad en la futura contienda de 2007.

[49] El Presidente acusó personalmente a la candidata del ARI de no poder justificar sus aportes a la campaña electoral, y sostuvo que el candidato Enrique Olivera era equivalente a la presencia de Fernado de la Rúa en las listas de candidatos. En un reportaje radial se refirió a la dirigente del ARI: "Habla de la moral de los demás sin poder demostrar qué es lo que hace, de dónde saca el dinero para vestirse o viajar". La réplica de Elisa Carrió fue enérgica: "Este partido (por el ARI) puede ser el último dique y freno al fascismo incipiente de este gobierno", y refiriéndose al Presidente manifestó: "Es él quien no puede justificar su fortuna" (*La Nación*, 21 de octubre de 2005). Según el analista Eduardo Fidanza de Poliarquía, la campaña sucia contra los candidatos de Elisa Carrió produjo un cambio significativo de tendencia en el electorado porteño.

[50] Luis Zamora, que en elecciones porteñas pasadas había alcanzado más de 12% de los votos, en esta oportunidad tuvo poco eco. En la Legislatura porteña se alejaron de su agrupación seis de los ocho legisladores con que contaba, y en la Cámara nacional los tres diputados de Autodeterminación y Libertad abandonaron el Partido. La izquierda radicalizada mostró una presencia en algunas localidades del interior. En Salta, el PO obtuvo el tercer lugar con 10,8% de los votos y en Santa Cruz, Unidad Trabajadora obtuvo el tercer lugar en el voto a Senadores con 7,4% de los votos.

Mendoza, eludiendo el cepo de situarse en alguno de los campos –oficialismo u oposición al Presidente– que suponía la estrategia plebiscitaria.

La atención de los resultados electorales estuvo concentrada en los de la provincia de Buenos Aires, donde Cristina Kirchner alcanzó un triunfo aplastante con 45,77% de los sufragios frente a 20,43% de su adversaria peronista. La candidata oficialista ganó en todos los municipios del conurbano y en casi toda la provincia[51] traduciendo las simpatías que había despertado su candidatura tanto en los sectores populares como en los medios y aun en los altos. Los candidatos de los otros partidos de implantación nacional obtuvieron porcentajes entre 7% y 9%. La lista oficialista tuvo asimismo un buen arrastre, beneficioso para los candidatos a diputados nacionales y provinciales.

Los candidatos de las listas oficialistas tuvieron resultados exitosos en la mayoría de los distritos donde compitieron, logrando triunfos resonantes como los alcanzados en Catamarca y Río Negro, provincias gobernadas por radicales. En Córdoba las dos listas alineadas con el Presidente ocuparon los primeros puestos, y la lista más kirchnerista de Luis Juez alcanzó un respetable 24,84%, desafiando a futuro a su adversario, el gobernador peronista Juan Manuel De la Sota. Un resultado de una gran fuerza simbólica, fue el obtenido en la competencia para la representación de La Rioja en el Senado nacional por la lista del Frente para la Victoria auspiciada por el Presidente y por el gobernador Ángel Maza, que se impuso a la del denostado rival Carlos Menem por 51,1% frente a 40,4% del último.

De modo que la primera tendencia que se desprendía de esas elecciones era el éxito alcanzado por el Presidente en obtener apoyo para su mandato a través de las listas oficialistas, aunque ninguna adición de resultados podía cuantificarlo.[52]

---

[51] Triunfó en 119 de los 134 distritos.

[52] Como señala el analista Rosendo Fraga, fue la primera vez en décadas que no se dieron oficialmente resultados nacionales, en parte porque efectivamente las listas, especialmente las ganadoras en algunos distritos –en particular los gobernados por radicales– eran inclasificables porque incluían candidatos oficialistas como en Corrientes, Santiago del Estero, Tierra del Fuego y también como se vio ulteriormente en Mendoza, pero además porque la adición estricta por partidos hubiese mostrado que el oficialismo estaba lejos de haber alcanzado el 50% de los votos.

La segunda conclusión, sobre todo si se toman en cuenta los cinco principales distritos que abarcan a los dos tercios de los electores, es que la nacionalización de las elecciones estuvo acotada y que la popularidad del Presidente fue contrarrestada por el peso de liderazgos locales que llevaron a que muchos electores optaran por ellos pese a las simpatías que él suscitaba. Candidatos de popularidad local prevalecieron en la ciudad de Buenos Aires, en Santa Fe y en Mendoza. La lista de Mauricio Macri ganó en la ciudad de Buenos Aires con un nivel de votación un poco inferior al que había obtenido en la competencia por la jefatura de gobierno (34,9%) consagrando uno de los dos éxitos del centro-derecha a nivel nacional (junto con la lista auspiciada por Jorge Sobisch en Neuquén). En Santa Fe, la coalición encabezada por el socialista Hermes Binner le ganó por una diferencia significativa a la lista encabezada por un kirchnerista en una provincia gobernada por un peronista. Finalmente, en Mendoza la lista de la UCR apoyada por el gobernador y por su rival y presidente nacional de ese partido, Roberto Iglesias, también triunfó cómodamente aunque en un contexto de fragmentación del voto.

Varios analistas, constatando el triunfo de las listas apoyadas por el oficialismo local en veinte de los veinticuatro distritos, quisieron ver en ello un signo de la territorialización de la política refiriéndose con esa expresión, ya sea al peso del poder local de turno, ya sea al de los partidos políticos locales. Es cierto, como se indicó, que se había sentido el peso de los liderazgos y aun tradiciones locales, que en el contexto de un electorado cada vez más fluctuante, pusieron un límite a la nacionalización de la campaña electoral y que debe ser tenido muy en cuenta pues es una constante que ya se había verificado en elecciones precedentes.[53] Pero no puede sino constatarse que aun siendo que no se trataba de una elección presidencial, el peso de la intervención de Néstor Kirchner se hizo sentir tanto en el éxito de algunas de sus siglas como en la recomposición de la oferta política opacada tras la permanencia de la misma sigla en algunos casos.

Finalmente, se mantuvo una alta proporción de voto negativo: 26,66% de abstenciones, 7,64% de voto en blanco y 2,37% de votos nulos. En conjunto, una proporción menor de rechazo a la oferta elec-

---

[53] Ver Blanquer y Cheresky (2004).

toral que en las elecciones equivalentes de 2003 y 2001, pero mucho mayor que la existente hasta el período de la debacle de 2001, y que parece indicativa de un sector importante de la ciudadanía que daba la espalda al acto electoral y probablemente a la vida política.

¿Hacia una recomposición de la escena política?

Las consecuencias institucionales de las elecciones legislativas de 2005 ilustraron la profundización en la fragmentación política,[54] con la proliferación de bloques parlamentarios sobre todo en la Cámara de Diputados, muchos de ellos unipersonales. Esta dispersión era en parte resultado de migraciones pasadas pero la tendencia fue reforzada por las divisiones ulteriores del viejo tronco justicialista, del que se desgajaron el Frente para la Victoria (117 diputados, 45% de la Cámara de Diputados), el Peronismo Federal (20,7%) y el Justicialista Nacional (20,6%). En cuanto al radicalismo, pese a su retroceso, continuaba siendo la primera minoría en ambas Cámaras; en diputados, con 37 representantes, había perdido 6 respecto de la composición anterior.

El presidente había consolidado entonces un bloque parlamentario numeroso y con un peso mayor de leales, pero estaba más lejos de obtener mayorías propias que en los primeros años de gobierno, cuando los duhaldistas formaban parte de éste;[55] lo que lo obligaría a negociaciones y alianzas. En el Senado gozaba de una mayoría simple.

Congreso Nacional en julio de 2006
Cámara de Diputados (en porcentaje)

FPV-PJ	UCR	Peronismo Federal	ARI	PRO	Otros
45	14	13	5	4	19

[54] En 2005 se contabilizaban 31 bloques en la Cámara de Diputados, 17 de ellos unipersonales. El Senado, por su parte, contaba con 16 bloques, 10 de ellos unipersonales.

[55] Aunque las estimaciones numéricas en un contexto de fluidez en los alineamientos tienen un valor relativo, podemos indicar los siguientes alineamientos en el peronismo en vísperas de la elecciones legislativas de 2005: Oficialismo (incluyendo kirchneristas y PJ aliados): 80, Duhaldistas; 33, justicialistas independientes; 16. En el Senado, 38 miembros se alienaban en el PJ y 3 en el PJ disidente. (*La Nación*, 23 octubre de 2005).

Cámara de Senadores (en porcentaje)

FPV-PJ	UCR	Otros
56	18	26

En la provincia de Buenos Aires el oficialismo también se fortaleció al obtener una primera minoría en ambas cámaras, lo que le permitió encarar una superación de la inestabilidad que había sufrido el gobernador Felipe Solá por la oposición parlamentaria a sus proyectos, especialmente desde fines de 2004.

La situación parlamentaria varió entonces a favor del presidente, pese a las apariencias dadas por la disminución del número de diputados oficialistas en el parlamento nacional, sobre todo respecto al periodo preelectoral en el que la separación del duhaldismo había acarreado dificultades para la aprobación de leyes y una cierta paralización de la actividad parlamentaria.[56]

Luego de la renovación de las cámaras, el oficialismo logró aprobar importantes leyes postergadas[57] merced a la adhesión variable que logró de una parte de los peronistas duhaldistas, de radicales pro-oficialistas, y de otras fuerzas en el parlamento.

El rumbo que Néstor Kirchner emprendió luego de alcanzar el fortalecimiento de su posición institucional tendió a incrementar la concentración de poder personal y, a la vez, en alguna medida contradictoriamente con esa orientación, a iniciar la ya mencionada apertura coalicional que denominaría "concertación plural".

[56] A fines de agosto de 2005, y en vistas de la confección de listas separadas para las elecciones, el duhaldismo había constituido un sub-bloque con 40 legisladores. La ilustración más espectacular de las dificultades del oficialismo se produjo al reunirse un conglomerado opositor que votó contra su proyecto, logrando la suspensión de los remates hipotecarios por 120 días. (*La Nación*, 29 de septiembre de 2005).

[57] A fines de 2005 logró el tratamiento y aprobación de la prórroga de impuestos y de la emergencia económica, sanitaria y ocupacional. Esta última daba continuidad a la delegación de poderes permitiendo al Poder Ejecutivo libertad de acción en rubros tales como la renegociación de los contratos con las empresas privatizadas, el reordenamiento de rubros presupuestarios y la reforma de la Carta Orgánica del Banco Nación. Esta reforma se hacía necesaria para disponer de los fondos que se necesitaban para efectivizar el pago completo de la deuda con el FMI, que el Presidente había anunciado pocos días antes (*La Nación*, 16 de diciembre de 2005). La emergencia social, económica, financiera y cambiaria se venía prolongando desde el 2002. Ver Quiroga (2005).

Poco después de las elecciones, la reorganización del gabinete y, en particular, el desplazamiento de Roberto Lavagna, ministro de Economía y principal voz autónoma, una personalidad con peso propio significativo, fue considerado como signo de la conformación de un gobierno más homogéneo y dependiente de la decisión presidencial al mismo tiempo que un reforzamiento de la orientación hacia la izquierda.[58]

Durante los meses siguientes, la acción de gobierno estuvo involucrada también en la búsqueda del disciplinamiento empresario y social, para evitar una corrida de precios y salarios que desatara un ciclo inflacionario, tema que fue tratado más arriba.

La primera iniciativa institucional significativa promovida en este período fue la reforma del Consejo de la Magistratura, cuyo funcionamiento había sido criticado desde diferentes posiciones, que le atribuían lentitud y por momentos arbitrariedad. El proyecto oficial procuraba reducir el número de miembros de ese órgano de veinte a trece con el argumento de mejorar su eficacia y transparencia, aludiendo con esta última calificación a la existencia de intereses corporativos que habrían pesado sobre las decisiones. El proyecto suscitó reacciones de rechazo pues se modificaba el equilibrio existente en su composición de modo tal que se estaría creando "un sistema más politizado, menos pluralista y sin contrapesos independientes y eficaces".[59] La reducción de miembros afectaba a abogados y magistrados y en menor medida a la representación política, pero el número del oficialismo se mantenía en cinco miembros, incrementando en consecuencia su peso pues solo se suprimía la representación de la segundas minorías del Congreso. Con ese peso el oficialismo adquiría una capacidad de veto o bloqueo en el organismo en materias decisivas puesto que la elección y destitución de los jueces requiere del voto de los dos tercios, y también esa minoría podría privar del *quorum* al organismo. Según la perspectiva de los críti-

---

[58] Felisa Miceli en el Ministerio de Economía, Jorge Taiana ministro de Relaciones Exteriores, y Nilda Garré en el Ministerio de Defensa, eran personas que no provenían del peronismo tradicional. La última era particularmente significativa por su previo paso por el Frepaso y por su militancia por los DDHH.

[59] Carta enviada por Human Right Watch al presidente Néstor Kirchner con fecha 9 de febrero de 2005.

cos, con la reforma el Consejo de la Magistratura perdía su condición de instancia de contrapoder y quedaba a merced de la mayoría política.[60]

La oposición se mostró inusualmente unida a fines de diciembre de 2005 para denunciar un avasallamiento del aparato judicial, pero el proyecto fue aprobado por un amplio margen en diputados: 148 votos a favor, 89 en contra y dos abstenciones.[61] De ese modo, el oficialismo lograba imponerse atrayendo aliados, pese a haberse negado a la negociación sobre el contenido de la ley y haber sido objeto de fuertes críticas de sectores políticos y corporativos. Las defecciones en sus filas fueron ampliamente compensadas por nuevos aliados, lo que hacía presumir que en el futuro Néstor Kirchner podría contar con apoyo parlamentario.[62]

Hacia mediados de 2006 el oficialismo avanzó en una cuenta pendiente en el armado institucional: los Decretos de Necesidad y Urgencia (DNU), incorporados en la Reforma Constitucional de 1994 en su artículo 99 inciso 3, promoviendo una ley reglamentaria tal cual lo requería dicha reforma. Pero este progreso institucional que creaba la Comisión Bicameral prevista para abocarse al tratamiento legislativo de los DNU no fue considerado como tal, pues no se establecía en el proyecto oficial un plazo perentorio para el tratamiento de tales decretos en el Congreso y, a la vez, se establecía que para su derogación era necesario el pronunciamiento de ambas cámaras, con lo que se creaba la posibilidad que siguieran en vigencia indefinidamente por el simple hecho de faltar el pronunciamiento legislativo o ser este parcial, es decir, sin que hubiesen alcanzado la aprobación explícita. De ese modo, se satisfacía aparentemente el requisito constitucional, que los sucesivos gobiernos

[60] El equilibrio del cuerpo se rompía con la nueva composición también porque los políticos alcanzaban ahora mayoría e incluso se creaba la posibilidad de que éstos sesionaran sin participación de jueces, abogados y académicos.

[61] *La Nación*, 23 de febrero de 2006.

[62] En el oficialismo se produjeron solo dos defecciones de diputados que se retiraron a la hora de votar (Rafael Bielsa y Oscar Massei), a lo que debe añadirse el voto negativo de los aliados del Partido Nuevo de Córdoba que esta vez disintieron. Pero votaron junto al oficialismo 19 de los 31 ex duhaldistas, los peronistas de San Luis, cinco radicales que constituían el germen de los aliados que se perfilaban en ese partido (estos diputados eran dos de Santiago del Estero, uno de Corrientes, uno de Catamarca y uno de Río Negro). También votaron por el proyecto del gobierno algunos diputados del bloque de centro-derecha.

habían omitido cumplimentar, pero quitando eficacia a la intervención del Congreso al no hacerla imperativa. La interpretación crítica sostenía que con esa reglamentación el Poder Ejecutivo ampliaba sus capacidades legislativas.[63] Este proyecto fue aprobado en el Senado[64] por 47 votos contra 17 y en la Cámara Baja[65] por 139 votos afirmativos contra 82 negativos.

La disposición más cuestionada por el alcance en la concentración de poderes, fue la reforma a la Ley de Administración Financiera aprobada poco después, por la cual se atribuía al Jefe de Gabinete una capacidad ilimitada para redistribuir las partidas del presupuesto nacional, salvo los gastos reservados de Seguridad e Inteligencia. Esta disposición fue aprobada luego de un arduo debate en el que el oficialismo sostuvo que era necesaria para poder gobernar en una crisis que continuaba, y el propio Presidente, mientras se producía el debate en diputados, sostenía en un acto público: "Algunos me tratan de trabar. Estoy necesitando instrumentos para poder gobernar"[66]. La oposición consideró que dar carácter permanente a una delegación de capacidades legislativas

[63] Según el mencionado inciso 3 del artículo 99 de la Constitución, los DNU pueden ser adoptados "Solamente cuando circunstancias excepcionales hicieran imposibles los trámites ordinarios…", haciendo excepción de materias vedadas en toda circunstancia. En ese inciso se establece un plazo perentorio de diez días para que el Jefe de Gabinete someta los DNU a la Comisión Bicameral y da a esta comisión el mismo lapso de tiempo para que lo envíen al plenario de cada Cámara "para su expreso tratamiento, el que de inmediato considerarán las Cámaras". Es evidente que la ley reglamentaria aprobada no acuerda con el espíritu de tratamiento inmediato que establece la Constitución.

El oficialismo argumentó que los DNU habían sido promulgados por los gobiernos que se sucedieron en el pasado antes y después de la reforma constitucional, y ellos habían tomado la iniciativa de proponer la postergada reglamentación. También puso de relieve que se había servido de ese recurso para otorgar numerosos beneficios sociales. La oposición reprochaba el proyecto, luego convertido en ley, su apuntada debilidad y recordaba que la senadora Cristina Kirchner había presentado el 25 de octubre de 2000 un proyecto de reglamentación de espíritu contrario al que se estaba tratando, pues en ese entonces el proyecto fijaba un plazo de 30 días a cada Cámara para abocarse al tratamiento del dictamen de la Comisión Bicameral y los declaraba nulos y sin efecto si ambos o tan siquiera uno de los cuerpos no los hubiese aprobado.

[64] *La Nación*, 7 de julio de 2005.

[65] *La Nación*, 21 de julio de 2005. Votaron afirmativamente 113 diputados de Frente para la Victoria, 16 del Peronismo Federal, 3 del Partido Nuevo de Córdoba, 2 Radicales y otros aliados varios. Rafael Bielsa exhibió nuevamente sus diferencias al votar en contra de los artículos más cuestionados de la ley reglamentaria.

[66] Según lo expresado en un acto público en Rosario (*La Nación*, 3 de agosto de 2006).

era de naturaleza anticonstitucional, y comparó esa cesión de poderes con la que había obtenido Domingo Cavallo en el año 2001 y que había sido criticada por quienes ahora la promovían. Pero la argumentación más política expresada en la Cámara Baja hizo hincapié en que el uso discrecional de los fondos públicos se haría según conveniencias para conquistar voluntades políticas, es decir, que se implementarían partidas en favor de amigos y aliados y en detrimento de los adversarios. En esta oportunidad el oficialismo se negó a considerar ofertas de negociación de la ley de quienes estaban dispuestos a votarla, pero limitando el alcance de las atribuciones delegadas en el Jefe de Gabinete. La sanción fue más dificultosa que las anteriores, pero logró el voto de treinta y siete senadores por la afirmativa y seis por la negativa.[67] En la Cámara de Diputados, la aprobación de la reforma se alcanzó por 135 votos contra 91, apenas seis más de los necesarios.[68]

Esta ley fue popularizada por los medios de comunicación como la de "superpoderes", reflejando el descontento existente en el sector de la población más interesado en los asuntos institucionales, aunque en un contexto público de escasa información y participación ciudadana. De todos modos, se constituyó una contracorriente de opinión entre reticente y crítica respecto del ejercicio concentrado de poder, expresada en la figura difusa de la oposición a los "superpoderes".[69]

El conjunto de leyes mencionadas, aunque de alcance distinto, participaban de un común denominador, el de contribuir a la concentración de poder. Encerraban una paradoja, pues se llevaron adelante asumiendo el desafío de constituir una mayoría parlamentaria que si aprobaba estas leyes sería presumiblemente dócil para aprobar las decisiones

---

[67] El bloque de senadores radicales decidió retirarse del recinto al momento de la votación. (*La Nación*, 12 de julio de 2006).

[68] Votaron afirmativamente 112 legisladores del Frente por la Victoria, 15 de Peronismo Federal, cuatro del Partido Nuevo, solo un radical (diputado por Catamarca) y tres aliados varios. Varios de los diputados radicales afines al oficialismo no asistieron o se retiraron en el momento de la votación. Rafael Bielsa manifestó una oposición parcial, al artículo primero de la reforma. (*La Nación*, 4 de agosto de 2006).

[69] "Superpoderes" es una imagen construida en la opinión pública y que remite a decisiones y leyes varias promovidas por el gobierno que suscitan un malestar difuso. Según Telesurvey, una mayoría de 78% se manifestó contraria a los superpoderes, pero 40% manifestaba asimismo desconocer la reforma de la ley de administración financiera, y 47%, desconocer la ley reglamentaria de los DNU (*Informe Telesurvey*, julio de 2006).

más acotadas cuya adopción por el Ejecutivo se autorizaría. Pareciera entonces que este conjunto de iniciativas respondió a dos principios subyacentes. En primer lugar, desinvertir parcialmente al Congreso de decisiones que, si pasaran por su ámbito, tal vez hubieran debido ser negociadas al menos con las bancadas oficialistas. Se prefería gobernar quizás con más prontitud, pero también sin mediaciones que hubieran podido requerir concesiones o contrapartes que no estaban en el ánimo del Ejecutivo. En segundo lugar, debe estimarse que el Ejecutivo se preparaba para un futuro eventual en el que la caída de la popularidad de Néstor Kirchner incitaría a las disidencias y a los reclamos de un Congreso potencialmente fragmentario, por lo que la concentración de poder estaba puesta en la perspectiva siguiente: era más factible mantener la vigencia de DNU o de decisiones administrativas del Jefe de Gabinete que hubieran requerido –para ser derogados– una verdadera iniciativa y cohesión parlamentaria opositora, más que formar una mayoría para hacer aprobar leyes en el Parlamento.

La reelección de Ejecutivos provinciales y locales que en algunos casos aspiraba a ser de por vida, se sumó al malestar ya apuntado por un ejercicio ilimitado del poder. Esa continuidad decisionista suscitó reacciones adversas en la ciudadanía, como se ha visto, pero en un contexto en donde la valoración de la propia actividad parlamentaria no era muy elevada.[70]

Pero la concentración del poder presidencial en detrimento de los otros poderes era un aspecto de la política de Néstor Kirchner que no tenía su correlato en la relación con sus propios recursos políticos, puesto que había intensificado una estrategia coalicional hacia fuerzas políticas ajenas a su movimiento, lo que fragilizaba potencialmente su

---

[70] Es factible apreciar una evolución en la actitud ciudadana hacia el decisionismo. Un estudio de Ipsos de noviembre de 2004 revelaba que los encuestados, preguntados sobre la opinión que les merecía que el Presidente emitiera DNU en vez de enviar proyectos de ley al Congreso, 31% de ellos contestó bien o muy bien, 32% regular y 21% mal. En tanto que mediciones posteriores, como se ha señalado, revelaban un rechazo mayor a la concentración de poder. Por otra parte, en esa misma encuesta de Ipsos, a la pregunta sobre si los miembros del Congreso tomaban decisiones pensando en la gente, 6% contestó bastante o mucho, 55% poco y 38% nada. (ver Hernández, Zovatto y Mora y Araujo, 2005). Una encuesta posterior de Ipsos-Mora y Araujo, registraba que 63% de los encuestados no tenían interés en lo que discutían los legisladores, en Indicadores de Opinión Pública, Centro de Estudios Nueva Mayoría, 19 de julio de 2005.

base de sustentación "natural", la del aparato peronista. En ese sentido, por una parte, el presidente renegaba de la cooperación entre los partidos políticos, pero por otra parte, por su iniciativa de crear una fuerza política renovada, puede considerárselo como impulsor de la reconfiguración de la escena política.

Como ya se señaló, Néstor Kirchner se propuso prefigurar un proyecto coalicional cuyo contorno no estaba definido, pero que tomó estado público en el primer acto en la Plaza de Mayo que el Presidente convocó para el 25 de mayo de 2006. De hecho, fue la primera expresión de masas de apoyo a su gestión en la que convergieron sus partidarios más fieles, pero también buena parte de aquellos peronistas que habían competido con las listas de filiación presidencial en las legislativas de octubre de 2005. Aunque los políticos tradicionales del aparato partidario y los líderes sindicales fueron confinados a un palco secundario, fueron ellos los que aportaron las columnas principales del evento y pusieron de relieve el reagrupamiento peronista en torno a la figura presidencial. Sin embargo, la tónica que el Presidente dio a su discurso fue la convocatoria a todos los argentinos, a lo que él calificó como la "Argentina plural". Aunque al acto mismo solo habían concurrido unos pocos intendentes del partido radical, tradicionalmente de oposición, desde ese momento se acentuó una orientación, que había tenido ya otras expresiones en el pasado, y que apuntaba a crear una coalición política incorporando dirigentes de otras fuerzas, pero sin establecer acuerdos con las organizaciones partidarias en tanto tales. El acto en sí mismo reafirmaba el signo que Néstor Kirchner quería darle a su proyecto, al asociar a su presencia en el palco central, no a los justicialistas, sino a las representantes de Madres y de Abuelas de Plaza de Mayo, y al definir el espacio en que se hallaba en estos términos: "La Plaza es de los trabajadores, de Eva Perón, de las Madres y las Abuelas", cuyo sentido se recortó en el fondo de la afirmación que hasta entonces consideraba a la Plaza de Mayo como adscripta políticamente a los peronistas.

Este aglutinamiento lanzado por el presidente, había adquirido por entonces una mayor dinámica, involucrando a importantes dirigentes radicales con cargos electivos, en particular, cinco de los seis gobernadores de ese signo político y numerosos y significativos intendentes, sobre todo de los distritos de la provincia de Buenos Aires y de Córdoba, que habían tenido reuniones y mantenían de hecho una coordinación política independiente de la estructura partidaria.

De modo que el presidente y su gobierno se mostraron en condiciones de retener la iniciativa política y concentraron un enorme poder de decisión. Sin embargo, la situación evolucionaba en una dirección que permitía prever mayor competencia política y el surgimiento de restricciones al poder presidencial, lo cual aparejaría una mejora institucional.

4.

Foco conceptual. La ciudadanía
y la democracia inmediata[1]

Referirnos preferentemente a la ciudadanía política comporta una opción, consistente no tanto en dejar en segundo plano la ciudadanía social o cívica, sino en defender la posición que, con todo, el núcleo de la idea ciudadana es la de ser fuente de voluntad y poder político; e interrogarnos sobre el alcance de esta naturaleza ciudadana en las condiciones contemporáneas de los albores del siglo XXI. El sustento que se puede ofrecer para esta reflexión es el de la experiencia argentina, puesta en una perspectiva comparada, sobre todo regional.

Nos interrogamos en primer lugar sobre el alcance y la significación de las transformaciones que se vienen produciendo en la vida política. Las protestas urbanas acaecidas a fines de 2001 y que aparejaron el desplazamiento del Presidente en ejercicio –y que, por su novedad, acuñaron el término distintivo de "cacerolazo"– parecieron iniciar un ciclo durable de crisis o quizás de metamorfosis en la representación (Manin, 1998). En todo caso, la creciente autonomía ciudadana que venía expresándose desde bastante antes en los comportamientos electorales y en los estados de opinión, adquirió formas públicas más visibles: estallidos y protestas. Lo novedoso de estas movilizaciones cívicas, de signo variado, por otra parte, fue la tendencia a la auto-expresión. Aunque en algunos casos (como en el de la Cruzada por Axel, denunciando la inseguridad urbana) había un liderazgo reconocido, en general no se había definido todavía un vínculo de dirección, sino que se trataba de presencias públicas y reclamos callejeros independientes de las organizaciones sociales y los partidos políticos.

[1] Una versión de este texto apareció previamente en Cheresky, I. (compilador) (2006), *Ciudadanía, sociedad civil y participación política*, Miño y Dávila, Buenos Aires.

Otro polo de movilización fue la protesta popular, en el caso de la Argentina, sobre todo, la movilización piquetera sustentada en el reclamo de los desocupados y los pobres, pero que tuvo también otra expresión novedosa en los reclamos laborales de bases en rebeldía con los sindicatos reconocidos. Aunque tuvo una mayor impronta de vanguardias políticas y de sindicatos, también estuvo signada por características de movilización espontánea, precariedad identitaria y existencia efímera.

Esta presencia ciudadana y popular tuvo un peso significativo en la configuración de la escena pública, es decir, de lo que se discute y sobre lo que es prioritario decidir porque fue paralela al debilitamiento de los actores institucionales. Por cierto, no se trata tan sólo del descontento ciudadano expresado a través de la "presencia" o del reclamo popular, puesto que estas formas activas son, con todo, esporádicas y, seguramente, cuantitativamente menores que en épocas no tan lejanas, siendo que lo más permanente ha sido el peso virtual de la opinión pública considerada como ciudadanía no representada e imprevisible que es permanentemente escrutada por los sondeos de opinión, interpelada de modo directo por los discursos políticos y constituida como audiencia a interpretar y expresar por los variados actores de los medios de comunicación.

En el caso argentino puede afirmarse que esta ciudadanía/opinión pública/audiencia constituyó desde los inicios del siglo junto al poder presidencial, uno de los dos polos de la vida política. Si en la Argentina ha subsistido, y se ha diversificado incluso, una vida pública fuera de la regida por el poder central no ha sido por los recursos habituales, puesto que la institucionalidad tradicional permanece desarticulada: sindicatos debilitados, partidos políticos fragmentados y aleatorios entre líderes personalistas, por una parte, e individuos no más dispuestos a adoptar una identidad permanente, por otra parte.

Como síntesis, podemos advertir por la observación sobre los acontecimientos argentinos paralela a observaciones efectuadas en otros países de la región y en sintonía con procesos similares acaecidos en países desarrollados, que emerge una presencia cívica multiforme que alcanza por momentos una auto representación y en ocasiones una representación cristalizada pero efímera, paralelas a la representación social y política formal. Sin embargo, no se trata de una presencia o una movilización con pretensiones alternativas al poder institucional formal. Aunque la descalificación de los dirigentes políticos ha sido con frecuencia intensa y sin duda el cuestionamiento de la "clase política" es generalizado, cuando la representación institucional ha sido impugnada se han aceptado los mecanismos institucionales de sucesión. Sin embargo, este nuevo peso de la ciudadanía –que va desde la expresión virtual cotidiana de la opinión pública por las omnipresentes encuestas y a través de intérpretes o portavoces mediáticos ocasionales, hasta el desconocimiento de los plazos legales de los mandatos y el *by pass* de los mecanismos de representación habituales– no tiene por sí misma vocación alternativa o revolucionaria. Es más, en la generalidad de los casos a los que aludimos, lo predominante ha sido el reclamo de elecciones o la aceptación de este procedimiento como vía de superación de las crisis. El recurso a las elecciones o la promesa de su realización, han sido el bálsamo que suscitó consenso y ha permitido salir de los *impasses* en las situaciones extremas. Sin embargo, la desinstitucionalización y el apartamiento de las pertenencias tradicionales han sido propicios en algunos casos para el establecimiento de regímenes neo populistas como el de Fujimori en Perú y Chávez en Venezuela –a principios del siglo XXI–, quienes apoyándose en la movilización social configuraron un liderazgo personalista basado en una relación directa con la ciudadanía, pero transformada ésta en masa no deliberativa y con restricciones a las libertades públicas y escasa autonomía, a diferencia de otros casos aquí evocados.

Este peso de la ciudadanía tiene expresiones multifacéticas que van, como se ha visto, desde la opinión pública medida por las encuestas y la expresión efectiva generalizada a través del voto hasta la presencia, en el ámbito público, de segmentos ciudadanos o de grupos activos de fuerte representación virtual, o que gozan de un predicamento o de una capacidad de reclamo ante los poderes públicos por el consentimiento ciudadano del que disfrutan. Esta presencia ciudadana multifacética, heterogénea, tiene el rasgo común de la inmediatez, en el sentido de la interpelación al poder político, en sus figuras centrales y del apremio en la espera de respuestas, bajo el imperativo de la acción directa. El corte de calles o rutas se ha transformado en un recurso habitual de la protesta característica de la democracia inmediata. La acción vecinal, local o social, según los casos, se despliega sin encontrar ni resistencias ni interlocutores institucionales que se diferencien de la protesta misma.

Pero, ¿esta pretensión de "democracia inmediata" (Schnapper, 2002; Rosanvallon, 1998a) no es un resultado circunstancial de las crisis en algunos regímenes presidenciales de la región, llamada a superarse en cuanto se reconstituya la institucionalidad perdida? Es más, ¿nuestra atención no debería apartarse de los fenómenos aludidos, por su incongruencia con la estabilidad democrática y concentrarse más bien en una prédica republicana destinada a restablecer instituciones sólidas y costumbres cívicas que no estuvieron asentadas en nuestras sociedades en particular en aquellas, como es el caso de la Argentina, signadas por la tradición populista? En otras palabras, podría presumirse simplemente que vivimos las consecuencias de tradiciones culturales poco compatibles con la cultura democrática, que lo que sucede ante nuestros ojos es simplemente el renacimiento de esos rasgos ya conocidos y para decirlo en términos de Tocqueville, alejados del "arte de la política".

No es verosímil que una perspectiva tan simple pueda satisfacernos, aunque por cierto lo que sucede no es ajeno a las tradiciones.

Quizás una breve referencia a los problemas ciudadanos mencionados, en base a la experiencia del periodo presidencial iniciado por Néstor Kirchner en la Argentina, pueda ilustrar un poco más sobre la naturaleza del interrogante y abundar en la interpretación a la que se orienta esta presentación: que, en efecto, se trata de una evolución, o una mutación, si se prefiere, en el formato político que abre sin duda posibilidades variadas de resolución, pero que conlleva probablemente un alejamiento del que habíamos conocido hasta entonces, en el que los lazos de representación tenían un carácter estable sobre la base de identidades políticas ciudadanas constantes y en consecuencia, de partidos políticos cuya significación y presencia provenían de una identidad programática definida y cuyo peso electoral solía oscilar poco a lo largo del tiempo. Si eso fuese así, si nos hallamos ante ese cambio, se justificaría el interrogante sobre la ciudadanía y la política bajo las nuevas condiciones, tomándolas éstas no como un estado transitorio sino como los síntomas de una transformación irreversible.

El peso de la opinión pública
en la situación de excepción argentina

La reconciliación de los argentinos con la política, con todas las salvedades que puedan hacerse sobre su naturaleza y eventual persistencia, se produjo por vía de la recomposición de la autoridad presidencial. Recordemos que Néstor Kirchner fue electo legal, pero precariamente, el 27 de abril de 2003 en una competencia electoral que se interrumpió luego de la primera vuelta por abandono de su adversario. El Presidente entonces consagrado, triunfó gracias a la dispersión del electorado entre varios candidatos, ninguno de los cuales representaba en sentido estricto a alguno de los partidos tradicionales de la Argentina, y fue tributario sobre todo del voto de rechazo a Carlos Menem, quien fuera presidente en los años 90, y también del aporte organizativo y electoral de lo que quedaba del aparato peronista bonaerense. Sin embargo, rápidamente, desde la cúspide del poder, el presidente, recurriendo a decisiones inusuales y a contracorriente de las recetas sobre la buena gobernabilidad, conquistó simpatías populares e incluso cierto entusiasmo que se consolidó, en la medida en que se confirmaba la recuperación económica y el crecimiento, luego de varios años de depresión. Se instaló, entonces, una relación directa de la figura presidencial con "el pueblo" que se prolongó como sustento de popularidad, y contra las predicciones iniciales de los expertos, a lo largo del tiempo.

Con ese sustento en la opinión pública, el presidente Néstor Kirchner ejerció un poder concentrado logrando el disciplinamiento de los parlamentarios de su partido sin haber tenido mayor trato con ellos, y en buena medida, ignorando el diálogo institucional con otras fuerzas políticas. En verdad, como se ha visto más recientemente, la figura del presidente como centro de decisiones y de iniciativa política, ha incrementado la conflictividad con las corporaciones y estructuras existentes, lo que alcanzó hasta una parte muy significativa de su estructura partidaria de origen, y en particular al peronismo bonaerense.

Lo significativo es que ese sustento en la opinión pública que se suponía fugaz por su propia naturaleza si no se acompañaba de recursos organizacionales, se prolongó en el tiempo; la conclusión que puede extraerse en este aspecto es que los recursos de popularidad primaron ampliamente por sobre los organizacionales. Forzados por el peso de la figura presidencial, los legisladores partidarios reticentes tuvieron que alinearse con la voluntad presidencial, del mismo modo que los intendentes y gobernadores. Fue ese recurso de popularidad el que impulsó a los legisladores a reiniciar el juicio político a la mayoría de los miembros de la Corte Suprema sospechados de connivencia ilegítima con el poder de los años 90 revisando sus propias decisiones precedentes, así como pesó ante grandes empresas y a veces sindicatos, llevándolos a ceder posiciones en situaciones de conflicto. La propia candidatura de la esposa del presidente para senadora de la provincia de Buenos Aires, Cristina Kirchner, triunfante en su competencia con una rival sostenida inicialmente por el aparato partidario peronista oficial en las elecciones del 23 de octubre del 2005, es una ilustración del predomino del recurso a la opinión pública y de su enorme peso ante estructuras partidarias que, ante su empuje, entraron en disgregación o se alinearon. Por supuesto, pueden hacerse salvedades atendibles a este ejemplo. Por una parte, el presidente contó con la administración de los recursos del Estado que son siempre un instrumento que cuenta especialmente en la relación con las provincias y municipios y finalmente, en particular en la puja bonaerense. Y por otra parte, logró, aunque tardíamente, una transferencia de recursos organizacionales con la migración de intendentes y punteros a su nueva etiqueta política. Sin embargo, aun matizando el argumento, parece indiscutible que la relación directa del líder con la ciudadanía estuvo y está en el centro del juego político.

El paso de una parte de los intendentes peronistas del conurbano bonaerense al bando de los partidarios de Cristina Kirchner y del presidente no puede ser visto simplemente como resultado del empleo del aparato de Estado como medio de presión por parte del gobierno central. Por cierto, la transferencia de recursos económicos influyó, pero la adopción de una nueva lealtad por los punteros y los gobernantes locales estuvo muy condicionada por la presencia mediática más indirecta que directa de la candidata respaldada por el presidente, por la verosimilitud de su triunfo electoral anunciada por las encuestas, con las consecuencias futuras de una nueva distribución de poder, y en consecuencia por la multiplicación de los adherentes a la figura emergente entre los peronistas de base que sabían de ella sin la mediación de los punteros. Esta experiencia fue muy significativa de los nuevos tiempos: una alternativa política emergió y probablemente se impuso de un modo contundente por obra de la lógica de la popularidad en el espacio público, por cierto impulsada desde la cúspide del poder; pero esa lógica pareció prevalecer por sobre la de los aparatos políticos y las lealtades que ellos tradicionalmente concitaban.

Es también significativo que los avances del presidente en relación a las otras fuerzas políticas y en particular a los propios adversarios de su partido de origen no hubieran redundado en la conformación de una estructura partidaria sólida bajo su liderazgo. Los nuevos recursos organizacionales del presidente no tuvieron otra autoridad que él mismo, carecieron de una institucionalidad reconocida, y el Presidente fue el referente de las decisiones atinentes a candidaturas y alineamientos políticos, como también el militante o el agitador en el distrito principal en el que libró la batalla electoral.

Es claro que la evolución del régimen de poder presidencial sustentado en la opinión pública, tal como aquí se describe, remite a las circunstancias de la Argentina y a los personajes que la protagonizaron. Pero, esta relación entre el presidente y la ciudadanía no fue simplemente el resultado de un tipo particular de personalidad y de situación. Para entenderla cabe interrogarse sobre las nuevas condiciones en que se produjeron la actividad y la construcción políticas.

En el cuadro que aquí se propone trazar, se observan también las dificultades que tienen las oposiciones políticas que se han esbozado para constituirse firmemente. Aquí también por sobre las consideraciones circunstanciales referida a los diferentes líderes en liza y al crédito suplementario del que goza un presidente en un país en proceso de salida de la crisis, podría reconocerse que la ciudadanía parece haber establecido un lazo más distendido con la política y con los asuntos públicos.

Por último, debe tomarse en cuenta, como se señaló precedentemente, que en verdad hay dos polos de iniciativa política. La ciudadanía, en sus expresiones electorales, como opinión pública pero sobre todo en su movilización esporádica que ha sido el otro centro de la vida pública. Si el poder presidencial ha encontrado límites y aun ha debido considerar iniciativas que no le eran propias, ha sido cuando surgieron de esta fuente que, como hemos visto, se vierte por canales inusuales.

La ciudadanía en el siglo XXI

De modo que adoptando una perspectiva general, si la crisis o mutación de la representación a la que se alude no se resolverá simplemente por la restauración de las formas políticas precedentes, se debería prestar atención a lo que sucede ante nuestros ojos y considerar si no asistimos a una combinación diferente, en el ejercicio de los derechos civiles y de los derechos políticos. Y si así fuere, podríamos preguntarnos si no nos hallamos ante el desafío para otra articulación entre representación y deliberación.

Adoptar esta perspectiva tropieza con el obstáculo intelectual que ha asociado la vigencia de la democracia con las formas de gobierno representativo existentes. Admitir la descomposición de los partidos políticos y presumir que no van a volver a ser lo que eran, ¿no es acaso poner en cuestión al régimen democrático en sus dispositivos esenciales o resignarse ante su decadencia? Quizás no, y superar ese tabú podría llevarnos a la elaboración de un republicanismo aggiornado, es decir a la construcción de instituciones políticas que no renieguen de la buena herencia, pero que estén en consonancia con los cambios que se han producido.

Estos cambios que afectan a la condición ciudadana son variados y su mera enumeración podría diluir el filo de la argumentación, por lo que es pertinente remitirse a presentar los dos que parecen más significativos:

En primer lugar, debe tomarse en consideración el trillado tema del fin de la conflictividad política en torno a las alternativas de sociedad, que fuera característico desde fines del siglo XIX y durante el siglo XX, y ver su impacto en la sociedad argentina y en otras de la región. Sobre la significación política general de la caída del comunismo se ha escrito bastante, lo que exime de su tratamiento aquí. Pero, señalemos que sus efectos se han hecho sentir en la región sobre todo en aquellos países que tenían un sistema de partidos de tipo europeo. François Furet (1995), en su contribución apenas posterior a la caída del muro de Berlín, da toda la medida del cambio que se ha producido en el imaginario político, afirmando:

> La historia vuelve a ser ese túnel en el que el hombre se interna en la oscuridad, sin saber dónde conducirán sus acciones, incierto sobre su destino, desposeído de la ilusoria seguridad de una ciencia de lo que hace.

Y agrega:

> La idea de otra sociedad se ha hecho casi imposible de pensar, y por otra parte, en el mundo de hoy nadie adelanta, en el tema, siquiera el esbozo de un concepto nuevo. Henos aquí condenados a vivir en el mundo en que vivimos.

En lo que a nuestro tema atañe, podemos decir que la "caída de una ilusión" sobre la política como la arena en que se dirimían mundos posibles y a veces radicalmente distintos, que en el siglo pasado hizo del compromiso político una epopeya que en algunos casos movilizó multitudes, ha derivado en todos lados en una pérdida de intensidad política y en una pérdida de sentido de las identidades colectivas hasta entonces existentes.

En estas condiciones, aun para quienes conciben la política no tan solo como gestión de los recursos públicos sino como lucha y diferenciación, se trata de saber cómo será ahora configurado el pluralismo democrático. El triunfo de la democracia fue protagonizado por sociedades que valoraron la política, y el derrumbe de los órdenes políticos alternativos, versiones decadentes del antiguo totalitarismo, consagraron a la democracia como el régimen por excelencia, el único admitido en el mundo secular. Pero ahora las democracias, privadas del desafío y de los sustentos sociológicos y culturales de su etapa pasada, aparecen interrogadas sobre su futuro.

La expansión del ideal democrático que en el mundo acompañó la crisis del marxismo primero, y la debacle de los regímenes totalitarios y postotalitarios del Este europeo luego, apareció en estas latitudes más bien relacionada con la caída de las dictaduras militares autóctonas.

La expansión del proyecto democrático se asoció a la referencia creciente a la ciudadanía, expresión inusual en el pasado y que desde los 80 adquiere nueva significación en el mundo y en particular en Latinoamérica. Era el síntoma que la conflictividad política en términos de intereses y las luchas por la igualdad en los diferentes ámbitos de la vida colectiva no podían ser disociadas de una conciencia de derechos que situaba a los individuos en su vida pública como protagonistas y sustentos de la legitimidad, en detrimento de líderes o vanguardias providenciales, y que restituía la libertad política como un principio indisociable de otros vigentes o reclamados. En este sentido desde el retiro o caída de los regímenes autoritarios que habían proliferado en la región en los años setenta, se había producido una suerte de revolución cultural, que en grados diversos según los países y sectores comportó el inicio o el avance en un cambio en los principios que rigen la vida colectiva y, en alguna medida, en las costumbres. Las encuestas de opinión realizadas en la región muestran por sobre los vaivenes y las variantes nacionales una valoración de la democracia; tras ese enunciado actitudinal sintético subyacen cambios significativos en las disposiciones ciudadanas que contrastan con la cultura dominante hasta hace algunas décadas.

En las transiciones posdictatoriales, referirse a la ciudadanía era redescubrir la condición común de quienes pertenecen a la comunidad política nacional, luego de que el terrorismo de Estado y también las vanguardias revolucionarias se hubiesen inscripto en la particular versión criolla del antagonismo amigo-enemigo, que fusionaron *hostis* y *enemicus*, es decir, antagonismo hacia el otro político, armado o pacífico, transformándolo en otro absoluto desprovisto de la consideración humana y jurídica. La actualización de la ciudadanía conllevaba entonces la revalorización de la libertad política, del acto electoral y de la representación en la cual los conflictos encontraban sus recursos de resolución y sus límites. En donde antes hubo violencia de variado origen, ahora había libertad de expresión y voto.

Sobre todo en aquellas sociedades de fuerte raigambre populista, se producía un significativo desplazamiento: la fuente de legitimidad política, otrora mencionada como el "pueblo" populista se fue convirtiendo, cada vez más, en la "ciudadanía".

El pueblo populista corresponde a una entidad sustancial existente por sobre la diversidad de los individuos y que puede, circunstancialmente, manifestarse por medio de la figura asamblearia, con todo el atractivo de la presunta acción deliberativa que ella apareja, engañosa al fin, pues refiere a una *polis* sin individuos dotados de palabra política. La concentración masiva populista, figura emblemática del movimiento, reconoce una totalidad con dos polos, el del líder enunciador y el de la masa plebiscitaria; unidos, eso sí, por una común pertenencia: el pueblo encuentra en el líder su verbo, él es su enunciador constituyente. Los rasgos de esta identidad son distintivos: movilización política encuadrada, intensidad política hasta circunstancialmente alcanzar la violencia hacia los adversarios o los disidentes, identidades políticas abarcadoras.

Si se establecieron similitudes entre los populismos latinoamericanos, y el argentino en particular, y los totalitarismos europeos del siglo XX no es porque en estas latitudes se hayan establecido poderes estatales con la amplitud de control de aquellas, ni porque la referencia al pueblo haya alcanzado la fuerza antagonizante de aquella hecha a la raza o a la clase, pero lo que sí hubo en común en esas aventuras modernas es esa derivación híper política –es decir de una política que no deja nada fuera de su alcance– del proyecto democrático moderno, que tendió a borrar la división entre lo público y lo privado, y que exaltaba la identidad política, ignorando que ésta no es un dato primario sino el resultado de la actividad política, y que en las sociedades de pretensión democrática debería ser expresión de individuos que gozan de autonomía. Una identidad política expansiva, en cambio, actuaba con desprecio por los límites formales dados, por los procedimientos y por la ley.

Esas tradiciones siguen pesando en nuestras sociedades, aun cuando la pretensión de un pueblo substancial se haya evaporado. Para entender el arraigo del populismo debe entenderse, sin embargo, su doble faz, a la vez liberatoria y opresiva y, sobre todo, que en una primera fase constitutiva, los movimientos de esa impronta fueron portadores de derechos políticos y sociales que si bien no siempre satisfacían una demanda preexistente, beneficiaban a trabajadores y excluidos. Los derechos sociales y aun los civiles (derechos de sindicalización y de amparo del Estado de Derecho) para aquellos que estaban en los márgenes, fueron alcanzados por vías poco afines con los de la democracia política institucional. Esa tradición populista está hoy en día debilitada, pero persiste bajo una forma perversa más oculta que confesada u ofensiva, en los ámbitos en que el imperio de la necesidad estructura prácticas de subordinación y sometimiento político.

Por ello, el advenimiento de la ciudadanía en estas sociedades de tradición populista constituye una verdadera mutación. Se libera así un espacio en expansión constituido por individuos autónomos. La figura del pueblo unificado que se suponía dotado de una identidad originaria se va diluyendo y con él las fuerzas políticas que pretendieron encarnar ese pueblo sustancial. En su lugar, los sujetos colectivos adoptaron un nuevo modo de configuración, más sometido a los avatares de la confrontación pública, identidades entonces más precarias, y menos o en absoluto sostenidas en una trama de relaciones sociales común a sus miembros.

La disolución del imaginario populista asociado éste a un espacio social dicotómico –el pueblo y la oligarquía o más en general el pueblo y sus enemigos–, provocó el advenimiento no de un nuevo sujeto sino de un espacio ciudadano que habilita en su seno líneas de evolución variada, que van desde el repliegue que hace de los derechos un recurso del individuo refugiado en el ámbito privado ante los requerimientos de la comunidad política, hasta la disputa por la constitución de identidades colectivas, las que dado su asentamiento directo en un espacio público, fluido por naturaleza, serán más precarias que las conocidas en el pasado.

Un segundo orden de condicionantes a considerar es el de las transformaciones sociales; aunque parece que este registro no tiene la objetividad ni el carácter determinante que se le ha atribuido en el pasado en algunas corrientes de análisis político; constituyen sin embargo una dimensión ineludible en el tratamiento del tema.

La evolución hacia una vida política más fluida en la cual las mediaciones sociales (sindicatos, corporaciones, pero también otras variadas pertenencias vecinales, religiosas, etc.) y políticas (en particular los partidos políticos) se han debilitado y han perdido en buena medida su carácter organizacional, responde sin duda a una mutación simbólica e ideológica, pero está entramada con una transformación sociológica.

Las clases y categorías que fueron características de la sociedad industrial y que inspiraron el sociologismo interpretativo que entonces se expandió, como ya sabemos, no tienen las características ni la consistencia que tuvieron en el pasado. La evolución de la economía globalizada ha sido objeto de análisis por autores de variada perspectiva (Manuel Castells, André Gorz, Robert Reich, Pierre Rosanvallon), que varían en la clasificación del tipo de asalariado que genera; pero es generalizado el diagnóstico que precisa que el trabajador del siglo XXI no goza ni del estatuto jurídico de otrora ni de la protección de la organización sindical, con una precariedad en su carrera laboral por razones atribuibles tanto a los cambios tecnológicos como a la organización del trabajo y por sobre todo, no tiene ya la capacidad de antaño de hacer frente a un capitalismo deslocalizado. Se hace hincapié en la descalificación laboral producida por la computarización y las nuevas tecnologías y en la incapacidad estructural, para muchos de ellos, de negociar sus condiciones y remuneración laboral. También se señala la emergencia de un nuevo trabajador que, aunque minoritario, puede imponer sus condiciones en los vínculos laborales que establece por su condición de portador de capital conocimiento (el analista simbólico de Robert Reich). Un cierto pronóstico sobre las posibilidades de autonomía de los nuevos asalariados en estas condiciones ha sido formulado por autores que consideran que, en verdad, la novedad esencial de la nueva economía es la dilución del poder técnico y político del que gozaban los directivos de empresa en la sociedad industrial (particularmente Michael Hardt, Antonio Negri y André Gorz).

Aunque en la Argentina y en América Latina la estructura social presentaba variantes a veces significativas respecto a los países más desarrollados, los actores de la sociedad industrial han tenido sustento en una organización del trabajo análoga, y también en la región latinoamericana la nueva economía ha generado un asalariado que carece de la consistencia que tuvo en el pasado, y que, cada vez menos, es el sustento de una identidad pública política.

Los asalariados, aun en las sociedades de la región latinoamericana con menos protección social que las europeas, conquistaron en algunos casos, a lo largo del siglo XX un estatuto que incluía garantías ante las contingencias de la vida y del retiro, y en muchos casos el Estado proveyó servicios básicos esenciales de calidad, el conjunto de los cuales si bien no constituyeron una ciudadanía social en el sentido fuerte del término, sí conformaron, en algunas sociedades y para ciertos sectores de trabajadores, una condición social protegida. Como se ha dicho, la evolución más reciente ha debilitado de un modo decisivo la condición de esos asalariados.

Otra perspectiva que tiene peso considerable para la interpretación que se propone aquí, insiste ya no en el debilitamiento de la capacidad negociadora de los trabajadores, sino en la hibridación de la condición salarial misma por la coexistencia, en los mismos individuos, de la figura del asalariado con la de mini inversor; es decir, de poseedor directo o indirecto de valores que se cotizan en bolsa.

Se ha ido expandiendo una modalidad de gestión del patrimonio –originada en el mundo anglosajón– que hace del ahorro individual y de la capacidad de decidir sobre éste una preocupación cotidiana de los individuos. Es creciente el número de aquellos asalariados que son a la vez mini inversionistas, ya sea directamente por sus colocaciones bancarias o por su participación en un fondo de inversión, o indirectamente por su involucramiento en planes privados de capitalización. La mercantilización creciente de bienes como salud y educación, otrora provistos por el Estado o por entidades mutualistas, también vuelca a los individuos a una relación activa con el mercado que no tenían en el pasado.

Los ciudadanos de la Argentina y de América Latina han emprendido en grados variables el camino que lleva, según la expresión de André Orleán, "del individualismo ciudadano al individualismo patrimonialista" y en ese sentido vivimos cada vez más en sociedades de mercado. Cabe preguntarse, teniendo en cuenta estas tendencias, si se trata de una evolución irreversible que conducirá al predominio de un ciudadano atomizado librado, en la opacidad social, a sus propias decisiones, poniendo en juego sus condiciones de vida sin que los lazos colectivos le puedan dar seguridades o aun previsiones confiables sobre su futuro.

Podría creerse que la problemática de la inclusión paradójica en el mercado que acabamos de mencionar es poco significativa en países como la Argentina, donde buena parte de la población está bajo la línea de pobreza e incluso una proporción significativa se halla en la condición de indigente.

Sería ignorar que quienes vayan a integrarse lo harán a una sociedad de mercado como la descrita, y que las políticas públicas que en las condiciones presentes se den objetivos redistributivos lidiarán con ciudadanos que deberían, para que esas políticas sean posibles, estar políticamente convencidos de su justicia y propiciando en ellos conductas como contribuyentes acordes con la obtención de la recaudación necesaria para llevarlas adelante.

Ciudadanía y sociedad civil

Pero cabe preguntarse hasta qué punto vivimos en sociedades capturadas por el individualismo y el mercado, es decir, si realmente nos hallamos ante sociedades de mercado en donde la lógica de los intercambios regidos por la racionalidad individual impera.

Michel Walzer, promotor de la sociedad civil y conocido por su argumento sobre las esferas sociales, lejos de pensar al mercado o a la esfera política como ámbitos capaces de expandirse hasta configurar una realidad única, cree que la diversidad de principios de justicia que se rigen en los diferentes ámbitos de actividad de los hombres generan una trama de irreductible complejidad. Ello hace posible que los individuos que participan de modo variado en la diversidad de bienes sociales tengan posibilidades de resistir al avasallamiento del dinero o del poder político, combinando esos desempeños y motivaciones con otros vinculados a la realización de valores y fines individuales, en muchos casos ajenos a los de las mencionadas esferas dominantes. Y aunque este autor desarrolla en su argumento la complejidad de vínculos en los que están sumidos los individuos y el peso de esa asociatividad básica, su diagnóstico confirma la poca propensión asociativa de naturaleza propiamente sociopolítica, al sostener que "se ha producido en los países occidentales una clara atenuación de la cooperación y de la amistad cívica".

Anthony Giddens, como Walzer, valora la sociedad civil, incluyendo su regeneración luego de los estragos causados por el excesivo asistencialismo del Estado benefactor, por la posibilidad que ella ofrece de reestablecer lazos solidarios no mercantiles que contrarresten la lógica del mercado y doten a los individuos de capacidades relacionales que han perdido con la pasividad inducida por la excesiva intervención del Estado. La temática del "capital social", afín a las antes mencionadas, pone el acento en las costumbres o en la confianza que adquieren los individuos cuando una institucionalidad implícita les da multiplicidades de vínculos y seguridades en el trato con sus semejantes. Se trata incluso, para los partidarios de la Tercera Vía, de confiar la regulación del capitalismo a esta regeneración del tejido social, es decir, de una sociedad civil que recuperaría funciones indebidamente asumidas por el Estado en su fase de expansión benefactora, el que se vería ahora confinado, en su relación con las necesidades sociales, a un rol esencialmente promotor. La sociedad civil ha reaparecido como expresión en los años 70 y 80, para designar una asociatividad de resistencia y de alternativa que surgió tanto en los países del Este bajo dominio soviético –por ejemplo Solidarsnosc en Polonia– como bajo las dictaduras latinoamericanas –las Madres de Plaza de Mayo en la Argentina y los organismos de Derechos Humanos en varios países de la región–; se trataba de la sociedad emergente contra el poder, de la vida subterránea que anunciaba y a veces organizaba la transición de la dictadura a la democracia. Pero esta forma asociativa no parece caracterizar durablemente a las sociedades contemporáneas, incluidas las latinoamericanas, en la actualidad. Fuera de circunstancias excepcionales, los individuos no desarrollan una vida cívica constante e intensa.

Como sostiene Michael Walzer hay, sin embargo, un sentido genérico de sociedad civil que se refiere a la asociatividad más o menos elemental vinculada al "mundo de la vida" (Habermas) con lo que supone que esos lazos asociativos pueden retraerse, pero están siempre ahí porque son el sostén de una vida pública en la que se reproduce un sentido de lo vivido (acción comunicativa para Habermas) aunque no necesariamente político, sin lo cual el orden social sería imposible.

Por cierto, hay sociedades en las que la conflictividad étnica ha reanimado el debate sobre la sociedad civil y la Nación dando lugar a una interrogación sobre la propuesta y el alcance del multiculturalismo. El ideal republicano de la sociedad civil está asociado a un sistema de relaciones sociales animado por la reivindicación y práctica de derechos. En los casos referidos, la interrogación se refiere a la medida en que los derechos particulares o colectivos que reclaman ser protegidos son compatibles con los derechos individuales que suponen a veces el ejercicio de libertades de carácter universalistas que contravienen tradiciones. Dentro de una problemática multiculturalista la fórmula del Estado democrático constitucional, según Habermas, haría compatible los derechos individuales y los colectivos puesto que "Desde un punto de vista normativo, la integridad de la persona individual legal no puede ser garantizada sin proteger las experiencias intersubjetivas compartidas y contextos de vida en los cuales las personas han sido socializadas y han formado su identidad", con la salvedad, por cierto, de que la perspectiva ecológica de la preservación de las especies no puede ser transferida a las culturas.

La significación variable que tiene la sociedad civil en los diferentes contextos nacionales no debe inducir a confusión sobre una constatación que parece tener alcance general: la decadencia de las organizaciones intermedias y las corporaciones. Éstas ya no pretenden ser la expresión de identidades evidentes sobre las cuales pueda apoyarse lo político (Rosanvallon, 1998b).

En el contexto latinoamericano, el debate sobre la sociedad civil tiene sin duda significación. La tradición asociativa que fuera importante en el pasado, sobre todo a partir del flujo de las corrientes migratorias internacionales, luego decayó, y en las últimas décadas del siglo XX se expandió la mercantilización reduciéndose así el ámbito de las relaciones amistosas, familiares o cívicas. El predicamento del mercado –ya no como formato de la economía sino como modelo político (Rosanvallon, 1999)– se fortaleció, acreditándose la idea de un Estado mínimo desprovisto de sus funciones sociales y de un individuo mucho más autocentrado de lo que lo fuera en el pasado.

De modo que la recuperación del espíritu cívico y de los lazos elementales vinculados a la condición ciudadana en una perspectiva no atomista son un problema pendiente que tiene que ver, no tanto con una prédica que reivindique los valores de la participación cívica –aunque esto no es desdeñable–, cuanto con una dimensión política consistente esencialmente en replantear el rol del Estado y las instancias políticas en crear las agencias y ámbitos para acoger las demandas sociales y organizar la deliberación, y de los gobernantes en alimentar con sus argumentos y sus consultas el debate público. Pero no puede fomentarse la ilusión de un asociativismo y una vida cívica espontánea intensa que no está y nada hace prever que esté a la orden del día.

Se ha desarrollado una red de ONG que, junto a otras instituciones de finalidades públicas, es designada como Tercer sector, que debería ser mejor estudiado. Los elementos disponibles permiten constatar que en la gran mayoría de los casos llevan a cabo tareas humanitarias esenciales que ayudan sin duda a generar lazos sociales, pero que no tienen, salvo casos excepcionales, una significación política o aun pública en el sentido de poner en juego la representación de la sociedad sobre sí misma. Por otra parte, un sector de estas organizaciones ligadas a redes internacionales se alimenta de flujos de recursos que las hacen decaer y revivir según los avatares de esa dependencia.

Si se observa la experiencia inmediata se verifica la poca incidencia que ha tenido la asociatividad en las diferentes variantes mencionadas, en los momentos de conmoción colectiva, como ha sido el caso del "cacerolazo" en la debacle del 2001 y posteriormente. Luego del estallido, en el que no se registró una presencia significativa de asociaciones, floreció un asambleísmo barrial que hizo pensar en un renacimiento de la sociedad civil; pero esa primavera civil fue limitada casi al ámbito bonaerense, duró apenas unos meses y terminó extinguiéndose casi completamente.

Se vio emerger en paralelo al estallido del "cacerolazo" y poco conectado con él, una inédita cooperación entre dirigentes políticos y sectoriales que bajo el auspicio del PNUD –Programa de Naciones Unidas para el desarrollo– y de las principales Iglesias y bajo el rótulo de "Diálogo argentino", contribuyó a paliar los efectos de la crisis y a reencaminar la institucionalidad política.

Por otra parte, una suerte de sociedad civil de rasgos problemáticos se ha desarrollado en el ámbito de pobreza y marginalidad de la sociedad argentina: comedores comunitarios, mini-emprendimientos productivos solidarios y otras formas de asociatividad que no son estrictamente –o no son tan solo– emprendimientos de finalidad económica y se sitúan en la frontera de lo que podríamos considerar como sociedad civil según el concepto tradicional. Se trata de formas asociativas que sacan a los individuos del aislamiento y el silencio, quienes encuentran en esta asociatividad un lazo social de sobrevivencia, de diálogo y de identificación. Sin embargo, el vínculo propuesto con frecuencia conlleva junto con la ayuda y la contención, el disciplinamiento y la subordinación política. Condicionados por el pago mensual de seguros de desempleo –vehiculizado en algunos casos por las propias entidades piqueteras, que los organizan y actúan en la circunstancias como agencias estatales– muchos integrantes de asociaciones piqueteras participan de actividades de protesta o de actos políticos, al menos en parte, compulsivamente. Este componente no es el único factor que entra en juego, pero deja entrever que esta nueva asociatividad popular no puede ser considerada simplemente como de naturaleza voluntaria. Reconocer el rol desempeñado por grupos políticos estructurantes y dominantes, y por otras formas organizacionales que establecen particulares lazos dirigentes-dirigidos, no puede sin embargo descalificar estas variadas experiencias asociativas poniéndolas a todas en la misma bolsa de la manipulación ni llevar a desconocer la significación de reclamo legítimo y de sensibilización sobre la exclusión y el desempleo de una protesta social que ha ocupado con frecuencia el centro de la agenda pública.

Ciudadanía y espacio público

La evolución de nuestras sociedades va en la dirección de la expansión de la ciudadanía, la que debe ser concebida no como un sujeto, sino como una arena de conformación de identidades colectivas. Rosanvallon lo dice así:

> En la democracia, el pueblo no tiene más forma: pierde toda densidad corporal y se hace positivamente número, es decir fuerza compuesta por iguales, individualidades puramente equivalentes bajo el reino de la ley.[2]

Ya no podemos contar, de acuerdo con este diagnóstico, con la consistencia pasada de las instituciones primarias del ámbito de la familia y el trabajo, ni con la asociatividad social y política que, como hemos visto, se halla también debilitada. Es más, según lo mencionado por este autor, coincidiendo en este punto con Ernesto Laclau y tanto otros, cada vez más los principios de organización de lo social aparecen cuestionados y están a merced de decisiones políticas instituyentes.

Ahora bien, aunque la morfología social tradicional se haya debilitado, o quizás debido a ello mismo, la actividad social es intensa. Al mismo tiempo que se registra una privatización en la vida de los individuos, se despliega una creciente aspiración a la autonomía de los mismos que se expresa, para decirlo en términos de Anthony Giddens, en la "reflexividad" generalizada, es decir en el decaimiento de la tradición y las rutinas. Así los movimientos de sociedad se multiplican pero parecieran ser de naturaleza muy diferente a los del pasado.

Por lo pronto se ha extendido una conciencia de Derechos Humanos que ha movilizado hasta individuos y grupos habitualmente pasivos. El

---

[2] Rosanvallon (2000).

principio igualitario se ha generalizado y ha dado amparo a reclamos de naturaleza diversa, e incluso contradictorios o antagónicos. No se trata tan solo de que la multiplicación de demandas pone algunas de ellas en conflicto y cristaliza particularismos. Confluyen en la presente activación social lógicas que se nutren de fuentes diferentes aunque en el interior de la tradición occidental: el ciudadano es un conjunto de atributos legales y a la vez un miembro de la comunidad política.

En tanto el individuo regulado por la ley puede orientarse ya sea a buscar refugio en su privacidad o bien a la acción colectiva en nombre de sus derechos, en ambos casos, la vida pública tiende a ser considerada como un marco de garantías jurídicas para los planes privados, sean estos individuales o particulares.

A la vez, otra tradición, la de la ciudadanía política inspirada en el modelo de la *polis* de la ciudad Estado de la antigüedad griega, persiste. El ciudadano, en ese entonces, era tal por ser miembro de la comunidad política; el vínculo por la palabra y por la acción arrancaba a los individuos del dominio de las tareas privadas, de la riqueza y de la propiedad. La ciudadanía era en este sentido la participación en una actividad pública que tenía un valor en sí misma y era considerada incluso como la vida buena por oposición a la simplemente orientada a la satisfacción de necesidades.

Cuando nos referimos a la dinámica de derechos que motoriza en el mundo contemporáneo la movilización de las sociedades, en reemplazo de los principios revolucionarios o aun reformistas que estaban vigentes todavía hace un par de décadas, no se trata simplemente de los derechos en el sentido de la tradición legal del ciudadano, de los derechos lesionados o de las reivindicaciones, ello está, sin duda, pero aparece otra dimensión: la de los derechos precisamente en el sentido más político, el de la autonomía de la comunidad política, no un derecho en particular sino "el derecho a tener derechos", lo que solo puede ser entendido como la constitución de un espacio, el de la comunidad política, en donde se posibilita la enunciación libre de derechos. Concebidos entonces éstos por los hombres, sustentados en la fuerza de su enunciación y derivados de su trato mutuo y experiencia sociopolítica, y no derivados en algún determinismo natural o socio-económico.

La centralidad de esta dinámica de derechos que anima la movilización social ha expandido la significación del espacio público, del espacio de emergencia de reclamos inorgánicos y de movimientos. Un espacio público que no puede ser entendido tan solo como "caja de resonancia" (Habermas) de la cotidianeidad de la vida práctica de los individuos, es decir, reflejo más o menos mediado de los problemas de la condición social, sino que adquiere una capacidad de constituir actores a partir de su propia dinámica. No es que pueda delinearse una barrera hermética entre el interés por el mundo y la preocupación por la vida en el sentido biológico, pero es posible afirmar que las identidades colectivas que se forman actualmente no son simplemente un emergente de la condición social.

Volvamos al caso argentino. En la crisis que se desencadenó en 2001, la activación social desplegada en el espacio público fue central. De hecho, a diferencia de otras crisis del pasado hubo protagonistas decisivos que no fueron institucionales. Recordemos que antes del estallido de diciembre de ese año, el 14 de octubre hubo elecciones legislativas en las que casi un elector habilitado sobre dos se había expresado rechazando la oferta electoral, siendo la modalidad más notoria la del voto anulado (electores que iban a votar, pero que intencionalmente rompían las boletas que introducían en los sobres o ponían dibujos o cualquier otra variante de descalificación), lo que indicaba una intención muy activa, de "protesta participativa" en el acto electoral, más que la del voto en blanco que también fue significativo en esa oportunidad. Los alcances institucionales de esos actos no eran visibles y uno podía considerarlos sin consecuencias, pero la significación simbólica era considerable y anticipaba el cuestionamiento a la legitimidad del Presidente en ejercicio. Esta expresión ciudadana fue la primera que parecía reflejar un estado de ánimo, una reacción de la sociedad de carácter bastante anónimo, pues si hubo aquí o allá quienes se hicieron eco de esa tendencia ninguno se puede considerar, a justo título, su autor.

Esta "espontaneidad" social adquirió centralidad con el "cacerolazo", el estallido urbano que precipitó la renuncia del presidente Fernando De la Rúa y su inmediato sucesor, una semana después.

El cacerolazo fue, en efecto, una protesta espontánea, pacífica y multitudinaria que se extendió por la ciudad de Buenos Aires, el conurbano y, en menor medida, por otros centros urbanos. Se originó como expresión de descontento en el transcurso de un discurso presidencial televisado a todo el país, emitido al final de un día de conmoción por la magnitud que habían alcanzado ese día los saqueos a supermercados y pequeños comercios en los suburbios de la ciudad y en algunas localidades del interior, protagonizados por los sectores más empobrecidos de la población, bajo el signo de la desesperación. El discurso presidencial culpabilizaba vagamente a "grupos enemigos del orden", sin mostrar sensibilidad ante la grave situación social que había posibilitado los hechos, ni anunciar políticas públicas que correspondiesen a la gravedad de los acontecimientos. En cambio sí anunció la adopción del estado de sitio, que entre otras consecuencias implicaba prohibir la reunión y manifestación de personas en el ámbito público. El anuncio de esta medida de excepción fue simultáneo a su desacato, pues el descontento público se amplificó. El "cacerolazo" revistió un carácter multiforme, parecía ser la ciudad toda que protestaba, puesto que el tintinear de las cacerolas era continuo y los contestatarios que deambulaban lo hacían por todos lados y solo ocasionalmente se congregaban en los lugares tradicionales de exhibición de fuerzas. La magnitud del estallido no fue figurada por ningún conglomerado multitudinario pero, sin embargo, más que ninguna concentración gigantesca del pasado, se instaló la percepción incontestada que expresaba un estado de ánimo colectivo, un consenso.

La protesta cristalizó sin duda descontentos variados. La gravedad de la situación económica y las restricciones a los depositantes bancarios influyeron en el estado de ánimo colectivo, aunque la restricción principal, la congelación de los depósitos a plazo fijo y la pesificación de aquellos que habían sido hechos en dólares, fueron medidas posteriores a los hechos que estamos relatando y que alentaron posteriormente una vertiente específica de la protesta: la de los ahorristas damnificados. Una interpretación sociológica del cacerolazo pretendió que se trataba de una expresión de "las clases medias", denotando la obvia distinción de los movilizados respecto a los pobres y excluidos, que aunque se movilizaron también en esa oportunidad lo hicieron más marginalmente, y favoreciendo así, esta clasificación sociologizante, a oscurecer la novedad de lo que estaba sucediendo.

El estallido urbano en verdad se había producido espontáneamente, es decir por un efecto contagio de quienes veían por televisión el discurso presidencial y que comenzaron a expresarse desde los balcones de sus casas o saliendo a la calle, seguidos por sus vecinos; manifestaciones que se propagaron por la ciudad a través de los medios de comunicación variados, principalmente la televisión. La originalidad de la protesta se hizo evidente si se toma en cuenta el fracaso que habían tenido protestas sindicales en los días y semanas precedentes y la disociación de este estallido ciudadano no solo de las organizaciones sindicales, sino también de los partidos políticos, e incluso la ausencia de trazas significativas de alguna forma de incidencia de formas asociativas. En verdad, no solamente el gobierno sino toda la clase política y diferentes expresiones de la representación institucional fueron el blanco de ese descontento, que contenía algunos reclamos sectoriales, pero cuya consigna general era el "que se vayan todos", dirigido a los dirigentes en general sin distinción entre gobierno y oposición.

Se fueron consecutivamente dos presidentes que no pudieron resistir el descrédito, y a partir de entonces la relación de la ciudadanía con los dirigentes ha variado considerablemente. Se retrajeron las identidades políticas permanentes, los partidos tradicionales se fueron desagregando. La ciudadanía, en el sentido al que nos referíamos precedentemente, como arena para la constitución de identidades políticas contingentes, parecía ser la característica de la vida política.

Pero quizás lo más significativo haya sido cierta modificación en el imaginario democrático, que se produjo desde aquel momento. El cacerolazo no fue como algunos grupos soñaron en su momento, el renacimiento de los movimientos en reclamo de una alternativa de sociedad, fue en cambio una movilización pacífica en que la virulencia de algunos fue controlada por los propios movilizados y en que la consigna de hartazgo sobre los dirigentes no expresaba un desapego por la institucionalidad democrática. En ese sentido, el cacerolazo precipitó la discontinuidad institucional porque aparejó la renuncia del Presidente, pero probablemente, la intervención ciudadana terminó teniendo finalmente un rol de regulación en una situación de extrema deslegitimación del gobierno de entonces, y en circunstancias en las que los resortes institucionales habituales no pudieron dar una salida al *impasse*. Función reguladora porque el estallido se acompañó de una aceptación de la sucesión presidencial y finalmente porque, cuando la legitimidad se reveló precaria, las expectativas terminaron orientándose a las futuras elecciones.

Los caceroleros son la ilustración de un actor constituido en el espacio público, incluso autoconstituido. Pero, otra ilustración diferente es la del movimiento piquetero, el polo de movilización popular que de un modo permanente ha pesado en la escena pública en los años posteriores y cuya acción ha influido, a veces en forma decisiva, como cuando en junio de 2002, el presidente debió decidir el adelantamiento en la fecha de las elecciones, a consecuencia de la deslegitimación del poder resultante de una represión cruenta de una manifestación. El movimiento de desocupados tiene una indiscutible impronta social. Sin embargo, pese a que alude a una realidad dramática para las personas, los sin trabajo han resultado ser una categoría abstracta en el sentido de que no constituyen un grupo social. El acto constitutivo, identitario, de este movimiento ha sido el corte de ruta. Es esa acción la que arrancaba a individuos condenados a la pasividad de los márgenes para hacerlos visibles, mostrando su capacidad de bloquear la actividad cotidiana allí donde se lo proponían, y de ese modo les daba un vínculo concreto. Bloquear la circulación de los que están inmersos en la vida corriente, y a la vez ofrecer una escena que fuese trasmitida por la televisión, daba una visibilidad a la acción que iba mucho más allá de los directamente afectados por el corte de ruta. El piquete es entonces el agrupamiento constitutivo del movimiento que concentra la gama de contestatarios que necesitaban asistencia pública y entre los cuales los desocupados, en sentido estricto, solían ser una minoría. Es sabido que en los piquetes más característicos del conurbano bonaerense han sido mayoría las mujeres, con frecuencia jefas de hogar sin antecedentes laborales o los jóvenes que nunca ingresaron al mercado de trabajo. Es el piquete por las posibilidades identificatorias que ofrece al dar un lugar en la acción, el que pone en relación a individuos que de otro modo únicamente estarían consignados en una categoría estadística residual.

Por supuesto, esta constitución pública del actor piquetero no tiene las características espontáneas que tuvo la de los "caceroleros". Grupos de activistas o partidos de vanguardias y una central sindical han promovido los piquetes, inspirados en los primeros estallidos piqueteros sucedidos en localidades del interior, en que pueblos enteros se lanzaban a la ruta. Pero los piquetes, al menos en su fase de esplendor, aunque han tenido la impronta de sus impulsores han superado sus orígenes. La protesta popular de los pobres y desocupados ha tenido, como se vio precedentemente, un sedimento organizativo en instituciones de solidaridad social como comedores o mini emprendimientos con alguna instancia de participación deliberativa, pero su realidad más consistente, y luego problemática, continuaba siendo la acción pública, el corte de ruta de los grandes accesos, y la manifestación. Cada vez más, el corte de ruta se ha transformado en una modalidad de acción a la que recurren los más variados grupos que reclaman en una sociedad fragmentada y en la que la acción corporativa tradicional ha perdido eficacia.

Estos nuevos actores colectivos tienen límites definidos en su relación con el poder. Predominan su capacidad de veto y eventualmente de alcanzar logros específicos, pero no sostienen movimientos colectivos con aspiraciones políticas estratégicas sustentables. De este modo, el rechazo absoluto a la representación, el "que se vayan todos" se consumió en sí mismo ante los requerimientos de gobernar la sociedad para los cuales la espontaneidad contestataria no tenía respuesta. Los líderes venidos de abajo defraudaron y no tuvieron –ni los del cacerolazo, ni los de la protesta popular–, llegado el momento, eco electoral. Como ya se ha visto, la propia esperanza de un saldo asociativo duradero reveló ser infundada.

Sin embargo, de esos acontecimientos a los que sucedieron otros en la misma línea, quedaron trazas significativas en la vida pública:

a) Una distancia generalizada entre gobernantes y gobernados. En un país que fuera dominado durante décadas por el antagonismo entre dos campos (peronismo y no peronismo e incluso por momentos antiperonismo), la autonomía ciudadana en expansión en los años 90 amenguó la polarización excluyente y favoreció la fluidez en los comportamientos e identidades políticos: fluctuación del voto, volatilidad de la opinión. Esta mutación en el vínculo de representación, su fragilización, no parece ser un estado circunstancial. Los compromisos de identificación con fuerzas políticas, y sobre todo con líderes, se reanudaron pues, como hemos visto, a partir de las elecciones de 2003 cuando la autoridad política se restablece, pero estos vínculos son inconstantes.

b) No se trata tan solo de que asistimos a una transformación en las formas de constitución y en las características de los actores presentes en la vida política. Se registra una pretensión de presencia virtual de las actitudes y opinión ciudadanas mediadas ya no por asociaciones y corporaciones, sino configuradas por los estudios de opinión pública. Los propios actores públicos de los estallidos, "los caceroleros" o los piqueteros, tienen también una dimensión virtual puesto que su fuerza proviene de que son más de los que están en la acción, los movilizados figuran con una base más amplia con la cual no tienen lazos orgánicos definidos. Finalmente, existen otros estallidos por los más variados reclamos, de justicia para víctimas de la negligencia de particulares o del Estado o de la acción policial, por reclamos ecológicos, etc. En cada caso los involucrados procuran dar dimensión nacional y reclamar la intervención de las autoridades nacionales, recurriendo a formas de expresión que trascienden el ámbito local y alcanzan una repercusión mediática.

En los conflictos sociales más tradicionales es cada vez más frecuente el asambleísmo o aun la emergencia de "comités de base" o colectivos autonomizados que actúan en paralelo con la representación sindical constituida, y eventualmente la subordinan. En muchos casos se trata de agrupamientos *ad hoc* que tienen vida mientras dura el conflicto que las vio nacer o revivir, e ilustran también la tendencia a que surjan representaciones paralelas, no necesariamente alternativistas a las institucionales. La conflictividad fragmentada del panorama al que aludimos no corresponde, no al menos en la generalidad de los casos, a reductos del corporativismo cerrado a la vieja usanza, pero sí ilustra una modalidad de reclamo que se aparta difícilmente del objetivo inmediato, a veces imperativo y que es difícil de regular en las negociaciones. Esto obedece en parte, a la poca institucionalidad y a veces al asambleísmo de los reclamantes. El pragmatismo de los demandantes, eventualmente acompañado del radicalismo ideológico de los dirigentes de base, hace difícil una negociación que fije metas de cumplimiento gradual y el involucramiento en una lógica de interés general. En este nivel, la reivindicación de intereses parece no alcanzar la capacidad comunicativa y mediatizadora de la dinámica de derechos.

c) Sin embargo, una perspectiva más amplia de lo que sucede en el espacio público nos permitirá identificar la diversidad de actores y dispositivos en presencia. El ejercicio directo de la representación habilita dos formas coexistentes.

Por una parte, lo que algunos han llamado la política de la presencia, que corresponde al sentido de representación ya no próximo a la delegación o al mandato sino al de "presencia como figuración" que como hemos visto tiene su precedente en el "cacerolazo". La Cruzada por Axel, aunque tuvo en su momento un líder convocante, como los damnificados de Cromañón siguió los pasos de muchas agrupaciones de familiares de desaparecidos bajo la dictadura militar, la de la presencia y figuración. Los carteles con los nombres y los rostros de damnificados hicieron de esos conglomerados agrupamientos en donde las individualidades y los particularismos preservaban su lugar. El apremio de justicia o de soluciones estaba sostenido en la sensibilidad de la evocación.

Por otra parte, quienes intentan, por interés o por razón, preservar el sistema institucional representativo denotan una particular preocupación por asociar la representación política a la presencia incorporando "exponentes de la presencia" o más en general, haciendo de un individuo popular en el espacio público aun no político un candidato a puestos electivos, pudiendo significar ese acercamiento a la vida cotidiana de los individuos el tomar en consideración sus intereses, su sensibilidad e incluso quizás sus debilidades. En ese sentido debe entenderse la búsqueda de transferencias de popularidad, cooptando personalidades del ámbito del deporte o del espectáculo para llevarlos a la política, que estuvo tan en boga en los años 90.

La vida política en su conjunto no escapa a esta propensión a la democracia inmediata. Los líderes políticos son tales en la medida en que son líderes de popularidad, es decir sostenidos en la opinión pública. La personalidad política, si se establece como tal tiene una dimensión instituyente, de generación de una identidad colectiva que no preexistía y que se conforma entonces a partir del discurso, generalmente individual y eventualmente institucional o colectivo. Pero este posicionamiento, que procura establecer un lazo de representación, tropieza con obstáculos, puesto que se confronta con ciudadanos descontentos y suspicaces a quienes apremia la solución a sus problemas. La decadencia del debate público, al menos del suscitado por la competencia política y la reiteración de las descalificaciones, parecen residir en que las presuntas "demandas de la gente" ya no pueden ser elaboradas e incorporadas a una visión o proyecto distante del reclamo inmediato; de modo que la diferenciación con los rivales se produce más bien procurando desacreditar las capacidades, la moralidad o aun las pretensiones de identificación con los intereses que dicen defenderse. Al mismo tiempo, el presunto consenso de "lo que viene de abajo", llevado al espacio público por la intervención de diferentes actores con capacidad de enunciación, aparece en muchos aspectos como intocado. No es el mismo que en los 90, pero en los puntos esenciales hay poca argumentación, pues en la relación con "la gente" se supone que la solución está dada por la demanda misma.

Tal es el peso que tiene una sociedad vista como autónoma y eventualmente fuera de control, que no se trata tan solo de conquistar la opinión por parte de quienes detentan el poder o aspiran a hacerlo. La eventualidad de un viraje inesperado en la opinión, de la reproducción de un estallido como el de diciembre de 2001, aparece como una amenaza latente para los dirigentes. Las especulaciones del gobierno en su intención de asegurar el orden público ante las protestas piqueteras, que aparece inhibida por el temor de enfrentamientos que produzcan víctimas es una ilustración de una decisión condicionada por ese temor, el de producir un desborde en la sociedad con consecuencias desestabilizadoras; de modo que en esta prudencia decisional no solo entran en juego consideraciones éticas.

Otra expresión de este estado de cosas es el modo en que los estallidos, particularmente los protagonizados por víctimas de la inseguridad o de la imprevisión o aun de los damnificados, generan una legitimidad en el reclamo de ciertas soluciones. Se pretende una suerte de "saber de las víctimas" sobre la naturaleza de los problemas y sobre las soluciones, que procura prevalecer por sobre las querellas de expertos y a veces lo logra, como en el caso de las decisiones legislativas inspiradas por la Cruzada por Axel o en la Legislatura de la ciudad de Buenos Aires por las víctimas del incendio del local bailable "República de Cromañón". Las decisiones de los poderes legítimos y legales, en estos casos, aparecen condicionados por los damnificados, sin que puedan contrarrestar con su legitimidad de origen ni aun con su popularidad genérica la presión de la calle y recuperar autonomía de juicio y de decisión.

Espacio público entonces en que, desde el punto de vista de la acción ciudadana, coexisten: por una parte, lógicas de negatividad que con los estallidos producen heterogéneas convergencias de rechazo a las políticas gubernamentales o a instituciones y, por otra parte, lógicas particularistas las que, por oposición a la convergencia precedente, producen un espectro fragmentario de reclamos.

En este contexto de lógicas de negatividad y particularismo con débil trama institucional podría existir la tentación de interpretar la sociedad en términos de "masas disponibles", tal como lo hizo en su momento Germani para referirse a la carencia de estructuración simbólica que se presuponía en los migrantes internos en el momento de los orígenes del peronismo (aunque en ese entonces las interpretaciones de matriz psicologista preferían calificar esa presunta disponibilidad de los individuos en términos de "anomia"). Las circunstancias han cambiado y los bagajes culturales son distintos, pero si algo tienen en común la situación presente y aquella de inicios de los años 40 es la desinstitucionalización, solo que todo indica que la sociedad fluida en que vivimos actualmente es un estado permanente y no transitorio, como era en ese entonces. Del mismo modo que en estos años se ha incrementado el rol instituyente de los líderes; es decir la posibilidad de que agrupen y creen un sistema de relaciones identitario en torno a una propuesta propia y diferenciada.

Bernard Manin ha desarrollado una conceptualización de los problemas actuales de la representación, de lo que él considera como un tránsito de la "democracia de partidos" a la "democracia de lo público", haciendo hincapié en la figura de la ciudadanía como audiencia. A diferencia del pasado, actualmente la democracia no estaría atravesada por una división en la condición social sustentada en la existencia de clases sociales consideradas como identidades omnicomprensivas en conflicto, las que alcanzarían el plano público y político para expresar esa realidad social ya constituida. Por el contrario, ese autor sostiene que en la actual democracia de lo público se constata un predominio de la "oferta política", es decir que los líderes compiten entre ellos por establecer una línea divisoria que sea conveniente para hacer prevalecer su propuesta de agrupamiento ciudadano a representar. Dicho en otros términos, el representado se constituye al establecerse el vínculo de representación, no preexiste al mismo. Manin relaciona esa capacidad estructurante de los líderes con el predominio de la imagen que ofrecen los políticos a través de los medios de comunicación.

Cuando nos aproximamos por esta vertiente a considerar la conformación de la opinión pública, corresponde tomar en cuenta la dinámica de derechos y la conciencia ciudadana que se ha desarrollado al respecto, que son un aspecto, el más novedoso por cierto, pero debemos considerar también las estructuras organizacionales que intervienen en el espacio público. No puede entenderse la evolución de la ciudadanía, ya sea en sus momentos de opinión pública pasiva, de audiencia o de ciudadanía activada en los estallidos y protestas, sin observar la existencia de dispositivos del propio espacio público que condicionan la configuración de esos momentos, en particular las encuestas de opinión y las emisiones televisivas. Está fuera de esta contribución el examinar la comunicación política, pero el énfasis puesto en la desinstitucionalización no debería hacer creer en el automovimiento de una sociedad de individuos liberados y desprovistos de condicionamientos y aun de determinaciones. La ciudadanía es, una vez más, una arena. En el espacio público intervienen actores que se valen en grados variados de los medios de comunicación y de otros recursos para la conformación de las opiniones. Podemos afirmar que hay una cautividad decreciente puesto que las influencias y mensajes se cruzan, los individuos pueden elegir y lo que es aún más significativo, contrastar emisores y mensajes, pero no puede ignorarse el hecho que poderes económicos, grupos políticos organizados, corporaciones de diferente naturaleza tienen una capacidad de influencia que los coloca en una situación diferente a la del ciudadano común. Pero, sin embargo, pareciera posible afirmar que hay un nuevo juego que no asegura a ninguno de esos poderes la eficacia de su acción o la posibilidad de simplemente alternarse en el dominio de lo público.

¿Hacia la democracia inmediata?

La lucha contra la herencia de las dictaduras y por la construcción de la democracia sostuvo la politización en las sociedades latinoamericanas; de modo que la transición de entonces vio emerger una ciudadanía activa protagonista principal de la primavera democrática. Ya entonces, nítidamente en el caso argentino, se denotaba un cambio que acreditó la expresión "ciudadanía", preñada de un sentido de legalismo, de participación cívica y de autonomía en las orientaciones. Reemergieron los partidos políticos, en algunos casos con nuevos liderazgos y también los sindicatos de asalariados, y tanto la lucha política como la protesta social fueron protagonizadas esencialmente por las organizaciones tradicionales. Pero en paralelo se había afirmado y logró expandirse un movimiento de Derechos Humanos, compuesto esencialmente por madres, familiares y activistas cívicos que desde sus inicios había actuado con independencia de las organizaciones partidarias y que, sobre todo, se había instalado en una línea de acción que había denunciado el carácter específico del régimen militar instalado en 1976. Este movimiento supo instalar la denuncia de la "desaparición de personas", que se elaboró en los reclamos de la acción por los Derechos Humanos, como registro esencial de lo sucedido, con lo que se diferenciaba de las oposiciones tradicionales que durante años actuaron como si se tratase de una dictadura más. Contribuyó de ese modo a inhibir un "pacto de transición", que impugnaba en razón de la naturaleza del régimen de facto en retirada, y a juzgar inaceptable cualquier negociación que echara "un manto de olvido" sobre lo sucedido. El reclamo por los Derechos Humanos en estos términos surgió y se desarrolló a espaldas y frecuentemente enfrentado con los partidos políticos y otras instituciones, las que habían estado involucradas con alguna excepción en diálogos por una salida negociada con las cúpulas del régimen militar hasta que el fracaso en la guerra de Malvinas forzó el retiro a los cuarteles.

De modo que el empleo del término "ciudadanía" en vez de otras denominaciones predominantes en el pasado, particularmente, el "pueblo" resurgió asociado a un cambio en el modo de presencia cívica y popular perceptible desde el restablecimiento de un régimen constitucional.

Desde los años 80 la evolución de la sociedad argentina y de la región latinoamericana, confirmaba que la amenaza de la corporación militar al régimen político y, la violencia política de todo signo, parecían en general descartadas, y en donde persistían, se hallaban en retroceso.

Sin embargo, el interrogante sobre el futuro del régimen democrático, su forma y calidad, se plantea nuevamente aunque en otros términos.

Aventada la inestabilidad que provenía de los resabios autoritarios y de los poderes corporativos, esa ciudadanía expandida en detrimento de los partidos políticos en retracción o desagregación, según los casos, y de las organizaciones sociales debilitadas, no solo pesaba de un modo inédito en la cotidianeidad política sino que, en algunos casos, jaqueaba el orden que ella mismo gestó. Por un lado, el voto ciudadano se había establecido como el único recurso para el acceso al poder, y la opinión pública permanentemente escrutada era una brújula para los actores políticos. Pero también se había visto multiplicarse la movilización de ciudadanos que desalojaban del poder a los mismos gobernantes que poco antes ellos mismo eligieran, sin que llegaran al término de sus mandatos constitucionales. ¿Cómo considerar este nuevo factor de inestabilidad o de desinstitucionalización? Y en definitiva, ¿cuál era el orden al que podíamos razonablemente aspirar?

Se ha anticipado ya las dudas sobre la naturaleza de esta activación distinta a la de las masas encuadradas del pasado lejano o a los de algunos movimientos sociales de un pasado más reciente. Como se señaló, con la transición democrática –en la Argentina, en 1983– se expandió la ciudadanía, diferenciada del pueblo populista por la vocación de autonomía de los individuos y por la identificación política circunstancial con identidades que no tenían una pretensión sustancial. ¿Nos hallamos ahora ante un nuevo desplazamiento que requiere de otro vocablo para nombrar a la fuente de legitimidad política? El lenguaje cotidiano y los políticos hace ya tiempo que se refieren a "la gente" cuando mencionan a los individuos en la vida pública. Ese vocablo simple parece –en los albores del siglo veintiuno– corresponder mejor que otro a la condición común, a las demandas de bienestar, a los reclamos de necesidades pendientes, a los que acechan a los gobernantes a la espera de ver sus aspiraciones satisfechas.

En el registro de esta evolución, y en el contexto de las sociedades europeas (y tomando en cuenta particularmente la tradición francesa), Dominique Schnapper considera que la comunidad política republicana, que conjugaba ciudadanía legal y política, está en decadencia. Según su enfoque, asistimos a un giro en la significación del reclamo igualitario. Su sentido original, que había dado nacimiento a la comunidad ciudadana, y a un impulso que hacía de los individuos parte de una aventura colectiva, siendo de este modo la representación política no tan solo una expresión de intereses particulares sino la participación por vía interpósita en esa aventura, se habría agotado. Un principio sustentado en alguna forma de involucramiento en los asuntos públicos habría derivado en la simple pero apremiante aspiración a una igualdad de condiciones referida a las retribuciones y circunstancias inmediatas, lo que fomenta la puja por la satisfacción de necesidades inagotables, y se disocia de una perspectiva de interés general con la consiguiente pérdida del sentido trascendente original. Así, la representación no es más el instrumento de alguna forma de unidad política nacional, deviniendo en cambio el medio de expresión de necesidades y de las identidades. Puesto que este parece ser el propósito de la vida pública, pronto resulta que el hombre democrático contemporáneo encuentra más oportuno representarse por sí mismo. Participar esporádicamente, ejercer directamente los derechos, sería propio a una dinámica de satisfacción plena de las demandas, característica de lo que esta autora considera el estadio actual: la "democracia providencial" que devendría así "democracia inmediata". Como nunca, sostiene esta pensadora, la identidad privada es trasladada al ámbito público.

Esta visión crítica y por cierto pesimista de la evolución contemporánea parece consistente con el sentimiento, existente en ciertos medios intelectuales europeos, de "norteamericanización" de mundo. Ese diagnóstico y cierta desazón crítica que lo acompaña tiene particular impacto en sociedades como la de la Argentina y probablemente en el Cono Sur, donde la tradición francesa del "Estado erigido en instancia dominante de la reproducción de lo social" marcó tanto la organización de la vida pública y el modo de hacer política.

Los análisis de Pierre Rosanvallon (1998b) quizás menos pesimistas, tienden a converger con el diagnóstico del desencantamiento y de la interrogación sobre el futuro de la política en las sociedades contemporáneas.

En el otro extremo de las interpretaciones, Michael Hardt y Antonio Negri sostienen que el descontento generalizado que manifiestan los individuos contemporáneos con la representación no solo política sino social, y con los medios de comunicación, es anunciador no de un abandono del sentido colectivo, sino más bien una recuperación, pues conllevaría la autonomía ante los poderes opresivos, y ahora innecesarios. Para esta perspectiva, con el mundo globalizado se abren posibilidades liberadoras que llevarían al sujeto colectivo contemporáneo, "la multitud", a autoinstituirse y prescindir del poder y de la ambición a la soberanía.

Según esa posición, puesto que gobernar es ejercer soberanía, es siempre imponer la voluntad de un individuo o de un colectivo, en las condiciones que aparecen con la multitud se haría posible el proyecto de autogestión económica política y social, es decir: la liberación. Esta es una posición que no se solapa completamente con la de André Gorz y otros que, sin embargo, convergen en un diagnóstico optimista sobre las posibilidades de autonomía que se abren para los individuos contemporáneos, y sobre las posibilidades autogestionarias de la sociedad librada a su automovimiento.

Estas posiciones son ilustrativas del desafío en el abordaje de la ciudadanía contemporánea y son diferentes, en alguna medida, de la aproximación más política que se adoptó en este escrito. Pero pueden ser tomadas como interrogantes para quienes estudian las sociedades latinoamericanas, puesto que al menos el área occidental parece estar embarcada en una evolución con rasgos similares a los allí tratados. Con todo, a los efectos de una perspectiva comparativa, debe tenerse en cuenta que la evolución reciente de la región ha estado signada también por rasgos específicos. Lo más notorio en el tema que aquí se trata es que los prerrequisitos sociales de la ciudadanía están, para muchos sectores, incompletos o ausentes. La pobreza y la exclusión tienen un peso sobre la vida política y condiciona los principios constitutivos del régimen democrático que coloca a algunas de estas sociedades en el borde de calificarlas como democracias limitadas. Por otra parte, el déficit institucional estructural: la insuficiente división de poderes, el desigual amparo de la ley según la condición social, el excesivo peso, en algunos casos, de los poderes fácticos por sobre las instituciones públicas definen a estas sociedades con un pasivo en su desarrollo republicano.

La "democracia inmediata" al *uso nostro* adopta entonces una versión turbulenta, en la que las nuevas tendencias se mezclan con los viejos problemas. Las cuestiones generales de interpretación sobre el signo de esta mutación quedan abiertas a la interrogación, pero de lo que se va entreviendo, se pueden precisar los términos en que se haría posible la participación política de los ciudadanos de nuestras sociedades y de nuestro tiempo.

Esta evolución tiene tendencias contradictorias y no es fácil discernir cómo se va redefiniendo el régimen político, puesto que en buena medida la arena pública e institucional está aún dominada por la crisis de las formas precedentes, por la desinstitucionalización y por la declinación del ideal republicano trascendente.

Desde ya, el propósito de esta reflexión no ha sido el de desplegar la apología de lo que por necesidad de síntesis aludimos como tendencia a la "democracia inmediata". Si se pretende llamar la atención sobre una situación que nos parece nueva, lo suficiente como para que sea pensada en nuevos términos y para alertar sobre la tentación de refugiarnos en la prédica de la restauración de aquello que entró en crisis y que si rindió sus frutos en su momento no parece apropiado para los tiempos actuales. El propósito de preservar la democracia no puede asociarse a un dispositivo particular de instituciones, a una modalidad del gobierno representativo ni siquiera al predominio de la representación como lo hemos conocido durante tanto tiempo. Un régimen como es la democracia, de exaltación de la libertad política, tiene por vocación la crítica y la revisión de las relaciones sociales y es en consecuencia de naturaleza inestable, ello hace su fortaleza no su fragilidad, porque se supone que los cambios y la adaptación están en el espíritu de sus partícipes.

Poniendo entre paréntesis estas apreciaciones de connotación normativa se puede mencionar, a modo de conclusión la condición social, el excesivo peso, en algunos casos, de los poderes fácticos por sobre las instituciones públicas definen a estas sociedades con un pasivo en su desarrollo republicano.

Ciertos temas de la agenda de reforma política mantienen su validez, tales como las leyes de financiamiento de los partidos políticos y las reformas para mejorar la representación, tendiendo a hacer efectivo el principio democrático de "una persona un voto" con dispositivos que hagan que la capacidad de pesar en la elección de representantes no dependa de la emisión del voto en distritos subrepresentados o sobrerrepresentados, reformas también orientadas a optimizar la oferta electoral dando cabida a las diferentes sensibilidades ciudadanas, sin interferir indebidamente en el funcionamiento de los partidos políticos.

Pero aunque estas reformas son necesarias, lo esencial, vista la mutación en la representación y su nueva relación con la deliberación, es una revisión de la representación –de su concepto y sus dispositivos– puesto que no debería ser concebida como un molde que encauza la turbulencia o incluso el caos ciudadano, como cierta tradición lo ha hecho.

Podría emprenderse una arquitectura institucional que incluya la reglamentación de leyes que habiliten el referéndum y la consulta popular, pero que sobre todo se inspire en la idea de instituciones representativas flexibles y más capaces de registrar los cambios en la legitimidad política y encarar la renovación de mandatos cuando ello se haga imperativo. La posibilidad de disolver las Cámaras a fin de constituir nuevas mayorías políticas cuando las circunstancias lo requieran, formaría parte de las reformas a considerar sin por ello pretender avanzar en la dirección de un régimen de gobierno parlamentarista.

Por cierto, las instituciones y en particular las representativas no pueden ser un reflejo de los humores cambiantes de la opinión, puesto que aunque en menor medida que las leyes y las disposiciones constitucionales, la continuidad de esas instancias institucionales son garantías para el respeto de la voluntad ciudadana y para que su expresión regular esté basada en la experiencia provista por periodos de continuidad en quienes ejercen responsabilidades públicas. Pero para que la representación sea tal, debería estar más cercana a las variaciones y los ritmos de la expresión ciudadana, y la previsión de acortamiento de mandatos legislativos por vía institucional puede ser un recurso razonable para ello.

Pero flexibilizar las reglas de la representación política para no disociarla de la expresión ciudadana directa, sería inoportuno si fuese acompañado de una idealización de la espontaneidad ciudadana.

Por lo pronto, la expresión ciudadana en cualquiera de sus formas –el voto, la opinión pública como expresión virtual de la voluntad construida por las encuestas, la presencia ciudadana directa en los petitorios, protestas y estallidos– requiere de un espacio público alimentado por la propia diversidad ciudadana y por actores específicos entre los que se destacan los dirigentes políticos, los líderes sociales, los periodistas, los medios de comunicación en general y los intelectuales. La expresión ciudadana o popular no encierra una virtuosidad que le sea inherente salvo la esencial, por cierto, de presentificar la diversidad y la pluralidad (de intereses, opinión, prejuicios, pasiones). El espacio público, para contar con una ciudadanía que forme opiniones y defina intereses, debe ser enriquecido por todos, con particular énfasis a quienes se dan por vocación actuar regularmente en él.

La expresión directa, que se amplía con la difusión de modalidades que habilitan sectores sociales a expresarse o aun a apropiarse de ámbitos públicos, ha derivado también en formas más deliberativas y que aparentemente depositan en los participantes la capacidad de decisión sobre las acciones a proseguir. Pero las asambleas, como las otras formas de movilización aludidas nos confrontan con una ambivalencia característica, coexiste en ellas el polo de las necesidades y los deseos de quienes participan llevados desde ópticas individuales y particulares que impulsan así una lógica irreductible de confrontación con otros intereses o comunidades, con la posibilidad propia de lo público que la congregación de individuos se politice y devenga *demos*, es decir, pueda producir un debate y una argumentación pública que transforme la demanda inmediata en un enunciado compatible con la diversidad de intereses en juego y con la existencia de otras comunidades políticas deliberantes o no deliberantes. Que esta evolución política se produzca requiere de instituciones sólidas que no se plieguen simplemente al apremio de las demandas en su estadio elemental, sino que puedan objetarlas o aun contradecirlas planteándoles el desafío de su elaboración y, en particular, de dirigentes políticos que equilibren la sensibilidad ante los reclamos con la resistencia a transformarse simplemente en sus portavoces o sus apéndices.

Es decir, que los estallidos y las asambleas, como antiguamente y aún ahora la huelga, son expresiones auténticas del ejercicio de la ciudadanía que suponen que el régimen democrático no es simplemente un sistema que contiene las reglas de resolución de los conflictos, solo tiene las reglas que deberían incluir la posibilidad de dar respuesta a las crisis, que son un signo cada vez más frecuente de la vida pública. Por cierto la expresión popular directa encierra el riesgo de la fragmentación social y del *impasse* si no existen los frenos institucionales que lleven a su politización (incluidas el marco de la ley para su expresión y las instancias de representación o de justicia que tienen la atribución de legislar o juzgar).

5.
¿El fin de un ciclo político?[1]

A fines de 2008 habían transcurrido veinticinco años desde el relanzamiento de la democracia, cuando se puso fin al ciclo de inestabilidad política en la que la corporación militar había desalojado recurrentemente poderes civiles débiles, hasta terminar instaurando a mediados de los 70 una dictadura inédita por su virulencia y la novedad de su represión, y por la vocación a configurar un régimen político *sui generis* que tuviese su impronta. Desde ese entonces se produjeron cambios en detrimento de los poderes corporativos, y en consecuencia la amenaza de una tutoría marcial que carece de realidad y verosimilitud. Se ha expandido, sin embargo, contra lo que se esperaba en los primeros 80, en los tiempos de la primavera democrática, una inestabilidad originada en la propia dinámica social y política. Movilizaciones cívicas y expresiones de descontento explosivas han coadyuvado a alterar los términos legales de los mandatos presidenciales. También ha afectado las expectativas iniciales sobre la evolución de la democracia el que con frecuencia se haya gobernado con parámetros en los que el decisionismo del ejecutivo ha opacado el ejercicio de los derechos ciudadanos de control del poder.[2] Pero, en términos generales se han afincado las libertades públicas y la competencia política ha tenido como ámbito de resolución la realización de elecciones libres cuyos resultados han consagrado gobernantes legítimos.

Sin embargo, la indefinición del régimen político en cierto modo se ha acentuado y también aparece planteada en otros términos luego de la debacle de fines de 2001. En ese entonces el estallido urbano conocido como "cacerolazo" exteriorizó un descontento ciudadano con la repre-

[1] Una versión de este texto apareció previamente en Cheresky, I. (2009), *Las urnas y la desconfianza ciudadana en la democracia argentina*, Homo Sapiens, Rosario.
[2] Ver Quiroga (2005).

sentación tradicional que puso en crisis, de modo e intensidad diferente, a los partidos tradicionales y a las coaliciones que se habían formado en su entorno. Se esperaba que el paso del tiempo trajera una recomposición de los lazos de representación, y aunque surgieron nuevos liderazgos –no provenientes de la movilización popular y ciudadana– y organizaciones que tienen más las características de redes políticas que de partidos, los lazos de representación siguen siendo frágiles.

Esta fluctuación en los lazos de representación parece en verdad ser un rasgo característico de nuestro tiempo que se ilustra con lo que sucede en otros países de la región, pero también en las democracias del hemisferio norte. Líderes emergentes en búsqueda de popularidad y representantes o gobernantes abocados en permanencia a reproducir su legitimidad y sobre todo la de cada una de sus decisiones parece ser un signo de las democracias a la hora de la desconfianza.[3] "Ciudadanía" y ya no "pueblo" es la designación empleada para designar el sustento de la legitimidad de los representantes: individuos mayoritariamente alejados de pertenencias partidarias o corporativas estables. Y esa ciudadanía autonomizada, blanco de la acciones de los diferentes actores de la vida pública y de la comunicación política, se sustrae cada vez más a una constancia identitaria sin rechazar por ello su expresión en el sistema representativo. Pero otras dos formas alternan con la de electorado, como figuración de esa ciudadanía fluctuante: la de la opinión pública estructurada por las encuestas y que ha devenido cada vez la brújula de la acción pública para quienes quieren construir lazos de representación y para los gobernantes que procuran obtener sustento para su acción decisoria, y la de la autorrepresentación, modalidad cada vez más frecuente de la protesta y de la conflictividad social. El "Cacerolazo" fue la primera ilustración de una ciudadanía intensamente movilizada por fuera de canales corporativos, asociativos y partidarios, pero luego otros movimientos más fragmentarios ilustraron la persistencia de esta propensión a la autoexpresión o a la autoorganización efímera; incluso con frecuencia movimientos corporativos de corte tradicional han visto que el centro de decisión se desplazaba de las direcciones orgánicas a las asambleas de aquellos que se movilizaban y aspiraban exitosamente a decidir con independencia de las primeras.

[3] Ver Rosanvallon, 2006.

La debacle de fines de 2001 fue desencadenada por factores nacionales específicos entre los cuales se destaca el agotamiento de la fórmula de la convertibilidad monetaria y la frustración con las promesas modernizadoras de la coalición gobernante en los 90 y con las promesas reformistas de la coalición que le sucedió en el poder, a lo que se agregó un déficit crónico en la consistencia del Estado de derecho que posibilitó que mecanismos de freno y regulación no actuaran a tiempo o no existieran. Pero esa caída en los lazos sociales y en particular en los vínculos de representación, que se produjo entonces debe ser entendida en el contexto de un formato democrático que está mutando en el mundo. La desconfianza y el malestar argentinos tenían sus condicionantes propios, pero éstos se inscribían en condicionantes más generales de la época.[4] Es por ello, en parte, que la crisis de representación no se ha superado como se esperaba. Debe considerarse que ciertos rasgos de la política que parecieron excepcionales han adquirido un carácter permanente. Sin embargo, la indefinición del régimen político en la Argentina trasciende la mutación general apuntada. Las debilidades institucionales y la fragilidad de los actores dotan a la vida política de incerteza y generan un malestar que va más allá de los inherentes a los provocados por la fluidez de toda democracia contemporánea. Estas características plantean problemas de eficacia en la definición de un rumbo común que se ejecute y en la gobernabilidad de una comunidad política que puede llegado el caso sabotearse.

Aunque los interrogantes sobre el formato democrático están a la orden del día, ha habido, desde la debacle de 2001, transformaciones significativas. Como ya se consignó, en particular, el acceso al gobierno de Néstor Kirchner en las elecciones presidenciales del 22 de abril de 2003[5] marcó un giro significativo. El presidente de ese entonces logró rápidamente sobrellevar su debilidad de origen y un acceso al poder marcado más por el rechazo a su adversario que por sus recursos pro-

---

[4] Esta perspectiva se encuentra desarrollada en Cheresky (2006, 2007).

[5] En esa fecha se efectivizaron las elecciones presidenciales en las que Néstor Kirchner con el 22.2% de los votos obtuvo el segundo lugar detrás de Carlos Menem (24.4%). Como regía el sistema de *balotaje* debería haberse realizado una segunda vuelta, pero Menem retiró su postulación consciente de que el resultado ya obtenido era cercano a su techo, por el amplio rechazo a su postulación entre el resto de los votantes. De ese modo, Kirchner fue consagrado Presidente.

pios, con el ejercicio audaz de poder sustentado en sus escasos recursos propios y a contracorriente de los poderes corporativos. Sus primeras decisiones poniendo límites a la corporación militar y tomando iniciativas en el campo de los derechos humanos que llevaron a revisar amnistías y perdones a quienes tenían imputaciones por sus acciones durante la última dictadura militar, sorprendieron por su audacia y fueron el inicio de su popularidad. En el plano de la política económica su acción no fue menos intrépida, pues impulsó una reestructuración de la deuda pública con quitas al valor de los bonos renegociados del orden del 65%, sacando al país de la cesación de pagos y del consiguiente aislamiento internacional, lo que favoreció un ciclo de crecimiento impulsado por el incremento del consumo interno y de la demanda internacional de bienes primarios.

El crecimiento económico sostenido con tasas que rondaron el 9% anual mejoró notablemente la situación general. Se recuperó lo retrocedido en los años de recesión y se produjo una expansión económica. Al mismo tiempo, el rol regulador e interventor del Estado se hizo sentir en diferentes áreas, aparejando a través de la congelación del precio de los servicios y el transporte y el aliento a las negociaciones colectivas en el ámbito laboral, una sensible mejora en la condición social de los asalariados, lo que redujo drásticamente la pobreza y la exclusión.[6]

Hacia mediados de 2007, en vísperas de las elecciones presidenciales, el gobierno daba signos de debilitamiento. El foco de malestar apuntaba a hechos de corrupción que vulneraban su imagen ética, y sobre todo a un decisionismo que había sido aplaudido cuando contribuyó a mejorar las condiciones de vida y reducir de manera rotunda los índices de pobreza e indigencia, pero que comenzaba a ser resistido cuando desembocaba en un ejercicio arbitrario del poder o en la pretensión de eternizarse en su titularidad. El fracaso en el intento de reforma constitucional para asegurar la reelección del gobernador Rovira en la provincia de Misiones fue el signo de que ese descontento podía expresarse más allá de los grandes centros urbanos y precipitó el abandono de proyectos reeleccionistas en otras provincias. La intervención del INDEC –Instituto Nacional de Estadística y Censos– y la ulterior manipulación de los índices de precios, anunciando mensualmente un

[6] Ver Cheresky, 2007.

costo de vida divergente al que experimentaban los ciudadanos y el que medían instituciones independientes, fue un factor de desasosiego que ahondó la desconfianza de franjas ciudadanas en el gobierno.

Los de Néstor Kirchner fueron años en los que predominó el optimismo y en los que se recuperó la confianza, si bien no en los dirigentes políticos en general, sí en el Presidente que alcanzó altos niveles de popularidad, e incluso en la política, en la medida en que la acción pública y en particular la acción de gobierno podía contrarrestar intereses y poderes fácticos, actuando en nombre de la voluntad ciudadana. Fueron años de excepcionalidad, puesto que amparados en las urgencias del derrumbe que se había producido, se gobernó sobre la base de un vínculo simple entre el poder instituyente –que parecía configurar un rumbo nuevo, es decir no cumpliendo una promesa electoral o representando una identidad preexistente– y la ciudadanía que lo sustentaba directamente.

Excepcionalidad porque de algún modo la atención puesta en las urgencias, dejaba en las sombras las transgresiones a la legalidad y a las formas. Estas transgresiones, por otra parte, no eran novedosas en la política y en consecuencia no estuvieron en el centro de la atención.

Debe advertirse que un clima de renovación política embebió las acciones del oficialismo en sus años iniciales, al apropiarse de la bandera de los derechos humanos y encarar acciones efectivas en esa dirección y al reclamarse como ejecutor de una política popular y adoptar medidas paliativas de la pobreza e indigencia, aun sin encarar reformas de fondo, y al postularse como agente de la renovación política. Durante cada uno de los episodios mencionados (transversalidad, Concertación Plural), se invocó un proyecto de recomposición política: el oficialismo, superando u absorbiendo los fragmentos de los partidos tradicionales, tenía vocación para configurar una nueva izquierda reformista (o centro-izquierda según el leguaje en boga). Por sobre todo se prometía una acción estratégica que aseguraría un crecimiento duradero con justicia social.

Este signo del ciclo inaugurado en 2003 aparecía en duda, y el proceso electoral 2007 y sus resultados acentuarían ese interrogante. De modo que las elecciones presidenciales se llevaron a cabo en un período en que el entusiasmo con la salida exitosa de la crisis era declinante y comenzaba a pesar en la vida pública un malestar con el modo de gobernar. El interrogante que comenzaba a formularse y que se acentuaría con las elecciones generales y el posterior conflicto agropecuario era el de saber si se trataba del fin de un ciclo político.

Las elecciones presidenciales de 2007

El 2007 fue un año electoral iniciado en el mes de marzo y finalizado el 28 de octubre con las elecciones para presidente y legisladores nacionales, y senadores en algunos distritos. También en esa fecha ocho distritos eligieron gobernadores, intendentes y representantes provinciales, en tanto que la mayoría, otros catorce, lo hicieron en los ocho meses precedentes. Se pudo constatar un contraste notorio entre la puja presidencial que transcurrió sin dramaticidad, pues el éxito oficialista se daba por descontado, y las elecciones a gobernador, que en ciertos casos fueron muy disputadas, en particular en algunos grandes distritos que efectuaron la elección antes de la fecha de las presidenciales. Las elecciones se condicionaron las unas a las otras y hubo en el transcurso del año períodos de mayor intensidad política: el mes de junio en el que se sucedieron las dos vueltas de las elecciones porteñas y el 2 de septiembre en que se realizaron las elecciones provinciales en Córdoba y en Santa Fe. Pese a los traspiés del oficialismo en estos grandes distritos, la baja dramaticidad y, según algunos estudios de opinión, el bajo interés en las elecciones nacionales no se vio alterado. Ello se tradujo en problemas en la propia organización de los comicios nacionales por la ausencia de las autoridades de mesa a la hora de habilitar las urnas.[7]

La competencia política por los gobiernos provinciales tuvo un sesgo definido sobre todo en algunos distritos en que se ponían en juego proyectos de alternancia o renovación. Los resultados fueron variados pero en algunos casos desfavorables para el oficialismo, reflejándose el desapego ciudadano del que padecía crecientemente en los grandes centros urbanos y en los sectores más conectados con la comunicación política.[8]

---

[7] Eso fue particularmente notorio en el distrito porteño donde se ausentaron el 92% de los convocados, los que debieron ser sustituidos compulsivamente.

[8] La derrota en la ciudad de Buenos Aires constituyó una alternancia significativa pues la centro-izquierda gobernante, primero con Aníbal Ibarra y luego que éste fuera destituido por la legislatura, por Jorge Telerman, fue desplazada del poder local por una opción

Siguiendo la tendencia histórica, la oferta de candidaturas se multiplicó

encabezada por Mauricio Macri quien logró, en compañía de líderes de diferentes proveniencias (incluidas el peronismo y la centro-izquierda) y con una campaña centrada en temas vecinales, neutralizar el estigma de representante del neoliberalismo de los 90 que se le imputaba. En este distrito se puso en juego durante la campaña para las elecciones locales una estrategia oficialista que se orientó a trabar la reelección de Jorge Telerman, quién pese a ser un aliado no fue considerado suficientemente confiable, y oponerle un candidato, Daniel Filmus, quien pese a ser considerado del riñón kirchnerista parecía apto para una polarización en la que encarnara una centro-izquierda confiable (para el gobierno). Esta competencia inicialmente interna al oficialismo finalizó en un desguace de recursos políticos, que cuando se reveló que la imagen negativa del adversario Macri no era inamovible, condujo a un triunfo resonante del candidato opositor. Este resultado porteño revelaba por una parte que la popularidad en ese entonces aún considerable de Néstor Kirchner no se trasmitía masivamente a su candidato preferido, y por otra parte el creciente descontento con el estilo de gobierno oficialista. En ese resultado convergieron en consecuencia la propensión a manifestar una censura al gobierno nacional, y la credibilidad del espacio político que instituyó Mauricio Macri que se desmarcó exitosamente de la caricatura de derecha que se le imputaba. Las elecciones porteñas efectuaron su primera vuelta el 3 de junio y la segunda el 24 de junio. Las elecciones en dos importantes distritos se efectuaron el 2 de septiembre y contribuyeron de modos distintos a debilitar el campo oficialista. En Santa Fe una coalición liderada por Hermes Binner llevó al gobierno provincial a un líder socialista, interrumpiendo el continuo dominio de gobernadores justicialistas desde la instauración democrática en 1983. Aunque la coalición triunfante no se pronunciaría ulteriormente por un candidato presidencial común, ese distrito se alineaba desde entonces en una oposición, aunque moderada y diferenciada de la del distrito porteño. En Córdoba todo parecía favorable al oficialismo puesto que las listas que competían por la gobernación, aunque con agudas disputas entre ellas, se colocaban, con matices, en sintonía con el gobierno nacional. Sin embargo, la ambivalencia del gobierno nacional se volcó en su contra particularmente cuando se dieron a conocer resultados que indicaban una disputa muy reñida y el candidato Luis Juez, en cuya coalición se alineaba el Frente por la Victoria, denunció el resultado que consagró al oficialista local Unión por Córdoba por fraudulento y volvió sus críticas hacia el gobierno nacional por indiferencia y eventual complicidad. En cuanto a los ganadores locales, se hallaban bajo la influencia del gobernador saliente José Manuel de la Sota y mantuvieron una relación tensa con el oficialismo nacional. Como consecuencia de esta evolución, Córdoba sería, junto a ciudad de Buenos Aires y San Luis, uno de los distritos en donde Cristina Fernández de Kirchner fue derrotada en los comicios presidenciales. La provincia de Buenos Aires y Mendoza son, finalmente, dos grandes distritos en los que se votó simultáneamente a la elección de presidente y diputados nacionales con resultados exitosos en ambos para la candidata oficialista. La simultaneidad de las elecciones permitió con estrategias distintas sumar votos para Cristina Fernández de Kirchner. En Buenos Aires hubo una sola lista a gobernador y diputados nacionales por el Frente para la Victoria —como se anotará más adelante las boletas para cargos nacionales tenían otro rótulo en caracteres más pequeños que decía: la Concertación— integrada esta última por una diversidad de candidatos ilustrativos del mantenimiento parcial de una estrategia de incorporaciones que iba más allá del peronismo tradicional. Pero a nivel local, en la disputa por las intendencias bonaerenses sobre todo en el conurbano con frecuencia compitieron entre sí varias listas por la intendencia o las concejalías que llevaban adosados los en todos los niveles habiéndose registrado la participación de 680 partidos, cuarenta de ellos a nivel nacional.

La escena electoral nacional se fue configurando con tiempos distintos para los diferentes protagonistas.[9] Pero los principales postulantes hicieron acto de candidatura por voluntad individual y en torno a esa disposición personalista constituyeron coaliciones aglutinando partidos, fragmentos de partidos y redes. Los candidatos dramatizaron intencionalmente su diferencia con el liderazgo partidario tradicional; en particular los opositores haciendo gala, bajo modalidades distintas, de un llamado directo a la ciudadanía. En cuanto a las coaliciones, en la generalidad de los casos guardaron la impronta de origen, es decir, no se formalizaron en instancias institucionales efectivas de dirección o en acuerdos programáticos, y de hecho la mayoría de ellas entraron en crisis a la hora de constituir los bloques parlamentarios o poco después, cuando sobrevino el conflicto con el sector agropecuario.

De modo que en los meses previos a las elecciones nacionales, la escena presentaba una pluralidad de fuerzas en disputa con posibilidades de enviar representantes al Congreso, pero sin que el resultado de la presidencia pareciera en duda. El triunfo del oficialismo parecía

candidatos nacionales y provinciales del oficialismo, produciéndose una multiplicación de la actividad competitiva dentro de ese campo que contribuyó a la agregación de votos oficialistas. Como se verá esa competencia dentro del oficialismo convalidó sus rasgos movimientistas y afirmó tensiones internas y potencialidades escisionistas. En la provincia de Mendoza en cambio, como había sido el caso en Córdoba, el oficialismo nacional no tomó partido por ninguna de las dos grandes fuerzas en pugna, una con el rótulo de Concertación y la otra PJ., pese a que la primera llevaba un candidato auspiciado por el candidato a la vicepresidencia y encarnación del Radicalismo aliado al gobierno, Julio Cobos. Los resultados inmediatos fueron beneficiosos para Cristina Fernández de Kirchner, que aquí también adicionó con el apoyo de los principales rivales, pero debilitó la Concertación plural y coadyuvó a que germinara la crisis de esta coalición.

[9] Elisa Carrió hizo saber tempranamente, en 2006, su intención de postularse aunque la Coalición Cívica que la promovió vería la luz bastante después. También Ricardo Lavagna lanzó un programa de gobierno en 2006, y en febrero de 2007 proclamó su candidatura retrasando la designación de compañero de fórmula que terminaría siendo el líder de la UCR tradicional, Gerardo Morales. El oficialismo mantuvo un prolongado suspenso sobre su candidatura. Habiendo Néstor Kirchner cumplido un mandato exitoso se suponía que intentaría sucederse a sí mismo, pero ya bastante antes de las elecciones trascendía que la postulante sería su esposa quien había sido durante años senadora por Santa Cruz y desde 2005 por la provincia de Buenos Aires. Pero la fórmula oficial se lanzó sobre el cierre de los plazos a tres meses de los comicios, cuando el éxito del oficialismo parecía asegurado.

descontado y a ello contribuía la ausencia de polarización pese a que el sistema de balotaje consagrado por la Constitución de 1994 parecía favorecerlo.

Aunque el oficialismo se había debilitado por la erosión en la popularidad de sus líderes y se hallaba confrontado a producir un viraje –el pasaje de la excepcionalidad política posterior a la debacle de 2001 a una normalización institucional, cuyo curso no lograba definir todavía– estas elecciones estarían dominadas por los ecos del éxito en la salida de la crisis y la herencia de un largo período de unipolaridad. Los descontentos con el gobierno emergían con fuerza, pero se hallaban entonces circunscriptos y estaban relativizados por la huella que había dejado la inesperada recuperación argentina, lo que se tradujo para el oficialismo en el mantenimiento de un caudal electoral considerable, y también en que el rechazo a esa gestión no fuese suficientemente fuerte como para que hubiese una oposición unificada.

La búsqueda de la diferenciación política en una campaña electoral signada por la apatía

Néstor Kirchner no heredó un capital político y si bien su pertenencia peronista y los apoyos de Duhalde y su entorno le permitieron llegar con un apoyo electoral precario a la presidencia, pudo afirmarse en el poder instituyendo un vínculo de representación típicamente de popularidad. Sus acciones de gobierno, inesperadas, restauradoras de un orden público y de proclamada vocación popular en ruptura con el neoliberalismo de los 90 lo conectaron directamente con ciudadanía y pueblo, es decir, sectores urbanos que encuadran con la característica ciudadana y sectores populares excluidos en particular en los años precedentes.

El oficialismo

La proclamación de Cristina Kirchner como candidata oficialista correspondía a la aspiración de capitalizar el éxito en la salida de la debacle y el todavía notorio crédito de popularidad obtenido, y a la vez prometer la salida "del infierno", es decir una nueva fase de institucionalidad y acuerdos sociales. "El cambio en la continuidad" asociaba continuar con el crecimiento y la mejora en la condición social de los más desfavorecidos, y a la vez hacerse cargo del extendido reclamo de mejoras en la institucionalidad. La alternancia en la sociedad política que constituían los Kirchner debía corresponder a una nueva etapa en el régimen político coincidente con un giro en el proyecto político que ellos habían impulsado.

El oficialismo, siendo de raíz peronista, tenía un perfil coalicional, pero dominado por el rasgo de movimientismo con poder concentrado que diluía la identidad de los individuos y grupos que provenían de otras fuerzas políticas. La inscripción misma de las boletas oficialistas fue dificultosa y la intención de ignorar en las mismas la mención de la "Concertación Plural", que solo se saldó parcialmente a último momento, ilustraban el bajo grado de institucionalidad y la inexistencia de acuerdos formalizados entre los socios. De hecho, la tensión con Julio Cobos, el candidato a vicepresidente, databa de la proclamación de la fórmula y tomó estado público por las propias declaraciones del radical que manifestaba su mix de acuerdos y diferencias con los Kirchner y que fue ignorado en buena parte de la campaña.[10]

Las tensiones en el movimientismo oficialista no podían sino incrementarse puesto que mientras los signos de renovación se mantenían en algunos distritos –particularmente en la ciudad de Buenos Aires y en la provincia de Buenos Aires, y en algunos distritos del interior en el aliento a listas renovadoras respecto del peronismo tradicional– el retorno al redil de la mayoría de los peronistas bonaerenses, que se habían alineado, guardando la sigla partidaria, con Hilda "Chiche" Duhalde contra Cristina Kirchner en la disputa senatorial de la provincia de Buenos Aires en 2005, había reperonizado al oficialismo. En el proceso electoral nacional las tensiones fueron contenidas. Por una parte, en la provincia de Buenos Aires y en particular en el conurbano se conformó una lista de candidatos a diputados nacionales con peso significativo de los nuevos activistas y aliados en detrimento del PJ tradicional, y en la mayoría de los distritos bonaerenses se autorizó una diversidad de listas locales "colgadas" de las listas provinciales y nacionales con el resultado de que en una decena de distritos posibilitó una alternancia a favor de

---

[10] Los diarios contabilizaban hacia mediados de octubre que los integrantes de la fórmula presidencial habían pasado 47 días sin verse.

candidatos renovadores.[11] Pero en algunos distritos como La Matanza, Tres de Febrero, Ituzaingo y José C. Paz no se permitió desafiar con listas oficialistas alternativas a los candidatos del PJ. En otros distritos como La Plata, Quilmes, San Martín y Avellaneda las diferentes alas del gobierno apostaron por uno u otro candidato. Los intendentes justicialistas alarmados por esta dinámica no solo procuraron limitar la competencia, sino que requirieron de Néstor Kirchner que se comprometiera a encabezar una normalización del PJ[12] en el entendimiento de que ello evitaría futuros desafíos electorales intestinos con el aval oficialista. Esa promesa de Kirchner se tornaría central en la estrategia del Presidente saliente a la luz de los resultados electorales, para evitar que el descontento o la desconfianza de los caudillos del peronismo tradicional del conurbano fuese capitalizada por sus adversarios que en el transcurso de 2008 cobrarían vigor.

Por otra parte, la tensiones con los socios radicales –"radicales K" para el periodismo– se avivarían ante la indiferencia oficialista en algunos distritos en que la concertación presentó listas como tal y debió competir con listas justicialistas que resultaron derrotadas –fue el caso de Mendoza–. Pero la política oficialista hacia esos aliados fue variable y en algunos casos como el de Santiago del Estero se reforzó la coalición a lo largo de este proceso.

Paradójicamente las referidas tensiones –en el interior del Frente para la Victoria (FPV) entre peronistas y kirchneristas y entre éstos y los aliados radicales–, aunque anunciadoras de debilidad en los apoyos para gobernar, favorecieron el éxito de la candidatura de Cristina Kirchner pues incrementaron la movilización de aquellos implicados en las diferentes fracciones que al pugnar por el éxito de su lista local

---

[11] Los intendentes renovadores ganaron con una parte del voto a la lista del Frente para la Victoria en la que habían colgado su opción "colectora", pero con el sostén de votos fluctuantes que cortaron boleta a su favor habiendo votado a otros candidatos para las listas provinciales y nacionales. Es decir que el elector no tomó tan solo en cuenta, o no principalmente, su opción nacional, sino que ponderó la candidatura a intendente y cortó boleta armando así su opción. Este comportamiento electoral redundó en que en varios distritos del conurbano un candidato del oficialismo ganara la elección local, pero que en cambio Cristina Kirchner no resultara ganadora allí.

[12] En una reunión realizada en la localidad de Ituzaingo Néstor Kirchner efectuó la promesa de encabezar la reconstrucción del PJ en presencia de treinta intendentes bonaerenses, *La Nación*, 25 de octubre de 2007.

o provincial, sumaban a la candidatura presidencial. Así, en más de 60 distritos de los 134 de la provincia de Buenos Aires, hubo por lo menos dos boletas oficialistas en el cuarto oscuro compitiendo localmente, pero llevando a Cristina Kirchner y los candidatos a diputados nacionales en los segmentos nacionales. En numerosos distritos del interior, entre ellos Mendoza, Salta y Misiones, las principales opciones locales aportaban al oficialismo nacional.

La campaña oficialista se confundió en buena medida con la propia acción de gobierno, siendo asidua la presencia de la candidata en el estrado junto al Presidente en la inauguración de obras públicas. La presencia de Cristina Kirchner, más frecuente en los medios, fue sin embargo producida por el eco de sus giras mundiales que insumieron buena parte del periodo preelectoral.

En esta estrategia de poca exposición a los medios de comunicación –que fue alterada solo en los últimos días previos a la elección con el probable propósito de mejorar la relación con los sectores más vinculados con la comunicación política– y de evitar la confrontación con sus adversarios, las promesas electorales fueron escasas, siendo las más reiteradas las referencias a una nueva etapa signada por un pacto social cuyo contenido no se especificaba y la de iniciarla como una mejora en la calidad institucional.

Sin buscar alterar la atonía electoral que parecía coadyuvar al triunfo esperado para la primera vuelta de los comicios, los actos electorales fueron infrecuentes y poco concurridos. El acto de cierre mismo, efectuado en el tradicional Mercado Central de La Matanza no convocó más de ocho mil concurrentes y en esa circunstancia la candidata mantuvo la oscilación entre su ahora más frecuente invocación de su condición de peronista con la convocatoria a la Concertación plural.

Las oposiciones

El problema común a los diferentes candidatos de oposición fue constituir la diferenciación política. Ninguno de ellos se inscribía en las pertenencias tradicionales, de modo que aunque cierto antiperonismo se había reavivado en la medida en que Néstor Kirchner invocaba más frecuentemente sus orígenes y desplegaba un estilo confrontativo de ejercicio del poder, éste era más de carácter social y cultural, larvado y de corrillos y en verdad socialmente confinado a ciertos sectores sociales de ingresos medios y altos, pero la expresión política de ese antagonismo, fuerte en el pasado, no se hizo sentir públicamente. Por el contrario, los tres principales candidatos mejor posicionados, incluyendo a los *challengers* del oficialismo Elisa Carrió y Roberto Lavagna, celebraron ese año el 17 de Octubre, así como naturalmente el cuarto, Alberto Rodríguez Saá que aspiraba a conquistar el voto peronista tradicional.

Elisa Carrió, la crítica más virulenta de los Kirchner por caso tenía una pata peronista en su Coalición Cívica y se manifestaba admiradora de Eva Perón. Su coalición heterogénea –partidos, organizaciones y personas– incluía a GEN Radical liderada por Margarita Stolbitzer, Unión por Todos cuya líder era Patricia Bullrich, el partido País de raigambre peronista, a lo que debe agregarse personalidades de la cultura, el ámbito religioso y el social. Este movimientismo tenía características de conglomerado ciudadano convocado desde el espacio público, pero con un liderazgo tanto o más personalista que el movimiento oficialista. Éste se había constituido desde el ejercicio del poder presidencial, y si bien tenía también escasos lazos orgánicos e instancias institucionales de deliberación y decisión, pesaban en él más partidos o fragmentos con cierta identidad propia como el propio PJ, los movimientos sociales y las diferentes agrupaciones K. En el caso de la Coalición Cívica, su sector más organizado, el ARI, fue intervenido en algunas de sus seccionales al tiempo que entró en disidencia la mayoría del bloque parlamentario, una parte del cual abandonó la Coalición Cívica luego de las elecciones.

Esta construcción política tiene como epicentro a Elisa Carrió quien se convirtió en líder política como presidenta de la comisión que investigaba el lavado de dinero en el año 2000 y renunció al partido al que había adherido años antes, la UCR, por disidencias en el tratamiento de los acusados de corrupción por la susodicha comisión, en pleno gobierno de la Alianza liderado precisamente por el radicalismo. Su popularidad le permitió construir una fuerza política, el ARI, de signo centro-izquierda –en 2001– del que terminaría desafiliándose luego de renunciar a su banca y emprender la conformación de la Coalición Cívica en abril de 2007. Estas mutaciones organizacionales lideradas gracias a su popularidad, pese a estas oscilaciones[13], la condujeron de un posicionamiento de centro-izquierda, atípico por cierto por la fuerte connotación moral de su prédica, a otro en el que daría nacimiento a la Coalición Cívica que pretendía situarse más allá de la clasificación izquierda/derecha. En cuanto al peso de su liderazgo de personalidad como epicentro de estos desplazamientos y su desdén por las estructuras organizacionales, la líder manifestaba: "Yo tengo liderazgo aunque no tenga partido"[14], y la nueva etiqueta que vio la luz en 2007 estuvo asociada al lanzamiento de su candidatura presidencial adelantándose por mucho a sus principales rivales.

Con el posicionamiento adoptado y que cristalizó en 2007, Carrió se situaba como antagonista del gobierno de Kirchner al que identificaba, desdeñando su pretensión de izquierda, por su modo de gobernar autoritario, corporativo y clientelista. Ante ese oficialismo denunciado también como heredero de prácticas ancestrales, Carrió, que pretendió exitosamente convertirse en la auténtica oposición, formulaba una alternativa fundacional. Como se trataba de refundar, ponía en primer plano el pacto moral —anticorrupción, anticorporativismo— y el pacto republicano que aludía a la institucionalidad de las prácticas políticas. Su movimientismo era así concebido como una convergencia de individuos y grupos de los sectores más ilustrados de la sociedad, es decir por aquellos que podían liderar no tan solo un cambio de gobierno, sino también un cambio en las costumbres políticas y sociales. De arriba hacia abajo se cambiaría la sociedad argentina, siendo solamente una vez llegados al poder que se podría liberar a los excluidos y a los más humildes del peso de las redes clientelares y de la dependencia de los poderes instituidos e informales.

Pese a que en el pasado esa dimensión liberatoria atribuida a los ilustrados la había llevado a una prédica un tanto desconectada de las

---

[13] Su popularidad no se traducía bien electoralmente, pues su perfil inicial había sido el de una crítica implacable, pero su estilo político despertaba dudas en el electorado sobre su posibilidades de ejercer eficientemente el poder. En las presidenciales de 2003 unos meses antes de la campaña, Carrió lideraba las encuestas, pero su prédica esencialmente moral y el carácter de testimonio personal de austeridad con poco empleo de los recursos publicitarios tradicionales e incluso de cierto desdén por los resultados, se tradujeron en una participación en la competencia política en inferioridad de condiciones por lo que finalizó ocupando el cuarto lugar.

[14] *La Nación,* 11 de octubre de 2007.

propuestas de acción e incurrido en la diatriba frente al gobierno, con la Coalición Cívica se consolidó la posición fundacionalista, pero acompañada de una mayor prudencia discursiva y apertura al diálogo al menos con otros sectores de la oposición. Aunque rechazaba el encuentro con funcionarios y en sus frecuentes apariciones televisivas rehusaba el diálogo con adversarios o competidores, incitaba a sus parlamentarios al debate y a los acuerdos en ese nivel. Su campaña electoral incluía también un pacto distributivo en provecho de los carenciados y pobres y constituyó un equipo con dirigentes y técnicos, entre los que se destacaba el ex presidente del Banco Central Alfonso Prat Gay, que le dio un mejor perfil de alternativa con posibilidades de gobernabilidad. El abandono de anteriores enunciados catastrofistas le llevó a adoptar como eslogan de campaña: "Estamos por un país mejor".

Aunque sus expectativas de forzar el balotaje se vieron frustradas, logró sí colocarse en una segunda posición y tener muy buenos resultados en los centros urbanos.

Roberto Lavagna fue ministro de economía de Eduardo Duhalde y luego de Néstor Kirchner durante sus dos primeros años de gobierno.[15] Su popularidad provenía de su desempeño como ministro, pues se le atribuía el mérito de haber posibilitado el ordenamiento de las cuentas públicas y facilitado el inicio del ciclo de crecimiento económico. Su nombre estaba asociado a la arriesgada y exitosa reestructuración de la deuda pública que redujo el monto de ésta al disminuir los valores nominales emitidos en el 65%.

Precisamente su perfil de hombre de Estado que había ejercido responsabilidades públicas también con gobiernos radicales es lo que la campaña de tono mesurado se propuso poner en primer plano. Poco después de abandonar el ministerio de Economía emprendió una acción individual de organización, pero sustentada sobre todo en los sectores disidentes del peronismo bonaerense afines a Duhalde, la que se vio limada por la ulterior deserción de buena parte de esos sectores. Un aliado menor fue el Movimiento de Integración y Desarrollo, y finalmente la Unión Cívica Radical. Cuando Gerardo Morales accedió a

---

[15] Fue invitado a renunciar por Néstor Kirchner poco después de las elecciones legislativas de 2005, habiendo precipitado su alejamiento su crítica pública a licitaciones del Ministerio de Planificación en las que se habría pagado sobreprecios.

la presidencia, este partido impulsó la candidatura ya proclamada de Lavagna quien luego de transitar las instancias orgánicas de la UCR, aceptó el ofrecimiento para ocupar el segundo puesto de la fórmula. Ese radicalismo era el que había quedado con la etiqueta partidaria luego de la sangría producida por el abandono de los radicales K afines al oficialismo que tenían en sus manos la gobernación en cinco provincias. El sector que se asoció con Lavagna iba no solo a la búsqueda de un líder extra-partidario afín que permitiera al partido centenario mantener algo de sus recursos políticos; los dirigentes de ese sector habían participado en la esperanza suscitada[16] en los primeros años del gobierno de Néstor Kirchner.

La alianza UNA que conformaron los grupos convocados por Lavagna se atuvo al carácter personalista del lanzamiento de la candidatura –efectuado el 4 de enero de 2007–, antes de que se configurara la propia alianza y que fuera formalmente incorporado el radicalismo. Su desempeño y el trato subordinado a sus aliados era afín a su pretensión de mostrarse como un *outsider* de la clase política: "A los políticos no hay que creerles".[17] El candidato había lanzado un programa, una definición y un posicionamiento en la escena: centro-progresista. Desde ese lugar se mostraba como el partidario de una política heterodoxa –en el plano de la economía– que había sido exitosa durante unos años y luego se habría distorsionado cuando él abandonó su cargo por un errado menosprecio de las instituciones, en particular el uso y abuso de los poderes extraordinarios, el recurso a subsidios que ponía en peligro el superávit fiscal. Esas políticas habrían provocado la caída de la inversión productiva y ése sería un factor decisivo en el incremento de la inflación subestimada en las mediciones del organismo público a cargo de los índices.

La dificultad del espacio creado por el ex ministro de Economía era que se proponía capitalizar un electorado crítico del oficialismo, pero

---

[16] Gerardo Morales sostenía que "quienes acompañamos muchas medidas, y quienes nos sentimos identificados con la iniciativa en los primeros años, de a poco nos fuimos dando cuenta de que era un disfraz para consolidar un proyecto de poder hegemónico". Entrevista con el autor en abril de 2008. Según el presidente jujeño de la UCR, recién en 2006 se posicionan como partido opositor, es decir, cuando Roberto Lavagna ya había abandonado el gobierno.

[17] En *La Nación,* 10 de octubre de 2007.

sin colocarse en sus antípodas como era el caso de la Coalición Cívica de Carrió. Disputaba en buena medida el electorado progresista y peronista, el que tenía también otras expresiones eventuales. Dentro del oficialismo mismo y sobre todo en la ciudad de Buenos Aires y el conurbano se presentaron listas críticas de orientación progresista. Por otra parte, los peronistas no oficialistas tenían alternativas más críticas en las listas de Alberto Rodríguez Saá o en las del candidato a gobernador por la provincia de Buenos Aires, Francisco de Narváez, quien competía a nivel provincial, sin candidato a la presidencia en sus listas, con un perfil también nítidamente opositor.

Los integrantes de la alianza UNA, como fue también el caso de la Coalición Cívica, llevaban listas separadas para diputados, que en consecuencia competían entre sí, en algunos de los distritos más importantes.

Los resultados de las elecciones nacionales

Las elecciones presidenciales del 28 de octubre de 2007 consagraron la fórmula oficialista Cristina Fernández de Kirchner-Julio Cobos con el 45.29% de los votos, con lo cual los dos criterios para dar el triunfo a una formula sin necesidad de balotaje se cumplimentaban simultáneamente.[18] La fórmula oficialista fue derrotada en tres distritos provinciales –la ciudad de Buenos Aires, Córdoba y San Luis–, pero también fue perdidosa en numerosas grandes ciudades: además de Buenos Aires, La Plata, Rosario, Córdoba, Mar del Plata y Bahía Blanca.

La fórmula de la Coalición Cívica ocupó el segundo lugar con el 23,04% de los votos triunfando en la ciudad de Buenos Aires, y UNA el tercero con el 16,91% habiendo obtenido el primer lugar en la provincia de Córdoba. La Alianza Frente Justicialista obtuvo el 7.64% de los votos a nivel nacional, pero obtuvo el triunfo en la provincia de San Luis gobernada por los Rodríguez Saá.

El oficialismo ganó las elecciones con un porcentaje superior al requerido para consagrarse sin segunda vuelta, y esta primacía se hacía más relevante por la distancia respecto a su competidor más inmediato (22,25% de diferencia). Era un resultado en sintonía con el éxito ob-

---

[18] Según la Constitución una fórmula presidencial se consagra ganadora en la primera vuelta si obtiene al menos el 45% de los votos, o más del 40%, si aventaja a su rival inmediato por al menos el 10% de los votos positivos.

tenido en las legislativas de 2005 y sin duda muy superior al obtenido por Néstor Kirchner quien, con un magro 22,24%, había llegado a la presidencia por *default*. Sin embargo, comparado con otras elecciones presidenciales anteriores a 2003, el resultado de la fórmula triunfante era varios puntos inferior a la obtenida en su momento por Alfonsín, Menem o De la Rúa.[19] Pero por sobre todo, la distribución del voto revelaba un desfasaje sociocultural muy significativo; el comportamiento de los votantes se traducía en un mapa electoral con grandes contrastes cuya primera evidencia era la desafección con el oficialismo de los sectores urbanos más involucrados con la comunicación política y, por el contrario, el predominio del oficialismo en el conurbano bonaerense y en los distritos del interior. Por cierto, el mayor involucramiento en la comunicación política se tradujo en un voto que expresaba el malestar en las ciudades y en los sectores sociales más sensibles ante los déficits institucionales y en particular ante la manipulación del índice de precios y las denuncias, jurídicamente asentadas en algunos casos de corrupción. El crédito político del oficialismo visto desde la perspectiva del desarrollo económico continuo y la drástica mejora de la condición social de los más humildes se expresó naturalmente en el voto más favorable al oficialismo de estos sectores, pero no por ello podemos refugiarnos en una interpretación cuyos términos dicotómicos sean los más o menos beneficiados por el crecimiento.

Los resultados también pusieron en evidencia que la traslación al plano electoral del movimiento oficialista se traducía en una competencia entre las diferentes corrientes, que dejaría ganadores y perdedores con potencialidades de fractura en el oficialismo.

Ocho provincias realizaron sus elecciones provinciales en simultaneidad con las nacionales.[20] En cinco de ellas se presentaron dos o más listas locales pegadas a la boleta presidencial del oficialismo, en la provincia de Buenos Aires hubo lista única a nivel provincial, pero en varios distritos hubo una multiplicidad de listas. Finalmente, en Santa Cruz y Formosa, se presentó una sola lista kirchnerista a nivel local.

[19] Raúl Alfonsín resultó electo con el 51,75% de los votos. Mientras que Menem obtuvo el 47,49% de los votos en la elección de 1989 y 49,94% en 1995. Por su parte, De la Rúa fue electo presidente con el 48,37% de los votos.

[20] Se trató de Buenos Aires, Mendoza, La Pampa, Misiones, Jujuy, Santa Cruz, Formosa y Salta.

Los resultados provinciales de la competencia interoficialista fueron variados: en Salta y Misiones triunfaron gobernadores con grados diferentes de disidencia con el oficialismo local y en todo caso no avaladas por su predecesor en el cargo. Se trataba de alternancia dentro de la continuidad. En cambio, en Mendoza, Jujuy y La Pampa triunfaron listas oficialistas más vinculadas con la estructura tradicional del PJ.[21]

En una decena de distritos del conurbano y sus proximidades triunfaron listas identificadas con el kirchnerismo, pero opositoras al oficialismo local, mayoritariamente portadoras de un discurso de renovación crítico de las prácticas clientelísticas del peronismo tradicional.

En el distrito bonaerense otro eje de tensiones significativo fue entre los votos obtenidos por la fórmula presidencial y la fórmula para la gobernación bonaerense; esta última fue más votada que la primera en las grandes ciudades. Un ejemplo significativo es el de la ciudad capital, La Plata, que dio la mayoría en las presidenciales a Elisa Carrió (36.33%) por sobre Cristina Kirchner (22.69%), en tanto que para gobernador Daniel Scioli (40.36%) obtenía una amplia ventaja sobre la candidata de la Coalición Cívica (22.69%). En ese mismo distrito ganaba la intendencia Pablo Bruera, candidato por una lista oficialista "colectora". En Vicente López y San Isidro se produjo un fenómeno similar.

Si bien la oferta política, en particular la oficialista, pero también en menor medida la de las diferentes oposiciones, presentaba una estructura piramidal –es decir, ofrecía a los electores la posibilidad de opciones en el interior de una misma identidad política–, el comportamiento electoral dio cuenta de la conformación de opciones ciudadanas que desestructuraban esa oferta. En el oficialismo por lo pronto puede presumirse un doble movimiento, la multiplicación de listas locales arrastraba votos para la candidatura nacional, pero también sucedía que la significación de la competencia local primaba por sobre la nacional y aparecían optando entre los candidatos locales del oficialismo, votantes que a nivel nacional lo hacían por la oposición.

La observación de algunos distritos del conurbano emblemáticos de la renovación política en el oficialismo es ilustrativa:

[21] En Mendoza y Jujuy el oficialismo parecía inclinarse por las listas de Concertación que no incluían al PJ oficial. Pero en el caso de Mendoza el solo hecho de habilitar una lista que no fuese la de la Concertación perjudicaba la convivencia con Julio Cobos, quien encarnaba esa Concertación.

Resultados de las elecciones 2007 en la provincia de Buenos Aires en distritos clave

Almirante Brown

	FPV	PV	PJ	CC	UNA	PRO	En blanco
Presidencial	53.23			23.29	10.67		8.46
Intendente		30.56	24.75	15.22	5.47	7.09	8.46

Lanús

	FPV	PV	PJ	CC	UNA	UCR	Soc. Justa	PRO	En blanco
Presidencial	46.35			24.87	14.24				7.66
Intendente		33.94	25.35	13.69		4.19	2.34	8.95	10.3

Quilmes

	FPV	Polo Social	PJ	CC	UNA	UCR	Soc. Justa	PRO	En blanco
Presidencial	47.10			25.67	12.88				7.92
Intendente		28.69	26.66	15.8		3.69	4.43	9.17	11.83

Vicente López

	PRO	CC/ARI	UNA	FPV	Frente Comunal Vecinal
Presidencial		41.44	18.45	23.82	
Intendente	13.8	10.45	7.57	6.05	33.47

Estos casos emblemáticos de renovación política parecen indicar el peso que tuvo en los electores de cada distrito la disputa local. En todos los casos la suma de los votos obtenidos por los principales candidatos amparados en la pirámide kirchnerista a nivel local es mayor que los votos obtenidos por la fórmula presidencial, siendo esta diferencia significativa en los casos de Quilmes (8,25%) y de Lanús (12,98%).

Con las dos principales coaliciones opositoras sucede lo contrario: sus candidaturas nacionales fueron significativamente más votadas que las locales. Esto sustenta la interpretación de que, en el caso de disputas locales intensas, el tradicional predominio de las candidaturas nacionales en la decisión de voto se vio balanceada por la importancia al voto a intendente, induciendo al corte de boleta. Un elemento que debe tenerse en cuenta es la importancia del voto en blanco, que en todos los niveles electorales –diputados nacionales, gobernadores e intendentes– supera a su peso en el voto presidencial. Debe tenerse en cuenta que para un núcleo minoritario de electores es este último voto el que cuenta y en el que desean pronunciarse.

Los aliados del gobierno tuvieron suerte dispar en las elecciones generales. Los radicales aliados al gobierno fueron los más afectados, sufriendo algunos traspiés significativos como la derrota de la lista concertadora que encabezaban en la provincia de Mendoza y en la intendencia de Mar del Plata.

El resultado mendocino fue particularmente significativo, pues Julio Cobos, gobernador de la provincia y compañero de fórmula de Cristina Kirchner, gozaba de popularidad y había impulsado la candidatura de César Biffi al frente de una lista concertadora, pero su oponente, Celso Jaque, sería el triunfador con una lista del peronismo tradicional y el emblema del PJ. El kirchnerismo había habilitado a ambos sectores para incorporar la lista del Frente para la Victoria a nivel nacional dando implícitamente el aval a ambos candidatos, estableciendo así una tensión con Cobos que no dejaría de tener consecuencias en el futuro. En la provincia de Mendoza la lista de la Concertación no pareció verosímil como proyecto político, siendo vista por muchos ciudadanos como un mero armado electoral, lo que redundó en un fracaso que signaría negativamente una de las pocas experiencias concertadoras que estaría en juego el 28 de octubre de 2007.

En el caso de Río Negro, el gobernador Miguel Saiz había sido consagrado con el 47,02% de los votos. Para las elecciones nacionales Cristina Kirchner triunfó ampliamente, pero la única lista a diputados que iba acoplada era la del Frente por la Victoria, dominada por el PJ local y de la cual se hallaban excluidos los radicales concertadores que no pudieron competir, aparentemente por negligencia en cumplir con los plazos legales. La lista del oficialismo nacional, pero opuesta al oficialismo local, triunfó con el 40% de los votos.

El desacople entre las listas de la Concertación y el oficialismo tuvo otra ilustración en dos localidades de la zona norte bonaerense. Los intendentes radicales pro-oficialistas del conurbano, respaldados por la gestión local, ganaron en sus distritos, pero las listas presidenciales del FPV fueron derrotadas en esas localidades por las de la Coalición Cívica. Estas localidades afines sociocultural y económicamente con la ciudad de Buenos Aires expresaron electoralmente el descontento existente con el oficialismo.

El éxito del Frente Cívico y Social de Santiago del Estero podría ser tomado como un ejemplo exitoso de Concertación. Esta experiencia reviste características particulares, pero su rasgo específico es la escasa diferenciación política explícita entre partidos sin embargo diferenciados organizativamente.

Los resultados de las "oposiciones" mostraron que el plural se aplica apropiadamente, pues las desinteligencias entre los principales dirigentes era paralela a la diversidad de los electorados. Existían descontentos ciudadanos con el oficialismo, pero ellos eran de variado signo e intensidad y el malestar no alcanzaba al punto que se produjera una convergencia de rechazo.

La concertación UNA permitió al radicalismo, que carecía de un candidato presidencial competitivo, renovar sus posiciones parlamentarias; la UCR perdió 20 escaños en la Cámara de Diputados y 6 en la Cámara de Senadores pero, pese a su desempeño público opacado, siguió siendo una fuerza parlamentaria de peso, conservando 28 diputados y 9 senadores. Sin embargo, los acuerdos con R. Lavagna se deshicieron casi inmediatamente después de los comicios y éste se incorporó al PJ, aunque con una postura disidente, cuando Néstor Kirchner lanzó la campaña en vistas a su reorganización.

La Coalición Cívica, por su parte, aunque hizo una buena elección, superando ampliamente el *score* de su candidata en la anterior contienda[22], estuvo lejos de alcanzar el objetivo de forzar el *balotaje* y polarizar la elección. Esta alianza sufrió también por la deserción de una parte de los diputados electos por el ARI y si bien mantuvo su articulación con el Partido Socialista, éste preservó un bloque autónomo y adoptó posiciones propias en el parlamento en cada oportunidad. De este modo la oposición tenía una existencia más social que política, y así seguiría siendo en el futuro, aunque el conflicto agropecuario que considerare-

---

[22] El 22 de abril de 2003 había salido quinta con el 14.05% de los votos; en meses anteriores había liderado las preferencias con porcentajes cercanos al 20%.

mos más adelante impulsó una reactivación del Congreso y el rol de los representantes políticos.

La situación institucional reflejaba una realidad política fragmentada y contradictoria e iría variando según los condicionamientos dados por la protesta social y la popularidad de gobernantes y dirigentes políticos de todo signo. En diciembre de 2007 al producirse la renovación del Congreso, el oficialismo contaba con una confortable mayoría en ambas Cámaras y en particular, el kirchnerismo emergía fortalecido.

Congreso Nacional
Cámara de Diputados (257 escaños)

	FPV-PJ y aliados	CC/ARI	UNA	Peronismo Federal	Otros
Hasta 10 dic. 2007	145	19	47	6	40
Desde 10 dic. 2007	161	35	32	6	22

Cámara de Senadores (72 escaños)

	FPV-PJ y aliados	CC/ARI	UNA	Peronismo Federal	Otros
Hasta 10 dic. 2007	44	1	15	4	8
Desde 10 dic. 2007	48	5	9	4	6

La distribución del poder territorial, resultado de elecciones que habían tenido lugar en diferentes momentos a lo largo del año, presentaba un panorama de mayor pluralidad.

El fuerte del oficialismo era, sin duda, la provincia de Buenos Aires, donde Cristina Kirchner había hecho una elección ligeramente mejor que a nivel nacional y la mayoría de las provincias chicas del interior, pero en los otros distritos importantes el panorama era diverso. La ciudad de Buenos Aires había consagrado un jefe de Gobierno opositor y aunque el electorado había fluctuado en el voto a diputados nacionales varios meses después, quitando respaldo al oficialismo local de Mauricio Macri, el pronunciamiento electoral, como vimos tanto a nivel presidencial como de diputados, no había favorecido al oficialismo, que mantenía los bajos *scores* de elecciones precedentes. En la provincia de Santa Fe una coalición había consagrado un gobernador socialista. El oficialismo ganó las elecciones de Presidente y diputados nacionales en este distrito, pero por estrecho margen.

En Córdoba se evolucionó de una situación en las elecciones provinciales del 2 de octubre, en las que el oficialismo nacional contaba con el respaldo de las dos fuerzas principales –que habían obtenido alrededor del 35% de los votos cada una– a un descontento por las sospechas de fraude y la actitud prescindente del gobierno nacional, que llevó a la lista oficialista a un tercer lugar en las presidenciales.

Respecto a Mendoza ya se han señalado los daños potenciales que dejó como saldo la competencia entre las listas oficialistas provinciales.

Al día siguiente de las elecciones el panorama que se presentaba era, en consecuencia, incierto y con grados de desinstitucionalización similares a los que se arrastraban desde años anteriores. El oficialismo tenía, por lo tanto, la posibilidad de producir un giro, "el cambio en la continuidad", como lo había prometido y los primeros pasos del gobierno de Cristina Kirchner parecieron encaminarse hacia un modo de gobernar más institucional, más ameno entre los actores políticos y sociales, y con reformas sociales duraderas. Los líderes de la oposición y en particular, Elisa Carrió, Hermes Binner y Mauricio Macri se hallaban ante el desafío de configurar una identidad política y organizacional que pudiese aspirar a disputar el poder en las contiendas futuras.

El desafío para los actores políticos sufrientes de la fragilidad de sus proyectos políticos provendría de una movilización del mundo agropecuario, protagonizada esencialmente por los propietarios y arrendatarios de tierra que concluiría en cambios significativos en la escena política y en el alineamiento de los recursos políticos, en particular en el parlamento.

El conflicto agropecuario

El gobierno de Cristina Kirchner dio inicialmente algunos signos de cambio,[23] pero en lo esencial no había alcanzado a definir un rumbo distintivo cuando estalló un conflicto con los productores agropecuarios.

---

[23] Al inicio de su gobierno, algunos pasos parecían encaminarse a cumplir la promesa de una mayor institucionalidad, aunque el perfil de continuidad predominó ilustrado

Éste se prolongó por más de cuatro meses configurándose una escena social que se ampliaría al escenario político al reavivar a actores hasta entonces latentes como los gobernadores e intendentes, hasta desplazar su epicentro de las rutas y los pueblos al Congreso en donde la disputa se dirimió sorprendentemente en contra de la decisión del gobierno.

El conflicto se suscitó a partir de una iniciativa del gobierno: la resolución administrativa 125.[24] Por medio de esa decisión se incrementaban las retenciones para la soja y el girasol del 35 al 44,1% y 39,1%, respectivamente y se reducían las retenciones al maíz y al trigo en casi un punto. Estas retenciones serían móviles, es decir, se incrementarían con el aumento eventual de los precios internacionales.

Esta escalada sustancial en la recaudación suscitó un conflicto de gran intensidad oponiendo a un conglomerado social identificado como "el campo" al gobierno que invocaba como propósito a una política redistributiva de los ingresos y consideraba que la reciente consagración electoral del ejecutivo era una fuente de autoridad que le permitía decidir legítimamente.

El gobierno, a través de su ministro de Economía, sostenía que la implementación de retenciones móviles se hacía necesaria por el incremento de los precios internacionales de alimentos y sus efectos sobre la economía nacional. De modo que las retenciones incrementadas y móviles contribuirían a:

a. Contener el precio de los alimentos en el mercado interno. No se consume significativamente soja o girasol, pero al deprimir las ganancias de este sector se esperaba desplazar la inversión hacia el trigo y la carne, que son exportaciones y a la vez alimentos básicos del consumo interno, y reducir los costos en el alquiler de la tierra.

b. Divorciar de un modo drástico y durable los precios internos de los internacionales –en todas las exportaciones– permitiría con-

por la composición del gabinete que se mantuvo casi inalterada con la sola excepción del nombramiento como ministro de economía de un joven técnico, Martín Lousteau.

[24] Según el Código Aduanero, el gobierno está habilitado a fijar las tasas de exportación. Desde el inicio del conflicto algunos expertos pusieron en duda la constitucionalidad de esa capacidad que el Código Aduanero otorga al Ejecutivo y que se empleaba desde el pasado.

tener la inflación de precios y se suponía que daría previsibilidad a los inversores.

c. Obtener una renta distribuible con vistas a una política rural hacia pequeños y medianos productores y distributiva hacia los más necesitados en la población en general.

Como se verá, la medida, adoptada en la precipitación, fue ideada por el ministro de Economía, Martín Lousteau, para prever los recursos fiscales en un período en que se haría difícil mantener el superávit fiscal y asumir los pagos de la deuda pública habida cuenta de que el acceso de la Argentina al crédito internacional se hacía imposible, lo que no es incompatible con los propósitos explícitos que fundaron la decisión. Esta premura fue confirmada por el ministro Lousteau luego de su renuncia.

Esta decisión fue adoptada en un período de incremento continuo del precio internacional de oleaginosas y cereales y, en consecuencia, de la rentabilidad obtenida por los productores. En ese contexto, el beneficio excepcional obtenido por el incremento de la demanda internacional dio lugar a la calificación de "ganancia extraordinaria" para los beneficios extra que se esperaban, y de hecho la ganancia media esperable en el momento en que se incrementaron las retenciones era significativamente superior a la estimada en el momento en que se había sembrado.[25]

Pese a que las ganancias esperadas superaban las expectativas, el incremento y movilidad de las retenciones provocó una masiva y dura respuesta del sector rural. Los productores, con bajo grado de asociación corporativa, se alinearon, sin embargo, tras la Mesa de Enlace

---

[25] "En marzo de 2008 el margen bruto por hectárea de soja incluyendo las nuevas retenciones es un 45% superior al proyectado (en el momento de la siembra). Mientras que sin las nuevas retenciones el Margen hubiese sido un 94% superior al esperado [...] Un establecimiento de 150 hectáreas en la región pampeana trabajado por su propietario, en octubre esperaba un margen bruto de 434 dólares por hectárea, y a la cosecha obtuvo 681 dólares por hectárea incluyendo las compensaciones. Un propietario de 150 hectáreas en Santiago del Estero esperaba ganar 203 dólares y finalmente obtuvo 349 [...] En cambio, si esos mismos establecimientos son arrendados, el Margen del arrendatario es menor al del propietario en todos los casos, pero todos lograron superar sus expectativas". Respecto a los aludidos márgenes, debe tenerse en cuenta que se "estima que alrededor del 50% de la pampa húmeda sembrada corresponde actualmente a tierras arrendadas o alquiladas por terceros" (Barsky y Dávila, 2008).

constituida por la Sociedad Rural, la Federación Agraria Argentina, Confederaciones Rurales Argentinas y Coninagro, y participaron de un paro de comercialización de productos agropecuarios con movilización y corte de rutas que se prolongaría en su primera edición por veintiún días, y luego se reiteraría en varias ocasiones a lo largo del prolongado conflicto. Cortes de ruta para efectivizar la veda en la comercialización con consecuencias para el tránsito de vehículos en general, tractorazos, asambleas en el borde de la ruta dominaron la escena pública durante meses, y fueron transmitidos intensamente por los medios de comunicación, especialmente la televisión. Los pueblos del interior, sobre todo en la pampa húmeda, se unieron a la protesta. En las grandes ciudades, pese a que por momentos el desabastecimiento de ciertos productos se hizo sentir, la ciudadanía osciló entre la simpatía con la protesta y la impaciencia ante la prolongación del conflicto cuando no se establecían ámbitos de negociación o cuando los paros rurales se prolongaban sin una justificación admitida.

Los sectores urbanos impregnados ya de un malestar con el modo de gobernar sumaron su descontento a la protesta rural, expresándose en algunos barrios de Buenos Aires, sobre todo los más privilegiados, por medio de cacerolazos.

Puede afirmarse que la resolución 125 constituyó negativamente, por el rechazo que suscitó, a un actor colectivo autodenominado "el campo", antes inexistente; confluyendo en la protesta productores de diferente envergadura económica en torno a asociaciones gremiales de variada sensibilidad ideológica.

La disputa, como suele suceder en estos conflictos, giró ante todo en torno a la definición de lo que estaba en juego y de quiénes eran los protagonistas. Se trataba sin duda de un conflicto de intereses, pues se trataba de una rentabilidad y su apropiación por parte del Estado. Pero lo que inmediatamente estuvo en cuestión fue la justicia de esa apropiación, los mecanismos de decisión que podían considerarse como legítimos y el propio destino de los fondos públicos eventualmente recaudados. El gobierno nacional procuró instalar una polarización en términos de pueblo y oligarquía, sosteniendo que el egoísmo de los que más ganaban ofrecía resistencia a las políticas distributivas. Sostenía que las ganancias que los productores se resistían a compartir eran resultado de un modelo económico que había sostenido un "dólar alto", por lo que las ganancias efectivas de los exportadores se habían mejorado, y de precios de combustibles a tarifas desacopladas a las existentes en el mercado mundial, por lo que los costos de producción se habían visto favorecidos.[26]

Los productores rurales en cambio sostuvieron que se había carecido de una política para el sector lo que había favorecido la "sojización", denunciada por el gobierno como amenazante para la producción abastecedora también del mercado interno y encarecedora de los precios, aunque no compartían plenamente esos argumentos.

Sostenían junto con los expertos que la extraordinaria expansión de la frontera agropecuaria producida en pocos años y la alta tecnificación que se gestaba de más larga data habían permitido incrementar la productividad, y que el crecimiento de la soja había sido acompañado –aunque no al mismo ritmo– por el de otros cultivos.[27]

El carácter indiscriminado de las retenciones tal como fue formulada la resolución en su versión inicial, que afectaba por igual a grandes y pequeños con diferentes costos de producción y rentabilidad, contribuyó a la cohesión del campo y a que las proclamaciones redistributivas contrastaran con la realidad desfavorecida de pequeños y medianos, quienes llevaban la voz cantante en la movilización.

Conflicto de intereses por cierto, pero pronto comenzó a perfilarse la dificultad en definir los así llamados intereses. Sectores de muy variada rentabilidad se verían afectados por igual. Asimismo, si bien era cierto que la rentabilidad calculada para 2008 era superior a la esperada aun teniendo en cuenta las retenciones, los incrementos de los insumos agropecuarios ese año eran todavía mayores y eran incluidos por los productores en los cálculos para la siembra que se avecinaba ese mismo año.[28]

---

[26] Según declaró en su momento el entonces jefe de gabinete Alberto Fernández, el productor sojero argentino tenía márgenes de rentabilidad que oscilaban entre el 25 y el 30%, en tanto que en Brasil eran del 18%. Lo cierto es que los márgenes de rentabilidad aparecían condicionados por la intervención voluntarista del gobierno –ya fuera el peso valorizado, los subsidios a los combustibles o las retenciones– y ello creaba el espacio para la conflictividad

[27] Ver Barsky, O y Dávila, M. (2008).

[28] Barsky, O y Dávila, M. (2008) citan un análisis de la Bolsa de Comercio de Rosario según el cual el costo por hectárea para soja de primera había sido de USS 444 en junio

A casi tres semanas de publicada la resolución 125 se anunció una rectificación que preveía reintegros para los pequeños productores y para los más alejados de los centros de comercialización, de modo que, según los dichos del ministro, reduciría, para ese sector, la alícuota impositiva al 35%. Esa medida debía beneficiar al 80% de los productores.[29]

Aunque se prometía un sistema de acreditación simple de las compensaciones, el hecho es que las retenciones se efectuarían en el momento de la exportación a todos por igual, y luego las entidades estatales efectuarían la devolución. Esa triangulación que situaba al Estado como clasificador y administrador no proporcionaba verosimilitud al reintegro para los productores que, contra lo que desde el inicio esperaba el gobierno, no se diferenciaron de la protesta según su peso económico. En su conjunto rechazaron la medida, aunque con matices según la entidad, y enfatizaron que la resolución sobre las retenciones consistía en la práctica en fijar un precio máximo a los productos pues a partir de cierto nivel de precios se anulaba la rentabilidad, por lo que también se inhibían los mercados a futuro, siendo éste un instrumento financiero que daba cierta previsibilidad a los actores económicos.

Pese a que ulteriormente una nueva rectificación de la resolución 125 fijó un tope a la movilidad ascendente de las retenciones, el reclamo que unía a la protesta terminó siendo absoluto: el retorno a la situación del 10 de marzo, es decir, la derogación de la resolución 125.[30]

De modo que el conflicto, en su transcurso, reveló dos fases. El conflicto de intereses fue disparado por una resolución que incrementaba la quita, pero los intereses resistentes a la tributación se configuraron

de 2007 y era de USS 622 en junio de 2008. Para maíz y trigo se producían incrementos en la misma proporción.

[29] Según la Bolsa de Comercio de Rosario en el año 2007 se registraban 73.477 productores de soja, de ellos solo el 10.18% comercializaba más de mil toneladas anuales, pero ese pequeño segmento representaba el 62,87% de la producción total de soja. La concentración de la producción era real, pero la protesta era generalizada y tenía epicentro en los pequeños y medianos productores.

[30] El 29 de mayo el gobierno anunció una rectificación por la que se fijaba un máximo a las retenciones a la soja del 52.7%. Todavía una precisión sobre el destino distributivo de los fondos recaudados con el aumento de la tributación, una suerte de plan social de hospitales, caminos rurales y viviendas populares, fue anunciada por la Presidenta el 9 de junio con la intención de responder a la incerteza sobre el destino de la recaudación fiscal.

políticamente. Las entidades rurales, algunas de las cuales eran históricamente opuestas a las retenciones, las habían admitido en los años
precedentes y la mayoría de sus voceros no las cuestionaban explícitamente, pero reclamaban ser partícipes de la toma de decisiones en un
contexto institucional, invocando, por una parte, el incremento de los
insumos que hacía que las ganancias de la cosecha en curso debieran
ser invertidas en mayor proporción que en las anteriores, reclamaban
también una política agropecuaria global pues los productores en muchos casos participan de varias actividades –al margen de que los cultivos son rotativos– y en algunas de ellas encontraban serias trabas en
los cupos o congelamientos de exportaciones oficiales –principalmente
en trigo y carne– o en la fijación de precios máximos insostenibles para
algunas franjas de productores –en el caso de la leche–.

Finalmente sostenían ser el eslabón denigrado de la cadena productiva, arguyendo que la responsabilidad por los costos de los alimentos
y los mayores beneficios obtenidos recaían en los otros eslabones de
la cadena de producción-distribución. En particular, la izquierda rural
nucleada en la Federación Agraria Argentina se sustrajo a la seducción
y argumentación gubernamental sosteniendo que la política llevada a
cabo hasta entonces, y en particular en los años precedentes, había favorecido la sojización y los mayores márgenes de rentabilidad de los
acopiadores de granos, de los frigoríficos y de los supermercados.

Así, la disputa "de intereses" no se redujo a un tironeo a favor o en
contra de las retenciones, sino que derivó en un cuestionamiento de los
márgenes de cada uno de los sectores intervinientes en la actividad y
por sobre todo de los mecanismos de decisión y de control estatal. Por
sobre la impugnación de un "precio justo" para los bienes agropecuarios que fuese fijado por el Estado apareció una gama de respuestas.
Naturalmente los sectores más tradicionales invocaban al mercado e
indicaban que las consecuencias del intervencionismo estatal serían el
desaliento a la producción en el sector y el desvío hacia otras actividades o hacia las mismas en los países vecinos. Pero el reclamo del
funcionamiento de organismos de negociación sectorial no puede ser
considerado simplemente como una estrategia dilatoria para escapar al
afán recaudatorio, sino que postulaba un formato de información y deliberación previo a la adopción de decisiones que parece apropiado para

la diversidad de actores y la complejidad de situaciones productivas y de comercialización, además cambiantes.

El "campo" versus el gobierno y el Estado

La persistencia del conflicto agropecuario y la unidad del movimiento colectivo derivan del antagonismo que terminó prevaleciendo: los productores rurales y su ámbito de influencia enfrentados al gobierno nacional. Aunque la regulación de la ganancia por vía de la intervención estatal no era cuestionada en su principio, al menos por los principales actores de la protesta e incluso se requería que esta intervención fuera institucional y sistemática por medio de políticas para el sector y para los diferentes productos, el modo en que se adoptaron las decisiones les parecía indisociable del contenido y sus consecuencias. La protesta invocaba reiteradamente el desconocimiento de la materia a regular por parte del gobierno y rememoraba intervenciones puntuales que habían perjudicado la producción y las exportaciones. De modo que el eje del conflicto tuvo este carácter político institucional que recubrió la disputa de intereses. Las decisiones sustantivas –rectificaciones de la decisión original– que adoptó el gobierno no parecieron fiables para los beneficiarios pues su ejecución quedaba en manos de una burocracia pública sin intervención de los sectores productivos ni de los representantes políticos (intendentes y gobernadores), algunos de los cuales habían simpatizado con la protesta.

El conflicto fue en ese sentido de naturaleza política y no tan solo en términos de intereses –aunque como se ha visto, estos mismos son construidos–: un sector rural instalado en la desconfianza y que procuraba logros, pero también cierta institucionalidad[31] enfrentado a un

---

[31] La ausencia de políticas de Estado para el sector rural ha fortalecido probablemente una ideología sectorial de autosuficiencia y reticente a la intervención del Estado: "El modelo agrario de expansión productiva y social ha sido una respuesta lineal a estímulos de precios y de incremento veloz de los ingresos. Ello ha fortalecido en los productores una fuerte autoconciencia de su autonomía social, acentuando las tendencias históricamente asentadas en su imaginario, que ven sólo al Estado como un recaudador de impuestos que devuelve servicios de baja calidad y no contribuye a mejorar los aspectos complementarios de las 'tranqueras afuera', como caminos, ferrocarriles y otros servicios que fortalezcan la productividad del sector agropecuario y mejoren la calidad de vida de la población" (Barski y Dávila, 2008).

poder presidencial que consideraba su legitimidad desafiada e incluso cuestionada.

Los ruralistas llevaron a cabo a lo largo del conflicto cuatro paros de comercialización, a veces con corte de las rutas que no solo afectaron al transporte de mercancías sino al transporte en general. Se expresaron públicamente de variadas maneras siendo el escenario característico el borde de la ruta en el que alternaban los actos publicitarios, las asambleas y los tractorazos. También las ciudades del interior fueron el escenario de protestas y ocasionalmente de cese de actividades. En la medida en que el conflicto se prolongó, la protesta se orientó a buscar aliados en las autoridades locales y provinciales. Los críticos del movimiento y el propio gobierno la calificaron de *lock out* patronal haciendo hincapié en que no se trataba de asalariados pese a que recurrían a métodos que éstos y los excluidos habían popularizado.

La protesta fue dura en sus métodos y consecuencias, aunque no violenta, y persistió la mayor parte del tiempo con el apoyo de la mayoría de la opinión pública, pero también en un par de oportunidades, contrariando el estado de la opinión general, expresada públicamente por algunas de las autoridades que habían apoyado la protesta. Estas buscaban una salida a un conflicto que parecía tener como casi único escenario el *crescendo* de pruebas de fuerza.

El gobierno tomó la iniciativa de incrementar las retenciones y procuró retenerla a lo largo del conflicto. Para ello convino algunas reuniones con los organizadores de la protesta, pero en ellas no se llegaron a soluciones negociadas en el sentido tradicional de políticas acordadas y firmadas por funcionarios y representantes sectoriales, y en los casos en que hubo acuerdo –sobre trigo y carnes–, éstos se incumplieron según la denuncia de los productores. Sin embargo, el gobierno adoptó decisiones importantes que modificaron la resolución 125, pero lo hizo unilateralmente por voluntad del ejecutivo en momentos de suspensión del paro o luego de negociaciones fallidas. Como se ha visto, esta estrategia de ceder sin negociar –que no fue exitosa, pues las concesiones no tuvieron eco en los presuntos beneficiarios– parecía responder al principio de evitar que el gobierno apareciese en un pie de igualdad con los ruralistas en conflicto y sobre todo de no presentar las decisiones como fruto de una negociación en que el gobierno cedía en lo que había proclamado como esencial a su política.

La relación del gobierno con el movimiento de protesta tuvo altibajos y la tónica la dieron las alocuciones públicas de la presidenta, Cristina Fernández de Kirchner, quién ilustró más los cambios de tono. A poco de iniciado el conflicto se refirió a "los piquetes de la abundancia, los piquetes de los sectores de mayor rentabilidad" (15 de marzo), y hacia el final del conflicto, en momentos en que decidía derivar la decisión al Congreso, esperando en ese ámbito una convalidación, criticó a la dirigencia ruralista cuestionando duramente su representatividad –"cuatro personas a las que nadie votó"– y sus métodos no afines con la democracia –"Tal vez con tanto golpe de Estado que hemos vivido creemos que todo se arregla con intolerancia, con golpes, con bocinas, cacerolas o cortes de ruta"–, para finalmente intimarlos –"en nombre de la Constitución y las leyes liberen las rutas y dejen que los argentinos volvamos a producir y trabajar" (17 de junio).

La descalificación del movimiento había sido matizada, sin embargo, por un intento de colocar la representación del Estado por sobre las parcialidades: "voy a seguir representando los intereses de todos los argentinos, de los que me votaron y de los que no me votaron también porque ése es mi deber como Presidenta". Y también manifestó su disposición al diálogo[32], esbozando incluso una autocrítica sobre el déficit en la comunicación política gubernamental[33], y aun en los momentos en que se mostró más descalificatoria con el movimiento de protesta, reiteró su vocación de mejorar la institucionalidad democrática.[34]

Pero fue Néstor Kirchner quien dio la tónica de dramatización del conflicto. En particular, luego de los actos del 25 de mayo, en que los partidarios del oficialismo y los movilizados en la protesta midieron fuerzas en actos públicos realizados en la capital de Salta y en Rosario, lanzó un embate como presidente del Partido Justicialista (PJ) califi-

---

[32] "Les pido humildemente, como presidenta de todos los argentinos y en nombre de todos los argentinos, que levanten el paro para entonces sí dialogar" (27 de marzo, discurso en el acto partidario de Parque Norte).

[33] Sostuvo en una alocución del 9 de junio: "El error fue creer que la distribución del ingreso se hace con una política que, pese a haber sido revalidada en las urnas, requería, tal vez, de una mayor explicación o tal vez de un mayor ejercicio de responsabilidad de todos"

[34] El 17 de junio cuando anunciaba el envío al Congreso de un proyecto de ley sobre las retenciones iniciaba su argumentación sosteniendo que "La democracia se defiende con más democracia y las instituciones se defienden con más instituciones".

cando a los ruralistas de representantes de la oligarquía que perseguían una acción destituyente para terminar con el gobierno de su esposa y la continuidad del proyecto que ella encarnaba.[35] La influencia de esta orientación fue decisiva y acentuó la inclinación del oficialismo a respaldarse en el aparato del PJ, procurando dar al conflicto el sesgo de una confrontación que tendría una continuidad histórica con el antagonismo entre el pueblo y la oligarquía, y dejando de lado los precedentes proyectos de renovación política posperonista. En una convocatoria del grupo de intelectuales "Carta Abierta" que comenzó a reunirse regularmente en apoyo al oficialismo, Néstor Kirchner sostenía claramente el argumento de que: "Estamos ante un movimiento destituyente, golpista, han querido que Cristina se fuera del gobierno", y puesto que el oficialismo había ganado la votación en diputados, pero estaba aún pendiente la del Senado, insistía en la dramatización de lo que estaba en juego: "Digámoslo con claridad: si perdíamos en Diputados, hoy no teníamos más a nuestra presidente", aunque en ese contexto Kirchner puso el énfasis en la faceta progresista de su proyecto.[36] Pero la tóni-

[35] El 14 de mayo, en un acto de presentación del recientemente reorganizado Partido Justicialista, se había efectuado un llamado al diálogo; pero luego de la agudización del conflicto y el reinicio de una nueva fase de este, posterior a las mediciones de fuerza del 25 de mayo, el Partido Justicialista realizó una serie de reuniones y su flamante Consejo Nacional lanzó un pronunciamiento ante "el antidemocrático ataque que con ánimo destituyente y falta de respeto a la voluntad popular se ha hecho a la Presidenta y a los gobernadores" en que define el conflicto en términos dicotómicos: "Frente a los agoreros y golpistas que pretenden en definitiva detener los cambios y repetir la historia de largos desencuentros de la patria, como en el 30, el 55 o el 76, desde el Partido Justicialista, con apertura y pluralidad asumimos el compromiso de seguir construyendo una nueva Argentina, porque queremos luchar por lo que nos falta, poniendo todo lo que nos sobra: coraje, energía y entusiasmo por un país para todos los argentinos (28 de mayo de 2008).

[36] Se han puesto entre comillas los propósitos de Néstor Kirchner, pero el diario *Página/12*, que en su edición del 12 de julio de 2008 da cuenta de la referida reunión, aclara que "se trata de una síntesis de sus intervenciones. No se entrecomillan porque provienen de apuntes y no de una grabación".

En esa versión de la reunión efectuada por Carta Abierta se reportan propósitos del ex Presidente que delinean un "nosotros" progresista que se da tácticas para avanzar. Luego de describir los propósitos golpistas remarca la necesidad de no retroceder "Frente a esto no podemos ser miserables y dar pasos atrás. Tenemos que dar cinco pasos adelante, por nuestra historia, por nuestros compañeros que no están". Y sitúa el presente en un registro retrospectivo de la acción emprendida cuando él era Presidente: Nos proponemos reconstruir un espacio que estaba dormido, en forma paulatina, con aciertos y con errores. Si nos hubiéramos apurado no estaríamos aquí. Nos propusimos

ca dominante de recuperación del clivaje entre pueblo y oligarquía, la identificación con el peronismo histórico y la defensa de un proyecto de desarrollo nacional que estaría amenazado, la dio en el dramático acto oficialista en la Plaza del Congreso cuando el Senado estaba deliberando sobre el proyecto de las retenciones a las exportaciones. Identificaba a los ruralistas con los golpistas y represores del pasado y los tildaba de continuadores de la políticas antipopulares que conspiraron contra Perón y Evita.[37]

La dinámica de un conflicto definido en términos de todo o nada

El conflicto agropecuario se fue configurando con un grado creciente de antagonismo en la medida en que el terreno para la negociación se fue estrechando. El gobierno, pese a declarar que no era "un actor más", denotaba tensiones en su seno. Terminó prevaleciendo una estrategia radicalizada, impulsada por Néstor Kirchner desde la dirección del PJ, que pretendía encarnar el "campo popular", no cediendo en lo estipulado por la resolución 125, aunque como se ha visto hubo varias rectificaciones ulteriores a su promulgación, y sobre todo no aparecer concediendo a la fuerza del movimiento contestatario, so pena de debilitar al gobierno y confiando en desgastar y dividir el "campo" según líneas divisorias de interés.

consolidar la retaguardia y cada vez que podíamos hacer actos de vanguardia. Tuvimos que demostrar que el progresismo podía administrar. Recuerden en qué condiciones asumimos… Ahí no nos quedó otro camino que sanear la Corte Suprema. Y este proceso que la sociedad reclamaba y valoró, fue junto con la anulación de las leyes de punto final y obediencia debida lo que parió mi gobierno. Del mismo modo siento que este conflicto que ya no es por las retenciones sino por el modelo económico y el poder político va a parir el gobierno de Cristina.

[37] En esa oportunidad, cuando estaba en juego la votación decisiva en el Senado, se sirvió de los paralelos más duros: "Hablan de democracia, y cortan las rutas; hablan de democracia y desabastecen a los argentinos; hablan de democracia y nos queman los campos; hablan de democracia, y —escuchen, por favor, esto— como en las peores etapas del 55 y el 76, salen como comandos civiles o grupos de tareas a agredir a aquellos que no piensan como ellos, en forma vergonzosa". Y más adelante insiste en la continuidad de un enfrentamiento entre dos campos históricos "Ahí están los que quieren enlodar las banderas de Perón y Evita, claudicando con esa oligarquía que persiguió hasta el cadáver de Eva Perón; ahí están los que claudicando y queriendo enlodar la memoria de Perón y Evita se abrazan junto a Rosas (sic) y a todos aquellos que históricamente estuvieron contra los intereses nacionales y populares", Discurso del 15 de julio de 2008.

El "campo", representado institucionalmente por la Mesa de Enlace de las cuatro entidades corporativas, inició una protesta que apuntaba a la resolución 125 y reclamaba una negociación que abarcara otras actividades del mundo rural. El "campo" tenía sus caras más visibles institucionales, pero rápidamente se expandió como un movimiento multiforme que tenía cabeceras en los principales pueblos de la pampa húmeda y de regiones aledañas, y que era protagonizado por núcleos importantes de productores "autoconvocados" que no pertenecían formalmente a las instituciones del sector y que pesaban en asambleas locales que decidían con relativa autonomía de la propia Mesa de Enlace. La protesta se extendió en el interior y encontró aliados o escuchas afines en varios intendentes y algunos gobernadores, pero se mantuvo a distancia de los partidos y líderes de oposición que se hicieron presentes en algunas de sus manifestaciones.

El movimiento de protesta rural adquirió una dinámica propia y al fortalecerse y ver bloqueada la alternativa de una negociación, evolucionó hacia una radicalización de su demanda, la derogación de la resolución 125 –ahora que en los tramos iniciales del conflicto parecía estar dispuesto, al menos su núcleo dirigente, a un acuerdo sobre la base de una reducción de la alícuota original– y una politización que lo llevó a cuestionar las orientaciones y el modo de gestión del gobierno.

Los casi cuatro meses de conflicto tuvieron para los ruralistas un doble condicionamiento. Por una parte, reaccionaba ante lo que surgía de su relación con el gobierno: cuando el tema de las retenciones no se incluía en la agenda de las reuniones o cuando éstas se suspendían o dilataban, se retomaba la protesta activa. Cuando había protesta o paro, el gobierno no convocaba a reuniones sectoriales y en ocasiones formulaba anuncios dando por clausuradas las tratativas sobre un tema. Pero la Mesa de Enlace se hallaba también muy condicionada por un movimiento que tenía su dinámica propia. En algunas ocasiones las asambleas locales actuaron en disonancia con lo decidido por la Mesa de Enlace. El líder más popular, Alfredo De Angeli, se constituyó en un emblema de una protesta intransigente y en la que las decisiones parecían emerger de la deliberación de las bases. En estas condiciones, por momentos, los dirigentes nacionales sorprendieron a sus aliados y se distanciaron de la opinión prolongando la protesta activa más allá de lo que se esperaba.[38]

Luego de un primer ciclo de paros y negociaciones frustradas, las energías de los ruralistas y del oficialismo se orientaron hacia los actos programados para el 25 de mayo.

El acto oficial en Salta trascurrió en un tono moderado sin alusiones directas al conflicto en el discurso presidencial y con una concurrencia módica aportada por la militancia de otras regiones que se sumó a la local.

El acto de Rosario, frente al Monumento a la bandera, fue de una masividad inusual, alrededor de doscientos mil asistentes y adquirió una tónica política cuya ilustración fue la de un dirigente ruralista saltando al unísono de la multitud al grito de "el que no salta es un pingüino". La politización en los discursos fue ostensible. Luciano Miguens, de la Sociedad Rural, sostuvo que los protagonistas de la protesta no eran golpistas. Mario Llambías, de Confederaciones Rurales Argentinas, se hizo eco de las demandas generales y embistió contra el gobierno: "Queremos una justicia independiente; que no la avasallen. Queremos legisladores con pelotas, que defiendan al pueblo al que se deben, y no al cheque de la Casa Rosada". Eduardo Buzzi, de la Federación Agraria Argentina fue más agresivo en su diagnóstico: "El gobierno de los Kirchner es un obstáculo para que el desarrollo económico del país sea posible".

---

[38] Inmediatamente de conocida la resolución 125 se inició un paro que duró 21 días. Ese paro dio verosimilitud al movimiento y su consistencia, que algunos analistas habían puesto en duda inicialmente. Luego, el 2 de abril, se abrió un ciclo de negociación que duró un mes. Al cabo de tres semanas parecía próximo un acuerdo general en las reuniones presididas por el jefe de gabinete con los representantes sectoriales. Se alcanzaron acuerdos sobre el trigo, el maíz y la carne cuyas exportaciones estaban detenidas, pero luego estos se incumplieron. Sobre una modificación en las retenciones a la soja y el girasol hubo idas y vueltas, pero el acuerdo parece haberse frustrado por discrepancias entre los dirigentes del oficialismo. Sobre la base de incumplimientos y estancamiento en las negociaciones los ruralistas lanzaron su segundo paro el 2 de mayo, y dos semanas después decidieron la continuación del paro ignorando un llamado al diálogo de la Presidenta. El paro concluyó el 19 de mayo y las negociaciones se reanudaron, pero concluyeron intempestivamente tres días después por el descontento de los ruralistas con una agenda de discusiones en la que no figuraban las retenciones. Los actores del conflicto permanecieron entonces a la expectativa de lo que sucedería con los actos programados por unos y otros para el 25 de mayo.

Inmediatamente, el gobierno consideró que la protesta ruralista se había convertido en un actor opositor desestabilizante y suspendió la reunión prevista para el lunes 26 de mayo. En consonancia con la escalada, la Mesa de Enlace promovió a partir del 28 de mayo el tercer paro, que se prolongaría hasta el 9 de junio por la irritación que produjo la detención de ruralistas en la localidad de San Pedro, enfatizando la suspensión de la comercialización, pero evitando el corte de ruta. El gobierno aceleró entonces anuncios que procuraban mostrarlo con iniciativa e incluso con espíritu de rectificación y aclaración: el 29 de mayo se anunció una nueva modificación a las retenciones que fijaba una techo a su movilidad ascendente, pero que de hecho no alteraba la retención efectiva que se practicaba al momento en que se anunció; y el 9 de junio cuando estaba finalizando el paro agropecuario, la Presidenta lanzó un plan social precisando cual sería el destino de los fondos obtenidos con el incremento reciente de las retenciones a las exportaciones.

En ese contexto de continuidad del conflicto y actos de gobierno independientes, emergió un nuevo actor, el de los transportistas de cereales agrupados en varias entidades, que en protesta por la prolongación del conflicto decidieron efectuar cortes de rutas por su cuenta. La relación de estos nuevos actores con los ruralistas era variable según las regiones y entidades. Sin embargo, la orden gubernamental para que la gendarmería desalojara la emblemática ruta de Gualeguaychú, acción que culminó con la detención del dirigente ruralista Alfredo De Angeli, provocó una reactivación de la conflictividad: la Mesa de Enlace resolvió promover desde el 14 de junio el cuarto paro nacional. La protesta tuvo otra vez un eco en las ciudades, pero esta vez los cacerolazos fueron más masivos y de extensión nacional.

El 17 de junio la Presidenta anunció repentinamente el envío al Congreso de una ley para dar tratamiento parlamentario al incremento de las retenciones móviles. El conflicto hallaba así un nuevo escenario en donde se produciría un desenlace imprevisto. El paro, esta vez más prolongado, finalizaría el 20 de junio.

El protagonismo del Congreso y la emergencia
de una nueva escena política

La derivación de la decisión a la escena parlamentaria produjo una descompresión del conflicto; los actores involucrados –aun con reticencias algunos de ellos– prometían respetar la decisión del Congreso. Durante varias semanas la atención estaría puesta en los debates de las comisiones, en el pronunciamiento de los legisladores y finalmente en las votaciones. Finalmente, el oficialismo, pese a numerosas deserciones en sus filas, ganó la votación en la cámara de Diputados luego de haber introducido importantes modificaciones al proyecto de ley original. El jueves 17 de julio a la madrugada en un contexto de gran expectativa nacional y con miles de manifestantes aguardando el resultado de la votación, los senadores produjeron un resultado de empate y el vicepresidente Julio Cobos desempató con un "voto no positivo" por lo que la iniciativa oficialista fracasó. La resolución 125 había caído en el Congreso.

Este desplazamiento de la escena hacia el ámbito del Congreso, en realidad fue tan solo parcial. Coexistieron hasta último momento la nueva escena institucional, en donde se adoptaría la decisión, con la movilización en actos públicos de partidarios y contestatarios, con presiones sobre los legisladores y finalmente con dos actos públicos contrapuestos el día de la votación en el Senado. En verdad la movilización también incluyó el activismo de representantes locales y provinciales, que se hicieron presentes en ambas Cámaras, se reunieron con legisladores y multiplicaron su presencia en los medios de comunicación, especialmente la televisión. Las oscilaciones en los parlamentarios nacionales y en particular la fractura del oficialismo fueron resultado de la movilización cívica.

El propio hecho de que el Ejecutivo enviase un proyecto al Congreso y reconociese –a regañadientes– el déficit de legitimidad de la resolución 125 puede atribuirse a que a la protesta rural se habían sumado contestatarios urbanos, lo que hacía temer un *crescendo* de la movilización social. El oficialismo tributario de la tradición peronista consideraba al predominio en las calles y a la intensidad política militante como un atributo propio. De pronto se encontró con una movilización cívica que desmentía esos antecedentes.[39]

El desplazamiento de escena para las decisiones, el relieve dado al Congreso, transgredía el modelo de ejercicio del poder que había prevalecido hasta entonces.[40] Y en un contexto en que ese desplazamiento era portador de incertidumbre.

Se configuraba asi una nueva escena política, caracterizada por una fragmentación partidaria que ahora afectaba al oficialismo y un pluralismo que se traducía limitadamente en fuerzas políticas reforzadas, teniendo, en cambio, como epicentro la movilización ciudadana y su capacidad de vetar y condicionar las decisiones institucionales. Esa escena se había venido gestando en el transcurso del conflicto. Sobre todo gobernadores e intendentes del oficialismo o afines a él comenzaron a expresarse públicamente con independencia. El propio vicepresidente expresó una posición propia afín con la modificación del proyecto original del oficialismo y provocó reuniones y alineamientos que lo alejaron de la Presidenta y su entorno.

El debilitamiento de los recursos del oficialismo que se había revelado tanto en los escasos defensores públicos de la posición oficial como en la mengua en la movilización de partidarios en oportunidad de los actos públicos, se tradujo en dos niveles de agotamiento.

[39] También estaba en duda la validez de la resolución 125, puesto que la Constitución establece que los impuestos son de competencia exclusiva del Congreso y desde esa perspectiva la habilitación que da el Código aduanero para que el Ejecutivo fije tasas y retenciones podía ser considerada como inconstitucional y en consecuencia la Corte Suprema podría manifestarse en ese sentido en el futuro. Según versiones, el Presidente de la Corte advirtió a la Presidenta sobre esa posibilidad. Al anunciar el nuevo rumbo en su discurso del 17 de junio, la Presidenta dejaba traslucir sus reticencias: "Esta medida de las retenciones móviles que tanto revuelo ha causado a un sector que desde hace 90 días corta rutas, voy a enviarla al Parlamento como proyecto de ley, por si no les basta con esta Presidenta, que hace seis meses obtuvo el 46% de los votos".

[40] En otra oportunidad cuando se produjeron movilizacionestocwurvi con reclamos de seguridad urbana lideradas por Blumberg, el oficialismo no obstaculizó la presión ejercida sobre el Congreso para introducir modificaciones en el Código Penal, agravando las penas, pero se trataba de una excepción precipitada también por un presión social.

Evolución de los recursos del oficialismo

Diciembre 2007		Julio 2008	
Diputados (257) FPV y aliados	154	Diputados que votaron a favor de la ley de retenciones gubernamentales	129
Senadores (72) FPV y aliados	47	Senadores que votaron a favor de la ley de retenciones móviles.	36

En cuanto a la popularidad de la Presidenta y de Néstor Kirchner, los índices mostraron una caída muy significativa, ilustrativa del aislamiento social al que arribaron esos líderes.[41] Las elecciones de 2007, como se vio, habían registrado una desafección hacia la candidata del oficialismo de los sectores urbanos, más vinculados con la comunicación política y portadores de un descontento con el modo de gobernar cuya ilustración emblemática había sido desde enero de 2007 la intervención del Indec y la manipulación del índice de precios para subestimar severamente la inflación. El conflicto agropecuario movilizó y adentró en la circulación de informaciones y de argumentos a sectores tradicionalmente más alejados de las preocupaciones institucionales, pero que también pertenecen a lo que por comodidad se ha clasificado como "clases medias", aunque en verdad incluye una diversidad de individuos en situaciones laborales y salariales distintas. El saldo de ese conflicto fue una nueva masa de desafectos con el gobierno que, sin embargo, como los de las grandes ciudades en muchos casos se habían beneficiado materialmente con la salida exitosa de la crisis.[42]

Pero la caída de popularidad de quienes la habían disfrutado desde 2003 tenía beneficiarios inciertos. La oposición en tanto tal no capitalizó el descontento, pero sí algunos líderes emergentes disidentes del oficialismo durante el conflicto agropecuario.

[41] Según la encuestadora Poliarquía, a inicios de agosto de 2008, la imagen de los líderes oficialistas era la siguiente: Cristina Kirchner: Positiva, 31%; Regular, 33%; Negativa, 34%. Néstor Kirchner: Positiva, 32%; Regular, 20%; Negativa, 48%. Las mediciones conocidas ulteriormente no se alejan de estos índices.

[42] La pampa húmeda había votado mayoritariamente por Cristina Kirchner en octubre de 2007. A modo de ilustración, los resultados electorales de la Presidenta en algunas ciudades bonaerenses: Ramallo 59,23%, San Pedro 46,08%, Bragado 45,08%, Junín 44,29%. En otros pueblos sus resultados fueron inferiores pero la consagraron de todos modos ganadora: Pergamino 42,45%, Saladillo 36,02%, Bolívar 38,09%.

¿Cambio en la continuidad o alternancia en el poder?

Con las elecciones legislativas de 2009 y las presidenciales y generales de 2011 en el horizonte, los actores que se esbozaban, a los que se podían sumar otros imprevistos, se hallaban ante la tarea de afirmarse desde su fragilidad en ese momento e incidir en los términos en que se definirían esas contiendas por el poder. Los desafíos que se presentaban al oficialismo para recomponerse eran considerables. Aunque, por cierto, contaba con los recursos del ejercicio del poder y de los aliados corporativos que desde él se agregaban. Luego del debilitamiento que precipitó el conflicto agropecuario, el gobierno adoptó iniciativas que aunque discutidas y en algunos casos rechazadas exhibieron sus capacidades para ejercer el poder. Desde el punto de vista político organizativo continuó el repliegue sobre los reductos del peronismo tradicional, no obstante las invocaciones a la recomposición de la Concertación.

Esta estrategia de cohesionar un núcleo de fuerzas propias, que seguía siendo heterogéneo, se encontraba sometido a tensiones. Por una parte, se había ido acentuando la resistencia de quienes habían tenido expectativas de renovación política y no se resignaban al pragmatismo que incluía incorporar o privilegiar a los que ataño se había denostado como representantes de la vieja política o incluso del campo de los antagonistas. A lo largo de 2008, el oficialismo experimentó el abandono de los descontentos con el giro de la "pejotización", y la expresión de malestar de otros que permanecían pero no aprobaban.

Por otra parte, el núcleo del aparato que procuraba preservar el oficialismo, así como los descontentos que se inquietaban por la suerte del proyecto oficialista, esperaban la continuidad de políticas populares, en tiempos en que la adopción de éstas se haría difícil. La retracción económica, severa si se tiene en cuenta los altos índices de crecimiento de los años previos, tendría efectos depresivos para el empleo y el ingreso de los asalariados. ¿Podría el gobierno sostener un gasto público –incluido el social– y obras que compensaran el deterioro previsto?

Por último, el oficialismo prometió encarar un giro en el modo de gobernar acorde con su propósito de recuperar la simpatía de los sectores medios que lo apoyaron en sus primeros años de gobierno. Avanzar en esta dirección suponía encarar más decididamente la reconstrucción del Estado sobre todo en los dispositivos afectados a los bienes –educación, salud, justicia, seguridad– y servicios públicos –en primer lugar el más apremiante: el de los transportes–. Para ello los paliativos, significativos en su momento como la congelación de tarifas y los subsidios, deberían haber sido sustituidos por reformas estructurales y obras que las sustentaran. Por otra parte, se había expandido un malestar propiamente político con el modo de gobernar, que incluía la expectativa de consulta y la deliberación previa a las decisiones, la mejora en la argumentación y el diálogo público institucional –el Congreso– y no institucional. El oficialismo, como se ha visto, había sido oscilante en este aspecto decisivo de su relación con la ciudadanía y existía el interrogante acerca de la voluntad del "cambio en la continuidad" prometido y si la desafección de aquellos ciudadanos que se alejaron de su influencia no se habría consolidado. Las oposiciones tenían la expectativa de competir con posibilidades de éxito en 2009. Pero no lograban ni unificarse ni constituir alternativas de poder verosímil. Por cierto en 2009, tratándose de elecciones para renovar el Congreso no sería tan visible la precariedad de un proyecto de gobierno alternativo y con ello se incrementarían las chances de que un voto rechazo al oficialismo prosperara. Todavía en ese momento, el desafío para cada una de las corrientes de oposición era la de confirmar su credibilidad pública, pues la situación de desafección ciudadana las involucraba. Esta desafección general con la representación política, matizada por la simpatía ciudadana, voluble, hacia algunos liderazgos personales, parecía tener dos condicionamientos.

Por una parte, el clima general ciudadano estaba signado por expectativas de "justicia social"; como lo confirmaban las encuestas[43] la expectativa pública era favorable a un Estado con fuerte presencia reguladora de los bienes y servicios públicos y a políticas distributivas que podrían clasificarse en el orden de la conformación de una "ciudadanía social".[44] La desafección con el oficialismo no se refería al contenido general de sus políticas, sino a la puesta en duda de su traducción específica y al modo en que eran procesadas las decisiones. Pero el desafío para al menos una parte de la oposición era cómo constituir una

---

[43] PNUD (2008).

[44] Ciudadanía social, es decir, provisión de bienes y servicios básicos elementales accesibles o provistos públicamente para todos.

alternativa de poder que recuperara las ilusiones de reforma que había generado el gobierno y que seguían concitando la adhesión explícita o latente de una mayoría social.

Por otra parte, persistía una desconfianza hacia el ser representados en general que requeriría para ser sobrellevada o al menos contenida con vínculos de proximidad inexistentes entre dirigentes políticos y ciudadanos inexistentes, con reformas institucionales que flexibilizaran la renovación de los mandatos representativos, y que hicieran más accesibles los ámbitos de decisión a los reclamos ciudadanos.

La preservación de recursos políticos oficialistas o el éxito de un voto negativo hacia el equipo gobernante con consecuencias limitantes para los años restantes de mandato presidencial, en otras palabras, el resultado de esas elecciones iba a depender en buena medida del grado de nacionalización de esas elecciones. Si ocupaba un lugar central, sobre todo en los principales distritos, un pronunciamiento sobre la política nacional, entonces la alternativa entre voto preservación y voto rechazo habría de ser más clara y esa contienda configuraría un escenario preliminar anticipatorio de las elecciones presidenciales de 2011.

SEGUNDA PARTE

6.
Foco conceptual II. Mutación democrática: otra ciudadanía, otras representaciones[1]

El interrogante sobre la democracia de nuestro tiempo se extiende en paralelo a la experiencia de los contemporáneos: los principios de igualdad y libertad se difunden por doquier e incluso la fraternidad (o solidaridad), sin que por ello pueda asegurarse su predominio. Pero cada vez más sociedades ajenas a esa tradición son involucradas y cada vez más el tejido convencional de nuestras sociedades es alcanzado por esos principios. Podemos reconocer la continuidad de la democracia en la preservación de sus principios característicos, pero estos están en curso de adoptar un giro. La vida ciudadana está signada por la fluidez en las pertenencias. Ello tiene un registro sociológico pues los bienes que se producen desde los alimentos y las vestimentas, los vínculos sociales y comunicacionales, hasta las tecnologías de la comunicación mediática y política, no son los mismos y no los son tampoco los modos de producir. Pero esa fluidez, el individualismo extendido y sustentado en una conciencia de derechos, la emergencia, reemergencia y reconfiguración de grupos particulares que reclaman por la exclusión, las carencias o por el respeto de sus particularidades culturales generan una sociabilidad cambiante y conflictiva. En consecuencia, las instituciones heredadas se debilitan o fenecen y las constituciones son revisadas o completamente rehechas en vistas a reflejar la nueva forma de sociedad.

Hacemos hincapié en la reconfiguración de la forma de sociedad –la democracia mutando a un nuevo momento–, cuyo signo inmediato es precisamente la fluidez en las formas: el continuo proceso de institución y desinstitución sustentado en primer lugar en la expansión del principio igualitario que subvierte la dimensión aristocrática del régi-

---

[1] Una versión de este texto apareció previamente en Cheresky, I. (compilador) (2012), *¿Qué democracia en América Latina?*, CLACSO-Prometeo, Buenos Aires.

men político. En otras palabras, el régimen mixto –igualdad democrática-privilegios de elites– vería alterado su equilibrio; no significa que su doble signo fuese a desaparecer, pero está ahora sujeto a una tensión que acarrea una reformulación permanente como resultado de la expansión igualitaria.

Pueden indicarse algunos hitos en las ambivalencias de la expansión del principio igualitario y en la reflexión sobre ellas, que pueden dar luz a la comprensión de los cambios actuales.

En el momento de las fundaciones democráticas, Alexis De Tocqueville percibía una propensión inherente al principio democrático: que la igualación de condiciones llevase a una suerte de ensimismamiento de los individuos en lo privado y lo particular que acarrease el abandono de la vida pública y posibilitara "un nuevo despotismo", en otras palabras que se instalara un régimen político con igualdad formal, libertad individual para proseguir los planes de vida y a la vez consagración de una sociedad postpolítica gobernada por un amo protector (Tocqueville, 1981). La "igualación de condiciones" significa que las diferencias sociales ya no son percibidas como naturales y que el lugar de los individuos no está asignado definitivamente por la cuna. Es decir, la legitimidad –y en consecuencia el dominio– fundada en la estirpe, la sangre o la pertenencia familiar se halla desacreditada por la emergencia de una nueva representación del mundo. Afirma Tocqueville: "No se ha visto de ningún modo sociedades en que las condiciones fuesen tan iguales, que no se encontrase en ellas ni ricos ni pobres; y, en consecuencia, amos y servidores. La democracia no impide que estas dos clases de hombres existan; pero ella cambia su espíritu y modifica sus relaciones". Pero la igualdad es un referente simbólico, poderoso ordenador de las relaciones sociales, lo que se traduce en una formulación de pertinente actualidad. "En vano la riqueza y la pobreza, el comando y la obediencia ponen accidentalmente grandes distancias entre dos hombres, la opinión pública, que se funda en el orden corriente de las cosas, los aproxima del nivel común y crea entre ellos una suerte de igualdad imaginaria, a despecho de la desigualdad real de sus condiciones" (Tocqueville, 1981). Este vínculo imaginario es el sustento de la revolución social democrática cuya marcha considera Tocqueville como irresistible. Pero detecta en el principio que la anima una ambivalencia, por una parte el impulso a la independencia y a la indocilidad que aunque puede derivar en anarquía es lo que inclina a la independencia política; por otra parte, el riesgo de la caída en la servidumbre, es decir, en una igualdad de condiciones recluida en las aspiraciones privadas al bienestar que conlleve el abandono de los asuntos públicos y en consecuencia acarree el sometimiento a un amo protector.

Expresa así el temor liberal a la expansión del poder del Estado en detrimento de la libertad de los individuos, pero también debe verse en su prosa una premonitoria sensibilidad a un aparato de Estado, y a corporaciones agregaríamos en una perspectiva contemporánea, que concentren decisiones con el telón de fondo de una ciudadanía desinteresada de sus acciones.

Más de un siglo y medio después, una pensadora contemporánea, Dominique Schnapper, ha formulado un diagnóstico sobre la sociedad actual, a la que califica de "democracia providencial", retomando el argumento según el cual la pasión por la igualdad puede acarrear el ensimismamiento de los individuos. Para esta pensadora la decadencia del espíritu republicano, en otros términos, del sentido de pertenencia a una comunidad política, está ilustrado por la propensión a la autorrepresentación. El individualismo democrático, traducido en la multiplicación de derechos y en la consiguiente multiplicación de los particularismos (minicolectividades) iría en detrimento de la representación política y del reconocimiento de la autoridad: "del mismo modo (…) el individualismo debilita las instituciones nacionales por las cuales estaba tradicionalmente asegurada la integración de la sociedad. La crisis de legitimidad no concierne solamente a las instituciones políticas, sino a todas las instancias sociales. Que se trate de la Escuela, la Iglesia, de los Sindicatos o de los grandes servicios de la nación, ninguna institución ejerce más una autoridad que se imponga por sí misma" y concluye: "La autoridad no es nunca definitiva, siempre debe conquistarse" (Schnapper, 2000). En este sentido, Schnapper advierte también una consecuencia social del debilitamiento institucional: "Las instituciones fuertes protegen a los más débiles" (Schnapper, 2000).

En la vida política el debilitamiento característico es la declinación de la trascendencia republicana. En esas condiciones la representación política solo podría aspirar "a devenir el medio de expresión de las necesidades e identidades de los individuos" y no a elaborar la voluntad general (Schnapper, 2002). Pero en verdad, esta representación está debilitada incluso para expresar las demandas pues su pretensión de acreditar méritos y virtudes que le serían propias, en las condiciones contemporáneas, carece de credibilidad. En consecuencia, "El *homo democraticus* tiende a pensar que no puede ser representado si no es por sí mismo". La fluctuación del voto, la declinación de la identificación con los partidos serían "un síntoma de la voluntad del individuo democrático de expresar su elección personal, de juzgar las personas y de rechazar la 'oferta política' que se le propone (…) No sigue necesariamente las consignas de voto del partido del que se siente más próximo" (Schnapper, 2002).

De modo que la mutación contemporánea de la democracia podría ser considerada como un retorno a los orígenes y como el fin de un paréntesis. Al menos si se adopta la perspectiva del "liberalismo atomista" de Benjamin Constant quien en las primeras décadas del siglo XIX sostenía que lo propio de los modernos –a diferencia de los griegos de la antigüedad– era el goce de la libertad individual, siendo el gobierno una suerte de tarea de gestión delegada a fin de permitir el disfrute pleno de esa libertad privada. Pero, pese a esos pronósticos, durante largo tiempo la política no fue desplazada por la administración. En occidente, la conflictividad social alimentó el surgimiento de las socialdemocracias y luego de partidos comunistas, de forma tal que las escenas políticas estuvieron signadas por la conflictividad, e incluso por la mutación totalitaria o su amenaza con el advenimiento del nacional-socialismo, el fascismo y el estalinismo. A fines del siglo veinte, con la caída del muro de Berlín y la desagregación de los regímenes heredados del estalinismo, la democracia se convirtió en la forma política por excelencia, a la vez que se abría un interrogante sobre su futuro. Es ahora que los pronósticos de Benjamin Constant sobre la "libertad de los modernos" han recobrado actualidad.

Puede sin duda reconocerse la reemergencia amplificada del componente individualista percibido por los clásicos (Alexis de Tocqueville, Benjamin Constant), pero el conjunto de la escena difiere de la del pasado decimonónico: concentración de poder en el ejecutivo, pero generalmente poco durable e inestable; como contrafaz, ciudadanos generalmente poco identificados con las fuerzas organizadas de la política, y salvo minorías, poco participativos pero frecuentemente informados y que irrumpen regularmente con sus demandas y sus vetos en la escena pública con capacidad de desestabilización. Se eligen gobernantes ahora sobre la base de una diferenciación sustentada en la imagen de los líderes, ella cuenta más que las promesas o programas característicos de los partidos predominantes en la fase precedente (Manin, 1995; Rosanvallon, 2006). El voto con frecuencia tiene un carácter retrospectivo, es decir se aprueba o se rechaza el ejecutivo saliente, o aun cuando en la escena no se presenta el candidato de la continuidad, igualmente la preferencia, al menos en parte, se orienta más por el rechazo que por la promesa. Los gobernantes, no atados por promesas electorales precisas y sin las restricciones de la otrora fuerte vigilancia partidaria que pesaban como opinión de los pares y como bloque parlamentario partido-dependiente, gozan de una nueva libertad reforzada por la incerteza de un contexto nacional e internacional cambiante. Esos gobernantes con nuevas capacidades son más libres de decidir, pero también más frágiles, pues deben cada vez renovar la legitimidad de sus actos. Los ciudadanos se pronuncian electoralmente, pero permanecen alertas ante las principales decisiones, puesto que votan liderazgos en una escena electoral y reconocen la legalidad de los gobernantes, pero preservan la distancia con el poder y cada uno de sus actos. Ciudadanía que no delega completamente la soberanía; en la medida en que permanece alerta alimenta su actividad en referencia a otras representaciones no surgidas del acto electoral, incluidas las que genera en ocasiones de su movilización en el veto o el estallido cuando se autorrepresenta o se provee de delegaciones/representaciones efímeras.

La distancia y el descontento ciudadano y el que las elecciones consagren un vínculo de representación acotado resulta de las particulares condiciones que advienen con el nuevo siglo: debilitamiento de las identidades ideológicas y sociológicas en el interior de las cuales las diferencias entre quienes gozaban de privilegios y quienes no, se hallaban desdibujadas puesto que el clivaje dominante se derivaba de la "contradicción principal".

La mutación democrática va, entonces, en dirección de una democracia continua, el acto electoral persiste como decisivo para la consagración de gobernantes legítimos, pero se opaca en vistas a la emergencia o fortalecimiento de otras representaciones y legitimidades que alimentan una vida política ininterrumpida en que los ciudadanos evalúan permanentemente a los gobernantes y vetan aquellas decisiones no argumentadas convincentemente o no satisfactorias. Mutación hacia una democracia de ciudadanos autónomos que desafían a líderes. Estos procuran establecer lazos instituyentes en vistas a la conformación de coaliciones forzosamente heterogéneas pues aglutinan los retazos de las formas organizacionales precedentes.

En América Latina, la mayoría de los países no conocieron regímenes políticos que acordaran durablemente con el dispositivo institucional de la democracia representativa, salvo excepciones, persistieron democracias limitadas e inestables, con el antecedente de las dictaduras militares expandidas en casi toda la región desde los años 60 del siglo XX.

A inicios de la década de los 80 una cascada democrática se extendió por la región e inició una nueva época que se prolonga hasta el presente. Algunos la calificaron como parte de la "tercera ola", en sintonía con la extensión de una prédica de derechos humanos y políticos cuyos primeros efectos se hicieron sentir en la democratización en Europa del sur –Grecia, España y Portugal–.

Las nuevas democracias o en algunos casos las democracias restauradas, con el paso del tiempo no satisficieron las expectativas dominantes en ese entonces. Se creía que se progresaría hacia el modelo, "idealizado", provisto por las democracias del Norte justo en el momento en que éstas –como lo ilustran los análisis conceptuales precedentemente mencionados– ingresaban en crisis o en metamorfosis; se esperaba la consolidación de democracias procedimentales que dejaran atrás las formas de movilización y legitimación políticas calificadas de populistas paralelas a una débil institucionalidad.

Sin embargo, un sustento decisivo de la democracia fue alcanzado en detrimento de los poderes corporativos y en particular del militar: el acceso al poder tendría como único resorte el voto. Aquello que las constituciones establecían pero que en poco correspondía a las prácticas adquirió vigencia con el giro democrático de los años 80, por lo que se generalizó el calificativo de democracias electorales para los regímenes políticos imperantes.

Pero el rumbo de la democracia transitaba senderos imprevistos que parecían anticipar su decadencia, e incluso su fin. A inicios de los años 90, Guillermo O'Donnell acuñó el término "democracia delegativa" para referirse a esos regímenes latinoamericanos que eran democracias porque se llevaban a cabo elecciones regulares y competitivas y se preservaban, en grado variable, las libertades públicas. De este modo eran compatibles con una definición minimalista de la democracia. Sin embargo, el ejecutivo que surgía de esas elecciones ejercía una voluntad política basado en el principio de que el voto popular lo habilitaba a detentar una soberanía absoluta y excluyente, desconociendo o subestimando otras instancias de representación (el Congreso) o de contralor (la Justicia, la Corte Suprema, las fiscalías administrativas), y en términos generales propendiendo a no reconocer límites legales. Estos líderes, por fuera de toda mediación, establecen una relación directa con la ciudadanía y sustentan su poder en la reproducción de este vínculo. Se consideró entonces que este tipo de democracia era facilitado por un contexto de crisis –económica y de orden público– en el que la sociedad buscaba "un salvador" y estaba dispuesta a proveer "cheque en blanco", es decir a dejar gobernar sin controles en la esperanza de que un orden fuese restablecido. Con el paso del tiempo, el propio O'Donnell convino en que este tipo de vínculo representativo directo que habilitaba un poder concentrado se establecía o perduraba más allá de los momentos o períodos de excepción (O'Donnell *et al.*, 2011).

Fue este un primer paso en la búsqueda conceptual para caracterizar la transformación del régimen político en la región. Con el tiempo se incorporaron otras experiencias e investigaciones.

Como se indicó, con frecuencia se califica a los regímenes políticos imperantes en América Latina en términos de "democracias electorales". Pese a que en muchos casos se registran deficiencias de significación variable en los comicios –México, en el recuento de votos en las presidenciales de 2006–; o en la legislación que los regula –Venezuela en 2010 con la distribución muy desigual de los legisladores por distritos; Chile con el sistema binominal de atribución de bancas de diputados, etc.– se reconoce que las elecciones son las que instalan gobernantes legítimos, y que incluso son el recurso para dilucidar crisis y encaminar el antagonismo con un mínimo encuadre de pacificación social. Pero esa referencia se asocia, desde ópticas diversas, con su descalificación pues se considera la democracia electoral como un estadio de "democracia elemental". Esta perspectiva apunta a poner de relieve que el resultado electoral puede habilitar el ejercicio de un poder presidencial concentrado y desconocedor de las restricciones institucionales dado que con frecuencia en estas sociedades el marco republicano –la institucionalidad en general y la vigencia de la ley para todos, y la división de poderes en particular– es débil. Puede ser, en ese contexto, que se coarten las libertades públicas al menos en la modalidad hasta entonces existente, y que el líder-presidente y su entorno procuren eternizarse en el poder valiéndose de los recursos que les da el control del aparato de Estado.

Se ha objetado a esta crítica apresuramiento al asociar la democracia electoral con la culminación de proyectos hegemónicos que aspiran al monopolio *sine die* del poder, porque aunque en muchos casos estas democracias presentan déficits institucionales continúan, sin embargo, siendo competitivas.

Lo cierto es que los proyectos que ambicionan perpetuarse en el poder son el resultado de procesos electorales efectivos y en tanto esta característica se mantenga, el eternizarse en el poder encarnándolo en un movimiento o en un líder, se mantiene como pretensión. Los ciudadanos, los electores, convalidan el ejercicio del poder y con frecuencia en el caso de los regímenes de vocación fundacional, con apoyos muy significativos. En varios de los regímenes existentes –fundacionales o no fundacionales– en paralelo a la declinación de la institucionalidad tradicional se ha expandido una movilización de nuevas características –en algunos casos en el registro "popular" más conocido y en otras con modalidades "ciudadanas" inéditas– y aun una institucionalidad informal.

Las "democracias electorales" en sus diversas variantes no deberían ser consideradas simplemente como democracias incompletas, evaluadas así tomando como unidad de medida el paradigma clásico de democracia. Esta perspectiva, consiga el "desvío" de las democracias de la senda institucional subrayando falencias ciertas referidas a que los viejos regímenes que se resquebrajan habilitan con frecuencia escenas políticas donde se burlan las leyes y las constituciones, pero lo que no se percibe son los cambios societales y culturales que han modificado radicalmente la vida política y particularmente la relación de los ciudadanos con los gobiernos y los estados. De modo que ese análisis político tradicional interpreta el presente como si los "desvíos" actuales fueran a ser superados por un encarrilamiento que conduciría a los canales institucionales clásicos, que si bien fueron infrecuentes en América Latina eran el modelo que proveían las democracias del hemisferio norte y los manuales de ciencia política.

Se puede considerar, sin embargo, que las transformaciones –la "mutación democrática" a la que asistimos, no en sus derivaciones circunstanciales, sino en sus condicionamientos históricos y sociales– son irreversibles. Si así fuese, el desafío sería no el de juzgar cuán conforme a la tradición es la evolución actual, sino el de identificar el posible curso ulterior a la descomposición del sistema representativo tradicional. Para que ello sea posible conviene percatarse que este cambio de época se registra también en las democracias más antiguas así como en las sociedades que emprenden su democratización –como las de parte del mundo árabe– pero bajo modalidades inéditas. La descomposición del sistema representativo tradicional y la emergencia de formas más efímeras de representación electoral y no electoral e incluso de autorrepresentación, y una sociabilidad posibilitada por las nuevas tecnologías de comunicación bastante sustraída a los determinantes provenientes del mundo del trabajo parecen ser rasgos comunes, con características variables, de la referida mutación en las diferentes latitudes.

En síntesis, para abrir los ojos a lo que sucede debería ser posible no identificar a la democracia con un momento de su historia y con un dispositivo institucional particular. Ello no quiere decir que la mentada mutación democrática sea una creación *ex nihilo* y no se reconozcan continuidades.

La elección para consagrar gobernantes legales, o incluso un poder semiencarnado

El electoralismo se ha extendido en América Latina, no solo en el ámbito de la representación política, sino también en la vida asociativa, gremial y aun en las protestas *ad hoc*. Es la reafirmación de un principio de soberanía e igualdad ciudadana que se encuentra por doquier.

En el ámbito específicamente político, las elecciones son, desde el renacimiento democrático de los 80, el único modo de acceso al poder y ello ha ido en detrimento de los poderes corporativos del pasado. Pero a la vez, el acto electoral se ha acotado a un procedimiento para elegir gobernantes, es decir, un vínculo representativo restringido. Las elecciones han consagrado el principio de la renovación del poder sustentado en la expresión de la voluntad ciudadana; sin embargo, paradójicamente puede ser que en ciertas circunstancias ellas habiliten la continuidad de un poder semiencarnado. De modo que la vigencia de las elecciones –a veces atenuada por la desafección ciudadana traducida en abstencionismo–, reviste un carácter ambivalente. Las elecciones dan sustento a un gobierno reconocido y son también la oportunidad, a veces, para dirimir rumbos políticos pacíficamente en contextos de antagonismo o de crisis, pero su alcance se ha limitado a atribuir legalidad a los gobernantes. Es cada vez menos frecuente que la postulación para las responsabilidades ejecutivas se acompañe de una promesa específica o de un programa de gobierno, y aun cuando ello sucede tiene pocas implicancias para la ulterior relación gobernantes/gobernados. Las propias circunstancias nacionales e internacionales cambiantes obligan a los gobernantes a redefinir rumbos y con frecuencia a archivar promesas, cuando las hubo. De modo que el voto es una opción en una escena en que se eligen gobernantes, entre ofertas que aspirar a ganar la confianza y en la que algunos o muchos electores con frecuencia optan por rechazo o por negatividad –se vota la alternativa a un adversario o el castigo a una acción de gobierno–. De modo que en los tiempos presentes parecen revalidarse las teorías de los pensadores elitistas: los gobernantes no actúan por mandato. Y sin embargo, ahora más que nunca, están a merced de una ciudadanía que en general no es participativa, pero suele estar informada y alerta, y es propensa a la protesta y a la descalificación de los gobernantes.

Este debilitamiento del mandato o del voto programático puede estar compensado por un sentido consistente de la acción gubernamental futura connotada por los candidatos. Es lo que sucede con el pronunciamiento ciudadano en el inicio de los ciclos en que se han presentado alternativas generales de rumbo político: la coalición anti dictatorial –como la Concertación en Chile luego que Pinochet perdiera el plebiscito–, la salida de una crisis profunda en ruptura con la ortodoxia económica reinante o como la Argentina luego de la debacle 2001-2002 con la alternativa crítica que encarna el derrumbe de un sistema político con promesas de democracia ciudadana, participación, etc., o como Venezuela, Bolivia y Ecuador luego del fracaso de sus democracias limitadas. Sin embargo, aun en esos casos el voto ha tenido un componente variable pero considerable de negatividad –o rechazo a los políticos del pasado, a los adversarios del momento– y eventualmente, como se ha señalado, el apoyo a un rumbo genérico.

Pero en los tiempos actuales las elecciones no convalidan una transferencia completa de soberanía a favor de los gobernantes. Aunque se consagran gobernantes legítimos, o más estrechamente investidos de una legalidad que no es puesta en duda, las decisiones de gobierno más significativas que se impulsen, las que se sitúen en el centro de la agenda pública, requerirán en cada caso de una legitimación específica. Del voto no se deriva una lealtad con los representantes que vaya a sostener cada una de sus decisiones. Debe entenderse que la legalidad de los gobernantes, que solo es puesta en cuestión en situación de crisis extrema, y ello es infrecuente, está disociada de la legitimidad de los actos de gobierno que son motivo de un pronunciamiento ciudadano implícito o explícito en cada caso. Esto se ha visto con los vetos ciudadanos, por ejemplo en Bolivia con el reajuste de precios de los hidrocarburos o con el intento de construir una carretera que atravesará el TIPNIS (Territorio Indígena Parque Nacional Isiboro-Sécure, un territorio considerado propio por aborígenes que la habitan); en la Argentina, con el incremento de los gravámenes a las exportaciones agropecuarias; en Chile, con el sistema de transporte Transantiago y luego con las reformas educativas; y en Colombia, con una reforma educativa rechazada por los estudiantes universitarios.

En términos generales, puede constatarse que la concentración de poder en los líderes-presidentes procura ser contrarrestada, ya no en primer lugar por el Congreso o los opositores organizados partidariamente —como la tradición republicana lo había establecido—, sino por otras instituciones preexistentes o emergentes que devienen representativas. Éstas asumen "función representativa" derivada de la pretensión de imparcialidad de la que están investidas y del reconocimiento ciudadano a ese desempeño. En América Latina, por lo general, no se han desarrollado comisiones públicas de ética sanitaria o de vigilancia de la equidad en el funcionamiento de la comunicación pública y política que gocen de reconocimiento por su independencia y de apoyo estatal. Entonces, reconocemos tres grupos de autoridades sostenidos en su legitimidad pública que ejercen funciones formales o informales de contralor y que tienen pertinencia para el respeto de las reglas de juego —electorales y de competencia política u otras— para la protección de derechos —cortes constitucionales o asociaciones sobre una variedad de derechos, desde los ambientales hasta los de salud— o en el ámbito de la preservación de los medios de comunicación son animadores decisivos de la comunicación política.

Muchas veces no se caracterizan por su independencia respecto de grupos de interés o de alineamiento ideológico y son denostados por los gobiernos que emprenden refundaciones o proyectos reformistas, quienes acusan a la prensa tradicional de tergiversar la realidad o perjudicar el rumbo político fijado por la voluntad popular, es decir, las políticas de gobierno. Así, la prensa gráfica, la televisión y la radio están en el centro de una polémica sobre las condiciones de su existencia. La ampliación de la ciudadanía y los derechos transmite un sentido cuestionador de las elites que se extiende a la arena de la comunicación política. Se cuestionan monopolios y privilegios en este ámbito, pero la reclamada ampliación de emisores y comunicadores puede ser el pretexto para restricciones a la libertad de palabra y de información dando lugar a que se establezcan censores públicos que arbitren y sancionen sobre la verosimilitud de la información y la interpretación, y a que monopolios sean desplazados por otros que responden a las facciones gubernamentales. La lucha política por la regulación del espacio público y la comunicación es ilustrativa de la importancia que tiene el proceso continuo de relegitimación de gobernantes y líderes en general y del malestar que provoca en ellos la circulación de los mensajes fuera de su control.

De modo que junto a la representación que surge de una voluntad mayoritaria expresada en las urnas, se despliegan instituciones de representación, legales unas informales otras, que actúan en nombre de una imparcialidad que procura preservar los principios generales constitutivos de la comunidad política –los derechos, la vigencia de principios constitucionales o su interpretación ampliatoria– satisfaciendo una aspiración de consenso en torno de normas básicas, presente en las sociedades democráticas, aspiración que se reaviva cuando la institucionalidad representativa tradicional se ha debilitado o resquebrajado –partidos políticos, Congreso–.

Un recurso para paliar los límites del vínculo representativo surgido de las elecciones en las nuevas condiciones reside en la promoción de formas participativas y de democracia directa. En cuanto a la participación, una diversidad de experiencias se han multiplicado en los países de la región, la más notoria de las cuales es el presupuesto participativo.

Esas prácticas tienen alcance variado y parece haber involucrado sectores más amplios en las poblaciones carenciadas o en proceso de integración urbana, allí donde las demandas en términos de agua corriente, servicios sanitarios, energía y servicios de transporte son características. Los vecinos en esos casos se involucran en la ejecución de tareas que mejoran sus condiciones de vida, pero su capacidad decisoria suele ser escasa o nula. También lo es en las políticas distributivas a nivel local, incluido el presupuesto participativo. Las políticas participativas son en definitiva un vector de extensión de la red estatal, recurso de ejecución pero pueden en algunos casos fomentar formas más autónomas de asociatividad ciudadana.

Los recursos de democracia directa están inscriptos en las nuevas constituciones, a veces en vistas a vehiculizar una expresión ciudadana que complemente la representación y en otros para disminuirla o sustituirla. Las experiencias de plebiscito en Bolivia, para la elección ciudadana de jueces luego de una selección parlamentaria de candidatos, y en Ecuador, para someter al pronunciamiento ciudadano varios temas entre ellos los referidos a la reforma de la justicia y a los medios de comunicación, resultaron en un traspié para los gobernantes. Estrechos márgenes de voto positivo para esas propuestas impulsadas por líderes populares, pero que al someterse a una práctica plebiscitaria provocan la convergencia de variadas oposiciones y descontentos en el rechazo, ilustraron los límites de los movimientos refundacionales y los riesgos que corren los gobernantes que buscan plebiscitarse. Aun en esos procesos de reforma e intensidad política, la desconfianza es una actitud enraizada en los ciudadanos.

En tanto las elecciones devienen el referente principal de la vida pública, otra paradoja es que los principales recursos del sistema representativo y de la competencia política se hallan debilitados o desarticulados. Es decir que con frecuencia, a la hora de la renovación periódica de los representantes, no se registra una continuidad ni en las identidades políticas partidarias, ni en las alianzas ni en los alineamientos ciudadanos. La competencia política que en el pasado tenía como referente al sistema de partidos, en muchos casos no lo tiene más y aún en donde persiste cierta continuidad de las fuerzas políticas en presencia, ésta se halla jaqueada o desequilibrada por la fluctuación del voto y por las identidades emergentes. En las elecciones presidenciales de

2009 en Chile con la candidaturas de Marco Enríquez Ominami y Jorge Arrate, en Colombia con la de Antanas Mockus, en Brasil con Marina Da Silva. También en las grandes ciudades suelen elegirse alcaldes a contracorriente de lo que fue el voto ciudadano a nivel presidencial: Mauricio Macri en ciudad de Buenos Aires, Susana Villarán en Lima, Gustavo Preto en Bogotá.

Los liderazgos de popularidad emergentes, a nivel nacional, pero también provincial o distrital, dan la tónica de un proceso de reconfiguración de identidades de tipo personalista. Estos líderes son instituyentes ya sea porque suscitan un lazo representativo para competir electoralmente, o a veces porque luego de acceder al poder reformulan ese lazo representativo sobre bases diferentes: Néstor Kirchner en la Argentina, quizá Dilma Rousseff en Brasil y Michelle Bachelet en Chile en sus primeros tiempos, Juan Manuel Santos en Colombia. En todo caso los liderazgos son cada vez más los depositarios de la iniciativa política y los que configuran las alianzas y la oferta electoral. Los partidos, o con frecuencia lo que queda de ellos —las redes territoriales— son un recurso necesario, pero subordinado. No son los que fijan la agenda pública, ni son los vectores principales para la comunicación política, aunque esta afirmación no es igualmente válida para las grandes ciudades que para los pequeños poblados. La red territorial ha disminuido su significación, pero aún la mantiene para animar "en vivo" la campaña electoral, para fiscalizar los actos electorales —según el sistema de votación vigente— y sin duda para gobernar.

Puede argüirse que las tradiciones políticas siguen de algún modo vigentes y que la institución de nuevos vínculos representativos no es una pura creación *ex nihilo*, pero ellas ya no están identificadas con o monopolizada por una organización o un líder. Cuando guardan vigencia son objeto de disputa y apropiación por unos y otros y aun así para crecientes sectores ciudadanos los sentidos polémicos del presente tienen primacía por sobre los heredados.

De modo que en esa tendencia —por cierto variable según los casos nacionales— la proximidad de las elecciones inaugura un tiempo de constitución de identidades o más modestamente de formación de coaliciones electorales. En muchos casos en vísperas electorales emergen o continúan líderes que tienen o adquieren la capacidad de construir un vínculo representativo y competir. La competencia más desligada de sostenes territoriales y partidarios es la nacional –aunque no desligada de condicionamientos por parte de los poderes fácticos– y la puja más ilustrativa de los nuevos tiempos es la presidencial.

Dadas las condiciones de desinstitucionalización mencionadas, en el escenario preelectoral se configuran identidades y coaliciones en torno de los líderes de popularidad quiénes pueden articular porque son locomotoras electorales. La intervención de esos líderes puede proponerse incidir en la consagración de su sucesor. Ha sido el caso de Ignacio Lula da Silva al promover activamente a la candidatura de Dilma Rousseff y condicionar las elecciones locales, y el de Néstor Kirchner al apadrinar en su momento la candidatura de Cristina Kirchner. Se ha subrayado que la débil identificación o aun la desidentificación de los ciudadanos con las fuerzas políticas existentes en cada escena, posibilita la fluctuación en los alineamientos al constituirse la oferta política, cuando se aproximan las fechas electorales. Pero la contrapartida del ciudadano independiente es cada vez más la fluctuación del propio personal político. Sin que se pueda todavía hacer referencia a una clase política única que se redistribuiría periódicamente, sí puede indicarse que los criterios pragmáticos de alineamiento con tal o cual fuerza política y, para quienes pueden, el crear una nueva etiqueta política, prevalece en muchos casos por sobre las historias personales y organizacionales y sobre las identificaciones ideológicas. Y ello es cada vez más cierto incluso en aquellas escenas políticas polarizadas.

El carácter cada vez menos programático de las campañas electorales hace que las disputas estén muy relacionadas con la acción del gobierno saliente o de la coalición gobernante –para sostenerla o para buscar su desplazamiento–. En consecuencia, la novedad de la identidad suele venir por el lado de las oposiciones o de las disidencias: Antana Mockus en Colombia; Sebastián Piñera y Marco Enríquez-Ominami en Chile; Andrés Manuel López Obrador en 2006, en México. Con frecuencia se invocan en el lenguaje político partidario las nuevas condiciones de la política con el afán de conquistar las simpatías del electorado: la renovación dirigencial, la democracia ciudadana.

Por sobre todo, cada vez más los candidatos procuran devenir líderes populares actuando con una lógica de proximidad, creando redes alternativas a las partidarias y promoviendo prácticas de contacto directo de tipo identificatorio.

De modo que las campañas electorales cuentan. En su transcurso se constituye una escena y suelen configurarse capitales políticos inesperados. Ya no se puede dar por suficiente un voto identitario o cautivo para triunfar. Por el contrario, con frecuencia la campaña puede revertir las expectativas iniciales. Ha sido el caso de varios candidatos que al comienzo de las campañas eran líderes en las encuestas y luego fueron derrotados.

Se configuran coaliciones en torno de los líderes de popularidad en pugna, quienes son los verdaderos referentes de la escena electoral. Estas coaliciones pueden ser formalizadas en compromisos, pero también pueden ser solamente aparentes, es decir, en verdad actos de cooptación o alianzas de facto, obra del poder vertical del líder que incorpora o excluye aliados sin mediar acuerdos formales o institucionales.

Como se señaló, al momento de las elecciones nacionales la evaluación de la gestión del gobierno saliente divide aguas; pero en los "regímenes fundacionales" puede intentarse o producirse efectivamente un desplazamiento: quienes gobiernan alegan no detentar el poder o estar en disputa por él, con los poderes fácticos. La denuncia de las corporaciones, del capitalismo, del mundo de los negocios, o de los monopolios que controlan los medios de comunicación procura colocar a los gobiernos —sea la revolución ciudadana, la democracia participativa, el socialismo del siglo XXI o la nación multiétnica— en un antagonismo con los poderes mencionados. Si esa escena se instala, si se hace verosímil, las oposiciones políticas cuando son de "derechas" son tildadas de aliados de los poderes fácticos y si son de "izquierda" son calificadas de instrumentos de los poderosos que debilitan la contradicción principal. Si bien se trata de gobiernos voluntaristas y muy intervencionistas, el balance de lo actuado por un gobierno "fundacional" puede estar connotado por este desplazamiento en la designación del poder; a la hora de evaluar lo realizado suelen alegar que lo que no logró fue por la acción obstaculizadora de los poderes fácticos.

Esta polarización, en donde se han producido reformas sociales o han irrumpido nuevos actores populares en la escena pública, pretende reducir la representación a dos campos "estructurales" u "objetivos", uno de los cuales está connotado como tributario de la injusticia y eventualmente destinado a desaparecer. Quienes alegan la representación del pueblo o de la ciudadanía frente a los poderes fácticos procuran simplificar la vida política; no se admite que la representación es múltiple y construida y reconstruida en la competencia política –donde las identidades nacen y mueren en tanto que ciertos principios generales como la libertad, la igualdad, la justicia social son objeto de permanente reapropiación y reformulación en su adecuación al presente– y, en consecuencia, no se reconocen como legítimas las restricciones al ejercicio absoluto de la pretendida voluntad popular. Los poderes de imparcialidad –en particular las cortes constitucionales– o los mediáticos son ignorados o imputados por su pretendido –y a veces real– alineamiento con el campo de los poderes fácticos que quieren detener las reformas. Existe con todo un límite, que ha sido operante hasta ahora, en preservar la competencia y evitar la encarnación de los principios en actores políticos específicos: el pronunciamiento electoral ciudadano.

Sin embargo, puede registrarse el sesgo particular de la lucha política en el escenario descrito. El polo fundacional pretende ser la encarnación de principios transformadores, el modo de ejercicio del poder es conforme a la semiencarnación: poco deliberativo y muy decisionista. El polo opositor suele ser una amalgama de sectores democráticos hostiles al arrasamiento institucional y al autoritarismo de quienes gobiernan, con aquellos hostiles a las reformas sociales y a la ampliación democrática que conllevan los procesos refundacionales. Con frecuencia estos últimos son los más activos y pueden dar la tónica de la oposición al proyecto fundacional, lo que alienta la interpretación que hace hincapié en la naturaleza social de la confrontación en detrimento de su carácter político y democrático.

Se ha insistido aquí en subrayar los riesgos de pérdida de poder que penden sobre los líderes ejecutivos de la democracia continua. Se trata de líderes que gozan de una inédita libertad de iniciativa, pero que deben revalidar sus títulos cada vez que toman decisiones, lo que los ponen a merced de una ciudadanía autónoma con capacidad de veto. Sin embargo esos líderes de popularidad que gobiernan, aun siendo vulnerables tienen importantes recursos a su alcance, al menos los han tenido en esta primera década del siglo XXI en América Latina. Las circunstancias históricas han favorecido un curso de la mutación democrática acelerado y con una acentuación de los rasgos personalistas del poder. La región ha conocido tasas de crecimiento extraordinarias en la primera década del nuevo siglo y hasta cierto punto ha sobrellevado la crisis económica internacional. Ello se ha producido en paralelo a un vuelco en la opinión muy favorable al fortalecimiento de un Estado garante e intervencionista, pero que en muchos casos es poco institucional. Por cierto, las debilidades institucionales no se palian si no es en períodos largos. Por ello este fortalecimiento del Estado se ha hermanado frecuentemente con la concentración de poder en el Ejecutivo, y sus consecuencias para los ciudadanos han sido variadas. De todos modos, el fortalecimiento del Estado en sus capacidades, la expansión de políticas públicas y el incremento considerable de los recursos fiscales disponibles para el gasto ha capacitado a los gobernantes para dar sustento a su relación directa con los ciudadanos, y en el caso de los gobiernos refundacionales, a una política redistributiva más intensa y directa en favor de los sectores populares. La caída significativa de la pobreza en los años de incremento del Producto Bruto Interno y la indigencia dan cuenta de estos cambios, que contrastan en muchos casos con la situación social imperante en la década de los 90.

El dispositivo estatal, por cierto, es un recurso para la acción, pero a la vez el otro gran recurso, sobre todo de los proyectos refundacionales, ha sido la movilización, de alcance variable, protagonizada por una militancia generada y articulada en torno de la figura de una nueva política –democracia ciudadana, participación ciudadana, Estado multinacional y pluriétnico, socialismo del siglo XXI–. Esta franja de militancia, generalmente no heredada de las organizaciones del pasado, e inscrita en el ya mencionado más amplio movimiento oficialista ha permitido a algunos de esos liderazgos "inesperados" tener una mediación informal con sectores de la sociedad, alternativa a los aparatos tradicionales y pretender con figuras atractivas (imágenes colectivas y líderes individuales), al título de renovadores de la política, ajenos a los intereses de las corporaciones y del mundo de las finanzas.

La contrademocracia, nuevos espacios y nuevos actores

La mutación democrática ha implicado entonces una ampliación y desplazamiento del eje de la vida política. La expresión de la voluntad popular o ciudadana por medio de la representación ha sido relativizada por la expansión de los "poderes indirectos" (Rosanvallon, 2006). Es decir, que se han instalado otras legitimidades que relativizan el mandato atribuido por la mayoría electoral, y que apuntan a proteger el derecho de todos, a asegurar escucha y respuesta a los reclamos en un mundo de diversidad y a prestar atención a las particularidades emergentes. Puede concebirse de este modo una democracia continua: la ciudadanía no es tan solo electorado y el poder no está concentrado en los representantes electorales; la expresión ciudadana, pasiva o activa, va más allá. La representación ejercida por los organismos de control verosímiles para los ciudadanos, las autoridades investidas de autoridad moral, los observatorios y otras instituciones como la prensa que argumentan sobre iniciativas y decisiones, así como simplemente las encuestas de opinión o las formas de autorrepresentación por medio de protestas, configuran un segundo polo de la vida política que tiene un carácter permanente aunque algunas de sus expresiones sean episódicas.

Se ha mencionado precedentemente el debilitamiento o extinción de los partidos y de las identificaciones que les daban una argamasa de leales o representados, y la expansión en su lugar de redes en las que los referentes tienen poca capacidad disciplinadora y que tienden más bien a reflejar las fluctuaciones de su micromundo de clientes o adherentes en las articulaciones coalicionales en las que se inscriben. En la política, en consecuencia, la ilustración de esa nueva sociabilidad la provee la centralidad de los liderazgos —la contracara de la ciudadanía compuesta por ciudadanos y minorías sobre los cuales operan— y la conformación en torno de ellos de coaliciones o alianzas. En términos más generales podemos decir que coexisten formas partidarias, con liderazgos que tienen con frecuencia un peso mayor que las estructuras organizacionales, y la configuración más abarcadora, sobre todo ahí donde el sistema de partidos sufrió una severa crisis, de movimientos en los que convergen diferentes sensibilidades, tradiciones e intereses en torno de una acción emprendida por el líder. Los casos de los oficialismos boliviano y argentino son particularmente ilustrativos de esa diversidad El alcance instituyente y de liderazgo verticalista de estos movimientos se refleja en la frecuente tensión e incluso conflicto con las organizaciones populares corporativas preexistentes y en consecuencia más autónomas —la CGT en la Argentina, la COB en Bolivia, la CONEAI en Ecuador— que eran, o debían ser, sostenes del proyecto progresista enunciado por los líderes.

Las masas "encuadradas" del pasado tienen una cierta continuidad en las redes de asistidos de los sectores más carenciados que a veces permanecen disciplinados, y en las identidades comunitaristas.

La presencia con fuerza creciente en el espacio público proviene de los actores más informales y entre ellos la nueva militancia juvenil que se autoconvoca por las redes sociales de Internet o por la telefonía celular. La intensidad política, la visibilidad en las plazas y calles o en el ciberespacio bajo esta nueva modalidad, ha cobrado un gran relieve en la vida pública. Estos nuevos actores emergen en paralelo a un resquebrajamiento del mundo corporativo y asociativo más tradicional. Los sindicatos también se desagregan y la disciplina de los líderes patriarcales o aun aquellos surgidos de elecciones competitivas está sometida a la deliberación de asambleas de los movilizados en los conflictos o a la disidencia de sectores disconformes.

En términos generales, se registra una diversidad de movilizados, pero lo más notorio es la coexistencia de dos "calles" o dos presencias sensibles: por una parte, la popular de reclamos en términos de necesidades básicas usualmente con epicentro en los excluidos y motorizadas por el activismo social y, por otra parte, la ciudadana, sustentada en los sectores medios urbanos —más espontánea y frecuentemente, de veto— que a veces reclaman en forma convergente y a veces fragmentada.

El veto o rechazo a ciertas decisiones de gobierno, y el estallido cuando se trata de un descontento general, pueden abarcar a unos y otros; pero debe considerarse que los sectores medios juveniles, urbanos, y los profesionales se han convertido en los actores más innovadores y "amenazantes" —no por cierto, por sus modos de expresión, generalmente pacíficos— del espacio público. Probablemente no en virtud de su condición social en el sentido tradicional, sino porque están más incluidos en los circuitos de comunicación política, más informados y en cierto sentido han adquirido autonomía respecto de las restricciones propias de todo anclaje social.

Las movilizaciones estudiantiles en Chile en reclamo de una educación pública gratuita y la de los estudiantes universitarios colombianos —que bajo el lema "Educación gratuita y financiada por el Estado" rechazaron un proyecto de reforma que finalmente el gobierno debió retirar— ilustran el poderío contestatario de este sector que puede ser en algunos casos el sustento de un movimiento político que vaya más allá de la protesta sectorial. Pero igualmente notorio ha sido el poderío de movilizaciones populares territoriales, como las de los aborígenes bolivianos que habitan el TIPNIS y que se opusieron exitosamente a la construcción de una carretera que lo atravesara afectando la ecología de ese gran parque, y la movilizaciones de los campesinos afectados por el proyecto minero Conga, en Cajamarca, cuyo reclamo afectó la cohesión de la mayoría gubernamental en Perú. Las protestas por la expansión de economías extractivas que afectan el medio ambiente, en particular la minería a cielo abierto, se han generalizado. Estas son ilustrativas de demandas populares, pero también de la fragmentación de intereses y valores pues los perjudicados por la suspensión de esos proyectos reclaman a su vez por la pérdida de fuentes de trabajo y más en general los partidarios de políticas desarrollistas procuran dar prioridad al crecimiento económico cuestionando lo que consideran ecologismo conservacionista o radicalizado.

Un cambio que merece atención, pero que excede estas líneas, es la gran transformación sociológica propiciada por la vertiginosa expansión de las nuevas tecnologías de la comunicación, algunas ya tradicionales como la televisión y otras más recientes como la telefonía celular, especialmente Internet y las redes sociales.

La primera generación de actores que cobran existencia en el espacio público han sido los piqueteros y otras denominaciones de la pobreza y la exclusión; se forman en el espacio público por medio del bloqueo y el corte de ruta. Ahí, en esa acción que interfiere la "normalidad de la circulación" y que resuena por la difusión que le dan los medios de comunicación, en la interface entre presencia territorial y vínculo virtual por la visibilidad que le da la presencia en los medios "ven la luz" los piqueteros y otras identidades que revelan un reclamo social pero que, con frecuencia, no provienen de ninguna localización o condición social homogénea sino que son aglutinados por la propia acción de reclamo o protesta.

El impacto de estas acciones, ejecutadas a veces por pequeños grupos, no repercute tan sólo ni principalmente en quienes presencian la acción disruptiva y resultan afectados. Es sobre todo el espacio televisivo, radial y la prensa gráfica que les da visibilidad nacional e internacional y de ese modo las demandas y la identidad novedosa se alojan en la agenda pública.

En resumen, perturbación funcional –de la circulación de personas y de provisiones– pero particularmente visibilidad, sensibilización de una "opinión ciudadana" que no los conocía.

Este modo de constitución pública de identidades –que puede ulteriormente tener una sedimentación en asociaciones territoriales– pero que por lo esencial surge en la acción "callejera" es novedoso, y reveló en sus inicios una dimensión de autorrepresentación, pese a que puede ser incitado por grupos o vanguardias organizadas, puesto que desdeña los canales institucionales y partidarios existentes en provecho de la presencia y la inmediatez posibilitada por la visibilidad que le procura la repercusión mediática de la acción.

Otra consideración sobre esta novedad es la legitimidad de la protesta y el peso que tiene la acción de minorías de intensidad. Como se ha indicado, con frecuencia quienes actúan y constituyen un sujeto de demandas son grupos reducidos que representan virtualmente a muchos más. Cuando la opinión pública reconoce este vínculo, sofocar la protesta por la represión se hace difícil pese a la existencia de otros sectores sociales que se hallan descontentos por la perturbación del orden.

Está surgiendo una segunda generación de nuevos actores constituidos en el espacio público, pero la novedad se extiende al propio ámbito de su constitución. Actores más heterogéneos, espontáneos y probablemente con una mayoría de individuos provenientes de las capas medias urbanas, comunicados principalmente por Internet emergen e instalan otro espacio público. Se conforma así un ámbito de interacción y expresión en expansión cuyo núcleo principal es juvenil. En esa nueva sociabilidad se configuran opiniones que expresan con frecuencia más un veto, un descontento o una denuncia que una demanda específica. Surgen espontáneamente o inducidos por actores o personalidades preexistentes, nuevos *cyber* sujetos, con presencia visible ocasional cuando se reúnen y manifiestan, constituyendo una trama de igualdad, e intensidad subjetiva. Con su expansión se produce un significativo desplazamiento en la comunicación política, al menos para ese sector más juvenil de la sociedad. En el ámbito público virtual que se genera rige un principio que coloca a cada uno de los integrantes en pie de igualdad; pareciera que se alcanza de ese modo un ideal de la libertad y espontaneidad deliberativa, pese a que en verdad las jerarquías y reconocimiento de la sociabilidad habitual continúan siendo operantes. Sin embargo, lo que ocurre en este ámbito es inédito. La relatividad de la opinión tiende a trastocarse adquiriendo un rango de verdad pues lo que se emite está avalado por la intensidad subjetiva (Sarlo, 2011). Una lógica de autenticidad se impone, naciendo de rumores, impresiones y conjeturas, certezas que animan la cohesión de grupos que pueden devenir actuantes. De modo que, un espacio con estas características, fuera de toda regulación es propenso a recoger el descontento ciudadano característico de nuestro tiempo (Rosanvallon, 2006) favoreciendo la amplia libertad de expresión, pero también convalidando certezas con poco sustento, hilvanando la trama de teorías conspirativas, etcétera.

Esta nueva sociabilidad en expansión encierra en consecuencia una promesa de libertad y una amenaza de arbitrariedad. Cuando la diversidad de opiniones individuales y grupales deviene una certeza mayoritaria o colectiva con más sustento emocional que argumentativo, se perfila una forma de clausura del espacio público con el predomino de una forma novedosa de "la masa" como figura opuesta a la ciudadanía deliberativa.

Se esboza así la evolución hacia un espacio sin contorno ni epicentro, con redes múltiples en donde predomina la autorrepresentación aunque se pueden reconocer en las redes la diferencia entre emisores privilegiados y seguidores, ambos probablemente transitorios.

Como se ha señalado, el espacio público descrito constituye un desafío más para el futuro democrático. Puede acentuar la fragmentación ciudadana y recoger la negatividad (veto), todo ello en desmedro de una comunidad política que se reconozca en dilemas o alternativas comunes. Es decir que puede prevalecer una expresividad generalizada que no vaya más allá de sí misma, que se fije como impolítica. No es inevitable que ello suceda. Una evolución que dé productividad democrática a esta ampliación de sus principios constitutivos (libertad e igualdad) puede sobrellevar las "falencias de la espontaneidad", si la diversidad apuntada alterna con instituciones formales e informales acreditadas por la verosimilitud de sus informaciones y por la posibilidad que procuren algún ordenamiento de los debates y algún encaminamiento de lo que haya de reclamos hacia canales normativos y legislativos. Asimismo, la vida política no puede prosperar si solo impera la espontaneidad y la fragmentación. Los actores que deberían alentar el debate estratégico están debilitados y por siguiente necesitarían reconstituirse en consonancia con la realidad de nuestro tiempo.

7.
Derrota electoral del kirchnerismo en las elecciones de 2009 y su ulterior recomposición

El 28 de junio de 2009 se llevaron a cabo las elecciones nacionales para renovar diputados y senadores. Además, se realizaron ese mismo día elecciones de legisladores provinciales y concejales locales, en particular en la provincia de Buenos Aires y en la ciudad de Buenos Aires. Estas elecciones intermedias que tenían asignado el cuarto domingo de octubre fueron anticipadas cuatro meses por una ley promovida por el Poder Ejecutivo. Una primera consecuencia significativa fue que desde los comicios de junio hasta diciembre coexistió un Congreso legal pero "viejo" –hasta el 10 de diciembre– con mayoría del oficialismo, con uno nuevo pero "virtual" con los legisladores electos, que expresaban una nueva relación de fuerzas, aunque por unos meses no tendría traducción institucional.

Estas elecciones intermedias adquirieron un carácter especial porque el gobierno había decidido poner en juego su legitimidad dándole el carácter de un plebiscito de su gestión y su modelo. En el año y medio transcurrido desde las elecciones generales precedentes –octubre de 2007–, el liderazgo presidencial había sufrido un marcado debilitamiento en su popularidad y deserciones en sus filas que redundaron en la merma de sus mayorías parlamentarias, al punto de que su intento de ratificar la resolución 125 de retención a las exportaciones agropecuarias fue rechazado, evidenciándose incerteza sobre sus recursos en el Congreso.

Ante el peligro cierto de ser derrotado electoralmente e incrementar su debilidad institucional, el gobierno pugnó por transformar estas elecciones intermedias en plebiscito, con la expectativa de recuperar algunos de los electores que solo buscaban expresar un castigo circunstancial. Aunque se votó por listas diferentes en cada uno de los veinticuatro distritos electorales, el gobierno buscó nacionalizar la elección poniendo al electorado ante la disyuntiva de pronunciarse "a favor o en contra del modelo" encaminado por los Kirchner desde mayo de 2003. A la hora de iniciarse la campaña lo logrado en esos años era contrapuesto a las frustraciones del gobierno de la Alianza (1999-2001) y a la debacle de fines de 2001, periodo al cual se retornaría –según los gobernantes– si el oficialismo era derrotado. Se llamaba a un particular voto retrospectivo no de lo actuado por el gobierno de los Kirchner, sino por sus predecesores a los que se responsabilizaba de la crisis del inicio de la década y que, desde entonces, serían asimilados con las oposiciones al gobierno.

Para salir del aislamiento y frenar la dispersión organizacional, el ex presidente Néstor Kirchner, consagrado jefe de un Partido Justicialista que estaba paralizado, se lanzó a una original traducción del llamado a considerar estas elecciones como plebiscitarias, al promover la presentación como candidatos a diputados a la mayoría de los dirigentes oficialistas, incluyendo a quienes ya ejercían funciones de gobierno como gobernadores, intendentes o legisladores –en la mayoría de los casos con mandatos que no llegaban por ese entonces a su término–. Aun aceptando postularse, quienes ya tenían cargos representativos anunciaron que su figuración en las listas sería meramente "testimonial", es decir que no abandonarían el que ejercían para ocupar el que conquistaran en las elecciones de 2009.

El oficialismo buscaba, por una parte, incorporar como candidatos a líderes a cargo de gobiernos locales o provinciales y que se presumía gozaban de mayor popularidad que los líderes oficialistas nacionales produciendo de ese modo un efecto arrastre de votos desde abajo; y, por otra parte, evitar deserciones o complicidades furtivas a favor de las candidaturas del "peronismo disidente" y de otras fuerzas. Se trataba de movilizar al aparato partidario reticente y potenciar los resortes del Estado que estaban a cargo de esos candidatos locales.

El oficialismo fue exitoso en esta operación –cuya legalidad estuvo por otra parte en discusión– y con ello mejoró sus chances en la provincia de Buenos Aires. La estrategia de nacionalización de la campaña se tradujo en la dramatización de la escena en el distrito bonaerense en el que la lista de diputados nacionales estuvo encabezada por el propio Néstor Kirchner secundado por el gobernador en ejercicio, Daniel

Scioli. El oficialismo se proponía ganar en ese distrito, lo que lograría alcanzando al menos la primera minoría –incluso sin obtener un número de diputados electos que compensara el de los que finalizaban su mandato–. Pero tal resultado significaría derrotar al peronismo disidente en la sede del aparato peronista y opacar los probables traspiés en otros distritos significativos.

Las oposiciones se congregaron en torno a dos polos: Unión Pro, en el que se aliaron peronistas disidentes con Mauricio Macri, el jefe de Gobierno de la ciudad de Buenos Aires, apelando a la tradición peronista y a valores de gestión pública; su ámbito de influencia se focalizaba en los dos principales distritos, en los que pretendía triunfar; y el Acuerdo Cívico y Social (Coalición Cívica y radicalismo), constituido esencialmente por no peronistas, herederos de una prédica republicana de crítica al oficialismo que databa ya de unos años. Habiendo alcanzado una implantación más nacional, tenía posibilidades de éxito en Córdoba y Mendoza y aspiraciones consistentes en Santa Fe y en distritos más pequeños del interior del país.

Los dirigentes "peronistas" de Santa Fe y Córdoba –donde eran gobierno pero no ganarían las elecciones– no se integraron al "peronismo disidente", pero sus listas formaban parte del mosaico opositor.

Las oposiciones mencionadas, en su mayoría, se constituyeron o comenzaron a recuperarse por ese entonces y padecían de una fragilidad derivada de su heterogeneidad y de la coexistencia en cada una de ellas de al menos dos líderes con aspiraciones presidenciales para el 2011. Sin embargo, sus chances electorales eran ciertas pues podían ser el receptáculo de un voto rechazo emitido por una ciudadanía mayoritariamente descontenta con el modo de gobernar de los Kirchner. Paradójicamente, aunque las oposiciones podían ganar cuatro grandes distritos –que representaban el 66% del electorado–, siendo el más incierto la provincia de Buenos Aires, en la suma de votos, dada la fragmentación de la oferta, el oficialismo podría pretender ser la primera minoría en número de votos y de distritos electorales, aun perdiendo la mayoría en ambas Cámaras del Congreso.

Las elecciones 2009 y la escena post-electoral

Este proceso electoral adquirió una gran significación pues su desenvolvimiento presentó características inusuales por la intensidad de la disputa política entre los competidores y porque su resultado, aunque confirmó tendencias precedentes, contribuyó a configurar una nueva escena política. Confirmó el debilitamiento del gobierno en su popularidad, en su sustento electoral, en la pérdida de cohesión organizacional y al conformarse el nuevo Congreso el 10 de diciembre, en la pérdida de la mayoría en ambas Cámaras. También se debilitaron los gobiernos provinciales en algunos de sus principales distritos por depreciación electoral y su traducción en una situación minoritaria en los Congresos provinciales. A partir del 10 de diciembre hubo gobierno dividido a nivel nacional y en varias provinciales. Debe agregarse que ello ocurrió en un contexto de fragmentación política, que diluía el campo opositor; se convino que el oficialismo había perdido claramente las elecciones, pero en cambio no era posible identificar una fuerza triunfante, dada la dispersión en varias oposiciones. Por último, la fragmentación se tradujo con frecuencia en una escasa articulación entre las fuerzas predominantes a nivel provincial, particularmente en los grandes distritos, con los liderazgos y fuerzas nacionales.

El proceso electoral

La oferta. La realización prematura de las elecciones fue paralela al llamado plebiscitario del gobierno; en ese momento se invocó como argumento para el adelantamiento de la fecha la vulnerabilidad del país derivada de la crisis internacional y la inconveniencia de un prolongado año de competencia política y de incertidumbre.

En términos generales, en el distrito bonaerense y también en otros, el oficialismo unificó la oferta en torno a quienes ejercían los ejecutivos afines —siendo las colectoras excepción— y dando continuidad al giro iniciado a fines de 2007, para colocar al Partido Justicialista como eje del oficialismo al acudir con frecuencia a lemas híbridos que procuraban conectar con el pasado reciente. Así el oficialismo bonaerense pasó de ser Frente para la Victoria a Frente Justicialista para la Victoria.

En la provincia de Buenos Aires, entonces, la estrategia era sumar desde abajo, incluyendo a Scioli, hacia arriba, contando con la conformidad del aparato local, compensando de ese modo la popularidad declinante de Néstor Kirchner, quien encabezaba la lista sábana bonaerense, que en este caso tenía tres o cuatro segmentos pues en algunas secciones se elegían senadores provinciales. Esta estrategia no se pudo hacer extensiva a los principales distritos porque en ellos los líderes oficialistas habían dejado de ser tales al haberse declarado en disidencia, incluso fracasó la estrategia de seducción emprendida con Carlos Reutemann para Santa Fe.

La oferta opositora era múltiple. Las alternativas principales eran tres: Unión Pro, Acuerdo Cívico y Social y el peronismo disidente que presentaba un perfil de unidad nacional.

Unión Pro era una coalición que reunía líderes de popularidad –Mauricio Macri con aparato de la ciudad de Buenos Aires y Francisco De Narváez sin aparato– que habían sido electoralmente exitosos y mostraban encuestas favorables, y Felipe Solá, por su parte, expresaba la fractura del peronismo y del apoyo a los reclamos del campo descontentos con las retenciones. Se dirimió la composición de la lista en la provincia de Buenos Aires, atendiendo a la popularidad de los aspirantes según las encuestas. En la identificación de esta coalición predominó una lógica de popularidad por sobre las articulaciones organizacionales: las figuras de Gabriela Michetti, De Narváez y Macri por sobre el llamado al electorado peronista y la evocación de esta simbología.

Unión Pro ofrecía una oferta limitada esencialmente a los principales distritos –con presencia en pocos otros–, pero para el oficialismo se constituyó en su mayor desafío por el territorio en que se instalaba, aunque percibió tardíamente que era el adversario principal. Esta lista expresiva del antikirchnerismo pretendía capitalizar el voto rechazo. Las tensiones entre los principales socios, que ya en la propia constitución de la lista bonaerense se hicieron públicas, no fueron en desmedro de su presencia en la escena electoral.

Acuerdo Cívico y Social. La Coalición Cívica (CC) se ampliaba incorporando el acuerdo con la Unión Cívica Radical (UCR) lo que favorecía una presencia nacional (17 distritos). El apoyo del vicepresidente Julio César Cobos querido por unos (UCR) y resistido por otros (CC), tuvo su importancia, pero en términos de peso en la conformación de las listas y presencia se limitó a la provincia de Mendoza. En la provincia de Buenos Aires las listas apoyadas por el ex vicepresidente no pudieron incorporarse a la boleta del Acuerdo.

Esta presencia nacional estaba matizada por la existencia de liderazgos y articulaciones locales que le daban improntas diferentes. Esto fue notable en Córdoba, donde no se efectivizó la unión entre el partido de Luis Juez y la UCR, en Santa Fe, donde la figura dominante fue la de Hermes Binner, o en la ciudad de Buenos Aires, donde Elisa Carrió influyó –también en provincia– en la conformación de las listas. El análisis de la campaña y de los resultados puso de relieve el "resurgimiento" de la UCR, pero esta constatación fundada en el peso parlamentario que adquirió esa fuerza debe ser fuertemente relativizada por la diversidad de situaciones locales condicionadas por líderes variados que caracterizó al ACyS.

Esta oposición procuró instalarse como la verdaderamente antiK – por sus credenciales– y ajena al eventual "contubernio" peronista entre las otras dos listas principales, que tenía como antecedente las elecciones de 2005. En ese entonces, luego de un duro enfrentamiento, la mayoría del peronismo tradicional bonaerense que había desafiado al oficialismo se sumó a sus filas, particularmente en el Congreso.

La campaña electoral

La campaña de las elecciones de 2009 no puede ser tratada simplemente a nivel nacional como las presidenciales, puesto que, con todo, fueron elecciones por distrito con peso significativo de los factores locales. Sin embargo, un sesgo general dado por la competencia en las áreas bonaerense y metropolitana influyó en los otros grandes distritos.

El intento de remitir la evaluación ciudadana a un pasado más lejano –la Alianza y el menemismo– no prosperó pues la tendencia a un voto rechazo al gobierno nacional se había acentuado con el conflicto agropecuario y no podía ser revertido desplazando la polarización como inicialmente se intentó. Esa evocación al 2001 tenía además el inconveniente que apuntaba hacia el Acuerdo Cívico y Social (ACyS), que no se presentaba como el adversario principal en la provincia de Buenos Aires ni en la ciudad de Buenos Aires.

En un segundo momento, la campaña oficialista giró hacia una invocación pragmática evocando los logros del gobierno –"Nosotros hacemos"; "El lado bueno de la política", en la ciudad de Buenos Aires– y procurando reactivar en el elector el apoyo al modo exitoso de salida de la crisis de 2001-2002 que había tenido tanto respaldo en el pasado. Se esperaba que la figura de Daniel Scioli, convival y sin asperezas, percibida también como abocada a la eficiencia sin connotaciones ideológicas, compensaría la hostilidad hacia la figura del expresidente vista como conflictiva.

Por lo demás, el oficialismo continuó una estrategia sesgada de comunicación política consistente en que su candidato principal se ausentaba de los medios de comunicación (tv, prensa gráfica, radio) y solo incursionaba en el espacio mediático indirectamente por vía de los actos en las localidades bonaerenses y de un uso sobre abundante de los actos oficiales de inauguración de obras. Scioli era quien recorría los programas televisivos, radiales y atendía a la prensa gráfica.

Unión Pro. En la pugna interna que se exteriorizó a lo largo de la campaña prevaleció la estrategia de De Narváez, empeñado en construir su propia imagen en un registro a la vez abstracto y de proximidad de enunciación, ilustración y exteriorización del descontento ciudadano. Pretendió y logró colocarse como el receptáculo apto del voto contra los Kirchner. Felipe Solá quedó en un segundo plano, pero contribuyó al armado peronista, más silencioso, y a la relación con los ruralistas. Todos los candidatos –los del oficialismo y los del Acuerdo Cívico y Social– convergían en temas "progresistas": la pobreza y el rol promotor de la economía y de la distribución atribuida al Estado. La diferenciación operante apuntaba a las debilidades del gobierno: la intervención en el INDEC y la medición fraguada de la inflación, la pobreza encubierta en su magnitud y las fórmulas para combatirla, el desempleo remanente, la desaceleración económica y la fuga de capitales, las retenciones y la política agropecuaria. En este registro se notaron diferencias entre Gabriela Michetti y De Narváez, pero la más significativa fue la de De Narváez con Macri sobre las privatizaciones. El tema de la seguridad, principal preocupación ciudadana según lo indicaban las encuestas, fue abordado por todos, pero sin la demagogia con que lo habían evocado otros candidatos en el pasado.

ACyS. En esta coalición, heterogénea también, junto a la figura de Carrió, influyente sobre todo en ciudad de Buenos Aires y provincia de Buenos Aires –aunque recorrió el país–, cobraron mayor visibilidad líderes políticos radicales. En el gran distrito la estrategia de esta oposición consistió en denunciar la supuesta bicefalia peronista, intentando con poco éxito presentarse como el verdadero antikirchnerismo y como la alternativa al peronismo en todas sus formas.

Pese a su dificultad en consolidarse, alcanzó una articulación nacional tal que fue la oposición reconocida en distritos importantes, pero con denominaciones variadas que respondían a sensibilidades diferentes. Se evidenciaron dos almas coexistiendo en esta coalición: el radicalismo más propositivo, la Coalición más denunciadora. Esta divergencia se traduciría en la posición post-electoral.

Nueva izquierda. En ciudad de Buenos Aires y en la provincia de Buenos Aires surgió una nueva izquierda sobre el fondo de una vacancia de representación, pero con estrategias diferentes. Fernando "Pino" Solanas en la Capital irrumpió en la fase final de la campaña con una estrategia de comunicación personalista focalizada, con tono nacionalista popular, logrando atraer al antikirchnerismo que quería votar por la izquierda, pero también un electorado no adscrito a la izquierda que buscaba un perfil enérgico. Martín Sabbatella se abrió paso desde la intendencia de Morón con un armado más tradicional de acuerdos entre pequeños grupos de izquierda y movimientos sociales apuntando a agruparlos, pese a que su voto podía atribuirse a su relevancia personal.

Los resultados electorales

La derrota del oficialismo tuvo una magnitud mayor a la esperada. Perdió en los cuatro distritos más grandes y en los que le siguen en orden de importancia, Mendoza y Entre Ríos, y en otros menores –el más significativo, Santa Cruz–. Salió segundo en la provincia de Buenos Aires, tercero en Santa Fe, cuarto en Córdoba y en la ciudad de Buenos Aires. Su porcentaje nacional rondó el 28%.

Unión Pro triunfó sobre el oficialismo en la provincia de Buenos Aires y ello colocó a su líder en el distrito, de Narváez, en una posición de liderazgo nacional, aunque su condición de no nativo le inhibiría a postularse para presidente en las futuras elecciones. En 2007 como candidato a gobernador bonaerense había obtenido el 14.96% de los votos, a la cabeza de la lista de diputados en el mismo distrito obtuvo en 2009 el primer lugar con 34.64%. También Unión Pro triunfó sin brillo en la ciudad de Buenos Aires. La lista encabezada por Gabriela Michetti obtuvo el 31,09% de los votos, sensiblemente por debajo de los obtenidos por Macri en las elecciones precedentes en las que compitió por el gobierno de la ciudad.

Acuerdo Cívico y Social. Confirmó su presencia a nivel nacional. Referentes asociados a esta coalición ocuparon el primero y el segundo lugar en la provincia de Córdoba. Tuvo éxitos inesperados en Entre Ríos y Santa Cruz, pero su presencia en dos de los principales distritos fue módica siendo relegada a un tercer lugar; en el caso de la ciudad de Buenos Aires por un *outsider* proveniente de la izquierda. En la provincia de Buenos Aires alcanzó el 21.48% de los votos; las fuerzas que se coaligaron –Coalición Cívica y Unión Cívica Radical– que en 2007 habían ido separadas, obtuvieron en conjunto un *score* superior: 26.65%.

En los principales distritos el voto no solo resultó contrario al oficialismo nacional, sino también a algunos gobiernos locales, como los de la provincia de Buenos Aires, Santa Fe, Córdoba y Mendoza, en tanto que en la ciudad de Buenos Aires la lista del PRO ganó, pero con un *score* bastante inferior a las elecciones anteriores, lo que ilustra la fluctuación del voto, el corte de boleta y una escena de fragmentación política y debilitamiento de algunos liderazgos de pretensión nacional. La lista de candidatos a diputados de Daniel Scioli –quien en 2007 había ganado la gobernación bonaerense con el 48.24%, un porcentaje superior a la propia candidata presidencial– obtuvo en las elecciones de 2009 el 32.24%, 16 puntos por debajo de la *performance* precedente. Mauricio Macri y el PRO, en tanto que en las elecciones anteriores habían obtenido el 34,09% para legisladores nacionales en las elecciones generales de 2007, obtuvieron en 2009 el 31,19%, en un resultado muy inferior a su *performance* personal en la primera y segunda vuelta de las elecciones para jefe de Gobierno en las que obtuvo 45.62% y 60.94% respectivamente; Hermes Binner, cuyos candidatos al Senado y a Diputados salieron segundos tras las listas de Carlos Reutemann. Luis Juez, cuya candidatura al Senado por la provincia de Córdoba obtuvo el primer lugar con el 30.63%, había alcanzado alrededor del 36% en las elecciones para gobernador en septiembre de ese mismo año.

La fluctuación del voto se verificó en el propio proceso electoral, en algunos casos con una muy alta proporción de corte de boleta. Esto se constató a nivel de la provincia de Buenos Aires en su conjunto: para diputados nacionales, Unión Pro triunfó en siete de los ocho distritos provinciales, pero para diputados y senadores provinciales triunfó solo en tres; ACyS en tres; y el FpV en dos. A ese contraste se suma el voto a concejales en los 134 distritos bonaerenses: 68 para el FpV/PJ, 35 ACyS, 15 Unión Pro, 16 otros.

Consecuencias institucionales. En el Congreso a partir de diciembre de 2009 el oficialismo se encontró en minoría en diputados y en paridad en el Senado, lo que constituyó un escenario potencial de "gobierno dividido" –coexistencia de legitimidad presidencial con legitimidad parlamentaria de signo distinto–, pero en los hechos con oposiciones débiles de iniciativa o control frente al Ejecutivo. Una situación similar se presentó, con matices, en las principales provincias y en particular en la provincia de Buenos Aires.

Congreso Nacional
Cámara de Diputados (257 escaños)

	FPV[a]	ACyS[b]	U.PRO[c]	l. K.[d]	Izq.[e]	Otros
Hasta 10 dic. 2009	115	52 (UCR 24)	30	22	(en otros)	38
Después 10 dic. 2009	97	80	47	16	8	9

[a] Frente para la Victoria, oficialismo.

[b] Acuerdo Cívico y Social (Coalición Cívica, UCR, Socialismo).

[c] Unión Pro (Macri, De Narváez, Solá).

[d] Aliados del oficialismo.

[e] Centro Izquierda (Pino Solanas, M.Sabbatella, SI)

Cámara de Senadores (72 escaños)

	FPV	ACyS	Peronismo disidente	Otros
Hasta 10 dic. 2009	40	16	9	7
Después 10 dic. 2009	36	23	9	4

El fallido gobierno dividido

El resultado de las elecciones configuró una nueva escena política caracterizada por la situación relativamente minoritaria del oficialismo en el Congreso, y oposiciones dispersas con capacidad potencial de constituir mayorías parlamentarias. Este resultado electoral presumía el desplazamiento del poder del oficialismo cuando se llevasen a cabo las elecciones presidenciales en 2011, pero en verdad, aunque el gobierno se encontraba debilitado, no se formó una fuerza o dos con perfil consistente de alternativa.

La Presidenta, en una conferencia de prensa al día siguiente de conocerse los resultados, los relativizó con un cálculo según el cual el FPV era la primera fuerza luego de haber alcanzado alrededor del 28% de los votos a nivel nacional. La recomposición del gabinete después de varias renuncias parecía confirmar una estrategia de repliegue sobre "los leales", con iniciativas destinadas a crear condiciones favorables al fortalecimiento del gobierno. El diálogo político promovido inicialmente para encarar una reforma política acordada, y ampliado luego a los temas sustantivos de la agenda de gobierno se anunció junto con la convocatoria a un Consejo Económico y Social. Sin embargo, en paralelo la renuncia de Néstor Kirchner a la presidencia del Partido Justicialista, la explicación de su derrota electoral por la traición de "la vieja política", en alusión a los intendentes del conurbano[1], y el retorno a un discurso radicalizado de la propia Presidenta invocando su opción por los pobres como argumento de decisiones variadas, en particular el desechar a la demanda de reducción de las retenciones a las exportaciones en un período en que la producción agropecuaria parecía en peligro, entre otras razones por la caída en la rentabilidad de los productores, ilustraron un

[1] El voto por el oficialismo en la provincia de Buenos Aires disminuyó significativamente respecto a 2007, pero ese retroceso que se verificó en todos los niveles de representación institucional se acompañó de un notable corte de boleta en desmedro de los candidatos a diputados nacionales del oficialismo. En cuatro distritos (Pilar, Tres de Febrero, San Vicente y San Fernando) el *score* de la lista a diputados nacionales inferior en relación con la lista de candidatos a concejales provocó su derrota en tanto que la lista local resultaba airosa. En otros trece distritos de los más significativos del conurbano bonaerense ganaron ambas listas, pero con diferencias favorables a la lista local que oscilaban entre 1,54 y 16,23 puntos porcentuales. Finalmente, en otros siete distritos del conurbano –una parte de los cuales con intendente justicialista o aliado– el oficialismo perdió tanto a nivel de diputados nacionales como de representantes locales.

giro en que el oficialismo trataba de redefinir su base de sustentación en una perspectiva poco compatible con la apertura.

Para el oficialismo se había dado el peor de los escenarios, es decir una derrota electoral en los primeros seis distritos que reunían el 70% del electorado nacional a los que debían sumarse otros. El fracaso en la provincia de Buenos Aires significó el retroceso –aunque no el abandono– de la estrategia de tener como sustento principal al aparato peronista bonaerense: el debilitamiento de una figura eventual para la competencia presidencial, Daniel Scioli, estaba redefiniendo el rumbo de los Kirchner en vistas a recuperar poder.

La perspectiva de recomposición tenía como condición favorable, por una parte, la dispersión en la galaxia peronista, eventualmente con posibilidades de reconfiguración, y por otra parte, la fragmentación persistente de la oposición de raíz peronista y no peronista.

Debe tenerse en cuenta que un resultado paradójico de las elecciones había sido la ampliación de un espacio en que el oficialismo aspiraba a anudar alianzas, aunque fuesen puntuales, en particular a la "centro izquierda" temerosa de un giro político hacia la derecha. El debilitamiento del oficialismo, el éxito de Unión Pro en el distrito bonaerense, y el hecho de que el vicepresidente Julio Cobos encabezase ampliamente las mediciones de popularidad, favoreció la movilización de la izquierda parlamentaria y parte del centro-izquierda –la mayoría del Partido Socialista formaba parte del Acuerdo Cívico y Social– ante lo que era visto como el retorno de la derecha. Así, sectores críticos del oficialismo se mostraron proclives a acordar con él para no favorecer a esa oposición emergente ni a los reclamos ruralistas y también invocando la necesidad de asegurar la estabilidad del gobierno.

De este modo, el oficialismo logró mayorías confortables en diputados (136 a 130) y en Senadores (38 a 30) para prorrogar por un año las facultades parlamentarias delegadas en el Ejecutivo, entre ellas la de fijar las retenciones a las exportaciones, e intentando dividir el frente rural con un proyecto de reforma a la ley de arrendamientos.

En vistas al futuro, el oficialismo, y particularmente Néstor Kirchner, se encaminaba a aprovechar el escenario en vistas a reavivar su liderazgo y muy probablemente a encabezar una fórmula presidencial preservando con recursos internos y externos la etiqueta del Partido Justicialista. El oficialismo se concebía como una fuerza de gobierno y poco dispuesto a encarar una construcción política reiteradamente postergada que lo convirtiera en un actor político inscripto en una lógica de alternancia. La persistencia, pese a los signos de apertura, de un discurso de la polarización social y política era el sustento de una presencia en la escena política poco afín a la dispersión del poder democrático, aunque se respetaba la premisa básica del resultado de las urnas.

Las oposiciones, luego del éxito electoral, se encontraron a la defensiva ante las iniciativas gubernamentales. Sufrieron del "interregno político" en que se hallaron insertas hasta el 10 de diciembre en que se efectivizaría una nueva relación de fuerzas en el Congreso. Iniciativas como el diálogo político dividían aquellas que tenían más peso parlamentario (ACyS) y puso en evidencia la disputa entre los presidenciables en su seno, presuntamente Cobos y Carrió.

El peronismo disidente en sus diferentes variantes se hallaba a su vez fragmentado y pendiente de las iniciativas probablemente divergentes de sus principales líderes de popularidad o simplemente jefes de redes con peso territorial: Carlos Reutemann, Daniel Scioli, Francisco de Narváez, Juan Schiaretti, Felipe Solá, el recientemente retornado Juan Manuel de la Sota, y quien parecía aspirar a obtener reconocimiento en este espacio, Mauricio Macri.

El agravamiento de la pobreza y la indigencia, que se venía produciendo desde el 2007, pero que se estaba acelerando y podía suscitar reacciones sociales pues los recursos fiscales para los paliativos que debería implementar el Estado habían disminuido, era un tema que había pasado a primer plano.

La reacción del gobierno ante las iniciativas universalistas, por ejemplo, el subsidio a la niñez escolarizada, como ante los proyectos de disminuir las retenciones a las exportaciones –sobre todo para ciertos cultivos más afectados como el maíz y el trigo– fue derivar la responsabilidad al Congreso: si se aprobaban leyes que implicaran gasto público o disminución de los ingresos fiscales se deberían aprobar otras tributaciones que aseguraran el equilibrio de las finanzas públicas.

El interregno

Pese a la derrota electoral experimentada en las elecciones legislativas del 28 de junio de 2009 y a la perspectiva de encontrarse en minoría en el nuevo Congreso a partir del 10 de diciembre, el gobierno supo tomar la iniciativa en vistas de fortalecerse y dotarse de recursos significativos para el nuevo ciclo que de todos modos se avecinaba.

Contando aún con la mayoría en ambas Cámaras, el Ejecutivo impulsó leyes de gran trascendencia que perseguían el doble propósito de convalidar su identificación progresista o modernizante –ley de medios, ley de reforma política– y a la vez asegurarse recursos de poder que lo blindaran para el futuro escenario de gobierno dividido en algunos aspectos, las leyes ya mencionadas y además la prórroga de las facultades legislativas delegadas y un Presupuesto 2010 con baja coparticipación de recursos a las provincias.

Este Congreso de "interregno" fue más receptivo que en el pasado a la voluntad presidencial. Pero el éxito en iniciativas oficialistas significativas fue posibilitado por la fragmentación existente, mayor en las oposiciones que en el oficialismo. El gobierno, como ya había sucedido con la estatización del régimen jubilatorio, impulsó una ley de medios audiovisuales que pretendió recoger aspiraciones democratizantes o progresistas con eco en sectores ajenos a sus filas, de modo que logró para ambas leyes resultados aprobatorios holgados. Pero esa recuperación en alianza con sectores de la llamada centro-izquierda y los socialistas no tuvo un carácter estable ni trascendió significativamente hacia la opinión pública.

Las oposiciones por su parte procuraron postergar el tratamiento de los proyectos oficialistas hasta que hubiese una nueva composición en el Congreso, pero su incapacidad para incidir era reveladora de las divergencias que existían entre ellas.

Pese a la popularidad declinante de los líderes oficialistas –la presidenta y el ex presidente– y la fase final del mandato (2010-2011) con recursos institucionales disminuidos, el gobierno supo dar prueba de las posibilidades que brinda el ejercicio del poder. Actuaba con la perspectiva de competir en las futuras elecciones presidenciales sugiriendo la puja por un nuevo mandato para Néstor Kirchner. Aunque había palidecido la muy alta popularidad del expresidente de sus primeros años de gobierno, su apuesta era recuperar algo de esa aura, impulsando una polarización político ideológica que no habilitase la unidad de todos los adversarios en su contra y a la vez actuar con los recursos que da el poder de Estado para que la franja persistente de líderes peronistas locales

–en el conurbano– y provinciales aceptasen continuar bajo su liderazgo dándoles mejores perspectivas de mantenerse en el poder.

Los liderazgos de oposición, pese a su fragmentación y a la dificultad en formular alternativas, lo que afectaba su crédito en la ciudadanía, tenían expectativas de generar una alternancia. Jugaba a su favor el alto índice de popularidad negativa del oficialismo.

La perspectiva de un gobierno dividido, por ese entonces, podía aparejar conflicto de legitimidades.[2] El contexto general en que se desenvolvió esta potencial crisis política era ambivalente. El país parecía haber superado el momento más agudo de la crisis económica y para 2010 se anunciaba una recuperación moderada del crecimiento en comparación con los años iniciales del gobierno de Néstor Kirchner, alrededor del 8%. El gobierno había dado signos de buscar una reinserción en los mercados internacionales: la negociación de la deuda con los *holdouts* y la aceptación de una auditoría del FMI previa a una renegociación de la deuda con el club de París permitirían presumir un marco de relativa estabilidad y recuperación. Sin embargo, la conflictividad social daba signos de renacer: la reactivación de algunos grupos piqueteros y la emergencia de un sindicalismo de base menos afín al oficialismo y menos conciliador podrían ser fuentes, independientes de las ya mencionadas, de inestabilidad con repercusiones políticas.

La fragmentación política y la desconfianza ciudadana

La fragmentación política ha sido una constante de la política nacional por años. Los liderazgos de popularidad han ido estructurando fuerzas políticas y coaliciones más o menos duraderas y sobre todo ofertas electorales en vísperas de los comicios. Senadores y diputados, gobernadores e intendentes, o al menos una parte de ellos, han ido cambiando sus alineamientos según los réditos de tal o cual alianza y esa tendencia a la fluctuación parecía acentuarse.

---

[2] Las leyes que las oposiciones criticaban podían ser revisadas, pero para que tal cosa sucediese deberían constituirse mayorías especiales –dos tercios en ambas cámaras– para sobrellevar el veto presidencial a lo decidido por mayoría simple. Hubiera podido suceder, en ese contexto, que se presentase una coexistencia de legitimidades que se inhibiesen mutuamente y que incrementaran el malestar y la conflictividad.

Tanto el oficialismo como las coaliciones que compitieron en las elecciones a lo largo de la década experimentaron la desagregación. En el caso del oficialismo la diáspora era anterior a los comicios de 2009, desencadenada sobre todo por el fracaso del gobierno en el conflicto con el sector rural, aunque había tenido manifestaciones previas. Por caso, se separaron del oficialismo diputados y senadores de las provincias de Entre Ríos, La Pampa y Chubut. El FpV supo también conquistar lealtades, quizás efímeras, por razones ideológicas o de cálculo, y en algunas ocasiones como se señaló como resultado de legítimas negociaciones en la formulación de leyes.

En las variadas oposiciones la fragmentación provenía en parte de la persistencia de diferentes tradiciones –la peronista y la no peronista–, pero de un modo más ostensible de la multiplicación de líderes que aspiraban a la candidatura presidencial para 2011. El peronismo disidente que tuvo una expresión exitosa en Unión Pro, para la Capital y sobre todo para la provincia de Buenos Aires, sufrió la disociación entre Mauricio Macri –no aceptado por los peronistas– y Felipe Solá.

Más allá de esos dos grandes distritos, el llamado "peronismo disidente" sufría una desagregación específica proveniente de la ausencia de un liderazgo unificador. Su triunfo en la provincia de Buenos Aires en 2009 solo convergió parcialmente con otras disidencias, en muchos casos encabezadas por gobernadores; en este sector persistía la expectativa de que surgiera un candidato presidencial verosímil que los unificase.

En la oposición no peronista las divisiones habían sido más significativas, con posiciones divergentes ante el llamado del gobierno al diálogo político y posiciones encontradas tácticas y de fondo ante la ley de medios de comunicación. Naturalmente, dos candidaturas presidenciales fuertes e inconciliables, Julio Cobos y Elisa Carrió, y discrepancias con el radicalismo, el socialismo y el partido Gen dificultarían esta coalición política que tendría una presencia parlamentaria importante.

Finalmente, la centro-izquierda, que había acompañado al gobierno en algunos proyectos significativos, tuvo por un tiempo la expectativa de un oficialismo vector de la renovación política que abandonara sus compromisos con el aparato justicialista.

Estos reacomodamientos políticos permanentes no parecían conectar con la ciudadanía, la que permanecía ajena a las sucesivas polémicas y eventuales crisis políticas. El desapego ciudadano, contracara de la fragmentación y fluctuación en los alineamientos, fue un factor imponderable, pero que debía tenerse muy en cuenta en el diagnóstico de la coyuntura política porque podía ser la fuente de virajes imprevisibles.

El escenario social y sindical

El gobierno adoptó –eludiendo al Congreso en este caso– decisiones paliativas del desempleo, la pobreza y la indigencia. Por decreto se creó una Asignación Universal por Hijo (AUH), que según estimaciones podía llegar a beneficiar a seis millones de niños y jóvenes. Otro decreto generó el programa "Argentina Trabaja" atribuyendo cien mil empleos con remuneración fija –de un monto superior al que podía obtener una familia necesitada con el subsidio atribuido a sus hijos– para trabajadores que se organizaran en cooperativas. Se trataba de decisiones distributivas muy importantes, tanto más cuanto que la recuperación del crecimiento económico prevista para 2010 no anunciaba tener consecuencias beneficiosas en el empleo y los salarios.

Pero la adopción de estas decisiones, quizás improvisadas pese a que estaban en el debate público, puso de relieve fallas en su implementación –que podrían dejar en manos de operadores políticos el arbitrio sobre quiénes eran los beneficiarios–, y en su sustentabilidad –pues se había recurrido para financiar el plan en un caso a los fondos previsionales, que son limitados y tienen otro destino genuino–.

De modo que estas decisiones que mejoraban las condiciones de vida de los más pobres suscitaron una movilización social en ese ámbito –que estaba menguada desde hacía años–. Reclamaban ante las autoridades aquellos que se sentían excluidos de los beneficios o de la participación en las redes de canalización y situados en competencia con las instancias locales formales o informales de influencia peronista, sobre todo del conurbano bonaerense.

Un segundo foco de conflictividad provino de los asalariados formales. Se entrelazaban demandas salariales, por las condiciones de trabajo o en oposición a despidos, con la demanda de reconocimiento de nuevos actores ajenos a las estructuras sindicales tradicionales. Estos nuevos actores surgidos de la base laboral –delegados de fábrica o de área de trabajo–, con frecuencia liderados por una izquierda aguerrida, disputaban la representación al sindicalismo tradicional, al que llegado el caso procurarían sustituir en la mesa de negociaciones. Un fallo de la Corte Suprema reconoció la representación sindical de base o sectorial como legítima a contracorriente de la exclusividad pretendida por el "sindicato único" con personería jurídica atribuida por el Estado, que era la tradición dominante.

El oficialismo tenía su sustento principal en el aparato estatal político bonaerense, en los movimientos sociales –integrados por desocupados y trabajadores informales– y en los sindicatos. Este mundo popular estaba atravesado por tensiones e incluso antagonismos. A nivel local la disputa entre movimientos sociales, oficialistas y opositores, e intendentes o dirigentes partidarios se agudizó en torno a la canalización de subsidios y recursos sociales. En el ámbito sindical la tensión opuso a la CGT, cuya tradición es el sindicato único, a la CTA y otras variantes de la izquierda sindical partidarias de la libertad de asociación gremial.

La conflictividad social tenía también otros focos. Estaban pendientes las demandas de los ruralistas, quienes marcarían su presencia desde el día mismo de conformación del nuevo Congreso, al que se incorporaron catorce diputados provenientes de sus filas.

Finalmente se multiplicaron en la provincia de Buenos Aires y en la ciudad de Buenos Aires protestas más espontáneas y puntuales, pero expresivas de otros sectores ciudadanos en demanda de seguridad.

El Ejecutivo y la división de poderes

El polo presidencial

Aunque sin mayoría en el Congreso, el polo presidencial exhibía cohesión y capacidad de ejecución, pero no dejó de experimentar los límites de la nueva distribución de poder. La resistencia del entonces presidente del Banco Central en ejecutar el Decreto de Necesidad y Urgencia que culminó con su alejamiento del cargo ilustraba esta situación más acotada en que se hallaba la presidenta. Sus poderes eran tales que podía prevalecer por sobre el Congreso. Tenía la iniciativa de promover proyectos de ley e influir significativamente en la agenda política, podía emitir Decretos de Necesidad y Urgencia cuya pertinencia puede ser cuestionada. La creación del Fondo del Bicentenario se decidió pocos días después de que concluyera de sesionar el Congreso, a fines de 2009; es decir, podría haber sido sometido a las Cámaras incluso en un momento en que el oficialismo tenía mayoría en ambas Cámaras. El decreto correspondiente fue anunciado en el discurso de inauguración de las sesiones parlamentarias de 2010; es decir, el Ejecutivo legislaba en momentos en que la legislatura debía iniciar su pleno funcionamiento. Tenía capacidad de vetar las leyes votadas en el Congreso que, si fuera el caso, no podían prosperar a menos que la instancia parlamentaria insistiera con los dos tercios de los votos, contaba también con capacidades legislativas que le fueron delegadas cuando gozaba de mayorías en el Congreso. Pero sus decisiones podían ser bloqueadas por fallos judiciales si se consideraba que los derechos constitucionales eran vulnerados, y podían acarrear descrédito ante la opinión pública.

El oficialismo sacó provecho de lo que aparecía con frecuencia como querellas entre representantes opositores y oficialistas en el parlamento, que se presentaban como un espectáculo difícil de descifrar para el ciudadano ajeno a ese ámbito.

Aunque su modo decisionista de gobernar suscitaba reservas en los actores económicos, su intención de asegurar con reservas el pago de la deuda y el inicio de la renegociación de la deuda en *default* con los *holdouts*, y la perspectiva, aunque indefinida, de retomar las negociaciones con el Club de París y de cumplir con requisitos del FMI le permitieron evitar la hostilidad del mundo de los negocios.

La mayor universalidad de la AUH y el programa Argentina Trabaja[3] fueron un paliativo, que en lo inmediato contrarrestó los efectos de la creciente inflación entre los sectores de menores recursos. El oficialismo procuraba acentuar su imagen de gobierno popular y progresista a la vez que reforzaba su cercanía a los poderes organizacionales clásicos del peronismo: los gobernadores, los intendentes del conurbano y los dirigentes sindicales. La presidenta, ante las objeciones que proponían una redistribución del gasto público –lo que de hecho suponía evitar su incremento, asociado éste no solo al arbitrio del poder central en el uso de los recursos, sino también a un eventual aliciente a la inflación– que permitiera afrontar el pago de la deuda pública sin recurrir

---

[3] Hacia mediados de 2010 se habían creado 80.000 empleos con base en el salario mínimo de $1240 en 40 municipios del conurbano.

a las reservas, sostuvo: "La idea es no destinar superávit a pagar deuda, recaudación, sino seguir incrementando el sostenimiento de la demanda agregada a través de infraestructura, a través de múltiples acciones como lo que hemos hecho en este año 2009, y utilizar esa porción de las reservas para el pago de la deuda, esto es todo".

Cierta recuperación de los índices de popularidad de la presidenta y de Néstor Kirchner puede atribuirse a esta evolución de la escena en que se combinaba la desilusión con la acción parlamentaria de la oposición y con una eficacia de resultados inmediatos en algunos ámbitos de la acción gubernativa.

La configuración de las identidades políticas

Los actores políticos –y en primer lugar los líderes oficialistas– estaban empeñados cada uno de ellos en procesos de configuración y reconfiguración de sus identidades políticas. Los procesos de fragmentación predominaban por sobre los de articulación, principalmente en las oposiciones.

Las dimensiones significativas de la reestructuración oficialista

Al asumir la presidencia del PJ, Néstor Kirchner logró detener la hemorragia partidaria y retener a la mayoría de los gobernadores e intendentes. A los recursos estatales partidarios se añadía la asociación con Hugo Moyano, quien dirigía la CGT y era desde agosto presidente del Partido Justicialista. Y también se sumaba un sector sindical que procuraba mantenerse en la dirección de la Central de Trabajadores de la Argentina (CTA).

Los esfuerzos en la red partidaria y organizacional habían estado destinados a promover la coexistencia de divergentes internos, acentuando la tónica movimientista del partido y promoviendo la diversidad de liderazgos en competencia, en particular en la provincia de Buenos Aires, donde se perfilaban varios candidatos a gobernador.

Los rivales eventuales, sobre todo en el distrito bonaerense, con poder local –Sergio Massa y Pablo Bruera, por ejemplo–, permanecían en el interior del difuso perímetro partidario en la medida en que el gobierno mantenía la iniciativa y guardaba verosimilitud su continuidad en el poder; sin embargo, ya entonces cobraron autonomía un grupo de ocho intendentes justicialistas que cuestionaban de hecho la autoridad de Néstor Kirchner.

La iniciativa gubernamental redistributiva

La política gubernamental tenía objetivos inmediatos pero variados. Las iniciativas más destacadas habían sido de signo redistributivo y de pretensión antimonopólica y estatista. En algunos casos –subsidio para niños y jóvenes, beneficios para los jubilados– los decretos del ejecutivo se anticiparon a proyectos parlamentarios impulsados por la oposición.

Ulteriormente el gobierno anunció el respaldo a un proyecto sindical presentado en el Congreso que fijaba que el 10% de las ganancias empresarias se repartieran entre los trabajadores –una porción de un quinto del mismo se destinaría a los trabajadores informales–. En coincidencia con este proyecto, Néstor Kirchner reiteró el objetivo paradigmático de Perón de alcanzar "50 y 50" como proporción de reparto de la renta entre el capital y el trabajo.

Algunas de estas medidas mejoraron la situación de los sectores sociales más pobres y excluidos o evitaron que su situación se degrade –el número de pobres e indigentes seguía siendo objeto de polémica– y entre ellos la imagen favorable a los dirigentes oficialistas se fortaleció.

La fragmentación de las oposiciones estaba condicionada por varios factores, pero uno no menor era la dificultad de las principales fuerzas en constituir una alternativa verosímil al oficialismo, no tan solo en términos de recursos de poder para gobernar, sino también en la capacidad para disociar aspectos de la política del gobierno que eran populares y coincidentes con principios que esgrimían fuerzas opositoras, de otros que constituían el arsenal de la crítica: la concentración y arbitrariedad del poder, la corrupción y el impulso a las corporaciones amigas del gobierno, el ejercicio de un poder agresivo que bordeaba la violencia.

Movilización y comunicación política

El movimiento oficialista se volvió hacia finales del primer mandato de Cristina Kirchner movilizador y activo. Durante los primeros años del gobierno de Néstor Kirchner no se convocaban actos masivos y en las campañas electorales se realizaban actos locales. No se daba importancia a la comunicación política más allá de aparición oficial no programada en los noticieros y una participación módica de los funcionarios y dirigentes oficialistas –ni Néstor ni Cristina Kirchner– en programas políticos radiales o televisivos.

La primera excepción la constituyó la celebración del 25 de mayo de 2006 con un acto masivo en la Plaza de Mayo en el que se lanzó la Concertación Plural, incluyendo como aliados a cinco de los seis gobernadores radicales de entonces en el campo oficialista. Excepcionalmente, al final de la campaña electoral de 2007, la candidata Cristina Kirchner concedió algunas entrevistas gráficas y televisivas.

Luego del conflicto con los ruralistas y en particular luego de las elecciones del 28 de junio de 2009 se produjo un giro. Por una parte, se denunció la existencia de grupos monopólicos en los medios de comunicación, en particular el liderado por el multimedio *Clarín* y se impulsó una acción contra ellos que culminó con la aprobación de la Ley de Medios en el Congreso, y ulteriormente en la reglamentación de dicha ley –que en principio no afectaba al Grupo *Clarín* en lo que hace a la caducidad de licencias pues estaba vigente un fallo que suspendía la aplicación de la norma en su artículo 161 para ese grupo–, la caducidad del servidor de internet Fibertel asociado a ese mismo grupo que no se efectivizó, y la intervención a la empresa Papel Prensa junto a un proyecto parlamentario orientado a consagrar la producción de papel como de interés nacional e iniciando una querella judicial que cuestionaba las condiciones en que esa empresa fuera adquirida en diciembre de 1976.

Por otra parte, el oficialismo procuró expandir su impacto en la comunicación política a través de los medios y de la presencia oficial y militante. Los canales oficiales –Canal Siete y Encuentro– cobraron relieve, incrementando su audiencia el primero a través de la transmisión televisiva del fútbol y de programas que impulsaban una crítica frontal a la información transmitida por los medios tradicionales y con un formato que se proponía ser atractivo para los jóvenes –"6,7, 8" en el horario de mayor audiencia era el puntal–. Canales como C5N y CN23 se sumaban a los recursos oficialistas y otros como América le eran afines. Las radios América, Del Plata y Aspen también se situaban en el oficialismo. En la prensa gráfica *Página/12* le era leal y a él se habían sumado nuevos periódicos: *Tiempo Argentino*, *BAE*, *El Argentino*, y las revistas *Veintitrés*,

Miradas al Sur, 7 Días, etc. También los líderes oficialistas tenían blogs por medio de los cuales intervenían en las redes digitales.

En el pasado y durante años el oficialismo concentró su enunciación pública en actos oficiales en la Casa de Gobierno y en los recintos o plazas de algunos distritos, especialmente en el conurbano bonaerense. La repercusión pública amplia estaba librada a lo que recogieran los noticieros, pero se registró un giro notorio siendo una de las más visibles el de las alocuciones presidenciales transmitidas "en cadena nacional", es decir, por todos los medios simultáneamente.

En paralelo, el oficialismo procuró tener primacía en "la calle". Los festejos del bicentenario fueron un gran éxito en que el gobierno lideró la celebración ciudadana. Asimismo, más regularmente se multiplicaron los actos sindicales, de movimientos sociales y partidarios en apoyo al gobierno y a la Presidenta. El objetivo de ganar la calle se logró al menos parcialmente en un periodo en que el futuro de los Kirchner parecía incierto, en contraste con el período en que predominaba las protestas de piqueteros y manifestantes de diferentes demandas.

Distancia ciudadana y popular respecto a la polarización política

La conflictividad tuvo escenarios públicos generales en los que se producía con frecuencia un alineamiento polarizado. El oficialismo promovió una dramatización según la cual el "modelo de desarrollo" que el gobierno encarnaba estaría amenazado por enemigos corporativos, siendo el principal un actor mediático-económico, el grupo *Clarín*, pero que no aludía a los productores de bienes y servicios ni al ámbito de las finanzas, que fueron en el pasado, incluso para el oficialismo, tradicionales obstáculos a las políticas populares. Esta polarización tuvo efectos en el mundo institucional, en particular el sindical, el empresario y la justicia.[4]

[4] El grupo de Hugo Moyano en la CGT se sumó activamente a la movilización oficialista, la CTA se fracturó entre oficialismo y oposición, la Unión Industrial Argentina se cohesionó para no asistir a los actos oficialistas; la Asociación Empresaria Argentina se colocó en una posición opositora –sufriendo el abandono de algunos asociados– y en la justicia se produjeron votaciones politizadas en las asociaciones de abogados y de jueces y en la Corte Suprema.

Por supuesto, la polarización se reflejaba también en la actividad parlamentaria. Era difícil alcanzar acuerdos: la ley para contrarrestar las salideras bancarias sería una excepción y no se avizoraban cambios a futuro salvo los derivados de iniciativas oficialistas que pudiesen reactivar la división de las oposiciones. Aunque el oficialismo había logrado neutralizar el Congreso y asegurarse el apoyo de sectores sindicales, corría el riesgo de quedar aislado y sin interlocutores confiables en el ámbito judicial y empresario y en particular en la Corte Suprema.

No obstante, esta polarización, acentuada en el plano institucional no parecía envolver a la ciudadanía y los sectores populares en general. La recuperación del crecimiento económico, luego del declive de 2008-2009, aunque no se había traducido como tal en una mejora sustancial de los sectores pobres y excluidos, si contribuyó a un cierto optimismo sobre el futuro y una relativización de la conflictividad política. A ese clima de menor descontento contribuyeron, como se señaló, decisiones de gobierno que aliviaron las carencias sociales.[5]

La recuperación en los índices de popularidad del gobierno y de los líderes oficialistas, aunque moderada, persistió durante los primeros meses de 2010.[6] Pero el desfase entre el reconocimiento y la valoración de decisiones de gobierno, y la desconfianza hacia este o sus líderes indicaban una tensión en la opinión ciudadana, que estaba en la base de sus oscilaciones. Así, según estimaciones de entonces, la intención de voto de Kirchner era por entonces del 26%.

En vísperas de un giro político

En octubre de 2010 se evidenciaba una evolución en el equilibrio de poderes. Este desplazamiento era sobre todo institucional: el Ejecutivo había visto acotadas sus capacidades decisionistas al punto de que la

---

[5] El índice de pobreza se había elevado desde 2007.

[6] Una encuesta confiable indicaba un 46% de aprobación para la acción de gobierno –y 49% de desaprobación. Encuesta de Poliarquía en el diario *La Nación* del 15 de agosto de 2010–. Este reconocimiento podía coexistir con la desconfianza, de modo tal que el 66% de esos mismos encuestados se identificaban como "muy lejanos o lejanos" de los Kirchner. La imagen de los líderes oficialistas indicaba también en ese estudio una mejora: Néstor Kirchner: positiva 32%, negativa 43%; Cristina Kirchner: positiva 36%, negativa 38%.

presidenta había declarado, refiriéndose sin duda a sus propias posibilidades, "el Estado está atado de pies y manos".

Un aspecto muy significativo habían sido los fallos judiciales ante decisiones que el Ejecutivo esperaba implementar rápidamente, sobre todo en relación con los medios de comunicación de propiedad privada. La acordada de la Corte Suprema negando el reclamo del gobierno por el levantamiento de una medida cautelar que suspendía la aplicación del artículo 161 de la Ley de Medios audiovisuales para el grupo *Clarín* –que daba un plazo de un año para deshacerse de las licencias excedentes de acuerdo a los límites fijados en la ley– cobró una significación mayor pues sucedió a unas semanas de presiones explícitas de los Kirchner y de movilizaciones, la más significativa de las cuales fue una concentración frente al Palacio de Tribunales en la que se profirieron graves descalificaciones hacia los magistrados e incluso una incitación a "la toma" del edificio judicial.

En el Congreso de la Nación se había registrado cierta evolución que permitió sancionar leyes promovidas por el conglomerado opositor, en particular la Ley de Glaciares y la Ley que ratifica el pago del 82% móvil del sueldo en actividad para los jubilados. La Ley de Glaciares fue resultado de un acuerdo entre diputados de la oposición y del oficialismo y contó en el Senado con el voto de varios oficialistas para su sanción definitiva. Esta sanción era indicativa de un mayor debilitamiento de la disciplina sobre todo en el oficialismo –el presidente del bloque Frente para la Victoria en el Senado, Miguel Ángel Pichetto, votó positivamente–, teniendo en cuenta que un mismo proyecto de ley había sido vetado por Cristina Kirchner anteriormente. Los intereses de algunas provincias y la sensibilidad ambientalista ilustrada por los sectores movilizados impulsaron a su tratamiento. En este caso la ley fue promulgada.

La Ley del 82% móvil fue sancionada en un escenario de dramaticidad que hizo recordar el voto que rechazó la resolución 125 –que incrementaba las retenciones a las exportaciones–. Como en aquella oportunidad, el voto del vicepresidente de la Nación, quien preside los debates en el Senado, desempató favorablemente y la ley fue sancionada por el Congreso. La presidenta, retomando los argumentos del oficialismo –que ese incremento contemplado por la ley colocaría las cuentas públicas en déficit–, interpuso el veto del Ejecutivo. Como las oposiciones carecían de los dos tercios de los votos en ambas cámaras para insistir en la sanción de la ley, ésta caducó.

Pese a esta descongelación del Congreso, que durante meses había estado trabado en su acción por la dificultad de las oposiciones en constituir mayorías, el signo de la impotencia persistía. La heterogeneidad de las oposiciones en el Congreso era particularmente notoria en Diputados, en donde se diferenciaba una izquierda –Proyecto Sur-PS y GEN– que procuraba darle un signo propio a los proyectos de ley y no siempre estaba dispuesta a conceder, y que por otra parte era también reacia a una oposición sistemática a los proyectos oficialistas.

Asimismo, se registraba un cambio en las relaciones entre los poderes organizacionales en la sociedad. El sindicalismo y los movimientos sociales habían sido objeto de disputa y estaban atravesados por la polarización que impulsaba el oficialismo. El apoyo a un oficialismo sindical había redundado momentáneamente en el mayor compromiso de Hugo Moyano con el kirchnerismo. Su capacidad de movilización organizada se tradujo en un acto público con presencia de los Kirchner con una convocatoria que otros sectores no lograban. Hugo Moyano, convertido hacía unos meses en presidente del PJ bonaerense, aportaba los recursos del sindicato de Camioneros y otros sectores que podían movilizar, pero su instalación iba acompañada de un proyecto propio: la presencia de candidatos surgidos del sindicalismo en las listas partidarias y el eventual horizonte de un émulo de Lula en estas latitudes, un presidente postulado por la CGT que podría ser él mismo. Su perfil "radicalizado" procuraba afirmarse sobrepasando las iniciativas oficialistas a través de la promoción de un proyecto de redistribución de los beneficios de las empresas, que se hubiese efectivizado en lo inmediato por medio de una participación de los trabajadores en el 10% de las ganancias.

Por razones diversas Moyano se hallaba en conflicto con el sector más tradicional del sindicalismo (los "gordos"), con los intendentes del conurbano y con las centrales empresarias que se oponían a sus proyectos redistributivos. Su alianza con el oficialismo coexistió con tensión respecto al poder ejercido por unos y por otros. El problema mayor que comportaba como aliado era su alto índice de popularidad negativa. Sus pretensiones en la configuración de la oferta electoral podrían acarrear un detrimento para el oficialismo.

Otra organización, la Central de Trabajadores Argentinos (CTA), expresión de crítica a la "burocracia sindical", había sido en parte atraída por el oficialismo, en particular su núcleo dirigente sustentado en el gremio docente. En el plano sindical, expresiones autonomistas, comisiones internas de fábrica y protestas de trabajadores "en negro" exteriorizaban también un malestar de un sector crítico de los aliados del oficialismo. En resumen, en el plano de las organizaciones sociales se habían expandido polos opositores que condicionaban las capacidades del Gobierno.

El estado de la opinión

Los resultados de las elecciones del 28 de junio de 2009 habían mostrado un oficialismo minoritario, pero que conservaba capacidades institucionales; y aunque la renovación del Congreso fue parcial, la expansión de una oposición dividida generaba la esperanza de un cambio de rumbo político. Lo que se cuestionaba, entonces, por parte de los principales opositores no era la pretensión progresista de los actos de gobierno, sino el modo autoritario y decisionista de gobernar.

Desde entonces, el oficialismo recuperó cierto crédito, que se focalizaba en el reconocimiento de la acción de gobierno que incluyó decisiones de impacto distributivo para los sectores populares, pero ello coexistió con un humor en el que los dos tercios de los ciudadanos se sentían distantes del núcleo gobernante.

El factor de mayor peso en la evolución de la opinión pública parece haber sido la frustración con la oposición política, que se fragmentó todavía más[7] al mostrarse con ineficiencia en el parlamento y sobre todo sin ofrecer en sus diversos nucleamientos ni en sus momentos de convergencia una alternativa verosímil de gobierno. Esa debilidad de las oposiciones favoreció la imagen del oficialismo que, pese a su gran heterogeneidad, se mostraba unificado en torno a la acción de gobierno y su núcleo dirigente.

El oficialismo presentaba una variedad de agrupamientos y fracciones que influían en la opinión. Pero lo más notorio fueron las expre-

[7] Distanciamiento entre Macri y el PJ disidente, aunque con oscilaciones; alejamiento de Carrió del Acuerdo Cívico y Social; oscilación del Partido Socialista, Proyecto Sur y el GEN.

siones públicas de un conjunto de actores de naturaleza distinta, que incluían entre ellos a los movilizados. Una consigna explícita en la que habían sido exitosos era el "ganar la calle", superando con su accionar a quienes se manifestaban por reclamos específicos. La movilización era en torno a las iniciativas oficialistas concentradas en decisiones –la principal de las cuales era la Ley de Medios[8]– destinadas a debilitar a quienes eran designados como sus enemigos principales: los medios de comunicación y en particular el grupo *Clarín*. El propio Néstor Kirchner lideró esas movilizaciones públicas[9], y en ocasiones incluso la Presidenta se hizo presente. Se trataba de una minoría intensa constituida en parte por grupos organizados, por militantes, pero también integrada por jóvenes que veían en la conflictividad incitada por el oficialismo un sentido de lo justo para la acción pública.

Un grave incidente se produjo el 20 de octubre de 2010 cuando trabajadores precarizados y un grupo de izquierda que cortaban las vías del ferrocarril Roca fueron atacados a balazos por miembros del Sindicato Unión Ferroviaria y matones de las llamadas "barras bravas", con el saldo de un muerto y dos heridos. Este acontecimiento puso en evidencia una estructura de poder sindical mafioso con el recurso a la violencia que se sabía larvado, pero que estalló a la luz pública, a lo que se suma que la empresa contratista de los trabajadores precarios estaba integrada en su directorio por dirigentes sindicales. El gobierno reaccionó tardíamente y sin una clara denuncia de los atacantes, a lo que

[8] En una de las movilizaciones de quienes urgían la aplicación de la ley de medios, en la que se concentraron frente al Palacio de Tribunales de Justicia, la oradora Hebe de Bonafini se refirió de modo insultante a los miembros de la Corte Suprema acusándolos de recibir sobres con dinero y propuso: "arranquemos a la Corte el fallo. Si tenemos que tomar el Palacio (de Tribunales), tomémoslo".

[9] En un acto partidario en La Plata, Néstor Kirchner interpeló frontalmente al gobernador Scioli para que dijese quién le tenía "las manos atadas", expresiones del mismo gobernador que habían sido difundidas como confidencia por una víctima de la inseguridad. Desde entonces, las tensiones y acuerdos entre el ex presidente y el gobernador estuvieron a la orden del día. Scioli, que gozaba de la mejor imagen de popularidad entre el electorado –aunque inferior a la de los principales líderes opositores–, era en alguna medida referente de los ocho "intendentes autónomos" del oficialismo bonaerense –entre los cuales estaban Bruera, de La Plata y Massa, de Tigre–. Daniel Scioli ocupaba entonces el centro de las especulaciones más recientes sobre su eventual alejamiento del oficialismo, fomentadas por su declaración según las cuales recién en marzo de 2011 definiría sus aspiraciones para la futura contienda electoral.

se sumaban evidencias de la connivencia de algunos altos funcionarios con los agresores.

Estos acontecimientos podían tanto profundizar la impopularidad de los gobernantes entre los sectores urbanos y rurales como incitar al alejamiento de algunos de sus aliados que se habían mantenido en la desconfianza hacia la "burocracia sindical" y el aparato justicialista.

El deceso de Néstor Kirchner

El fallecimiento de Néstor Kirchner, el 27 de octubre de 2010 en Río Gallegos, y lo acontecido durante su funeral precipitaron un cambio en el escenario político y en los alineamientos de dirigentes y ciudadanos.

La significación de esta muerte debe ser interpretada teniendo en cuenta que Néstor Kirchner ejercía un liderazgo semi-encarnado. El proyecto de cambio iniciado en 2003 y que aspiraba a radicalizarse era encabezado y corporizado en su persona, lo que significa que su suerte estaba asociada a la alternancia de él –y de su esposa– en el poder. Se trataba de una legitimidad hiperpersonalista. Esta se sostenía no en un programa o un plan de gobierno, sino en decisiones que adoptaba el líder con frecuencia de un modo imprevisto. Se gobernaba del "lado del pueblo" con enemigos designados, pero a la hora de la desaparición de líder no había un proyecto que estuviese escrito en algún documento de referencia, ni siquiera se heredaba algún pronunciamiento liminar del líder desaparecido. Aunque los Kirchner constituían según sus propios dichos una "sociedad política", el liderazgo estratégico era ejercido por Néstor.

En estas condiciones era posible interrogarse en primer lugar sobre el futuro del oficialismo al haber desaparecido su encarnación. El oficialismo con un liderazgo semi-encarnado es un tipo ideal o si se prefiere una tendencia inacabada. Néstor Kirchner mantenía cohesionados sectores del peronismo tradicional –ellos mismos con sensibilidades e intereses diferentes o aun divergentes: intendentes del conurbano, gobernadores, la dirección de la CGT encabezada por Hugo Moyano, el Partido Justicialista poco diferenciado de la propia estructura de Estado nacional o local controlada por el oficialismo– junto a los nuevos kirchneristas o más bien los kirchneristas sin pertenencias organizacionales –quienes reconocían o fueron beneficiarios de políticas redistributivas y quienes encontraron en él la expresión de una identidad ideológica de izquierda o nacional-popular, entre los que se encontraba un número importante de jóvenes incorporados informalmente al oficialismo en la fase de mayor polarización y conflictividad– y con pertenencias organizacionales captadas o generadas por el oficialismo –los movimientos sociales de expiqueteros, las agrupaciones políticas paralelas o externas al aparato justicialista–.

Néstor Kirchner tenía un saber sobre los recursos simbólicos y materiales para mantener la cohesión del movimiento, y un trato personal con decenas y centenares de líderes nacionales e intermedios; ese recurso de vinculación desaparecía con él. Naturalmente, de modos variados todos los componentes del movimiento reconocían en Cristina Kirchner la heredera del liderazgo, que de hecho en parte compartía. Pero surgía el interrogante de hasta dónde ella podía recuperar los hilos de la compleja trama del liderazgo en su dimensión pragmática y en qué medida podría lograr el reconocimiento militante del que gozaba Néstor. Por ese entonces, Cristina Kirchner en las mediciones gozaba de un índice de popularidad superior al de su esposo, siendo ambos bajos y muy inferiores a los de los primeros años de gobierno. Pero esta mayor popularidad de ella quizás no reflejaba la confianza del núcleo duro de la militancia oficialista del que era tributario el expresidente.

La muerte de Néstor Kirchner planteaba interrogantes por el lugar que él ocupaba como vértebra del movimiento oficialista, pero también por su centralidad en el gobierno y en la escena pública en general. Pero la conmoción pública que produjo su fallecimiento y lo acontecido en el plano público entonces, y en particular en su velatorio y funerales, constituyeron un acontecimiento con efectos propios que merece ser interpretado.

El oficialismo había visto en el conflicto agropecuario de 2008, por primera vez para un gobierno que ya se reclamaba de la tradición peronista, que en la calle tenían primacía sus adversarios. La caída en la popularidad de los líderes gobernantes parecía anunciar la ineluctable decadencia. Las elecciones legislativas de junio de 2009 fijaron al oficialismo como una minoría de un tercio del electorado. Desde ese entonces, por impulso principal de Néstor Kirchner, el oficialismo procuró retomar la ofensiva radicalizando las decisiones de gobierno, las iniciativas parlamentarias y la conflictividad. Fue exitoso en colocar a las oposiciones que habían triunfado en las elecciones en la defensiva. Y la popularidad pareció recuperarse, pero durante los meses previos a su deceso las iniciativas del gobierno –Fibertel, Papel Prensa, enfrentamiento con la Corte por la aplicación de la Ley de Medios audiovisuales– y ciertos éxitos opositores –Ley de Glaciares, Ley del 82% para los jubilados, vetada por la presidenta– detuvieron la recuperación del oficialismo y pese a la dispersión de las oposiciones parecieron preanunciar su alejamiento del poder en las presidenciales de 2011.

Muerto Néstor Kirchner, hubo una sucesión de reacciones cuyo epicentro era la revalorización de su imagen. Fue como si el expresidente hubiese recuperado una parte de la altísima popularidad de sus primeros años de gobierno. Decenas de miles de personas se movilizaron hacia la Plaza de Mayo y muchas de ellas ingresaron en la Casa Rosada para rendir homenaje ante el féretro. Se trató de una notable exteriorización en la que predominó ampliamente la espontaneidad por sobre la presencia conducida o inducida. Se notaba la diversidad sociológica y etaria, sobre todo se destacó la presencia de jóvenes, y se puede constatar de variados testimonios que esa movilización desbordó también ampliamente la de los militantes e incluso a la de los kirchneristas. Fue como si a título póstumo, Néstor Kirchner hubiese recuperado la relación directa sin mediaciones con la opinión, con el ciudadano ordinario que había conquistado en los inicios de su gobierno. Las organizaciones estuvieron en un segundo plano, y no porque alguien lo hubiese decidido.

Las reacciones de periodistas, intelectuales y líderes políticos fueron, por cierto, variadas, pero abrumadoramente respetuosas y sensibles a la dimensión humana. Muchas de esas reacciones reflejadas en los medios contribuyeron a recentrar la imagen del expresidente. El periodo más reciente, los últimos dos años y los últimos meses parecieron relativizados en una perspectiva en la que se ponderó su presidencia y en particular los años iniciales, de salida de la crisis y del "infierno".

El conjunto de estas novedades pareció conformar los componentes de una identidad kirchnerista, es decir, convalidar la pretensión fundacional que explícita o implícitamente alimentara el oficialismo. Las bases de esa identidad serían las de la intensidad política de las redes, que se sustentaría más en los espontáneos y los débilmente organizados que en los aparatos. Con ello brotaría un liderazgo personalista renovado en

Cristina Kirchner y favorecería a su entorno inmediato –Carlos Zannini, Máximo Kirchner– por sobre los otros componentes del movimiento.

Paradójicamente, esta evolución asociada a la continuidad de un kirchnerismo radicalizado e hiperconflictivo planteaba interrogantes respecto a la futura cooperación institucional y al rumbo del movimiento. ¿Se trataba de una minoría intensa condenada a la derrota electoral y a la evolución hacia los bordes de la competencia política? O bien, ¿podría consolidar los recursos de la simpatía conquistada y procurar ampliar su sustento social de modo de ganar argumentativamente voluntades y competir electoralmente con posibilidades de éxito? Los signos de encierro del núcleo presidencial, durante el velatorio y los funerales, en el entorno más próximo, la reticencia con los aliados y la desconsideración hacia los opositores políticos podían presagiar un rumbo de conflictividad sin afinidades con la deliberación y la argumentación más amplia.

La desaparición de Néstor Kirchner era la de la vértebra del oficialismo, pero también de la escena política en su conjunto. Las oposiciones tenían proyectos fragmentarios, pero no una alternativa de poder. Lo que las sostenía era el rechazo de la mayoría ciudadana, que el oficialismo y su líder habían generado a medida que el ejercicio de un poder concentrado y arbitrario ya no tenía como justificación la excepcionalidad de la situación política y económica, como había sido el caso al llegar Néstor Kirchner a la Presidencia. Esta negatividad política podía diluirse o debilitarse con la desaparición de líder y forzar los actores a una identificación más positiva.

8.
La segunda presidencia de Cristina Fernández de Kirchner. Las elecciones de 2011 y la evolución del giro "cristinista"[1]

El ciclo de gobierno de los Kirchner –primero Néstor, sucedido por Cristina– estuvo signado por transformaciones significativas de gran impacto social y político que suscitaron o incrementaron el apoyo popular a la vez que, sin que hubiese alternancia en el poder, esos gobiernos fueron cuestionados y tuvieron altibajos de popularidad perdiendo incluso elecciones nacionales. El recurso al decisionismo presidencial y la informalidad en el ejercicio del poder, fuentes en sí mismas de descontento y sustento de la duda sobre que se trate de reformas duraderas, nutrieron protestas y rechazo. En definitiva, el cuestionamiento al modo de gobernar se refiere a cuánta compatibilidad hay entre efectivas políticas de crecimiento, distribución del ingreso y conformidad con ciertos principios de justicia, y la improvisación en el ejercicio del poder, que conlleva arbitrariedad, dificulta que el crecimiento sea sustentable y debilita la configuración de una comunidad política deliberativa y participativa. Los altos y bajos en el apoyo ciudadano y popular –reflejados en el electorado fluctuante, en la protesta pública y en los índices de popularidad de los gobernantes– ilustraron las tensiones en el vínculo representativo de un liderazgo presidencial que procuraba sostenerse en una relación directa con la ciudadanía y un movimiento de partidarios heterogéneo, pero que expresó la intensidad política por excelencia, sobre todo juvenil.

Las elecciones presidenciales y generales de 2011, en las que Cristina Kirchner logró convalidar su segundo mandato, fueron significativas

---

[1] Una versión de este texto apareció previamente en Gómez Tagle, S. (editora) (2015), *Alternativas para la democracia en América Latina*, El Colegio de México-Instituto Nacional Electoral, Ciudad de México.

pues avalaron una radicalización política, ya en curso por ese entonces, que se acentuó valiéndose de la votación obtenida, y también porque pusieron a prueba las nuevas normativas electorales ordenadoras del sistema de partidos, cuyas finalidades no parecen haberse alcanzado.

El proceso electoral de 2011

En 2011 se llevaron a cabo elecciones nacionales y provinciales, estas últimas, en muchos casos, en una fecha diferente de las nacionales por lo que el año electoral se extendió desde inicios de marzo hasta fines de octubre. Por primera vez se puso en práctica la Ley 26.571 que prevé elecciones primarias abiertas, simultáneas y obligatorias –PASO- de las que surgen los candidatos habilitados para competir en las elecciones nacionales.[2]

El triunfo a nivel nacional de la fórmula presidencial –Cristina Kirchner, que se postulaba a la reelección, acompañada por Amado Boudou– fue contundente: 54.11%, con una distancia de 37.31% respecto del candidato que obtuvo el segundo lugar.

También se eligieron autoridades provinciales –gobernadores, legisladores provinciales, intendentes y concejales– según las regulaciones legales de cada distrito en 22 de los 24 distritos, pues en las provincias de Santiago del Estero y Corrientes ya se habían efectuado esos comicios. El ciclo electoral se prolongó desde el 13 de marzo –elec-

---

[2] Según esta ley, estas elecciones son obligatorias tanto para los partidos o coaliciones como para los ciudadanos. Las elecciones son simultáneas, es decir, el mismo día para todos y los ciudadanos inscriptos en el padrón nacional pueden votar entre las alternativas –si es que hay más de una lista– del partido o coalición que prefieran. Se presumía que en cada partido o coalición habría competencia y según los resultados surgirían las candidaturas para los cargos nacionales –fórmula presidencial, listas de postulantes para diputados y senadores, si fuese el caso, pues solo un tercio de los distritos renueva senadores en alternancia, cada dos años–. Cada partido o coalición debe concitar en un distrito al menos el 1.5% de las preferencias emitidas para ser considerado como competidor válido en las elecciones generales. Un partido que alcanza ese umbral de votos en cinco distritos califica también como partido nacional que compite en todo el país. Según la ley –que en general no se aplicó pues no hubo competencia al interior de cada fuerza o alianza política–, en cada entidad política se establece previamente a la elección general la composición definitiva de la lista de diputados según algún criterio de mixidad entre los competidores, según el resultado de las primarias. La ley no habilita la conformación de coaliciones posteriores a la realización de las PASO (Primarias Abiertas, Simultáneas y Obligatorias).

ciones provinciales en Catamarca– hasta el 23 de octubre, día de la primera vuelta de las elecciones nacionales, puesto que no hubo lugar a balotaje.[3]

Pero el resultado de las elecciones provinciales –sobre todo, aquellas efectuadas en una fecha anterior a las nacionales– consagró en algunos distritos importantes el triunfo de listas opositoras al oficialismo nacional, y por diferencias muy significativas. Fue el caso de la ciudad de Buenos Aires, Córdoba y Santa Fe. De modo que la fluctuación del voto ciudadano, con lo que ello implica en su relación con los representantes, se mantuvo como característica de este ciclo electoral.

Pese a que 2011 fue un año electoral y que, según los distritos, los electores fueron invitados a votar en varias oportunidades –eventualmente hasta cinco veces–, el clima de movilización política fue moderado, pero la participación en las elecciones presidenciales fue elevada: 79.47%.

La campaña electoral oficial estaba circunscripta aproximadamente a treinta días, tanto para las primarias como para la primera vuelta de las generales.

Las elecciones generales escenificaron una confrontación entre varios candidatos coalicionales que aglutinaban en torno a su proyecto, más o menos personal según los casos, fragmentos de redes y partidos. La intención de fortalecimiento de los partidos políticos a la que aspiraba la Ley 26.571 estuvo lejos de lograrse. Las coaliciones que se constituyeron fueron en vistas a conformar una oferta electoral y se revelaron efímeras como las del pasado. En la mayoría de los casos –si no en todos– para las elecciones primarias cada una de las coaliciones postuló una fórmula presidencial y una lista única de diputados y de senadores, de modo que los electores se encontraron frente a una oferta política sin opciones, y no pudiendo incidir en ella expresaron en esos comicios más bien la preferencia anticipada de las generales.

---

[3] El balotaje previsto en la legislación para las elecciones presidenciales no se efectúa cuando un competidor se consagra en la primera vuelta electoral, ya sea porque obtiene en ella más del 45% de los votos, o tan solo más del 40%, pero con una distancia de al menos 10% respecto a su competidor más próximo.

La oferta electoral 2011

Precandidatos, candidatos presidenciales y legisladores nacionales

La oferta electoral nacional se definió el 25 de junio de 2011 con rectificaciones ulteriores, de acuerdo con el calendario electoral, en vistas a la competencia en las PASO.

La gran mayoría de las candidaturas fueron propuestas por coaliciones y su considerable número –seis fueron las más significativas– ilustraba, así como la proliferación de listas de adhesión[4], una importante fragmentación política, principalmente entre las fuerzas opositoras. Coaliciones que se habían iniciado se deshicieron y dieron lugar a ofertas independientes. Los casos más notorios de separación se protagonizaron entre la Unión Cívica Radical (UCR) y el socialismo, y en el espacio del peronismo federal o disidente.

De modo que la definición de la oferta electoral produjo desplazamientos y reagrupamientos significativos. Las coaliciones que se oficializaron, en la mayoría de los casos discontinuaban o reorientaban las identidades políticas esbozadas precedentemente. Así aparecieron las siglas UDESO (Unión por el Desarrollo Social) con Ricardo Alfonsín y Javier González Fraga como fórmula presidencial, el Frente Popular con Eduardo Duhalde-Mario Das Neves, y el Frente Amplio Progresista (FAP) con Hermes Binner-Norma Morandini. Un rasgo común a los diferentes espacios coalicionales fue el verticalismo en la selección de los candidatos.

Para las candidaturas presidenciales, en la mayoría de los casos se trató de autoproclamaciones acompañadas de la designación personal del compañero de fórmula. Ello ilustra la medida en que la deliberación o negociación había tenido poca incidencia, pues en cada caso predominó la decisión del líder de popularidad.

---

[4] Listas de adhesión son aquellas que adoptan como propias una candidatura de nivel electoral superior. Por ejemplo, allí donde la fecha de las elecciones provinciales se hizo coincidir con la de las nacionales como fue el caso de la provincia de Buenos Aires y otros siete distritos sobre un total de veinticuatro, una lista de gobernador que adhiere a una candidatura presidencial de otra lista, que tiene su propio candidato a gobernador con el que el adherente compite.

Aunque no hubo competencia entre fórmulas presidenciales en el interior de los espacios políticos, sí la hubo para otros cargos: gobernador de la provincia de Buenos Aires en el Frente para la Victoria (FPV), para legisladores nacionales de algunos distritos en el Frente Amplio Progresista (FAP), y para otros cargos provinciales y locales en casi todas las principales coaliciones.[5]

Las principales coaliciones

El *Frente para la Victoria*. El movimiento oficialista apareció desde el inicio del ciclo 2011 como la fuerza dominante en la escena, según lo preveían las encuestas y lo confirmaron las primarias.

La formulación de la oferta electoral nacional y provincial, especialmente para la provincia de Buenos Aires, produjo un fuerte reacomodamiento en el oficialismo en provecho del entorno presidencial y de lo que se considera el núcleo leal a la presidenta en detrimento del sindicalismo, del aparato justicialista –especialmente el bonaerense– e incluso de los aliados "de izquierda" más autónomos –los movimientos sociales, el partido Nuevo Encuentro, de Martín Sabatella, y los miembros residuales de las fracciones radicales y socialistas afines al kirchnerismo–. El método que permitió confeccionar legisladores provinciales con presencia expansiva de los militantes de "La Cámpora" y de leales a los funcionarios del entorno de la presidencia fue la concentración de las decisiones en la Casa Rosada, que intervino con un rol protagónico de la Presidenta y la colaboración de Carlos Zannini[6] en la confección y/o veto de las candidaturas.

Cristina Kirchner se autoproclamó candidata invocando su voluntad personal como traducción o interpretación de la voluntad popular a la que según dijo "se somete", pese a las circunstancias personales por las que atravesaba, aludiendo al fallecimiento de Néstor Kirchner. Y ello sin ninguna referencia que presentara su postulación como respuesta a

---

[5] Debe tenerse en cuenta que la nueva ley que regula las elecciones primarias rige para las elecciones nacionales, pero no para las provinciales. Sin embargo, en dos provincias –Buenos Aires y Santa Fe– se han sancionado leyes que también obligan a la realización de elecciones primarias obligatorias.

[6] Desde 2003 a 2015 ocupó la Secretaría Legal y Técnica de la Presidencia.

decisiones o pedidos partidarios, coalicionales o a intercambios con su entorno.

La intervención de la presidenta en la confección de las candidaturas se hizo con la intención de favorecer la renovación política, en detrimento de potenciales adversarios, contrapoderes, o incluso de leales que fueron desconsiderados.

Las nominaciones verticales más significativas a nivel ejecutivo fueron la de su compañero de fórmula, Amado Boudou, y la de Gabriel Mariotto para secundar a Daniel Scioli en la fórmula del ejecutivo bonaerense. Un intento similar por designar una preferida de Kirchner para acompañar a de la Sota como vicegobernadora fue resistida por el líder provincial y condujo a la ruptura con el peronismo cordobés.

La designación de Amado Boudou fue en su momento significativa, pues él provenía de una militancia juvenil en un partido de derecha y no había transitado por el riñón del peronismo en ninguna de sus variantes; su acatamiento a la voluntad de la presidenta era la virtud que se destacaba. Devino una figura de proyección dado los entonces avatares de la salud de Cristina Kirchner, y la eventualidad de que una reforma constitucional para habilitar una nueva reelección debiese ser dejada de lado. Ulteriormente su involucramiento y enjuiciamiento por su presunto aval como ministro de Economía al salvataje y venta fraudulenta de una importante empresa y otras causas judiciales en las que se vio involucrado lo descalificaron para la sucesión.

En el caso de las listas para legisladores nacionales de la ciudad de Buenos Aires, de la provincia de Buenos Aires y también de otros distritos, la intervención presidencial marginó o redujo la proporción de los postulantes promovidos por los jefes locales del aparato peronista, generalmente los intendentes y los gobernadores, y por el núcleo dominante de la CGT (Confederación General del Trabajo), por ese entonces aliada del gobierno.

Esta renovación política tenía como recurso principal la agrupación La Cámpora[7] –fundada por Máximo, el hijo de la presidenta–, compuesta por militantes y un núcleo dirigencial que se desempeñaba mayoritariamente en cargos públicos –en la entidad que gestiona los

---

[7] En memoria de Héctor Cámpora, quien fue delegado de Juan Domingo Perón en la Argentina y accedió por unos meses a la Presidencia en 1973.

fondos jubilatorios y las pensiones: Anses, Aerolíneas Argentinas, etcétera–. Varios candidatos de los más afines a la presidenta accedieron al Congreso Nacional, pero también a la legislatura porteña, a la bonaerense y en menor medida a representaciones en otras provincias, con la aspiración de ser un vector confiable de la voluntad presidencial.

Los sectores tradicionales del oficialismo, que se consideraban herederos del peronismo histórico, el aparato partidario local y provincial así como el liderazgo sindical fueron conmovidos por la definición presidencial de las candidaturas, que los perjudicó. La popularidad de la presidenta, recurso necesario para la preservación del poder político de estos sectores, atenuó las reacciones inmediatas.

El malestar del líder de la CGT, Hugo Moyano, por la marginación de sindicalistas –solo dos fueron incluidos en posiciones elegibles en la lista de candidatos bonaerenses-, se expresó a través de las declaraciones airadas de dirigentes afines y se tradujo en el rechazo público de dos de ellos a ser candidatos a diputados en lugares postergados de las listas "sábana" que no les daban la posibilidad de resultar electos.

De este modo, el corporativismo sindical que se había expandido y se presentaba como un significativo recurso organizacional del poder se veía debilitado en su vocación política. Las reacciones sindicales permitían ya entonces prever una ruptura con el oficialismo que se produciría estentóreamente meses después, en el transcurso de 2012. En todo caso, el debilitamiento del poder político sindical continuó la tendencia de los años precedentes.[8]

En 2011 en la Cámara de Diputados finalizaron su mandato cuatro legisladores de origen sindical e ingresaron dos. La renovación política en el oficialismo estuvo centrada en los candidatos a legisladores nacionales y provinciales –al menos en la provincia de Buenos Aires– y no a nivel local como había sido en 2007. En ese entonces, al menos diez intendencias del conurbano bonaerense cambiaron de mano a favor de oficialistas renovadores gracias a la difusión en ese entonces de "listas colectoras", es decir, paralelas a las del intendente histórico.

[8] Legisladores de origen sindical en el Congreso Nacional (declinación)
1983/1993........de 39 a 23
1993/2003........de 23 a 17
2003/2011........de 17 a 13

El signo ideológico de la renovación emprendida no fue siempre evidente y se combinó en algunos casos con un pragmatismo desprejuiciado. En la provincia de La Rioja, Carlos Menem –otrora demonizado– encabezaba como candidato a senador una de las dos listas oficialistas incluyendo en ella a kirchneristas de estirpe.

Las coaliciones opositoras

La acción que una parte importante de las oposiciones había concertado en el Congreso Nacional, luego de la derrota del oficialismo en las elecciones legislativas de junio de 2009, no tuvo el éxito esperado, y al aproximarse el nuevo proceso electoral se acentuaron las divisiones entre ellas sin que alguna pudiese prevalecer sobre las demás. Las principales fuerzas opositoras que presentaron candidaturas nacionales eran coaliciones entre partidos y redes, y como se ha señalado, fueron inspiradas por líderes o en algún caso por acuerdo entre líderes. La escena electoral se constituyó, en lo que hace al campo de las oposiciones, con actores relativamente imprevistos[9], siendo el peso electoral de cada uno de ellos incierto, puesto que habían desistido de competir algunos dirigentes que se destacaron en las elecciones precedentes y con predicamento territorial e imagen nacional. Se terminaron constituyendo dos coaliciones significativas: la Unión para el Desarrollo Social (UDESO) y el Frente Amplio Progresista (FAP). Fuerzas de menor peso electoral, pero no desdeñable fueron la Coalición Cívica (CC) y Compromiso Federal (CF).

UDESO. Esta coalición entre la UCR y un sector peronista disidente, el de Francisco de Narváez, fue el resultado de un viraje propiciado por Ricardo Alfonsín en vistas a dotar a su candidatura partidaria de una mejor competitividad; a la vez conllevó el abandono de su inicial perfil social demócrata al romperse la alianza con los socialistas (Hermes Binner) y la fuerza Generación para un Encuentro Nacional (GEN; Margarita Stolbitzer) debido a los desacuerdos provocados precisamente por la asociación con los mencionados "peronistas".

[9] Mauricio Macri, entonces Jefe de Gobierno de la Ciudad de Buenos Aires y presidenciable de la centro-derecha, así como Fernando "Pino" Solanas, de la "izquierda nacional" porteña, luego de cavilar desistieron. Al candidato estrella del peronismo disidente, Carlos Reutemann, se lo incitó para presentarse –como tantas veces en el pasado–, pero finalmente no fue candidato.

En esta fuerza persistía la tensión entre el perfil inicial de izquierda que adoptó Alfonsín asociado a una reivindicación identitaria "radical", con el perfil más ecléctico de las candidaturas de coalición y el propósito de poner en relieve la negatividad, es decir, el rechazo multivariado al kirchnerismo gobernante, aunque adoptando un tono que procuraba contrastar con la conflictividad exhibida por el oficialismo. Se aspiraba a superar la desconfianza de tradiciones radicales y peronistas persuadiendo a unos y otros sobre el común interés en converger en el rechazo a la continuidad de Cristina Kirchner en el gobierno.

Las candidaturas acordadas ilustraban una voluntad de convergencia en la que coexistían líderes de vocación republicana y otros pragmáticos, sindicalistas y funcionarios. Pero en varios distritos, especialmente en la ciudad de Buenos Aires, los integrantes de la coalición UDESO presentaron listas separadas para legisladores nacionales y también listas en competencias para legisladores provinciales e intendentes en varios distritos importantes de la provincia de Buenos Aires. Esta convergencia mínima entre listas que adherían a la fórmula presidencial coalicional se repitió en otros distritos del interior del país.

Frente Popular. Luego del fracaso en cohesionar al Peronismo Federal, el ex presidente Eduardo Duhalde –abandonado por Adolfo Rodríguez Saá, quien decidió competir por separado– lanzó una oferta nacional con presencia de personalidades destacadas del peronismo tradicional, algunas que habían sido notorias en el pasado como el propio Duhalde, y otros que eran legisladores o dirigentes peronistas "residuales", exministros nacionales, exgobernadores, senadores, funcionarios, y algunos diputados en ejercicio. Aunque presentaba candidatos a legisladores en todo el país su presencia más significativa se dio en su presunto bastión, la provincia de Buenos Aires, donde fue candidata su esposa. Amén de la red partidaria con la que creía contar, tuvo el respaldo de un grupo sindical menor, pero significativo.

Frente Amplio Progresista. Hermes Binner, con el respaldo de su Partido Socialista, lanzó su candidatura presidencial conformando una coalición con Frente del Sur ("Pino" Solanas), GEN (Margarita Stolbizer) y el Partido Nuevo (Luis Juez). Ello sucedió luego de que su delfín ganara las elecciones en la provincia de Santa Fe para sucederlo en la gobernación, y que Ricardo Alfonsín –con quien preveía compartir la fórmula presidencial– sellara otro acuerdo. Emergía así la expectativa de una izquierda democrática que había tenido antecedentes en los 90, pero carecía en el pasado inmediato de una presencia nacional significativa. Binner podía invocar una gestión de gobierno en Santa Fe que muchos entre quienes la conocían consideraban ejemplar, y podía contar con aliados con posibilidades de mantener una fuerte implantación en sus distritos o aun de triunfar en las elecciones provinciales y nacionales: en Córdoba, en la ciudad de Buenos Aires y en menor medida, en provincia de Buenos Aires. Pero a la hora de presentar los candidatos de la coalición prevalecieron las divergencias, de modo que un sector menor de los aliados porteños se retiró y lanzó una fórmula presidencial por separado.

Las diferentes coaliciones, incluyendo la del oficialismo, pero en mayor medida las opositoras, se disgregaron total o parcialmente en el transcurso de los meses posteriores a la elección. En la perspectiva de las elecciones de 2013, de renovación parcial de las cámaras legislativas, la escena política aparecería reconfigurada.

Resultados de las elecciones primarias y de las generales

El 23 de octubre de 2011 se realizó la primera vuelta de las elecciones nacionales –que resultó ser la definitoria– y en coincidencia, elecciones en ocho provincias que eligieron gobernador y otros representantes provinciales y locales, entre ellos, la provincia de Buenos Aires, el distrito más importante. En estos comicios se confirmó el excepcional triunfo electoral de Cristina Kirchner que resultó reelecta con un porcentaje superior al obtenido por todos los otros presidentes constitucionales desde la democratización emprendida en 1983. Los otros seis competidores obtuvieron resultados muy inferiores. Entre las primarias y las generales, la presidenta incrementó su caudal electoral y el ordenamiento de los competidores varió significativamente. El candidato Hermes Binner, que en las PASO se posicionó cuarto, alcanzó en las generales el segundo lugar.

Las consecuencias de estos resultados excepcionales fueron muy significativas para la configuración de la escena política e institucional.

**Voto para presidente en elecciones
primarias y en las generales de 2011**

	C. Kirchner	H. Binner	R. Alfonsín	A. Rodríguez Saá	E. Duhalde	J. Altamira	E. Carrió
Elecciones PASO	50.24	10.18	12.20	8.17	12.12	2.35	3.07
Elecciones generales	54.11	16.80	11.14	7.96	5.86	2.30	1.85

La escena a partir del 10 de diciembre, al asumir las nuevas autoridades nacionales y en los ocho distritos que efectuaron los comicios el mismo día, era considerablemente diferente a la de los años precedentes. Una presidenta plebiscitada sin una oposición sólida; nuevamente mayoría oficialista en ambas Cámaras.

Un oficialismo dominado por la figura presidencial y con un inmenso poder

Un oficialismo poderoso y oposiciones débiles o reiteradamente incipientes constituían una escena –así como la que surgió de las elecciones generales 2011– que se puede calificar de poder unipolar como fue la de Néstor Kirchner en sus primeros años de gobierno, aunque en circunstancias muy diferentes.

El de Cristina Kirchner fue el tercer mandato de un proyecto político emprendido con su marido fallecido en 2010. Fue también el mayor caudal electoral del ciclo Kirchner y de los obtenidos por los presidentes desde 1983[10], y en consecuencia, fue también el que le daba más libertad personal para gobernar y el que le brindó más recursos institucionales.

La presidenta que se sucedía en el poder gozaba ya en los inicios del proceso electoral de una alta popularidad que le permitió –como ya se indicó– incidir personalmente en la configuración de la oferta del Frente para la Victoria impulsando la presencia de sus partidarios más leales.

[10] N. Kirchner 22.4% en 2003; C. Kirchner 45.28% en 2007.

Su presencia en la campaña se limitó a apariciones públicas como mandataria y en unos pocos actos de campaña. Sus *spots* publicitarios y otros anuncios políticos la tenían como referente exclusivo, por lo que siguiendo la analogía con la presidencia de Néstor Kirchner, procuró una relación directa con la ciudadanía y reclamó un respaldo "al proyecto", a la acción de gobierno, encarnado en ella sin referencias a una organización partidaria o al propio movimiento oficialista. De modo que su llamado político y la distancia respecto a los componentes tradicionales del heterogéneo movimiento que lideraba dan la medida de cuán personalista fue el respaldo obtenido en ese entonces. En el discurso de celebración del triunfo –el 23 de octubre– no hubo referencias ni emblemas partidarios ni menciones a Perón y Evita, salvo el indirecto al referirse en el segundo discurso de la noche, el informal en la Plaza de Mayo, a su propio pasado: "...darle las gracias a esta multitud de jóvenes argentinos que han vuelto a recuperar la Plaza de Mayo". Ésta no podía ser entendida sino como una referencia al 1º de mayo de 1975, cuando Perón echó a la juventud combatiente de su partido de la Plaza, en un clima de improperios y hostilidad.

La amplitud del triunfo en las presidenciales le dio la primacía en veintitrés de las veinticuatro provincias –incluyendo aquellas en las que opositores o disidentes habían triunfado por amplio margen pocas semanas antes–, y una extensión territorial que incluyó las grandes ciudades, en las que había perdido en 2007. Salvo Adolfo Rodríguez Saá, sus competidores fueron derrotados en sus propias provincias y a veces ciudades. Para legisladores nacionales, en sentido al menos formal, su sigla coalicional (Frente para la Victoria) y la de sus aliados triunfaron en dieciséis de las veintidós provincias en que hubo comicios; aun donde ganaron gobernadores justicialistas disidentes, algunos de los diputados nacionales electos se alinearon ulteriormente con el oficialismo. En la provincia de Buenos Aires el oficialismo ganó las elecciones municipales en cien de los ciento treinta y cinco distritos, conquistando quince nuevas intendencias. En Santa Fe se consagró un gobernador socialista, pero el kirchnerismo obtuvo la mayoría tanto en la Cámara de Diputados como en el Senado.

Igualmente notoria fue la extensión sociológica de su triunfo, que incluyó a los sectores más populares, medios urbanos y rurales, y particularmente las ciudades de la pampa húmeda que fueron sede de la revuelta de los ruralistas en 2008.

Pero viendo el proceso electoral en su conjunto –en el transcurso de 2011– es posible introducir matices en el alcance de la hegemonía electoral alcanzada por el movimiento oficialista. En dieciséis de los veinticuatro distritos se celebraron las elecciones provinciales con antelación de semanas o meses respecto a las nacionales; en algunos de los más importantes los candidatos oficialistas fracasaron: en la ciudad de Buenos Aires, Santa Fe y Córdoba.

Al día siguiente de las elecciones, las diferentes corporaciones, incluyendo la CGT, saludaron el resultado, y en cuanto a los líderes opositores, algunos se retiraron de la escena y otros permanecieron en una actitud expectante de los futuros pasos del gobierno.

En lo referente al Congreso –desde la renovación parcial formalizada el 10 de diciembre de 2011–, el oficialismo, con sus aliados, contó con mayoría en ambas Cámaras, pero con una cohesión y probable disciplinamiento muy distinto al de la fase anterior a diciembre de 2009 y aun de julio de 2008, momento en que el oficialismo se fracturó en la votación sobre la resolución 125 referida a las retenciones a las exportaciones agrícolas.

Cámara de Diputados (257 escaños) [11]

	FPV	ACyS	U. PRO	AL.K	C.Izq.	Otros
Hasta 10 Dic/09	115	52 (UCR 24)	30	22	(en otros)	38
Después 10 Dic/09	97	80	47	16	8	9
Después 10Dic/11	115	41 (UCR) + 6 (CC)	11	15	22 (FAP)	PF 27 + 19

[11] Dado que las coaliciones opositoras se deshicieron con posterioridad a la incorporación de los representantes en el Congreso, la ubicación en bloques es aproximativa, salvo para el oficialismo, y aun para este bloque se registraron fluctuaciones menores pero significativas, que le permitieron recuperar la mayoría en el Senado. De hecho, en la Cámara de Diputados se registraron treinta y cuatro bloques parlamentarios, muchos de ellos unipersonales; se conformaron alianzas o interbloques que procuraron actuar de modo concertado. Referencias: Frente para la Victoria (FPV), Acuerdo Cívico y Social (ACyS; UCR, Coalición Cívica y socialismo), Unión Pro (U. PRO), aliados del oficialismo (AL.K), centro izquierda (C.Izq.), Frente Amplio Progresista (FAP), Peronismo Federal (PF).

Cámara de Senadores (72 escaños)

	FPV/PJ	Aliados FPV	ACyS	PJ opositor	Otras oposiciones
Hasta 10 Dic/09	34	6	14	10	8
Después 10Dic/09	30	6	17	12	9
Después 10/Dic/11	32	6	17 (UCR)	9	4 (FAP)+ 4

El "cristinismo": consolidación y traspiés

El segundo mandato de Cristina Kirchner prolongó la permanencia en el poder de un proyecto político y sobre todo de una filiación gobernante, al menos por doce años. Ello aunque pueda considerarse que ese proyecto se reformuló a lo largo del tiempo, y aunque su contenido haya experimentado evoluciones imprevistas y no lineales.

Antes y después de las elecciones hubo una primavera kirchnerista. El rostro afable de la presidenta acompasado con una desaceleración del vértigo público y marcado, además por un duelo personal que suscitaba empatía, convergieron para consolidar su centralidad, y una popularidad renaciente que le permitió –junto al tradicional empleo de los recursos del Estado atribuidos o restringidos por voluntad presidencial– un disciplinamiento del movimiento oficialista.

Con la hegemonía electoral e institucional reconquistada, la presidenta acentuó un giro orientado a identificar el proyecto gobernante con un rumbo nacional ineluctable, a procurar disciplinamientos de facto y a extremar su confrontación con los "poderes mediáticos" y con la justicia, en particular con la Corte Suprema que se constituyó, junto a las protestas ciudadanas de la proporción de mega cacerolazos y los reclamos sindicales, en freno efectivo a esos proyectos.

Un sustento vertebral en la construcción del "cristinismo" ha sido la renovación política, que impulsó la presidenta en conflicto abierto o potencial con las redes partidarias tradicionales. Hubo otras renovaciones –como las de una decena de intendencias del conurbano bonaerense conquistadas por postulantes ajenos al "aparato" al frente de listas colectoras que compitieron en muchos casos exitosamente con los caudillos tradicionales en 2007–, pero la de 2011 parecía destinada a impulsar una corriente juvenil orgánica, principalmente la agrupada en La Cámpora y en alguna medida otros movimientos juveniles y sociales –Movimiento Evita, Kolina, entre otros–. Ya en los años precedentes, jóvenes de esa membresía fueron designados en puestos públicos relevantes, pero la primera indicación del rol vertebral atribuido a la corriente –fundada, como ya se ha dicho, por el hijo de la presidenta, Máximo– fue la asignación de lugares relevantes en las listas de diputados nacionales y locales, sobre todo en la provincia de Buenos Aires y la ciudad de Buenos Aires, y en alguna medida también en otros distritos. En el futuro Congreso estos representantes actuarían como un grupo diferenciado dentro del oficialismo (siete diputados nacionales y tres aliados; quince legisladores provinciales; quince concejales; comuneros en la ciudad de Buenos Aires).

El 23 de octubre de 2011, luego de su discurso celebratorio del resultado electoral en el Hotel Intercontinental, como ya se mencionó, la presidenta se dirigió a la Plaza de Mayo, donde se hallaba una multitud de jóvenes militantes y en esa oportunidad reavivó la conexión con esos jóvenes, a los que les asignó una tarea diferente a la institucionalidad partidaria, les pidió "que se organicen profundamente en todo el territorio de la República Argentina, en los frentes sociales, en los frentes estudiantiles, porque es necesario reconstruir el entramado social y político a lo largo y a lo ancho del país, para defender a la patria, para defender los derechos de los más vulnerables. Y, fundamentalmente, para que nadie pueda arrebatarles lo que hemos conseguido y el futuro de todos ustedes". Y para que no hubiera dudas de la conexión que establecía con la juventud peronista rebelde de los setenta –entonces enfrentada con el líder del movimiento–, exteriorizó su identificación con lo sucedido en ese pasado: "me veo yo y lo veo a él (refiriéndose a Néstor Kirchner) hace muchos años en este mismo lugar. Pero también déjenme decirles que los veo en un momento histórico superador de aquellos momentos".

La presidenta procuraba darse un sustento personal, a la vez que mantenía una relación de contención y tensión con los otros componentes del movimiento. Estuvo en primer plano la relación conflictiva con Hugo Moyano y con los líderes sindicales que ejercían presión corporativa, y que desembocaría en el trascurso de 2012 en la fractura de la CGT y el alejamiento del aliado principal. De modo que a pocos meses de la exitosa elección del oficialismo, cinco centrales sindicales lidiaban por la representación de los trabajadores y, por la propia dinámica de la competencia, impulsaban la protesta.

Por otra parte, cuando el gobernador bonaerense Daniel Scioli anunció, en mayo de 2012, su aspiración presidencial para el caso en que Cristina Kirchner no pudiera reformar la Constitución y postularse nuevamente, se abrió otro frente de intensa conflictividad. Aparecía una alternativa en el propio movimiento oficialista que era vista como un desafío a la continuidad del proyecto Kirchner.[12]

La escena política pública iba más allá de las fracturas en el oficialismo. Las oposiciones principales sufrieron en 2011 una derrota que, en un caso –el del peronismo federal– implicaba su desagregación al menos en el perfil hasta ese momento adquirido, y en el otro –la del centenario Partido Radical– la prolongación de una crisis que llevaba quizás casi dos décadas –desde las elecciones de 1995– y que confirmaba la declinación de una identidad política, aunque persistía una presencia territorial en un ramillete de importantes capitales provinciales. Computó un 11% del electorado, lo que no era despreciable en sí, habiendo alcanzado el tercer lugar en la lid presidencial y era aún el segundo bloque por su número de parlamentarios, pero que parecía lejos de lo que había sido en el pasado: una fuerza gobernante o con posibilidades de serlo.

Puede también observarse la emergencia novedosa de una izquierda socialista que proclamaba en la política una identificación con los "intereses populares", en un sentido análogo al del oficialismo, pero en competencia con él. Se trataba entonces de una fuerza emergente, pero

---

[12] Daniel Scioli fue vicepresidente de Néstor Kirchner y luego éste lo impulsó a competir por la gobernación del principal distrito, la provincia de Buenos Aires. Su estilo personal lo diferenciaba nítidamente del confrontativo que caracterizaba a la presidenta; era visto como un líder que podría contar con el respaldo del aparato peronista tradicional y en particular de los intendentes del conurbano hostiles a los movimientos y organizaciones que constituían el entorno de Cristina Kirchner y respaldaban la radicalización de su gobierno. Como gobernador bonaerense gozaba de altos índices de popularidad, mayores que los de la presidenta, lo que era más notorio cuando los de ella se encontraban en baja. La figura de Scioli fue valorada positivamente en los sectores medios urbanos. Desde el anuncio de su candidatura eventual, el hostigamiento del gobierno nacional al gobernador bonaerense fue continuo, incluyendo la privación de fondos a la provincia, lo que desestabilizó su gestión.

que no logró, luego de su formación y debut electoral, estabilizar su composición, aunque continuaba presente en la escena política.

Otra fuerza potencial fue el PRO (Propuesta Republicana), heterogéneo pero de identificación conservadora, que por el momento estaba relegado a un ámbito territorial limitado, el de la ciudad de Buenos Aires, con algunos destellos litoraleños en las provincias de Buenos Aires, en Santa Fe, y en Entre Ríos.

El resultado electoral obtenido por Cristina Kirchner debe ser puesto en esa perspectiva: persistía un electorado fluctuante; en definitiva, una ciudadanía mayoritariamente desconfiada, que había variado en su expresión a lo largo del ciclo kirchnerista y que incluso, a lo largo de 2011 –como electorado– se había pronunciado sin tener siempre en cuenta las etiquetas partidarias, inclinándose por la convocatoria de líderes de diferente filiación, según las elecciones fueran nacionales, provinciales o locales, y aun "cortando boleta" en el mismo acto electoral, de acuerdo a sus preferencias para los diferentes niveles de representación en disputa.

En otras palabras, la presidenta fue reelecta en un contexto específico y ello suponía un respaldo para que continuara gobernando, pero ulteriormente los ciudadanos juzgarían cada uno de los actos de gobierno en sí mismos, puesto que al elegirla, en su mayoría no se habían alineado de un modo permanente en un campo político.

Es la conflictividad cívica, ciudadana y popular –según el caso– la que constituyó un desafío al ejercicio del poder presidencial y no la proveniente de actores políticos organizados. Se trata de una ciudadanía de preferencias fluctuantes, y propensa a expresar su descontento por fuera de los canales formales, auto-representándose, y más en general, un ámbito social fragmentado con demandas multiplicadas que origina una conflictividad recurrente.

De todos modos, en la medida en que la popularidad de Cristina Kirchner era alta y las estrecheces del Estado no se agravaban, la vida política parecía girar en torno al oficialismo. Recursos de lo más variados se ponían al servicio de sus emprendimientos: a las redes militantes y organizacionales conocidas se sumaron muchas otras provenientes de una "politización" o subordinación de las redes estatales, de personalidades del mundo artístico e intelectual, de grupos corporativos del mundo del trabajo y los negocios, como de los movimientos sociales, y hasta redes informales del cyber espacio.

9.
Ciudadanía y gobierno cristinista.
Actores, instituciones y espacio público

La radicalización política de Cristina Kirchner merece un tratamiento diferenciado, pues aunque es tributaria de una concepción del poder que se hilvana con el modo de gobernar precedente, conlleva un giro nítido que además se produce en tiempos en que la ola bolivariana en la región decae.

La radicalización tenía como sustento la fuerte legitimidad que provenía de su rotundo triunfo en 2011, cuando fue reelecta y fomentó la ilusión de que el movimiento y ella en particular se habían fortalecido y sobrellevado las desventuras del conflicto agropecuario de 2008 y de la derrota electoral del 2009; se podrían sentar bases duraderas de una refundación política con la cual asegurarían la permanencia en el poder y sortearían con procedimientos inusuales los impases de la economía estancada.

Continuar con el consumo como motor de la economía en vistas al crecimiento o aún su estabilización se hacía inviable. Una inserción en la economía globalizada requería saldar las deudas pendientes, prerrequisito para fomentar la inversión interna e internacional; pero el déficit fiscal y la inflación ilustraban las dificultades a sobrellevar. La secuencia electoral dificultaba decisiones que –aunque fuese transitoriamente– disminuyeran el gasto público y en consecuencia deprimieran el caudal electoral cristinista que ya en 2013 era de un tercio de los votantes.

Sin embargo, la Presidenta decidió continuar con una política económica sin sustento politizando fuertemente la escena y llegado el momento colocar a los electores ante la perspectiva según la cual debían votar por el candidato designado por ella, pues si votaban por el opositor, las conquistas sociales serían recortadas y otros logros en términos de derechos desbaratados. Aunque no logró el retorno de los disidentes, adoptó iniciativas para extender su poder hegemónico, avanzar en los cambios en la comunicación política que le parecían cruciales, confrontar con el poder judicial y en particular con la Corte Suprema. Esos ejes de conflictividad social con otros poderes ocuparon la escena pública notoriamente en los dos últimos años de su gobierno.

Por otra parte, sus decisiones económicas y la persistencia de realidades no directamente provocadas por el gobierno, pero que afectaban también la economía, le valieron la continuidad del descontento ciudadano y notoriamente el alejamiento del sindicalismo y de algunas organizaciones sociales de origen piquetero que la habían acompañado hasta entonces.

El cristinismo se fue aislando del movimiento kirchnerista –de sus grupos menos afines al poder concentrado y el verticalismo, así como de los pragmáticos que obedecían cuando la líder les aseguraba continuar con apoyo electoral para reelegirse–, cuya heterogeneidad se acentuaría luego de las elecciones parlamentarias, cuando se evaporó la ilusión de crear condiciones favorables, con un cambio constitucional, que permitieran a Cristina Kirchner postularse para un tercer mandato. El ser "Presidente de salida", aunque gozaba aún de popularidad y mantenía la mayoría en ambas Cámaras, la debilitaba en sus conflictos institucionales con los otros poderes, y también favorecía la multiplicación de los disidentes explícitos y potenciales.

Los conflictos y las campañas electorales del cristinismo eran de lucha permanente: las iniciativas de la Presidenta y sus intervenciones públicas la colocaban en una posición de viabilidad que le permitían preservar un poder de decisión, en tanto se prolongase y no designara un candidato presidencial oficialista.

Tanto la Presidenta saliente como los postulantes a gobernar tenían presente la incertidumbre sobre el pronunciamiento electoral. No serían las elites las que definirían el desenlace de la opción continuismo o alternancia que en mayor o menor medida estuvo presente en las acciones de todos durante esos años. El electorado cada vez más alejado de la influencia y el control que en el pasado ejercían los aparatos partidarios es el que consagraría de todos modos un nuevo gobierno. De modo que profundizar el estudio de las diferentes franjas ciudadanas y cómo actuaban en su condición de productores de bienes y servicios, de ser incluidos/excluidos de lo necesario para la reproducción y goce de la vida, o en su condición civil y política, permitirá una mejor inteligibilidad del régimen político y de las formas de sociedad.

La declinación del modelo consumista

El segundo mandato de Cristina Kirchner se caracterizó por una intensa movilización social, ciudadana, sindical y de diferentes oposiciones que constituyeron un desafío al diagnóstico positivo del oficialismo sobre la economía, la política y su evolución futura.

El contraste con los años iniciales del kirchnerismo era evidente. Pese al incremento del gasto público ya mencionado, el crecimiento se estancó en nítido contraste con el alto nivel del PBI en los años precedentes, descendiendo en el periodo 2011-2015 a un promedio anual del 0.2%.[1]

El estancamiento económico estaba condicionado por varios factores concurrentes, pero los más relevantes parecen haber sido, según los diagnósticos de diversas fuentes, la creciente inflación –que para entonces no solo carcomía los salarios, sino que sobrevaluaba el peso para ese periodo en un 25% en relación a la moneda de referencia (dólar) debilitando la competitividad de la economía– y la disminución de las reservas en el Banco Central en circunstancias en que el acceso al crédito internacional estaba vedado o era muy costoso.

Inmediatamente después de la exitosa reelección de la presidenta en 2011 se introdujo el "cepo cambiario" en vistas a proteger las reservas nacionales en dólares que decrecían, pero esta restricción perjudicó a aquellos productores que veían restringida la importación de bienes de capital necesarios, a la vez que incitaba a la fuga de capitales y al mercado negro en el que se abastecían incluso los particulares que buscaban preservar sus ahorros.

En consonancia con la evolución indicada de la actividad económica, los salarios tuvieron una evolución declinante a partir del año 2011

---

[1] Diario *El Cronista*, 30/07/16. Se trata de la estimación del INDEC reestructurado bajo la Presidencia de Jorge Todesca. Una estimación de Ecoviews daba la siguiente serie: 2010: 10.4, 2011: 6.1, 2012: 0.1.1, 2013: 2.3, 2014: -2.5. 2015: 2.4. Roberto Lavagna, entrevistado por Jorge Fontevecchia, estimaba el crecimiento entre 2011 y 2013 en 1.4%, en *Perfil*, 10/11/14. La inflación era creciente –11.2% anual en el periodo 2003 / 2007, 22% para el 2008/2010, y 25% para 2010/2012– poniendo en jaque los ingresos individuales y familiares.

y hasta el fin del mandato.[2] Para los trabajadores informales y para quienes recibían subsidios o contrapartes salariales por políticas estatales, la caída de los ingresos fue mayor aún.[3]

Los intentos de apertura al mundo financiero y al crédito internacional fueron dejados de lado cuando una sentencia del juzgado de Nueva York –a cargo del juez Griesa, que había dirimido el conflicto con los *holdouts* a favor de éstos– no pudo ser suspendida al rechazarse la disposición cautelar solicitada. Esta sentencia hacía imperativo para la Argentina un pago considerado injusto. Una consecuencia de esta decisión era el riesgo de que los depósitos para pagar la cuota correspondiente a los bonistas que habían reestructurado en el pasado fueran congelados por el juzgado neoyorkino.

La posibilidad de acceso al crédito internacional se hizo entonces más remota aún si se hubiese gestionado, pues la Argentina, al no ejecutar el pago, había ingresado en un *default* parcial. Ello pese a que personalidades e instituciones, incluso la presidencia del FMI, consideraron inapropiada la decisión del juez neoyorkino pues creaba un precedente que ponía en riesgo la viabilidad de otras reestructuraciones de deuda[4]. Este cuestionamiento a la legitimidad de la decisión facilitó al gobierno

[2] Javier Lindenboim, director del Centro de Estudios sobre Población, Empleo y Desarrollo da cuenta de una estimación del ingreso de los asalariados hecha sobre la base de las revisiones de información estadística del INDEC promovidas por Jorge Todesca. Para el periodo 2003-2006 el ingreso *per cápita* familiar había evolucionado en 39%, en 2006-2011 en 20% y entre 2011 y 2014 se habría depreciado en un 9%, en El *Cronista*, 08/01/18.

[3] Un plan de promoción del cooperativismo –Argentina Trabaja– creado en 2009 para absorber el desempleo aseguraba un ingreso a los miembros de esas miniempresas como retribución de su trabajo. En el inicio estuvieron involucrados 120.000 trabajadores con una mensualidad de $1200, un poco menos que el salario mínimo, por entonces apenas superior a los $1400. A fines de 2013 los sueldos en las cooperativas eran de $1700, cuando el salario mínimo se había incrementado a $3300, ver Lucrecia Bullrich, *La Nación*, 15/12 /2013.

[4] Hubo dos momentos en que se habilitó una fórmula de reestructuración de la deuda, en 2005 y en 2009, y en total ingresaron en ella 92% de los bonistas, en tanto que los *holdouts* que obtuvieron el fallo favorable poseían el 1% de los bonos originarios. ¿Podía atribuirse a una minoría tan exigua y especulativa la capacidad de litigar obteniendo condiciones de validación de sus bonos que sorteaba todos los términos de las reestructuraciones? El ministro de Economía, Axel Kicillof, procurando evidenciar la disposición negociadora de la Argentina y la voracidad de los buitres, declaró que se les había ofrecido una versión actualizada de lo que obtuvieron los bonistas reestructurados, lo que significaba para los *holdouts* una ganancia del 300%.

dar a ese litigio el rango de una confrontación nacionalista, procurando que su eco se prolongara durante el transcurso de la campaña electoral venidera e incitando a que los candidatos presidenciales mantuvieran el compromiso de ignorar el fallo de un ámbito judicial que había sido avalado por la Argentina al momento de emitir deuda y reestructurarla, y en un litigio en que algunos aspectos del comportamiento de la parte argentina fue puesto en cuestión por expertos argentinos.

Otras decisiones o imprevisiones del gobierno se hicieron sentir en este período próximo a la alternancia presidencial, en particular la improvisación en la política de hidrocarburos que hizo que el país dejara de ser autosuficiente en 2010, importando desde entonces petróleo y sobre todo gas, e incrementara significativamente así el gasto en dólares.

En definitiva, la invocación kirchnerista de "el modelo" y de la década ganada se hizo insostenible pese al incremento del gasto público en 2015, que procuró exhibir la posibilidad de continuar con una economía de consumo que no se sustentaba ni en un crecimiento de la producción e inversiones, ni en el incremento de la productividad.

Los superávits gemelos –fiscal y de comercio exterior– eran un recuerdo del pasado, y en cuanto al consumo, la progresión de la cantidad de pobres e indigentes daba cuenta de la reemergencia de excluidos que en el pasado habían mejorado su situación y sus expectativas. El contraste entre estos años de fin de mandato y los años iniciales de salida de la crisis del 2001 era notorio. Incluso protagonistas del pasado, y aún de ese presente, sostenían la necesidad de abandonar el susodicho modelo en provecho de una economía de inversión incluso procurando mantener una política distributiva, pero afirmando que el consumo no podía más ser el motor del crecimiento.[5]

Carlos Pagni, en su columna de *La Nación*, sostuvo que Griesa como otros jueces neoyorkinos "identifican el interés general con el derecho de propiedad de los acreedores. Y suelen provenir como Griesa de estudios jurídicos que defienden a los bancos. Y agregaba: "Pero la Presidenta y el ministro olvidan que la Argentina aceptó esos árbitros por esas razones, es decir, porque cuando intervienen magistrados que sacralizan la letra de los contratos los que prestan su dinero cobran una tasa de interés inferior. En otras palabras, la afinidad de los Griesa con los acreedores fue, en su momento, un subsidio para los deudores."

[5] Miguel Bein, economista reconocido, y quizás el principal asesor de Daniel Scioli hasta el final de la campaña presidencial, sostenía: "la Argentina tuvo una década muy exitosa pues es la que nos llevó del hiper desempleo al pleno empleo. Es la que llevó de 120 mil autos por año a 900 mil, y de 200 mil aparatos de aire acondicionado frio

El espacio público y la comunicación política

La conflictividad en torno a la acción de gobierno signó en ese período la confrontación en el espacio público –la disputa por la comunicación política– que ponía en cuestión a los medios de comunicación puesto que estos se consideraban decisivos en el alineamiento ciudadano que resultara de las interpretaciones que se afrontaban[6]. Por otra parte, el dispositivo institucional condicionaba, a veces decisivamente, políticas gubernamentales que resultaban revertidas ocasionalmente en el Parlamento y en circunstancias críticas y notoriamente en el par de años que precedieron a las elecciones presidenciales por instancias de la justicia federal y de la Corte Suprema.

Aun constatando la centralidad de una economía declinante y los diferentes actos destinados a preservar el "modelo" o a introducir un rumbo diferente, todos los actores políticos fueron cobrando consciencia de que no se podía concebir la confrontación tan solo en términos de decisiones puntuales y que la interpretación o el diagnóstico y el sen-

calor a 1.700.000 por año. Argentina está en el nivel más alto de consumo de los sectores populares de su historia como nación. Y hablo de los sectores populares, no de los que viajaron a Europa con la vaca en el vapor" (Miguel Bein entrevistado por Jorge Fontevecchia en *Perfil*, 02/03/2014). Pero el mismo Bein que había sostenido la necesidad de un giro, lo reiteraba luego de las elecciones presidenciales: "Cualquiera que llegara al gobierno se tenía que hacer cargo de un país que había perdido 10 millones de cabezas de ganado, 40 mil millones de reserva del Banco Central, que había perdido el autoabastecimiento energético y que tenía cinco mil millones de dólares en negativo, la producción de petróleo y gas declinaba durante los últimos siete, ocho años. Se tenía que hacer cargo de un país que se había consumido los stocks y desde que se habían estatizado la AFJP se había empezado a consumir el Fondo de Garantía y Sustentabilidad de ANSES. Un país que sostenía un nivel de gasto que estaba bien por arriba del nivel de producción. Y que, por lo tanto, si el país no ponía los incentivos en la economía a invertir y producir, no iba a poder crecer". Al ser consultado por Fontevechia si sabiendo que había que cambiar la agenda, no se había cebado la máquina de la economía en 2015, como si se buscara que luego explotase como una bomba, Bein respondió: "Eso es el año electoral, se ceba la bomba" (Miguel Bein entrevistado por Jorge Fontevecchia en *Perfil*, el 02/10/2016).

[6] La creencia en el rol significativo de los medios gráficos y audiovisuales en el estado de la opinión estaba solo parcialmente fundada, en parte porque ignoraba la distancia y relativa alternancia de los lectores y audiencia con los medios, alguno de los cuales estaban alineados, pero con diversidad de periodistas no encuadrados políticamente y sobre todo porque la autorreferencialidad ciudadana se había reforzado con la expansión de las redes sociales y otros recursos provistos por las tecnologías digitales.

tido del rumbo a seguir dependían de argumentaciones convincentes y de personalidades verosímiles y confiables.

El estado de la opinión en toda circunstancia y las oscilaciones de los electores al momento de renovar los mandatos eran los destinatarios y, a la vez, los protagonistas de una confrontación por dar sentido a lo que ocurría. Los líderes intentaban instituir un vínculo representativo procurando esa provisión de sentido y una línea de diferenciación con los adversarios.

Las principales fuerzas políticas contaban con resortes del Estado en sus diferentes instancias, pero esos recursos o redes políticas habían devenido auxiliares de los líderes que lograban establecer un vínculo directo, sin mediaciones, con ciudadanos cada vez más liberados de identificaciones partidarias estables.

Desde la crisis de 2001 en adelante todos los líderes emergentes estuvieron a merced de su protagonismo personal y de los vaivenes de la escena. Néstor Kirchner, Cristina Kirchner, Elisa Carrió, Daniel Scioli, Sergio Massa, Mauricio Macri, María Eugenia Vidal[7] han sido desde el inicio, con matices, figuras instituyentes; en la mayoría de los casos líderes autoproclamados para las candidaturas a las que aspiraban y reconfigurándose desde el poder. Congregaban en su entorno redes

---

[7] Por cierto, Néstor Kirchner logró, sobre todo en el periodo inicial, una popularidad inesperada que le facilitó un ejercicio del poder con poca resistencia, que no provenía de las urnas aunque tampoco de un carisma clásico; Cristina Kirchner instituyó un rumbo radicalizado de gobierno y movilizó en torno a ella entusiastas, cuando desde las elecciones de 2011 ejerció el poder en solitario; Lilita Carrió se hizo célebre como el Catón de la vida política argentina y durante largos periodos, como una Mesías que denunciaba y sobre todo anunciaba un "nacimiento", parafraseando la terminología de Arendt, pero finalmente devino la gran censora que denunciaba los múltiples delitos en la clase política convirtiéndolos en escándalos y a veces logrando su judicialización.

Daniel Scioli gozaba, al incorporarse a la política dentro de la galaxia peronista, de una imagen moderada y pacífica que le valió al momento de llegar a la cúspide del poder un crédito que iba más allá del kirchnerismo; su puesta en escena lo situaba junto a la "gente" y sus necesidades con poca connotación ideológica. Sergio Massa impulsó una renovación política que procuraba –en desmedro de sus orígenes– un *aggiornamiento* modernizante y progresista en lo social que pretendía expandir y encarnar en su acción un gran "centro" político, pero como en el caso de Scioli pretendía hacer propio un legado de políticas sociales. Mauricio Macri se constituyó en el abanderado de la modernización del país y de una promesa de crecimiento con justicia. Es quizás de los mencionados el que más se reconfiguró, renegando de su antigua hostilidad hacia la intervención del Estado en la economía y prometiendo asimismo la preservación de políticas sociales.

políticas que se sumaban al sustento decisivo, su popularidad personal en una parte significativa de la ciudadanía.

Néstor Kirchner pudo creer que los hechos hablaban por sí mismos y algunos de los que generó en sus primeros años tenían efectivamente un sentido implícito fuerte dentro de la consolidación democrática, aunque los hechos son siempre un desafío a la interpretación. La crisis de 2001 y las profundas huellas resultantes de la dictadura militar constituían una agenda de la que Néstor Kirchner se hizo cargo dando continuidad a lo efectuado por Raúl Alfonsín. Su acción de gobierno incluía otras decisiones menos inusuales, las que tuvieron consecuencias en el rumbo de gobierno y constituían opciones, es decir, que podían haber sido encaradas de otro modo. Pero las oposiciones fueron en cierto modo enmudecidas por el éxito de esa presidencia, aunque en su fase final surgieron motivos y oportunidad de desacuerdo y descontento.

Lo cierto es que Néstor Kirchner no había sido afín a la exposición pública de argumentos y de controversia, ausentándose de los medios de comunicación, denegando las conferencias de prensa e incluso las reuniones de gabinete. Ese apartamiento de la comunicación política y de controversia, lo que hubiese supuesto convivencia y escucha de opositores, pero también de descontentos ciudadanos, gremios y corporaciones, se hizo característico del modo de gobernar que contaba con el apoyo de algunos y la tolerancia de muchos, pues el argumento de que el país estaba en "el infierno", es decir en una situación excepcional, tenía eco, y la institucionalización quedaba como una promesa futura con pocos atisbos presentes.

Ese modo de gobernar, hermético, permitía vislumbrar una expansión hegemónica, que se efectivizó con el intento de una "transversalidad" al incorporar a la nueva izquierda surgida en los 90, y ulteriormente con la Concertación Plural, que asoció a cinco de los seis gobernadores radicales al movimiento oficialista, cooptaciones que se llevaron a cabo sin más formalidades que la adhesión de los involucrados; no había programa ni procedimientos de consulta y decisión públicos.[8]

---

[8] El Partido Justicialista era explícitamente desdeñado por Kirchner y carecía de actividad en tanto tal. Recién en 2007, bajo la presión de quienes reivindicaban el peronismo, y de la justicia que requería información de autoridades y procedimientos, se cumplimentaron esos requisitos. Kirchner prefería un ejercicio de poder radial, los encuentros

La preocupación por la comunicación política era escasa. Respecto a los medios de comunicación, la posición del gobierno era de un trato afable y generoso, sobre todo con el multimedia *Clarín*[9], que consolidaba el *statu quo* en general. Sin embargo, una aspiración del multimedia a operar con "triple play" se vio frustrada y se convirtió en un antecedente de la naciente conflictividad con el gobierno.

Pasados los años iniciales, los de la salida del infierno, la evolución del gobierno hacia un horizonte de refundación nacional que tendría al kirchnerismo como un movimiento fuera del cual los actores ajenos serían antipopulares y antinacionales, exacerbó la disputa comunicacional. La confrontación pública dio lugar a considerar que se había delineado una grieta, indicando con ello el grado de antagonismo entre dos campos políticos que, sin caer en un predominio de la violencia sobre las personas, actuaban en vistas a la disolución de su enemigo.

Debe observarse que esta referencia es paradójica. La "grieta" era una alusión apropiada para buena parte de los involucrados en la actividad política, y particularmente cierta para Cristina Kirchner, quien promovió cambios significativos en la institucionalidad política en vistas a un poder más concentrado y verticalista. Pero aun ella como los otros líderes prominentes en el periodo final de su gobierno, Scioli, Macri y Massa, se iban reconfigurando en sus perfiles, propuestas y aliados según lo que sucediese con los malestares y alineamientos ciudadanos, lo

con frecuencia individuales con gobernadores e intendentes y las decisiones en la mesa chica con Cristina, Carlos Zannini y Alberto Fernández.

[9] El diario *Clarín* en su momento, se mostró favorable a la candidatura de Kirchner a la Presidencia y una vez electo éste, Héctor Magneto, el director general del multimedia se reunía habitualmente con él. Esta conveniencia entre unos y otros se reforzó cuando en mayo del 2005 el presidente renovó la licencia de los principales medios. *Clarín* aspiraba a fusionar su proveedora de TV por cable Multicanal con Cablevisión para alcanzar de ese modo una extendida influencia pues la nueva entidad surgida de la fusión que abarcaba el 75% de la TV por cable en el Gran Buenos Aires, el 85% en Santa Fe y el 94% en Córdoba. La Comisión de Defensa de la Competencia aprobó la fusión, en tanto que un dictamen en minoría aconsejaba un desmembramiento para favorecer la competencia en las grandes ciudades.

La Nación en cambio reaccionó a la elección de Néstor Kirchner con varias columnas del periodista Claudio Escribano, una de las cuales recogía un pronóstico formulado en el Consejo de las Américas en Washington —y que él implícitamente suscribía— según el cual la Argentina había resuelto darse un gobierno por un año. Era una primera acción confrontativa que sería calificada de "destituyente", y un antecedente de un tipo de pronunciamiento poco afín con una vocación institucional.

que no se situaba en relación a la delimitación de una grieta. Una fuerte dosis de pragmatismo impregnó la acción de todos. Sin embargo, los alineamientos antagónicos existieron y persisten. El kirchnersimo a lo largo de sus años de gobierno constituyó un sólido núcleo de partidarios. Los beneficiarios de sus políticas se expresaban más pasivamente por el voto unos y también en la participación en movimientos sociales de desocupados y de trabajadores informales otros. Los sindicatos fueron oscilantes, procurando beneficios y amparos ante la acción de la justicia.

El kirchnerismo tuvo un notable éxito político en sectores significativos de la cultura y la investigación científica, entre los artistas y personalidades de la comunicación, incluyendo periodistas. La movilización contaba sobre todo con la incorporación de jóvenes estudiantes y universitarios, facilitada por el control de redes estatales de funcionarios de alcance nacional que permitían también tener militantes a tiempo completo. Esto sustentó la emergencia de agrupaciones como La Cámpora, principal soporte del cristinismo, pero también de movimientos sociales pro oficialistas aunque con cierta autonomía como el Movimiento Evita.

Una militancia kirchnerista en expansión adquirió junto a algunos movimientos históricos de derechos humanos, como Madres y Abuelas de Plaza de Mayo, el rango de entorno de la presidenta. En el movimiento coexistían con los aparatos y redes tradicionales de gobernadores, intendentes y sindicalistas, cuya consistencia en recursos estatales y corporativos de alcance territorial era decisivo para gobernar aunque en buena parte fuesen oficialistas por motivaciones pragmáticas.

La disputa por el espacio público en la que los movimientos y redes oficialistas mencionados actuaron como voceros y movilizadores adquirió un tono antagonista y refundacional en el transcurso de conflicto con el agro.[10] El giro confrontativo con *Clarín* derivó de la interpreta-

---

[10] En ese entonces, aunque la definición del enemigo era la oligarquía (o en una referencia degradada a quienes se movilizaban eran nombrados como "grupos de tareas" –los secuestradores durante la dictadura militar– o como "comandos civiles" –en alusión a los grupos civiles armados que actuaron junto a los militares golpistas para derrocar a Perón en 1955–), esa alusión resultó secundaria pues el enemigo principal que se "descubrió" en ese entonces fue el multimedio Clarín y ulteriormente la justicia federal, al menos algunos integrantes de la magistratura y la mayoría de los miembros de la Corte Suprema. Estos sectores e instituciones eran señalados, uno como la fuente de desinfor-

ción de los Kirchner, quienes conmovidos por la magnitud del conflicto en el que el descontento rural que se extendió mucho más allá del ámbito sectorial, consideraron que dicho conflicto se debía a la trasmisión televisiva continua de las acciones de protesta. Las emisoras del grupo Clarín y en particular, el canal de cable TN, presentaban una pantalla dividida: a un lado las autoridades y al otro los movilizados. De modo que en esa perspectiva, las imágenes, videos y comentarios dan figuración, y en parte, sentido a lo que sucede; los medios de comunicación habrían "producido" el acontecimiento y jugado contra el gobierno.

El gobierno, habiendo experimentado una derrota, quedó inicialmente desconcertado y debilitado pero recuperó capacidad de iniciativa, en primer lugar, al lograr la sanción de una Ley de Medios que fue aprobada en el Congreso con el voto del oficialismo y sectores de la oposición[11]. Este proyecto estaba destinado a una recomposición de pretensiones antimonopólicas y de democratización de la comunicación. Se proponía regular el redimensionamiento de los medios concentrados y principalmente el multimedia Clarín, limitando el alcance comunicacional de cada emisora y acotando el número y tipo de emisoras que pudiese poseer cada empresa, para evitar así el predominio a nivel nacional (ninguna empresa podía tener la posibilidad de prestar servicio a más del 35% de la población nacional), y asimismo la posibilidad de concentración a nivel local. Se procuraba inhibir una concentración solapada entre asociados que se presentaran separadamente para el concurso de licencias. Clarín consideraba que esta ley afectaba derechos y amenazaba la libertad de prensa, arguyendo que la privación o recorte de ciertas emisoras y distribuidoras haría económicamente insustentable la actividad del multimedia. Con esa línea argumental alegó

mación y vocero de la oposición política, y otro como el poder no surgido de las urnas, tal como comenzó a subrayar el kirchnerismo, que con medidas cautelares paralizaba los juicios o, por fallos adversos, retrasaba o descalificaba la constitucionalidad de leyes aprobadas en el Congreso o decididas por decreto del Ejecutivo.

[11] En diputados la ley se aprobó con 147 votos afirmativos, entre ellos los del oficialismo y entre los principales de la oposición, el Partido Socialista, Encuentro Popular y Social y otros bloques pequeños. En el debate parlamentario se introdujeron modificaciones pero que no alteraban su substancia. El reclamo por una ley de medios que reemplazara a la promulgada por la dictadura había sido promovida por una coalición para una radiodifusión democrática que ya en 2004 había presentado un proyecto de ley que se había debatido en foros en todo el país.

judicialmente la inconstitucionalidad de los artículos 41, 45, 48 y 161 de la ley sancionada.

El organismo de ejecución designado, la Autoridad Federal de Servicios de Comunicación Audiovisual (AFSCA) que contaba con mayoría oficialista y dependía administrativamente del Poder Ejecutivo, no prosperó en la ejecución de la desconcentración de los multimedios intimados pues diferentes instancias judiciales adoptaron decisiones cautelares que detuvieron la ejecución de los artículos cuestionados. Algunas de ellas sostenían que sin definición sobre el fondo del tema –la constitucionalidad de la ley– la desinversión prematura podía provocar daños irreversibles. Durante años la validez de la ley estuvo en suspenso hasta que la Corte Suprema en octubre de 2013, después de las elecciones legislativas, resolvió a favor del gobierno y declaró la constitucionalidad de la ley en su totalidad.

La satisfacción del gobierno con esta decisión fue relativa pues la ejecución de la ley se hizo dificultosa y no fue efectiva para Clarín aunque sí lo fue con coherencia dudosa para otros grupos de medios. La ejecución requeriría de una implementación que fue también judicializada, por lo que el grupo Clarín logró preservarse hasta que en 2015 con el cambio de gobierno la ley fue abolida.

Pero la expansión comunicacional impulsada por el propio gobierno ya se había iniciado previamente y se hizo a partir de ese periodo indetenible. Se intensificó el uso de la TV Pública, una de cuyas expresiones fue el programa propagandístico cotidiano 678, destinado a descalificar y ridiculizar a la prensa opositora y a las oposiciones en general. La exclusividad de la trasmisión de los partidos de fútbol (*Fútbol para Todos*) era gerenciada por la Jefatura de Gabinete y ese espacio de gran audiencia solo difundía publicidad oficial.

A su vez, se favoreció la creación o adquisición de una gran variedad de medios de comunicación por grupos privados afines al gobierno. Con todo, la dificultad para alcanzar la difusión comparada con los lectores y audiencia de los medios tradicionales era significativa.[12]

---

[12] Los domingos los diarios pro-gubernamentales pagos vendían un promedio de 23.000 ejemplares cada uno, en tanto que *Clarín* alcanzaba los 513.096. Fuente: IVC. Pero los grupos de empresas pro-oficialistas más significativos estaban liderados por empresarios ajenos a la comunicación, aunque partícipes de los negocios regulados por el gobierno: obra pública, concesiones para casinos, etc. En los últimos años del

La pauta publicitaria, que establece una escala de fondos públicos asignados a medios de comunicación, fue confeccionada con extrema parcialidad en favor de los medios oficialistas, sin tomar en consideración ningún criterio de equidad como puede ser el de la audiencia. Los tribunales intimaron al gobierno a equilibrar los fondos atribuidos, sin que esa exhortación fuese atendida.[13]

Un recurso comunicacional excepcional según las leyes, pero que se transformó en habitual, fue el de las cadenas nacionales. Por ley todos los medios de comunicación –televisivos y radiales– están obligados a transmitir la alocución presidencial.[14] A través de las cadenas, la Presidenta procedía a una verdadera puesta en escena en la que, eventualmente, interpelaba a sus ministros, presentaba jóvenes o emprendedores meritorios instalados en las butacas más cercanas al estrado, alternaba información y argumentación pública con recuerdos privados, así como expresión de sentimientos o de descalificación hacia sus adversarios. La convicción de la Presidenta y del kirchnerismo más ampliamente era que la información sobre la acción de gobierno y en general las "verdades" públicas eran ignoradas o distorsionadas y ella tenía la misión de restituir la información y la interpretación.

Los recursos del no kirchnerismo eran importantes: en la prensa gráfica estaban los tradicionales *La Nación*, *Clarín* y el más reciente periódico de sábado y domingo *Perfil*, que se sustraía más que otros a la polarización, Radio Mitre, en la TV abierta Canal 13 y por cable TN. Otros medios, en cambio, buscaban mantener una posición equidistante. Todos estos medios eran públicamente atacados, muy subdotados en publicidad oficial; incluso anunciantes privados fueron incitados a no contratar publicidad en ellos, y en consecuencia sus recursos mermaban. Pero por cierto, su línea periodística opositora –más allá del grado de libertad de sus principales columnistas- era la de reaccionar ejerciendo "un periodismo de guerra", lo que significaba "escamotear

gobierno de Cristina Kirchner, además de los medios mencionados previamente, se añadieron así nuevos recursos comunicacionales: Radio 10, *Ámbito Financiero*, *Buenos Aires Herald* y otros.

[13] Otros anunciantes gubernamentales que coadyuvaban a los medios oficialistas eran ANSES, AFIP, YPF y Aerolíneas Argentinas.

[14] La alocución presidencial se fue haciendo cada vez más frecuente: en 22 oportunidades en 2012, 15 en 2013, 28 en 2014 y 45 en 2015.

la verdad en ciertos relatos periodísticos" y seleccionar la información según criterios del aludido combate.[15]

De modo que en la segunda presidencia la confrontación se acentuó y el campo de batalla era el de la comunicación política, aunque secundariamente también el de las relaciones de fuerza en la presencia territorial activa. Ambos coexistían en el espacio público.

El poder judicial atravesado por la rivalidad política, pero con eficiencia en contrarrestar el hegemonismo presidencial

El poder judicial como tal, y en particular el federal, por sus atribuciones de injerencia en los actos del poder político, no se caracterizó por su imparcialidad y lejos de ser el ámbito de regulación de la conflictividad fue atravesado por ella, tanto en causas que involucraban a personas y asociaciones como en proyectos de modificación profunda de las instituciones. Ello fue ilustrado por la arbitrariedad y/o la pasividad en substanciar causas que involucraron a funcionarios y empresarios amigos del oficialismo. Asimismo, el cristinismo proyectó reformas institucionales cuestionadas en términos de su constitucionalidad y en torno a ello se suscitó una confrontación que se prolongaría en el tiempo entre el gobierno y la Corte Suprema. Se delinearon campos antagónicos, aunque no todos los magistrados hacían gala de su identificación con intereses provenientes de los actores políticos, y se constituyeron agrupamientos de jueces y fiscales en asociaciones de adscripción político-partidaria implícita y/o explícita, aunque la bipolaridad era limitada y su contorno, fluctuante.

De modo que al margen de las intenciones de sus miembros, el sistema judicial dio cabida en su seno al antagonismo político. Es posible identificar dos áreas: la de las causas judiciales y los proyectos de reforma en aspectos cruciales de la institucionalidad, comenzando por los atributos de los propios poderes enfrentados, y la referida a las causas que comprometían a altos funcionarios, incluida la propia Presidenta y su entorno, a asociaciones ilícitas entre empresarios, sindicalistas y funcionarios por corrupción o transgresión en la ejecución de contratos

---

[15] Entrevista al editorialista de *Clarín*, Julio Blanck, en *La izquierda diario, 17/07/2016.*

o ejercicio de responsabilidades. Un caso muy particular por la gravedad de imputaciones es el del finalmente fallido Memorándum entre la Argentina e Irán recurriendo a un procedimiento inédito que pretendía esclarecer el atentado a la mutual judía AMIA.

Pese a ello, algunos fallos judiciales fueron decisivos en frenar la pretensión hegemónica del kirchnerismo acentuada en la segunda presidencia de Cristina Kirchner según la cual el único poder legítimo era el surgido de las urnas, lo que hacía del gobierno la expresión de una voluntad popular que no podía ser contrarrestada por la justicia federal y por su instancia conclusiva, la Corte Suprema.[16]

Denegación, entonces, de los fundamentos constitucionales que habilitan y descartan, según el caso, los actos de los poderes representativos. El cristinismo acentuó así entonces una visión ejecutivista de la democracia inmediata[17], pues el depositario de una soberanía sin límites sería el presidente/líder y no el pueblo en acto, dos versiones no deliberativas. Por cierto que la desconfianza en las instituciones –ya sean las representativas o bien las judiciales– se ha acentuado, pues la experiencia de los contemporáneos es de frecuente manipulación de los principios democráticos y de las normativas. La sociedad argentina, en particular, percibe los privilegios de los que gozan las elites y en muchos aspectos del marco institucional como un dispositivo protector del *status quo*. Pero para que haya voluntad popular, o si se quiere instancias de poder emergidas y condicionadas por el voto popular, se requieren en cualquier caso marcos institucionales permanentes que, aunque sean ámbitos de distorsiones eventuales, puedan ser objetados y visibilizados, habilitando representantes y gobernantes legales. En otros términos, la Constitución es el marco de legitimidad que proviene de un acto fundacional de un pasado, lejano o cercano, sustentado en lo que fue la voluntad popular en el momento de formación de una comunidad política y que puede experimentar reformas reguladas por la propia Constitución, pero ella constituye el acuerdo fundacional de

---

[16] Por cierto, como la Constitución reconoce una legislación e instancias judiciales internacionales la posibilidad eventual de un tal recurso existe, pero su efectivización es inusual.

[17] Ver el Foco conceptual I "La ciudadanía y la democracia inmediata".

una sociedad política, es decir, asegura derechos y libertades.[18] Y de este modo, un pronunciamiento circunstancial –legislativo o ejecutivo– aunque provenga de una expresión de la voluntad popular puede ser invalidado porque es contrario a la Constitución o porque requiere mayorías especiales para entrar en vigencia.

La justicia federal y la Corte Suprema, en última instancia, tienen a su cargo interpretar la validez constitucional de los actos de gobierno y de la legislación. Esta capacidad de la justicia pone en evidencia que la democracia contemporánea es un régimen mixto, es decir, sustentado en la voluntad popular expresada electoralmente, y también en reclamos y protestas públicas que tienen cada vez más capacidad de veto si expresan un descontento generalizado.[19] La magistratura, como otros cuerpos e instituciones, en particular la clase política, se aparta de la condición común porque es un requisito del ordenamiento republicano que haya árbitros presuntamente imparciales en un caso y representantes habilitados a gobernar en otro. En ese sentido, constituyen una elite con atributos y beneficios que se extienden al ámbito personal, que no son los del ciudadano común. La existencia de tales instancias estatales es imprescindible para que haya comunidad política, para que se respalden los derechos, para que se formen mayorías legítimas para las decisiones de gobierno, y para que haya poderes considerados imparciales que puedan laudar en los litigios institucionales y colectivos; son a la vez un recurso para la implementación de los principios democráticos, y un apartamiento cuestionado de dichos principios. Esa vigencia necesaria de las jerarquías institucionales, no atribuidas a individuos específicos ni ocupadas de por vida ni hereditarias para personas o cla-

---

[18] La Constitución no sería desde la perspectiva aquí apuntada tan solo un texto liminar; constituir supone un modo de vivir juntos que es adoptado y revalidado y son las prácticas, costumbres y deliberaciones ciudadanas las que dan cuenta de la veracidad y vigencia constitucional.

[19] La Constitución tiene enunciados cuya significación ha variado con el tiempo o es materia de interpretaciones complejas. Los actores sociales y políticos promueven la deliberación formal o informal sobre los asuntos públicos, algunos promueven la participación y otros el veto de decisiones proyectadas o incluso ya adoptadas. Y la mayoría de los actores se movilizan en las calles y se consideran la representación del pueblo. Sin embargo, el artículo 22 de la Constitución dice: "El pueblo no delibera ni gobierna sino por medio de sus representantes y autoridades creadas por esta Constitución. Toda fuerza armada o reunión de personas que se atribuya los derechos del pueblo y peticione en nombre de éste, comete el delito de sedición".

nes, es aceptada y a la vez resistida por los ciudadanos contemporáneos. En primer lugar, porque los privilegios sectoriales legítimos y necesarios están entrelazados y con frecuencia subordinados a los intereses o fraudes individuales o a premisas ideológicas que no han sido legitimados en los procesos de convalidación democrática. La referencia a la corrupción, tan asociada al poder contemporáneo, no alude tan sólo a casos individuales o a circunstancias excepcionales, sino al usufructo de privilegios que se han hecho costumbre o que se han habilitado por la informalidad que aparejan los grandes cambios en las sociedades contemporáneas, y que facilita o incluso requiere de los gobernantes respuestas inmediatas que suelen iniciar un modo de gobernar autoritario. En el mundo actual de la hipervisiblidad y de la hipercomunicación, las élites se hacen más visibles aunque cada vez más ausentes y divorciadas de la vida cotidiana. La nueva luminosidad pone a la orden del día modos de gobernar y administrar jerárquicos y diferenciados, pero ajenos a la condición común propia del ideal democrático, y ello se ha hecho insoportable para los contemporáneos. Es insoportable pero también eventualmente incitativo en cada uno a abandonar lo que quede de esos ideales de mundo de semejantes solidarios y a derivar en una sociedad del individualismo patrimonialista.[20]

El kirchnerismo accedió al poder en una sociedad con los rasgos apuntados y afectada profundamente por la debacle de 2001, heredando una desinstitucionalización cuyo primer signo era la propia debilidad en recursos institucionales y de popularidad de los nuevos gobernantes y de los representantes en general. Tomar un rumbo de gobierno era, en parte, saldar deudas político-sociales derivadas de la dictadura de los 70 y de la gran crisis de inicios de siglo, y por cierto, el poder judicial se confrontaba también con esos desafíos.

Ni el poder judicial argentino ni los judiciables han sido ajenos a estos dilemas de la mutación democrática. Cristina Kirchner lo puso en evidencia en múltiples oportunidades –pero de modo confrontativo cuando se aproximaba el fin de su segunda presidencia– con una descripción que tendía no a promover la justicia para sobrellevar sus fracturas y parcialidad, sino para denunciar su condición elitista *per se*, como quedó ilustrado en una carta que respondía con indignación a la

---

[20] Ver Reich (1993).

imputación que le hiciera el fiscal Alberto Nisman de fomentar y encubrir con el Memorándum con Irán que de prosperar eximiría de juicio justo a altos funcionarios de ese país.

La vocación hegemonista del kirchnerismo –entiéndase por ello el ejercicio ilimitado del poder convalidado electoralmente[21], subordinando a los otros poderes y grupos opositores– no fue puesta claramente en evidencia hasta fines de la primera presidencia de Cristina Kirchner. Aunque el apoyo al kirchnerismo en la opinión era consistente pero no aplastante y por momentos fluctuante, adquiría más relieve ante la debilidad y fragmentación de las oposiciones. Muchas decisiones ejecutivas sobrellevaban los grandes problemas heredados de la crisis de 2001.

Las leyes que habían anulado el procesamiento de los inculpados por los crímenes durante la dictadura militar y las amnistías fueron derogadas, de modo que los procesos judiciales cancelados pudieron reiniciarse y otros comenzaron. Quienes habían sido exculpados o no procesados fueron pasibles de nuevos juicios por crímenes de lesa humanidad que por su naturaleza son imprescriptibles. Esa convergencia inicial entre el gobierno y la Corte renovada fue decisiva para imbuir un sentido de justicia que en el pasado había parecido inalcanzable y tuvo un amplio alcance en la evolución de los juicios –procesos y fallos– y costumbres ciudadanas.[22] Pero a la vez, algunos de ellos adoptaron una identificación partidista, y en algunos casos tomaron posición tanto sobre la acción política del pasado como sobre la contemporánea.[23]

---

[21] A diferencia de otros movimientos refundacionales coetáneos, el kirchnerismo solo tuvo un triunfo rotundo en las presidenciales de 2011, y se puede afirmar que la legitimidad de Néstor Kirchner fue posterior a su acceso cuasi accidental a la presidencia, con el 22.4 % de los votos.

[22] Un mérito del kirchnerismo fue el de desalentar y revertir la impunidad, preservando para ello procedimientos republicanos aunque sin reconocer debidamente lo iniciado por iniciativa de Raúl Alfonsín. Los organismos de derechos humanos impulsaron una conciencia y reconocimiento ciudadano de la terrible innovación de la "desaparición de personas", generada por la dictadura militar, procurando el enjuiciamiento de los responsables de los crímenes; al emprender la búsqueda de quienes nacieron en centros clandestinos de detención o fueron apropiados, en alguna medida repararon el daño de la apropiación y sustitución de la identidad.

[23] Ver las contribuciones de Héctor Leis y de Graciela Fernández Meijide (2015) pioneros en impulsar un debate sobre el terrorismo de Estado y la violencia política o incluso militarizada.

Con el tiempo, la Corte Suprema[24] se constituyó en el principal obstáculo institucional a la implementación de la expansión hegemónica.[25] Las tensiones entre el gobierno y una parte de la justicia federal evolucionaron de modo tal que en el segundo mandato de Cristina Kirchner tendieron a devenir sede de un antagonismo, y tuvieron un *in crescendo* hasta las elecciones presidenciales. El propósito de la expansión hegemónica oficialista incluía colocar a la justicia bajo mandato o influencia del poder político y consolidar un núcleo de magistrados adeptos, que asegurase recursos de poder más allá del resultado de las elecciones presidenciales.

Un momento crítico de esta tendencia advino en 2012. El vicepresidente, Amado Boudou, estaba ya encausado por su intervención desde su precedente cargo de Ministro de Economía en las operaciones de quiebra y cambio de propiedad de la empresa gráfica Ciccone, que imprimía la moneda papel nacional. Boudou estaba acusado, junto a otros considerados cómplices y gestores, participar para apoderarse de la empresa. El domicilio del principal inculpado fue allanado y este reaccionó irritado porque ese procedimiento se hubiese efectuado sin su conocimiento previo, querellando al procurador general –que estaba naturalmente al tanto del procedimiento– y con la acusación de que éste había participado en una tentativa de extorsión efectuada por su estudio jurídico de origen.

La desautorización emanada de Cristina Kirchner, contrariada por el modo de actuar imparcial y autónomo del procurador general de la nación Esteban Righi, precipitó su renuncia y culminó con la designación en el Senado con apoyo interpartidario de una nueva procuradora general, Alejandra Gils Carbó, que pronto se revelaría como la impulsora de un giro nítido a favor de los planes de "democratización de la justicia", sobre todo al digitar la asignación de causas a los fiscales y engrosar el

---

[24] Inicialmente de nueve miembros que luego se reduciría a cinco e incluso por unos pocos meses a tres.

[25] Amén de los grandes litigios judiciales y públicos sobre la ley de medios y la reforma de la justicia, la acogida a los reclamos de cumplimiento de la ley del 82% móvil a los jubilados, la observancia de los modos de atribuir los fondos públicos y el cumplimiento de las responsabilidades de empresarios y funcionarios en el control de las licitaciones cuando se radicaban denuncias contra el Estado nacional, fueron parte de una labor con seguimiento irregular por parte de la justicia.

número de fiscales subrogantes que llegaron a ser una parte importante de ese cuerpo judicial.[26] Fue una impulsora decisiva del agrupamiento "Justicia Legítima" que congregaba a jueces y fiscales pro-oficialistas.

Las atribuciones del Ministerio Público se incrementaron decisivamente con la ulterior reforma del Código Procesal Penal que retiraba a los jueces y encomendaba a los fiscales la investigación y conducción de las causas federales. Sin embargo, estas atribuciones no fueron inmediatamente reglamentadas y dieron lugar a conflictos en el interior del sistema judicial.[27]

Pero la innovación mayor, que procuraba subsanar el fracaso en la reforma judicial impulsada en 2013, fue la sanción del Código Procesal Penal que asignaba a los fiscales la tarea de investigación que precedentemente era una atribución de los jueces.[28] Según el nuevo Código, que fue aprobado por el Congreso nacional en diciembre de 2014, esos fiscales empoderados serían designados por procedimientos más laxos que los jueces y una parte de los activos estarían en condiciones de subrogantes pues no se habrían cumplimentado los pasos necesarios para acceder a la titularidad. Este cuerpo actuaría bajo la autoridad de la procuradoría general que es vitalicio y tiene amplias atribuciones para asignar tareas en el ámbito del Ministerio Público Fiscal.[29] Se procuraba así expandir el ámbito judicial con el propósito de condicionar a los

[26] Para febrero de 2015 estos fiscales suplentes eran casi un tercio, 93 de 327. Este segmento de funcionarios se hacía cargo de las fiscalías de manera temporal y sin haber pasado por los concursos, por lo que "no tienen garantizada su inamovilidad en el cargo ya que su remoción queda a criterio de la Procuración General", Olivia Sohr, *Chequeado*, febrero 2015.

[27] En enero de 2015 la Cámara Federal porteña rechazó la designación por la procuradora general de dos fiscales subrogantes. Se trataba del tribunal encargado de las causas de corrupción y una medida cautelar había sido adoptada en primera instancia por un juez federal. El juez de primera instancia –Enrique Lavié Pico– dictó también una medida precautelar que suspendía el nombramiento de 16 fiscales subrogantes. Esta categoría de funcionarios figuraba en el nuevo Código Procesal Penal.

[28] Los fiscales que adquirían esta competencia formaban parte de un ámbito judicial específico y autónomo, el Ministerio Público Fiscal (MPF), organismo extra poder dirigido por la procuradoría que por ese entonces era Alejandra Gils Carbó.

[29] Los altos funcionarios deben cumplimentar concursos de oposición y antecedentes, de donde se deriva una terna que el procurador general presenta al Ejecutivo. El seleccionado en esta instancia ulteriormente debe obtener el acuerdo del Senado por mayoría simple. Pero el procurador general tiene amplias capacidades para designaciones interinas y aun para revocarlas.

jueces, pero a la vez por otra vía, de "politizar" la composición de la Magistratura. El nuevo gobierno en diciembre de 2015 se encontraría con un cuerpo institucional que comenzaría a funcionar recién entonces bajo la nueva normativa y que gozaría de prerrogativas importantes para el funcionamiento judicial.

Durante la segunda presidencia de Cristina Kirchner, las causas que involucraban a los funcionarios públicos y el entorno presidencial, si bien fueron iniciadas, permanecieron estancadas en algunos casos con desacuerdos entre jueces y fiscales sobre la oportunidad de impulsarlas.[30] Una excepción en esta área constituye la acción del juez Claudio Bonadío, quien llevó adelante el juicio por la "Tragedia de Once", el accidente ferroviario involucraba a los funcionarios de la secretaría de Transporte Ricardo Jaime y Juan Pablo Schiavi, a la vez que al concesionario Cirigliano e incluso al maquinista que conducía la formación accidentada.[31] También este juez a cargo de la causa Hotesur tomó algunas iniciativas que se prosiguieron ulteriormente.

Pero la definición judicial de causas que procuraban transformar las instituciones, tales como las leyes de "democratización de la justicia" y la llamada Ley de Servicios de Comunicación Audiovisual, alcanzó en 2013 la definición judicial ocupó el foco de la argumentación o mejor, de la beligerancia pública.

Por ese entonces, se expandió un periodismo de investigación, por momentos sensacionalista, que reveló y dio la palabra en ciertas oportunidades a los propios implicados que siendo testaferros se autoincul-

[30] Que se trataba de un cálculo de oportunidad, lo revela la precipitación con la que se procedió a activarlas con el cambio de gobierno. En septiembre de 2015, poco antes de la alternancia presidencial, la Corte Suprema consolidó la doctrina según la cual pueden reabrirse los procesos que fueron concluidos por negligencia u obstrucción. Es decir, sentencias que se consideraban definitivas podían no serlo si el proceso judicial en que se sustanciaban era calificado como inválido.

[31] Por cierto, dicho juez había exculpado en 2010 a Néstor y Cristina Kirchner de haber infringido la ley en una compra de dólares en el momento en que el valor de esa divisa iba a incrementarse, desechando el alegato de Elisa Carrió y los otros diputados denunciantes que invocaban que la ley que sanciona a los funcionarios que obtengan beneficios por el acceso a información reservada. El fiscal había desestimado la demanda y el juez Bonadío consideró que no podía sino atenerse a la *expertise* consultada y desestimar la denuncia. Ese fallo le fue reprochado por quienes consideraban que había favorecido indebidamente a los Kirchner.

paron. La justicia se vio, según los casos, respaldada o presionada por el estado de la opinión. La magistratura era, al menos en parte, autónoma u oportunista, de modo que algunos expedientes importantes no eran sustanciados pero quedaban pendientes de serlo.

Cristina Kirchner tuvo dos expectativas al promover el paquete de leyes etiquetado "democratización de la justicia". El cristinismo y su entorno estaban imputados por causas que podrían acarrear penas efectivas de reclusión y un mayor descrédito público si los jueces a cargo, muchos de ellos reticentes o escandalosamente negligentes, se decidían a actuar más libremente al producirse un cambio de gobierno. Por otra parte, el sistema judicial, en particular la justicia federal y la procuraduría fiscal, era objeto de una iniciativa de recomposición en busca del predominio kirchnerista, o al menos de una posición de poder duradera, si al peso incierto que se preservara en el poder representativo –fuese o no la Presidencia– se agregaba una expansión en el aparato judicial. En otros términos, el cristinismo no procuraba fortalecer al partido justicialista –que en verdad había tenido una existencia efímera, reiteradamente al borde de perder su reconocimiento legal– ni crear una nueva fuerza política tradicional pues para la popularidad debía contar con líderes, sino el contar con segmentos del Estado que estuviesen instalados en la política y la administración, o bien instancias del sistema judicial. En muchos distritos los recursos formalmente públicos eran exclusivamente partidarios. Y en esa perspectiva deben verse las acciones de reforma de la organización judicial que se habían emprendido, pues una vez instalados eran cuasi inamovibles y vitalicios en algunos casos e instrumentales si estaban desprovistos de las normas constitucionales que sustentaran una autoridad autónoma y eficiente distinta a la representación política popular; en esta dirección apuntaba la "democratización de la justicia".

Algunas de las leyes del paquete de "democratización de la justicia" impulsaban efectivamente una revisión de las prácticas corporativas y amiguistas en el reclutamiento de empleados y funcionarios de menor rango, como la publicitación de las declaraciones juradas de los magistrados -lo cual parecía destinado a dificultar la corrupción-, y facilitaba el seguimiento de las causas judiciales por los involucrados y el público en general; en otras palabras, fomentaba la transparencia. Pero la significación de esas leyes se hacía poco relevante al quitársele a la institución judicial su composición con integrantes seleccionados según un principio de excelencia, lo que acreditaba su competencia exclusiva de custodia de la Constitución, interpretándola y eventualmente vetando leyes o decisiones que desconocieran o alteraran lo consignado en la Carta Magna, en su letra y en su espíritu.

La limitación en los plazos –seis meses– para las cautelares en las causas en que se debiera producir sentencia sobre decisiones o leyes del poder político (Ejecutivo, Parlamento, etc...) fue inaceptable para el tribunal supremo; otra que corrió la misma suerte fue la ley que propiciaba nuevas Cámaras de Casación en diferentes fueros que no contaban con esa instancia. El argumento esgrimido por el oficialismo era la posibilidad de que con esas instancias suplementarias la Corte estuviese aligerada en la cantidad de expedientes que de otro modo requerían su tratamiento. Los críticos del proyecto oficialista veían en esta multiplicación de Cámaras el incremento de vacancias que podrían ser provistas por adeptos al oficialismo.

Pero por sobre todo, el proyecto propiciado modificaba completamente la composición del Consejo de la Magistratura, organismo a cargo de los concursos de admisión y de enjuiciamiento de los jueces. Se disponía que los diferentes estamentos –jueces, abogados, académicos– fueran designados por voto popular –12 de los 19 previstos en esa ley– en elecciones generales de representantes políticos, y postulados en las listas de los diferentes partidos concurrentes. De ese modo, la condición de expertos, especialistas o catedráticos estaría velada o relegada por la pertenencia política partidaria y su perfil definido por lo que se argumentara o prometiese durante la campaña electoral.

Aunque los partidos políticos opositores se opusieron infructuosamente al paquete, su reacción no fue estentórea, pese a que se trataba del eventual avance en un cambio de régimen político, y que el sueño de un poder hegemónico estaba ahí al alcance potencial de procurarse mayorías en los tres poderes. No mayorías implícitas o encubiertas, como pudo haber sido en el pasado, o las derivadas de los acuerdos senatoriales para las designaciones de los jueces supremos que suelen tener un componente de afinidad y de negociación partidista, pero que había sido más atenuado por el modo expositivo y deliberativo que Néstor Kirchner había impulsado en su momento para la confirmación senatorial.

Se convertía a los magistrados, supuestos eméritos de un saber y de una trayectoria, en representantes emergidos de la expresión circunstancial de la voluntad popular y condicionados quizás por los tejes y manejes de los líderes predominantes que confeccionarían listas de conveniencia facciosa, como había sido el caso para las postulaciones de diputados nacionales y más aún de representantes en UNASUR.

Esta iniciativa de "democratización" –como otras que ponen en cuestión a las elites, pues la magistratura judicial conforma una elite– puede sintonizar con la desconfianza ciudadana hacia quienes tienen atribuciones especiales y privilegios, y algunos de cuyos miembros suelen recaer en pronunciamientos de parcialidad o aun en tramas de corrupción. Por otro lado, los contemporáneos, sean o no afines a participar como audiencia asidua en la comunicación política, están alertas ante lo que sucede y están dispuestos a la movilización crítica. Las instituciones heredadas son, en ese sentido, objeto de un desapego fundado y ello mismo es lo que las hace posibles y no tan solo necesarias. Una democratización de la justicia como la implícita en el proyecto kirchnerista hubiese derivado en una democracia electoral plebiscitaria, privando al ámbito institucional y público de instituciones diferenciadas y contradictorias que pudiesen coexistir con observatorios críticos emanados de la sociedad en diferentes ámbitos de las políticas públicas. Esa evolución hacia la democracia continua con componentes de autorrepresentación ciudadana, no supondría la supresión de las elites especializadas, pues ello es simplemente imposible, pero estas cúspides podrían ser cuestionadas y rectificadas o renovadas a partir de la centralidad de la iniciativa ciudadana, y eso es lo que está comenzando a suceder.[32]

[32] En otra sección se desarrolla el argumento sobre el carácter mixto de la democracia, sobre cómo las elites permiten regular la vida pública como depositarias de la acción gubernativa, de la imparcialidad y de la reflexividad en torno a los principios constitutivos de la democracia. Esas instancias, estatales unas, públicas otras, podrían ser elites que se recompusieron regularmente basadas en principios específicos y no en lealtades o complicidades personales que sean entonces elites de mérito y de acción delimitada, y no aristocracias en el sentido de las pertenencias por cuna de los poderosos, como era característico del *Ancien Régime*. En las sociedades contemporáneas es la centralidad de la ciudadanía, electoral, deliberativa y eventualmente de veto la que puede prevalecer por sobre las tentaciones elitistas de predominio. Sin embargo, la desconfianza y el malestar contemporáneos se generalizan, llevando por momentos a rebeliones antijerárquicas porque se vive y se sufre un crecimiento de las desigualdades que atañe a la distribución de bienes, pero también y quizás sobre todo en muchas sociedades, al

El debate sobre la reforma judicial abarcó una parte del periodo pre-electoral del año 2013. El punto más álgido –la introducción del voto popular como fuente de selección y legitimidad del Consejo de la Magistratura– fue anunciado por la Presidenta en la Asamblea Legislativa en marzo de ese año. Desde entonces se delinearon los campos antagónicos. La procuradora Gils Carbó declaraba en ese momento la vocación de un cambio radical, dada según sus palabras, la realidad "ilegítima, corporativa, oscurantista y de *lobbies* aceitados" del sistema judicial.

Los partidos opositores manifestaron su oposición a las leyes del paquete de democratización de la justicia y desarrollaron una denuncia pública desde una carpa blanca instalada frente al Congreso nacional una vez que el proyecto comenzó a tener estado parlamentario. Pero cuando el proyecto fue aprobado por ambas Cámaras, incluyendo la cláusula de proceder a elegir los miembros del Consejo de la Magistratura en las inminentes elecciones, los principales partidos comenzaron a proceder para adecuarse a la normativa.

Entretanto el presidente del Colegio Público de Abogados, Jorge Rizzo, interpuso un amparo en el fuero electoral; la jueza a cargo, Servini de Cubría, pronunció la inconstitucionalidad de la ley cuestionada dejando sin efecto el llamado a elecciones. La Corte Suprema requerida en *per saltum* rechazó tal recurso pues afectaría otros aspectos de las elecciones nacionales. Pero poco antes de las elecciones legislativas en las que esta reforma debía ponerse en marcha, la Corte Suprema declaró su inconstitucionalidad, poniendo de relieve la gravedad de algunas de las leyes sancionadas, en particular la relativa a la fuente de legitimidad y composición del Consejo de la Magistratura. De la sentencia se desprende una argumentación que reitera la diferencia entre los expertos imparciales cuyo sustento es la custodia de la Carta Magna y los límites que interpone ante los otros poderes y los repre-

desconocimiento de la común condición de semejantes; se coexiste en un mundo de explosión de posibilidades en el que las riquezas para la sobrevivencia y para la creatividad superan las necesidades, pero esas riquezas se hallan al menos parcialmente acaparadas. Buena parte de nuestros contemporáneos viven en la pobreza en un sentido general y otros en la estricta sobrevivencia. La justicia como principio y las instituciones que se prevalen de preservar y promover derechos tienen una centralidad que excede las causas judiciales que se tramitan.

sentantes –sea el Ejecutivo o sea el Congreso– que legislan y gobiernan pero delimitados por el pacto fundacional. Dice el fallo de la Corte que si los jueces hicieran campaña política partidaria sería "desconocer las garantías que aseguran la independencia del Poder Judicial frente a los intereses de Poder Ejecutivo, del Congreso o de otros factores de poder, en la medida en que obliga al juez a aspirar a consejero u optar por un partido político".[33]

El gobierno, ante un fallo que contrariaba el rumbo deseado y más aún, desde fines de ese año, ante la realidad de ser minoría electoral aunque mantendría la condición de primera minoría en el Congreso, procuró encaminar reformas parciales afines al mismo objetivo fallido, contando con la actividad del Ministerio Público, pero sin poder innovar en los juzgados por no contar con mayoría especial en el Consejo de la Magistratura.

En el año electoral el oficialismo se encontró con un desafío mayor. El fiscal Alberto Nisman, a cargo de la investigación sobre el atentado a la AMIA, presentó en enero de 2015 ante el juez Ariel Lijo una denuncia contra la Presidenta acusándola de ser parte "de un plan delictivo destinado a dotar de impunidad a los imputados de nacionalidad iraní acusados en dicha causa, para que eludan la investigación y se sustraigan a la acción de la justicia argentina con competencia en el caso". El documento que instrumentaría esa connivencia era el Memorándum de entendimiento entre Irán y la Argentina, que ya había sido avalado por el Congreso argentino a instancias de la Presidenta[34]. El 19 de enero el

[33] Y formula finalmente una apreciación contundente sobre las ambiciones de hegemonía que traspasan el ámbito democrático en dirección eventual a otro régimen político: "La doctrina de la omnipotencia legislativa que se pretende fundar en una presunta voluntad de la mayoría del pueblo es insostenible dentro de un sistema de gobierno cuya esencia es la limitación de los poderes de los distintos órganos y la supremacía de la Constitución". Fallo del 18/06/13.

[34] Cristina Kirchner había anunciado la firma del "Memorándum de entendimiento Argentina-Irán" el 27 de enero de 2013. Para fines de febrero el Congreso lo había ratificado por 131 a 113 votos en diputados y 39 a 31 en senadores. La principal disposición del documento preveía la formación de una comisión de la verdad con cinco comisionados de prestigio internacional y dos miembros designados por los países firmantes. El juez Canicoba Corral y el fiscal Alberto Nisman podrían interrogar a los imputados. Pero luego del impulso argentino se sucedieron las reservas iraníes. El vocero de la cancillería iraní anunció que el Ministro de Defensa de ese país acusado de ser el inspirador del atentado no declararía ante las instancias programadas en el acuerdo. Unos meses después el Presidente iraní refrendó el Memorándum pero no lo envió al Parlamento

fiscal Alberto Nisman debía comparecer ante el Senado para explayarse sobre su denuncia, pero el día anterior fue hallado muerto en su domicilio, siendo la calificación del hecho aún motivo de investigación[35].

Después de la denuncia y el fallecimiento del fiscal, el juez Rafecas dictaminó que la denuncia de Nisman era insostenible. Aunque las pruebas contenidas en la presentación de Nisman parecían también para otros juristas insuficientemente sustentadas, lo cierto es que el denunciante falleció antes de poder alegar y de que sus archivos pudiesen haber sido inspeccionados o alterados en coincidencia con su muerte. La alternativa hubiese sido, según se reclamó en su momento, que se abriese la denuncia e investigación, y es lo que promovió el fiscal Pollicita a fines de febrero, apelando lo decidido por el juez en primera instancia y manteniendo los cargos formulados, pero sin hacer referencia a traición a la patria.

Convocada por fiscales federales y jueces se realizó una multitudinaria marcha de homenaje a Nisman el 18 de febrero a un mes de su fallecimiento. Como se trataba del homenaje a un fiscal que había formulado contra Cristina Kirchner, el Ministro de Relaciones Exteriores Timerman y otros una grave acusación y en cuanto a que su muerte se presumía un posible asesinato, la Presidenta tuvo una reacción contundente. En una carta del 21 de febrero descalificó la marcha en homenaje al fiscal, tildándola de una actividad de una nueva oposición, la del "partido judicial que suplantaba a los golpistas del pasado con otra envergadura (…) Articula con los poderes económicos concentrados y fundamentalmente con el aparato mediático monopólico. Un superpoder por encima de las instituciones surgidas del voto popular", y agregaba: "Un partido judicial que declara inconstitucional un tratado

para su convalidación. En noviembre de 2013 el nuevo Presidente requirió que las autoridades argentinas solicitaran la anulación del pedido internacional de captura de los imputados iraníes. Ante la negativa de Interpol a ese requerimiento el tratamiento iraní del acuerdo se congeló, sin que fuese tratado por el Congreso. En Argentina el Memorándum fue considerado inconstitucional por la Cámara Federal II, lo que fue ratificado por la Cámara de Casación en diciembre de 2015.

[35] La última de las varias pericias forenses concluyó taxativamente que se trató de un homicidio, y en consecuencia la causa de su muerte está en curso.

firmado por el Ejecutivo y ratificado por el Parlamento". Además de ser un partido sería opositor y destituyente del gobierno[36].

La acusación implícita de golpismo formulada por Cristina Kirchner conducía al antagonismo frontal. Poco después en la inauguración del año parlamentario, repetiría estas acusaciones que por cierto oponían principios de legitimidad de los poderes existentes.

El presidente de la Corte, Ricardo Lorenzetti, no podía ignorar las acusaciones y el desafío, de modo que pocos días después de esa carta y del discurso presidencial del 1 de marzo, en la inauguración del año judicial, sostuvo un argumento republicano enérgico en respuesta implícita a la presidenta: "La Corte no tolerará ninguna acción extrema que ponga en riesgo el Estado de Derecho", expresó y reiteró que los poderes del Estado tienen competencias diferentes y que "el Poder Judicial debe poner límites". Pidió asimismo una actitud madura en la cooperación entre los poderes.

Los actos de la Corte continuaron en la preservación de sus funciones. A fines de abril de 2015 cuestionó la designación de conjueces pues no cumplían el requisito de haber sido designados por el Senado con la mayoría apropiada.

En los primeros meses de 2015 se especulaba con la posibilidad de que se aumentase de cinco a nueve el número de miembros. En ese entonces eran cuatro y una vacancia, y hacia fin de año se sumaría una segunda vacancia por el retiro del juez Carlos Fayt, que había accedido a la demanda de dimisión arguyendo formalmente su muy avanzada

---

[36] Manifestó la Presidenta: "Allí está el verdadero hecho político e institucional de la marcha del 18F: La aparición pública e inocultable del Partido Judicial, nuevo ariete contra gobiernos populares, que suplanta al Partido Militar en el rol que, en el trágico pasado, asumiera respecto de gobiernos con legalidad y legitimidad democrática.

"Ya no se trata de golpes violentos que interrumpen el funcionamiento de las instituciones y de la Constitución. La modalidad es más sofisticada. Articula con los poderes económicos concentrados y fundamentalmente con el aparato mediático monopólico, intentando desestabilizar el Poder Ejecutivo y desconociendo las decisiones del Legislativo. O sea un super poder por encima de las instituciones surgidas del voto popular".

E introduce más adelante una ironía en la que mezcla las atribuciones republicanas de los jueces con privilegios discutibles: "Es el Partido Judicial que no va a elecciones, cuyos miembros no pagan impuestos, tienen sus funciones y prerrogativas de por vida, y en algún caso están por cumplir un siglo. Decime si no te dan ganas de ser juez". (Carta del 22 de febrero y discurso del 1 de marzo de apertura de sesiones parlamentarias).

edad con la astucia de fechar su retiro para el día de la transmisión del mando presidencial.

Esta decisión de ampliación y consiguiente recomposición de la Corte podía provocarse si el contexto político lo permitía, pues para incrementar el número de miembros bastaba con alcanzar una mayoría simple en el Senado. De ahí la importancia de los conjueces que podrían llenar vacancias en tanto se procedía a los trámites que requería el concurso para los miembros titulares de la Corte.

Sujetos socio-políticos. Sindicalismo, piqueteros y caceroleros

Un giro socio político se efectivizó desde los inicios de la segunda presidencia de Cristina Kirchner reavivando la fluctuación de las identificaciones partidarias de la ciudadanía y la efectivización de cacerolazos, en tanto que los sectores corporativos de trabajadores realizaron paros generales, inéditos durante los primeros años del kirchnerismo, y las organizaciones de trabajadores informales, desocupados y excluidos expresaron con una sola excepción, demandas específicas con sus propias movilizaciones callejeras.[37]

Diversos factores influyeron en esa evolución, pero lo dominante fue la persistencia en vincular un modelo popular con una estrategia consumista que ya no se sustentaba en el crecimiento económico ni en la expansión de las exportaciones, por lo que no tenía consolidación productiva ni recursos fiscales suficientes y que culminaba un ciclo en

[37] Esta distinción entre ciudadanos y pueblo es sin duda cuestionable, y se emplea aquí con el fin de distinguir movilizaciones distintas en su gestación y cuyos participantes pueden diferenciarse por su condición socio-cultural. La condición ciudadana es propia de todos quienes gozan de derechos políticos, pero aquí reservamos esa denominación a los actos producidos con independencia de las organizaciones corporativas y caracterizados en el contexto al que aludimos, de una sociabilidad que es la que proveen las redes sociales de Internet por lo que los vínculos entre los participantes de los cacerolazos son virtuales. Pero los actores mencionados se superponen con frecuencia y los cacerolazos no movilizan tan solo a profesionales o empresarios, sino que muchos asalariados y excluidos forman parte de ellos. La naturaleza de unos y otros eventos es diferente aunque los participantes individuales pueden superponerse. Por cierto que la ciudadanía conforma una arena de individuos y grupos que los actores sociales y políticos procuran captar, en tanto que la referencia al pueblo alude a un presunto sujeto ya sean los trabajadores o los de abajo al que le atribuyen algunos actores una sustancia o identidad de la que se derivaría un proyecto político que le sería inherente.

que el interrogante sobre la sustentabilidad del rumbo económico y de la mejora durable de las condiciones de vida no había sido debidamente contemplado.[38] A la vez, el éxito contundente en la renovación del mandato de la presidencia alentó una radicalización política, una suerte de revolución desde la cúspide confiada en la popularidad de la Presidenta, lo cual alejó o puso en suspenso el apoyo a sectores importantes del movimiento oficialista –buena parte de los sindicatos y sectores urbanos profesionales o del medio artístico e intelectual que la habían sustentado activa o electoralmente. El sindicalismo, que se había extendido y reestructurado durante la expansión en los años de gobierno kirchnerista, se fragmentó luego bajo la presión gubernamental, y su núcleo más pujante –que devino opositor– contaba con el sindicato de Camioneros y frecuentemente con los conductores de vehículos de pasajeros, así como parte de los ferroviarios, lo que posibilitó en los años iniciales de la segunda presidencia la realización de protestas y cuatro paros generales de amplia repercusión.

El otro foco de activismo provenía de la reacción ciudadana espontánea –sin encuadre ni convocatoria de organizaciones– a las reformas "refundacionales" del régimen político que aparecían como dirigidas a consolidar un poder hegemónico, así como ante decisiones administrativas y económicas que acarreaban el incumplimiento persistente de la propia enunciación básica del modelo que en el pasado había favorecido altas tasas de crecimiento.[39]

[38] Paula Abal Medina (2016) cita una reflexión de Perry Anderson que aludía a Brasil pero que ella hacía extensiva a la Argentina: "La compra de productos electrónicos, de electrodomésticos y vehículos despegó (los autos a través de estímulos fiscales), mientras que el suministro de agua, las carreteras pavimentadas, los autobuses eficientes, el tratamiento de aguas servidas, las buenas escuelas y hospitales fueron descuidados. Los bienes colectivos no tuvieron una prioridad ni ideológica ni práctica. Así que junto a necesarias y genuinas mejoras en las condiciones de vida, el consumismo en su sentido más deteriorado se propagó por toda la jerarquía social, desde una clase media bombardeada con publicidad y centros comerciales, en niveles elevados incluso para estándares internacionales".

[39] La base de la prosperidad provendría del superávit del balance comercial y el superávit fiscal. Pero el país, a consecuencia de la inflación, no contaba con términos de intercambio que hiciesen los productos argentinos exportables pues el peso real estuvo permanentemente sobrevaluado, y el cepo, que restringía el acceso al dólar, perjudicaba tanto a ahorristas como a quienes debían importar bienes de capital o componentes de productos manufacturados.

Entre 2012 y 2013 se llevaron a cabo en Buenos Aires y en otras grandes ciudades masivos cacerolazos, que expresaban un creciente malestar. Estas movilizaciones convocadas esencialmente a través de las redes sociales se caracterizaban por la espontaneidad y la ausencia de liderazgos. Los caceroleros eran adversos a la participación de políticos o sindicalistas en tanto tales e incluso eran escépticos y hostiles hacia la representación existente por lo que las interpretaciones tradicionales los tildaban de apolíticos. Pero su preocupación por los asuntos públicos parecía no estar simplemente sustentada en intereses egoístas. De todos modos, suplían expresiones públicas ausentes de tal modo que constituían no una representación, pero sí una figuración que las encuestas habían anticipado pero que la visibilidad de la calle les daba un alcance y provocaba una sensibilización diferente. Esos cacerolazos, heterogéneos en la diversidad que mostraban y hasta cierto punto en su composición socio-cultural, estuvieron signados por la negatividad y lo que tenían en común era el malestar e incluso el rechazo ante decisiones de gobierno, sin que los participantes aludieran forzosamente a dichas decisiones.

Por fuera de lo más visible desde el espacio público común a todos, ha existido un amplio mundo de precariedad[40] que sin embargo no permanecía enteramente en el silencio. Diversas organizaciones sociales autopromovidas las menos, y otras impulsadas por redes políticas o sindicales que se sumaban a los tradicionales y oscilantes "solucionadores de problemas" (los punteros), procuraban expresar las demandas y obtener recursos que alivianaran los problemas derivados de la precariedad de las condiciones de vida a través de movilizaciones públicas.

Los gobiernos kirchneristas procuraron mejorar las políticas asistenciales con un embrión de planes de trabajo para aquellos que pudieran asumirlos. Las organizaciones asistenciales promovidas por el gobierno y las que existiendo previamente se sumaron fueron captadas con la creación de subsecretarias del Ministerio de Desarrollo Social asignadas a dirigentes piqueteros, siendo algunos más beneficiarios que otros de la atribución de fondos y parte de los planes existentes.

---

[40] Como ya se indicó, durante el ciclo kirchnerista se creó empleo, aunque en los últimos años se trató sobre todo de empleo público de modo que el número de desocupados disminuyó drásticamente, pero sin embargo la pobreza alcanzaba a casi uno de cada tres argentinos y era notablemente mayor entre los jóvenes.

Esas organizaciones, en competencia las unas con las otras y con los punteros de la tradición peronista, ilustraban una focalización territorial de la ayuda social. Podían ser consideradas como prolongación del aparato estatal pues distribuían recursos provistos por el Estado; sin embargo, ellas se consideraban como agentes de una inflexión en el Estado pues promovían en la gestión una militancia con criterios en disputa con los técnicos y burócratas de los Ministerios.

Pero desde la promulgación del decreto que creaba la Asignación Universal por Hijo en 2009, este nuevo canal distributivo y exitoso presuponía un ejercicio de derechos no mediados por organizaciones *ad hoc*. Por cierto, la gestión individual de los beneficios requería a veces la intermediación de quienes podían informar y sabían ejecutar la gestión individual, lo que favorecía la persistencia de "colectivos populares". De modo que algunos dirigentes de la asociatividad popular renunciaron a sus posiciones como funcionarios de Estado y las organizaciones se focalizaron en el suministro y actualización monetaria de planes laborales en cooperativas y en la administración de planes de vivienda.

Las franjas activas del "pueblo" y de la "ciudadanía" bajo diferentes modalidades de expresión, tanto virtual como territorial con organizaciones jerárquicas o con autonomía y vínculos de horizontalidad, fueron protagonistas del clima social, expresaron e influyeron en el estado de la opinión y la predisposición de los electores. Los actores políticos y en particular los candidatos se fueron reconfigurando según lo que era verosímil para establecer un vínculo representativo electoral. Incluso algunos de los actores ciudadanos y populares mencionados procuraron convertirse en actores políticos. Las sucesivas elecciones dieron cuenta de la evolución del régimen: centralidad de una ciudadanía/electorado fluctuante en sus preferencias políticas que condicionó la propia oferta política de unos y otros.

El sindicalismo

El sindicalismo recuperó fuerza desde la presidencia de Néstor Kirchner luego de su notorio debilitamiento en los años 90. Aunque en el periodo inicial el Presidente decretó incremento de salarios con sumas fijas, ya en 2006 habilitó por decreto los convenios colectivos por rama de actividad entre trabadores representados y directivos empresarios para acordar salarios y condiciones de trabajo. En esos años en que el ingreso de los asalariados se incrementó en términos reales, la conciliación obligatoria que llevaba a que el Ministerio de Trabajo dirimiera los desacuerdos, fue menos frecuente que en el pasado.[41]

El sindicalismo convergente en la CGT –que se fraccionaría en varias centrales sindicales en la segunda presidencia de Cristina Kirchner– recuperaba un poderío renovado con la importancia adquirida por los gremios en expansión desde los años 90, Camioneros y Construcción en consonancia con los cambios en la estructura productiva y la desarticulación de la red ferroviaria nacional.

Camioneros, liderado por Hugo Moyano, de tradición combativa cuando la mayoría del sindicalismo se había plegado a las privatizaciones y desregulaciones de Menem, fue favorecido durante el gobierno de Néstor Kirchner de modo que el número de afiliados a su gremio creció no tan solo por los beneficios que proveía, sino gracias a la captura de afiliados pertenecientes a sindicatos de otras ramas de actividad en las que conducir camiones era una actividad subsidiaria. El contingente de afiliados pasó de 50.000 a 160.000.[42] Construcción, otro fuerte aliado del kirchnerismo –luego disidente– incrementó sus afiliados de 60.000 a 300.000.

La mejora de los salarios de convenio fue importante y con frecuencia superó a la inflación[43], pero según las ramas de actividad el porcentaje de incremento variaba, por caso en 2015 oscilaba entre un 27 y un 39 %.

De modo que la expansión sindical contaba con un núcleo de grandes gremios –a los mencionados debe agregarse la Unión de Trabajadores Automotores (UTA), que agrupa a los choferes del transporte de pasajeros– con capacidad y cohesión como para desafiar al gobierno y paralizar la actividad del país, lo que comenzó a experimentarse desde antes

---

[41] Estos convenios regían en 2009 para el 50% de los asalariados. (Etchemendy, 2008).

[42] Damin y Marinaro (2016). Ossona, por su parte, sostiene que pasó de 27000 a 220000 en *La Nación*, 22 de febrero de 2018.

[43] Camioneros obtuvo el mayor porcentaje de aumentos salariales entre 2006 y 2010 y ese convenio fijaba de hecho el techo para los incrementos en todas las ramas de actividad.

de la segunda presidencia. Esa capacidad no se debilitó pese a la aludida fragmentación del sindicalismo que no afectó a los grandes gremios.[44]

Pero si bien los gremios se fortalecieron y durante los primeros años del kirchnerismo obtuvieron mejoras importantes para los asalariados, la organización era un considerable dispositivo superestructural que proveía también servicios propios de lo que en otras sociedades fue o era el Estado de bienestar, notoriamente obra social con servicios de salud y turísticos. Por otra parte los sindicatos eran reacios a promover una representación específica en las empresas, de modo tal que 86% de las empresas y el 61% de los asalariados carecían de representación inmediata.[45] Este carácter superestructural del aparato sindical respondía a una vocación de control antipluralista; en algunos casos el esquema fue sorteado por la emergencia en grandes empresas de delegados de "izquierda radicalizada" en sintonía con alguna de las dos CTA, que condicionaban a los liderazgos tradicionales.

Dos acordadas de la Corte Suprema facilitaron cierto pluralismo en la representación y acentuaron el cuestionamiento al modelo sindical. Un fallo del año 2008 habilitó la representación de delegados de empresa aunque estos no pertenecieran al sindicato que detentaba la personería gremial en la rama; y en 2009 dictaminó la tutela legal de sindicatos aunque estuviesen solamente inscriptos en el Ministerio de Trabajo, es decir, sin personería gremial.[46] Todos los sindicatos obtenían un financiamiento sustantivo proveniente de las cuotas sindicales (entre 2 y 3% del salario bruto de los afiliados) pero también del manejo discrecional de las obras sociales y de la red de otros servicios sociales que proveían.

---

[44] La reemergencia del sindicalismo se vio acompañada por una fragmentación debida a la diferenciación de especialidades laborales y sobre todo a la emergencia de una central sindical –la CTA– ya existente en los 90, que tenía mayoría entre los estatales y maestros (ramas en las que coexistían varios sindicatos), gremios de reclamos y conflictividad frecuentes, que repercutían ampliamente –aunque de un modo diferente que los del transporte– en la vida cotidiana de todos. La CTA desde sus inicios se proponía organizar y representar no solo en los lugares de trabajo sino en los barrios, es decir, ir más allá de los asalariados formales haciéndose cargo del gran número de excluidos del trabajo formal y de los desocupados.

Sobre la multiplicación de sindicatos reconocidos o con personería gremial ver "Un país con 3000 gremios", en *La Nación*, 10/10/2010.

[45] Es decir, delegados de sección y de empresa. Paula Abal Medina (2016) citando una encuesta de 2005 en revista *Nueva Sociedad*.

[46] Ver Palomino (2011).

Los sindicatos y la propia CGT eran empleadores y contaban con personal asalariado bajo sus órdenes para las tareas de diferente índole, lo que acarreaba eventualmente conflictividad.

Hugo Moyano y alguno de sus hijos eran el prototipo de dirigentes sólidamente instalados al frente de corporaciones sindicales, admirados y con autoridad gremial, pero socialmente disociados de sus representados. La autonomía de la que gozaban se sustentaba en su capacidad de paralizar el país.

Los dirigentes del sector más fuerte eran persistentes en su reclamos y probablemente eficientes en los servicios, sobre todo las obras sociales focalizadas en la atención de la salud que proporcionaban a los trabajadores, en especial durante el periodo de bonanza en el que los interlocutores empresarios y estatales eran más flexibles.

La cúspide sindical contaba con algunos dirigentes conspicuos que se reelegían por años y aún décadas, de hecho algunos de ellos eran vitalicios, sin una competencia significativa y en elecciones sin supervisión eficiente de entidades públicas que acreditaran su legalidad. Más allá de la representación gremial, el poderío de la cúpula se fue asentando como empresarios en actividades favorecidas en algunos casos por su condición de dirigentes gremiales. Ellos o familiares o testaferros eran proveedores de la obra social sindical o de la oferta de personal supernumerario en las ramas de actividad que le era familiar. Pero devinieron también presidentes de clubes de fútbol, propietarios de canales de TV, de universidades, parlamentarios e intendentes. Sin embargo, procuraban representar los reclamos emergentes: desde 2011 el "piso" del impuesto a las ganancias y el deterioro de los salarios debido a la continua y creciente inflación eran prioritarios.

Sin embargo, la aspiración de algunos sindicalistas liderados por Hugo Moyano era devenir actores políticos plenos. La primera expresión pública de ello se produjo el 25 de octubre de 2010 en un acto público en la cancha de River con cien mil asistentes; al hacer uso de la palabra Moyano manifestó la esperanza que en el futuro un trabajador accediera a la presidencia de la República, a lo que Cristina Kirchner a la hora de concluir el evento replicó que ella había trabajado toda su vida. En 2011, poco después de lo que fue el resonante triunfo electoral de Cristina Kirchner, Moyano renunció a su puesto en la dirección del

Partido Justicialista sosteniendo que esa organización política era una "cáscara vacía".

Habiendo Cristina Kirchner encaminado su proyecto hegemónico, la CGT, ya entonces opositora, lanzó su primer paro general del ciclo kirchnerista. Lo promovió Moyano y logró sumar a otros gremios y a activistas, incluso bloqueando el acceso a la ciudad de Buenos Aires.

De ahí en más, se avanzó en tratativas con vistas a crear una fuerza política, que se denominó Partido de la Educación, la Cultura y el Trabajo. El epicentro organizativo era la propia sede de la CGT Azopardo y el lanzamiento público se efectivizó a comienzos de mayo de 2013 en el Luna Park con un espectro amplio de asistentes de diferentes corrientes de tradición peronista y con un argumento nuclear: los trabajadores deben recuperar el Partido Justicialista.[47]

Aunque el sindicalismo y en particular el nucleado en torno a Hugo Moyano constituyó un centro de poder considerable en las relaciones de fuerza, el intento de transferir su potencial a un plano electoral fracasó en las elecciones de 2013, y para las presidenciales de 2015, Moyano y Gerónimo "Momo" Venegas, secretario general del gremio de trabajadores rurales, se inclinaron por la candidatura de Mauricio Macri.

Piqueteros y organizaciones de asistencia y movilización

Hacia fines de la segunda presidencia de Cristina Kirchner, uno de cada tres argentinos era pobre, es decir, carecía de un acceso suficiente a bienes básicos. El abanico de ciudadanos en esta situación era variable e incluía a asalariados informales cuyo nivel de ingreso era insuficiente, a desocupados sin subsidios o con subsidios de escaso monto, a mini-autónomos que se habían "inventado" una ocupación de subsistencia, y quienes por diversas características personales eran inempleables. Esta parte tan considerable de la sociedad había comenzado a crecer en los años 90 y llegó a constituir una mayoría, expansión precipitada por la debacle de 2001. Con los gobiernos kirchneristas se redujo a casi a la mitad de lo que había sido, pero esa progresión se estancó hacia 2007.

---

[47] Asistieron entre otros Roberto Lavagna, Claudia Rucci, Jorge Yoma, José Scioli, y Eduardo Buzzi.

Ese ámbito ciudadano/popular[48] fluctuante en su número y significación incluye a las personas cotidianamente bajo el imperativo de las necesidades, de la incertidumbre sobre el acceso a los bienes básicos requeridos para la reproducción de la vida. Pero no son solo excluidos por su precariedad e incertidumbre sobre su fuente de ingresos (sean trabajos informales, subsidios generalmente insuficiente y cuya capacidad adquisitiva depende de contingencias de la economía nacional), sino también por la estigmatización de su situación de privación asociada a la marginalidad social en términos de salud y educación. Son ciudadanos nominales, la gran mayoría de ellos con derechos políticos adscriptos o adquiridos, pero sus relaciones sociales –las relativas al acceso a un trabajo, a una protección social, o a los servicios básicos– los colocan, generalmente, en una posición de precariedad o privación. Ser excluido, entonces, implica privación de derechos; por cierto, desde principios de siglo una conciencia de derechos ha dado lugar a acciones colectivas, la más paradigmática de ellas es el piquete con corte de ruta. Más allá de las variadas características que adoptó, su sentido primero ha sido hacer visible a los invisibles, y de un modo tal que no pudiesen ser ignorados. Los trabajadores formales pueden hacer paros con o sin piquetes y otras actividades pueden manifestarse igualmente de modos diversos, pero los excluidos cobran existencia en la acción y esta acción puede conllevar formas más duraderas de sociabilidad que mejoren colectivamente el uso de los recursos que obtienen por la movilización. Las protestas de los excluidos que comienzan a poner en cuestión ese lugar en los márgenes y aún las formas organizadas de agrupamiento que canalizan los recursos que provee el Estado –y que fueron significativos a lo largo de los gobiernos kirchneristas– están imbuidas de esa debilidad o privación de derechos, de modo tal que aun al actuar y al darse una sociabilidad persiste una diferenciación entre los activistas –que a veces vienen de "afuera"– y los excluidos sin rango.

---

[48] En efecto se trata de ciudadanos, pero de aquella franja tan considerable que formalmente tiene, pero no goza de la condición ciudadana básica. Esta por supuesto nunca es "plena", pues el sentido de los derechos se reformula a lo largo de la historia de las sociedades, pero la especificación ciudadano/popular alude a quienes ahora mayoritariamente con una acrecentada consciencia de derechos procuran la ampliación y estabilidad práctica de estos, comenzando por el acceso a bienes básicos (alimentarios y no alimentarios), y a la vez, a su reconocimiento como semejantes.

Aunque estos últimos, los excluidos y carenciados encontraron eco en la sociedad en el sentido más abarcativo de sensibilidad, comprensión e incluso, en momentos álgidos, de tolerancia hacia la acción callejera, con el paso del tiempo la estigmatización se instaló, incluso en los sectores populares con menos privaciones que suelen ser hostiles a las políticas sociales y aun ambivalentes para aceptar la convivencia en los servicios sociales básicos (hospitales, escuelas, transporte público), pues suelen consideran que la exclusión es la consecuencia de una suerte de indolencia social pasiva y activa, y aun entre los trabajadores formales la franja de aquellos que excluidos están en vías de integración son calificados de "planeros". El ámbito de los excluidos en la medida en que se extendió y recibió a quienes perdían lugares de integración precedente vio emerger organizaciones inicialmente de desocupados, pero que en los hechos convocaban a diferentes excluidos.[49]

El piquete y el corte de ruta que bloqueaba la circulación eran formas de acciones constitutivas de una identidad que se revelaba en el propio corte, el que afectaba a quienes transitaban las rutas, pero por su novedad, su frecuencia imprevisible y espectacularidad eran difundidos por los medios de comunicación y principalmente la televisión, alcanzando con frecuencia una proyección informativa nacional. Se trataba de un actor emergente de la acción, que no provenía generalmente de lugares específicos – tal o cual fábrica o lugar de trabajo, aunque generalmente los participantes eran afluentes de barrios linderos-, su identidad era el propio corte de ruta que los potenciaba[50]. Aunque en muchos casos los piqueteros fueron promovidos por la izquierda radicalizada o el sindicalismo disidente, las corrientes predominantes agrupaban a una heterogeneidad de excluidos -por caso las madres jefas de familia podían ser más numerosas que los desocupados recientes o los subocupados[51]- con demanda de asistencia y cuya primera significación fue la de dar encarnadura a categorías estadísticas que consignaba desocupado, carenciado, etc. De modo que aunque fuesen a veces un puñado o poco

[49] Ver Svampa y Pereyra (2003).

[50] El corte de ruta es un método cuyo empleo se ha extendido, aunque ocasionalmente, a otras protestas o reclamos de una diversidad de actores, incluyendo los descontentos vecinales.

[51] Ver Svampa (2011).

más los que actuaban, eran representativos virtuales, daban visibilidad a un estadio social que no podría ser ignorado[52].

Este ámbito social, aunque su alcance numérico ha disminuido por la mejora en el empleo y en los ingresos, ha constituido, con variaciones poco significativas, un tercio de la población si uno quiere adoptar un criterio objetivo. Pero por cierto ese número designa una frontera relativamente fluctuante pues las circunstancias económicas son variables y lo son entonces aquellos que reclaman por la carencia de empleo y en lo inmediato por la privación de bienes básicos.

Ningún conjunto de bienes es en sí mismo exhaustivo y suficiente en términos de integración social. Pobres e indigentes –para emplear la terminología habitual- siguen siendo un sector importante de la sociedad: algunos son excluidos que buscan trabajo y entretanto cómo sobrevivir, otros se han inventado ocupaciones informales y requieren protección y reconocimiento como "trabajadores sociales"[53], y también otros son no empleables por diferentes condiciones, en primer lugar la de niños y adolescentes que deberían ser reconocidos como tales pero suelen ser incorporados ilegalmente. A la vez no se ha promovido al acceso de estos futuros ciudadanos a los servicios públicos que les provean educación, vale decir entrenamiento ciudadano y creador de bienes, también vocaciones por fuera de la actividad mercantil y acceso específico a la salud. Deben consignarse aquellos excluidos que son no empleables en razón de mayoría de edad o por enfermedades crónicas, o particularidades personales que no deberían llevar a que fuesen expulsados de facto de la sociabilidad y la interacción con sus semejantes.[54]

Como sedimentación de los piquetes y otras acciones de protesta que reúnen esporádicamente a los excluidos, algunas organizaciones

---

[52] Durante un periodo hubo comprensión y tolerancia social generalizadas hacia los piquetes; con el paso del tiempo resurgió el malestar hacia la acción callejera, pero esta con frecuencia se adaptó, evitando el bloqueo total de la circulación y el enmascaramiento de los militantes.

[53] Sobre los planes sociales y las provisiones como condición de la expansión organizacional de los piqueteros y la contrapartida de la participación en la movilización política, en Quiroz (2011) y Semán y Ferrandi Curto (2013).

[54] La Asignación Universal por Hijo, y la atribución de un ingreso mínimo para los adultos mayores que no hubiesen realizado por aportes necesarios para beneficiar de un jubilación fueron decretos presidenciales que mejoraron mucho la situación de estos sectores.

sociales o piqueteras se habían conformado en los años 90 y otras se crearon durante los gobiernos kirchneristas. Estas organizaciones administran planes sociales o de trabajo barrial y alimentos que atribuían a quienes habían inscripto en sus listas y obtenido el aval institucional, y a la vez suplían otras carencias y promovían una sociabilidad vertebrada por cada una de ellas.[55]

Durante los gobiernos kirchneristas el incremento de planes sociales permitió una considerable expansión de estas redes. Desde una perspectiva suplían la red estatal inexistente o mínima, eran en ese sentido una prolongación del Estado que paliaba carencias, pero a la vez esas organizaciones, aunque coexistían, procuraban contar con una red propia y creciente de administrados que como contrapartida de los beneficios sociales requerían la participación de los incorporados en las movilizaciones propias o afines al llamado de alguna organización política o sindical con la que la organización social se hallaba asociada.[56] Estas políticas distributivas carecían de criterios de imparcialidad en la gestión de los recursos distributivos. Las organizaciones tenían una estructura jerárquica que preservaban su mantenimiento y ampliación, y que procuraba el disciplinamiento de las bases.

Una investigación antropológica sobre el Frente de Tierra y Vivienda (FTV) presenta las características de esa organización, la estructura jerárquica con un liderazgo personalista, la afluencia de bienes y fondos provenientes del Ministerio de Desarrollo Social y la contrapartida de participación política requerida a los beneficiarios[57]. Esta organización

---

[55] Unos y otros impulsaron a lo largo del tiempo redes barriales de sociabilidad: comedores comunitarios, campañas de alfabetización, puestos sanitarios, cooperativas. Ver Perelmiter (2016).

[56] Ver Semán y Ferrandi Curto (2013).

[57] Ver Colabella (2010), que presenta una investigación efectuada en el año 2006. Luis D'Elia, en sus orígenes maestro de escuela y militante de las comunidades de base, fue el promotor de la organización piquetera a la que se hace referencia y su accionar ha sido amplio incluyendo toma de tierras para asentamiento de necesitados, corte de rutas y ocupación de dependencias públicas. De hecho la organización piquetera tenía su sede en el asentamiento El Ingenio en el distrito bonaerense de La Matanza. Históricamente D'Elia era secundado por Julio y ambos contaban con cuatro dirigentes rentados que coordinaban a los "referentes". Estos eran quienes distribuían los planes sociales y los alimentos a los beneficiarios ya inscriptos en las listas que ellos mismos habían confeccionado. Existían diferencias en la cantidad de cupos del que disponía cada referente según la eficiencia de su trabajo precedente. La distribución de bienes incluía una so-

y su líder Luis D'Elía estaban integrados en la CTA, que agrupaba al sindicalismo alternativo al agrupado en la CGT. Al FTV, junto a otras organizaciones de raigambre piquetera como Movimiento Evita y Barrios de Pie, se les atribuyeron subsecretarías en el Ministerio de Desarrollo Social, que durante un tiempo hicieron explícita la articulación con el Estado.[58]

De modo que en la "disputa por el territorio", tal es la terminología de los militantes, éstos se presentaban como los más aptos para hacerse cargo de las necesidades populares y aunque en un periodo sus dirigentes se articularon como funcionarios ministeriales, y permanentemente se nutrieron de los fondos públicos para mantener sus actividades barriales y ser mediadores de la política distributiva del gobierno, una calidad propia que muchos de ellos se atribuían era el de ser portadores de un saber empático conectado con la comunidad barrial que promovía un entendimiento y proximidad a sus semejantes opuesto al saber tecnocrático de los funcionarios "de escuela" que formalizaban las necesidades de un modo ajeno al contexto de sentido de los beneficiarios. Esa era la razón por la que invocaban su condición de funcionarios de Estado con cierta satisfacción mientras se mantuvieron en esas designaciones, y promovieron incluso iniciativas conjuntas entre organizaciones.

Su otro adversario, en verdad más significativo, era y es el de los "solucionadores de problemas"[59], los "punteros" generalmente adscriptos a sectores de la galaxia proveniente del peronismo. Aunque pragmáti-

ciabilidad colectiva como es la de los comedores comunitarios o de la copa de leche. Con estas actividades la organización procuraba satisfacer las necesidades existentes en un marco normativo acordado con el Ministerio que le proveía los recursos y también mercadería. Como contrapartida la organización estaba comprometida a movilizar los militantes y beneficiarios para los actos políticos. De hecho, la investigación de Colabella consigna durante el periodo de trabajo de campo la congregación en una Asamblea en la que el líder de la organización trasmite el pedido presidencial para que se participe en un acto promovido por el oficialismo de entonces. También se señala en esta investigación que los intercambios no son solo transacciones, sino que se configura un contexto donde diferentes lazos inmateriales se establecen, pero el flujo parece circular de abajo hacia arriba y eventualmente en horizontalidad entre los militantes: gratitud, reconocimiento, prestigio.

[58] Incluso el ingreso a un puesto público suponía un reconocimiento del trabajo político y social, ver Perelmiter (2016).

[59] Ver Auyero (2001).

cos y fluctuantes en sus vínculos de lealtad hacia las jefaturas, estaban históricamente vinculados con las municipalidades lo que les facilitaba acceder a paquetes de planes y distribuirlos, y hacerse cargo de todo tipo de carencias vecinales[60]. De modo que la frontera entre el Estado local y los agentes generalmente informales pero permanentes a cargo de atender las necesidades variadas e incluso el acceso a un empleo era y es de articulación. Los punteros forman redes de clientes pero estos vínculos son fluctuantes en dos sentidos. Los punteros son pragmáticos y se realinean según los desplazamientos en el predominio en las intendencias. Pero en ciertas circunstancias las elecciones provinciales y sobre todo las nacionales pueden reubicarse según las alternativas de la escena nacional. "Los clientes" –por cierto inmersos en lazos de reconocimiento hacia los proveedores de soluciones, son partícipes activos aunque con frecuencia en una escala y por dispositivos distintos de los característicos en otros ámbitos- visionan regularmente ciertos programas de TV abierta, ciertas radios, y es el puntero el que con frecuencia debe alinearse "representativamente" con lo que viene de abajo como preferencias político electorales so pena de ser desplazado. Los liderazgos de popularidad e incluso los Kirchner supieron justamente sortear las mediaciones de las organizaciones y políticos locales por las nuevas posibilidades que ofrece la comunicación política televisiva y digital.

La conciencia de derechos es la que se abre camino en ese ámbito –el de las carencias–, en él coexisten diversidad de vínculos y costumbres. Se había delineado una escisión en las prolongaciones informales del Estado como canales de asistencia social entre aquellas heredadas del pasado con agentes dependientes informalmente del Estado local generadores de "redes de clientela", y esas otras originadas en actores socio-políticos, algunos de ellos corporativos que disputan una base popular, pero también dependiendo del flujo de recursos públicos. Todos los vínculos son de asistencialismo con subordinación de los necesitados, pero se instaló por entonces una controversia de la que participaban organizaciones de filiación piquetera con ideales emancipatorios y

---

[60] Esa atención aparentemente más personalizada tenia foco en necesidades más contingentes tales como atención médica, remedios, materiales de construcción y reparación, inscripción en la escuela.

autonomistas junto a otras del mismo origen que eran más pragmáticas o subordinadas.

La Asignación Universal por Hijo (AUH) introdujo un cambio de sentido en la asistencia social promovida por el gobierno y sustentó legalmente una profundización de la conciencia de derechos. Su universalismo consistía en atribución de recursos monetarios a las familias de bajos ingresos con hijos menores de edad.[61]

Esta fue la principal decisión de inclusión durante los gobiernos kirchneristas, sobre todo porque aunque se trata de un universalismo delimitado –por caso hay adultos mayores o familias de adultos con ingresos precarios que no reciben un apoyo equivalente dado que no tienen hijos en la edad que procura asignación– atribuye directamente, potencialmente sin mediadores, requiriendo tan solo la identificación del responsable familiar y su acreditación de los requisitos de la normativa en la oficina de la AFIP correspondiente, y porque las contrapartidas u obligaciones necesarias para completar el cobro de la asignación requieren que los beneficiarios –es decir los hijos- tengan un acceso a la salud y la educación, un requisito para su preservación humana y ciudadana.

El individualismo en el reconocimiento y efectivización de ciertos derechos no es incompatible con las identificaciones o acción de las personas en movimiento o reclamos colectivos. Pero la fijación de un patrón imparcial e individual de ayuda social y de su control amplía la autonomía de las personas involucradas y sustrae sus eventuales acciones o pronunciamientos políticos de una lógica de transacción.

Por cierto que la AUH era ya cuando se emitió el DNU que lo puso en vigencia un tema que tenía tratamiento parlamentario a iniciativa de la oposición, pero la Presidenta prefirió promulgar un decreto en la

---

[61] El 29 de octubre del 2009 entró en vigor la AUH concebida como una prolongación a los excluidos de un beneficio que era propio de los trabajadores formales. Los beneficiarios eran los niños y jóvenes hasta los 18 años y la asignación era atribuida a sus padres. La universalidad llevaba este beneficio a desocupados, trabajadores no registrados, servicio doméstico, monotributistas sociales, inscriptos en planes sociales como Argentina trabaja; Ellas hacen, y otros. La atribución de la asignación era provista por la oficina de ANSES al que debían concurrir los beneficiarios. El 80 % de la asignación es cobrada automáticamente por el beneficiario o beneficiaria y el 20% restante una vez exhibidas las libretas con constancia de la vacunación y la continuidad escolar. En el año 2014, los beneficiarios de la AUH eran 3.500.000.

expectativa de atribuirse todo el mérito de una iniciativa tan importante y valorada.

Hubo en el ámbito de las políticas distributivas, amén de la ambivalencia de las organizaciones piqueteras y afines, casos de programas particularmente en la construcción de viviendas populares en las que el Estado asignó importantes fondos cuyo empleo no fue controlado y que concluyó en incumplimiento y corrupción aún judicializada. Es el caso de "Sueños compartidos" gerenciada por Sergio Schoklender en asociación con Madres de Plaza de Mayo, y de la entidad jujeña "Tupac Amaru" liderada por Milagro Sala.

Algunos sectores sociales de pocos recursos sin ser marginales o excluidos suelen ser perjudicados con más intensidad que otros por la veta de corrupción que se expandió al amparo de políticas distribuidas a los que la mayoría de los contemporáneos son favorables.

Cacerolazos y marchas cívicas

Los cacerolazos son expresiones públicas relativamente espontáneas de los ciudadanos que así como los piquetes emergen de cambios más recientes en la relación de los ciudadanos con la vida pública y el poder. Sus características son la espontaneidad y la imprevisibilidad, pues no son la expresión de un sujeto político o político social convocante. A diferencia de las expresiones callejeras más focalizadas, como las huelgas y los actos sindicales o los cortes de ruta piqueteros, los cacerolazos ponen en acto el malestar ciudadano con el poder, que no tiene ni enunciados únicos ni un liderazgo personal o grupal, son la expresión de rechazo que puede desencadenarse por una decisión o acontecimiento particular pero siendo así devienen ulteriormente expresiones de negatividad hacia un "otro" que suele ser el gobierno o el congreso y en la que convergen sensibilidades variadas y no necesariamente compatibles entre sí.

Durante el "cristinismo" los cacerolazos fueron protagonizados por los sectores urbanos, las así llamadas "clases medias" y en tanto fueron más multitudinarios se incrementó la presencia de los más "populares". Pero esta distinción sociológica podía aludir a los barrios en los que se manifestaba pues con frecuencia si existía un punto de convergencia —en la ciudad de Buenos Aires generalmente el Obelisco, en algunos casos la Plaza de Mayo-, este no era imperativo pues aunque el número de participantes contaba, este evento no parecía –en el espíritu de los participantes– inscribirse en una lógica de relaciones de fuerza y en consecuencia el espacio cacerolero solía ser múltiple o disperso.

Aunque el signo era antigubernamental, se trataba de la expresión de una parte de la ciudadanía que, a la vez, eludía o rechazaba la representación política, dando figura a un ejercicio extra institucional en el presupuesto que la ciudadanía como depositaria de la legitimidad no suspendía su pronunciamiento entre un acto electoral y otro; una recuperación de la soberanía cuestionando de un modo genérico la legitimidad de las decisiones de gobierno que no contaran con el respaldo ciudadano[62]. Se ofrecía la figura de una auto representación que hacía prevalecer el rasero de la semejanza por sobre su composición heterogénea, aunque con algunas convergencias básicas más implícitas

[62] Los cacerolazos, durante la segunda presidencia de Cristina Kirchner fueron expresiones efímeras de cuestionamiento al poder, pero los de la debacle de 2001 y los de los ruralistas opuestos al decreto de incremento de las retenciones móviles a las exportaciones fueron expresiones multitudinarias en el marco de una crisis más duradera.

El conflicto agropecuario y los caceroleros de ese entonces –una militancia en parte de autoconvocados que iba más allá de las entidades corporativas del sector agropecuario–, también desconocían la legitimidad de la resolución 125 promulgada por el gobierno. Esa confrontación desbordó el ámbito sectorial y se coaguló una masiva protesta crítica del gobierno que sumó amplios sectores urbanos. El oficialismo y en primer lugar la asociación de intelectuales oficialistas agrupados en "Carta Abierta" calificaron la protesta de los ruralistas y de los opositores de ese entonces de "destituyentes". Por cierto que la connotación conspirativa del calificativo que supone una concertación para desplazar a los gobernantes carecía de todo fundamento, pero es cierto que ese movimiento como otras expresiones ciudadanas incluidos los cacerolazos de 2012 y 2013 protagonizan acciones de "desinvestidura"; en otras palabras quienes tienen los atributos del poder se ven ante un desafío que pone en tela de juicio la legitimidad de sus actos de gobierno y con frecuencia esa ciudadanía informal tiene una capacidad directa o indirecta de veto.

En el transcurso de la segunda presidencia Cristina Kirchner se sucedieron huelgas y protestas provenientes del sindicalismo, de algunos movimientos sociales, y de mega cacerolazos que tenían en común la crítica a las consecuencias lesivas del estancamiento económico para los trabajadores y los excluidos así como a sus proyectos políticos continuistas. Por su parte, la Corte Suprema desechó como inconstitucionales algunos proyectos gubernamentales de gran significación, y a la vez varios ministros y el propio vicepresidente eran imputados en juzgados federales en juicios por corrupción. Su radicalización política antigubernamental y la pretensión de que las aludidas acciones ciudadanas y populares e institucionales eran destituyentes contribuyeron a configurar una escena pública de antagonismo que fue calificada de "grieta".

que explícitas: en oposición a una reforma constitucional que hubiese posibilitado el continuismo, y ya en el 2013 en oposición a un proyecto de control hegemónico y partidización del sistema judicial. Todo ello en el contexto de un gobierno liderado por una presidenta que había revalidado títulos con una reelección contundente a fines del 2011. Pero la nítida declinación del crecimiento económico, la alta inflación disfrazada en las estadísticas oficiales y el cepo que restringía el acceso al dólar, no sólo afectaban las condiciones de vida de los ciudadanos, sino que no encontraban una argumentación y promesa gubernamental de reversión que fuese verosímil y que no fuese su atribución a una acción intencional de los enemigos internos y externos.

Dada su composición heterogénea y la falta de objetivos precisos, de delegados o interlocutores que formularan un argumento y eventualmente se apersonaron ante los poderes del Estado, se ha calificado a los cacerolazos de anti políticos y en esa designación se incluía su hostilidad hacia la clase política y sus privilegios, sin embargo su repercusión en la escena política fue considerable. Con el antecedente de la fragmentación en las presidenciales de 2011 (37 puntos de diferencia entre Cristina Fernández de Kirchner y Hermes Binner, el candidato más próximo en cantidad de votos), los caceroleros exhibían el creciente descontento en buena parte de los sectores urbanos llamados a falta de un concepto, "clases medias"; se generaba así la figura de un sector ciudadano opositor, pero sin alineamientos específicos de modo tal que esa masa de independientes estimularía la disputa entre opositores e incluso la tentativa de su recuperación por el candidato oficialista. Esta disponibilidad al realineamiento es un rasgo que condicionó las elecciones del segundo mandato.

Por cierto, las marchas cívicas, por fuera del dispositivo partidario y corporativo, han ilustrado la emergencia de otras marchas de presencia pública activa en este caso convocadas por personalidades o grupos, en algunos casos en torno a reclamos muy específicos. Las protestas por la inseguridad han sido y son frecuentes e inmediatas reacciones a delitos o crímenes que producen una conmoción local o aún generalizada, tal fue el caso de la cruzada por el asesinato de Axel, emprendida por su padre Blumberg que adquirió amplitud y habilitó a su convocante a promover modificación en la legislación para incrementar las penas.

Pero tragedias de mayor amplitud atribuibles a responsabilidades del Estado, de particulares o de funcionarios estatales precipitaron la organización de movimientos de víctimas y/o allegados que promovieron causas judiciales que concluyeron en condenas. Tal fue el incendio del salón República de Cromagnon, en los inicios de la segunda presidencia la Tragedia de Once, y ya en el 2015 el asesinato del fiscal Nisman a cargo de la causa AMIA.

El 18 de febrero, un mes después de que se hallara el cuerpo sin vida del fiscal Nisman, es decir, en vísperas de la presentación de la denuncia por el Memorándum que el gobierno argentino había firmado con Irán para encarar conjuntamente con el país de donde provendrían, según las investigaciones precedentes, los planificadores e inspiradores del ataque a la mutual judía AMIA, un grupo importante de fiscales federales convocó a una marcha del silencio en homenaje al fiscal presuntamente asesinado. Se congregó una muchedumbre encabezada por los fiscales y la familia del fiscal fallecido, como así también el dirigente del sindicato judicial –miembro de la CGT– Julio Piumato. Entre los participantes se hallaban jueces federales de juzgados y cámaras nacionales y de la ciudad de Buenos Aires, y los principales candidatos para las elecciones presidenciales. Esta movilización en memoria del fiscal era un desafío mayor al gobierno y una incitación a investigar el crimen, así como la congelada investigación del atentado a la mutual judía.

De modo que las movilizaciones ciudadanas tienen una incidencia en la reconfiguración de las escenas políticas, pues proveen una visibilidad cuya fuerza es más nítida que la de las encuestas y grupos focales en cuanto a la evolución de las creencias y expectativas[63], e incluso esa presencia ciudadana activa la politicidad, suscita en grado mayor que los debates televisivos o las circulaciones en Internet, interés e interrogaciones. Pero también la protesta ciudadana en grados diversos según su intensidad y duración fuerza los límites del tratamiento institucional y burocrático de lo sucedido. Se pone a la luz lo que de otro modo no se

---

[63] A diferencia de ciudadanos identificados con los grupos políticos de ideología muy definida, la gran mayoría tiene representaciones o figuraciones políticas difusas y oscilantes.

hubiese develado y se resquebrajan lealtades corporativas o partidarias por el eco de la presencia ciudadana.[64]

Los cacerolazos y las marchas ciudadanas son, sobre todo los primeros, imprevisibles pues la espontaneidad no significa que no haya promotores ocasionales pero estas personas intervienen en un ámbito, el de la comunicación digital –redes sociales, sitios, blogs, Twitter y telefonía celular–, que no dominan, es decir que los participantes de los cacerolazos y marchas se suman a un descontento, pero no avalando un enunciado o argumento de cyberactivistas que solo coinciden en designar estrictamente aquello que se rechazaba..

La emergencia y expansión de los cacerolazos tiene como fuente el nuevo espacio público virtual que tienden a habitar todos los contemporáneos, aunque los excluidos sociales están con frecuencia también fuera de ese ámbito. Pero cada vez más la pertenencia a las redes sociales y el recurso a las tecnologías digitales se extiende. Esa sociabilidad nueva vehiculiza información, en parte proveniente de los media tradicionales, pero también de los periodistas improvisados, y es cada vez más frecuente que lo que los individuos consideran significativo sea filmado y viralizado si encuentra acogida en los circuitos de red. De modo que circulan imágenes que suelen tener gran impacto aunque con frecuencia habilitando interpretaciones variadas, y textos y comentarios sobre lo que sucede en el mundo que aparece fragmentado –el mundo nacional y el de otras latitudes–. Esa es la extraordinaria diversidad en la que se generan o recepcionan controversias y se producen convergencias que pueden invitar a la acción pública.

En la Argentina a inicios de la segunda década del nuevo siglo esta novedad de sociedades hiperconectadas está muy vigente y fue escenario de confrontación en torno a las decisiones de gobierno de aconteci-

---

[64] Por caso la tragedia de República de Cromagnon suscitó una reacción social y en particular de los damnificados que develó las capacidades de los funcionarios, los controles de los establecimientos de recitales, los compromisos de los inspectores y policías con las transgresiones de las normativas, y el proceso judicial culminó con la destitución por el parlamento porteño del jefe de gobierno de la ciudad de Buenos Aires; la ya mencionada Cruzada por Axel en su momento llevó al oficialismo a una actitud contemporizadora a contracorriente de su posición hostil al incremento de penas. La tragedia ferroviaria de Once movilizó de modo continuo a los allegados de las víctimas; estos lograron la efectivización de dos juicios con condena para los imputados, el secretario de justicia y el concesionario de la línea Sarmiento, Cirigliano.

mientos públicos como los retratados. El oficialismo fue particularmente afectado por esta comunicación libre.[65]

Las redes sociales, blogs, sitios institucionales virtuales hacen de los contemporáneos partícipes continuos en esos circuitos de comunicación que, aunque influidos por los medios tradicionales, devienen cada vez una trama con diversidad de miniespacios intercomunicados en los que circula lo que "llega", incluido lo que producen los periodistas *amateurs*, y la infinidad de cyber activos con frecuencia esporádicos, pero generalmente alertas que participan ya sea exteriorizando aspectos de su vida personal, o también de las circunstancias político sociales a través de textos, videos, imágenes. Cada vez más se accede no solo a la visibilidad sino también al discurso de oradores, ruidos provocados o ambientales del exterior seleccionado o sobre el que los cyberciudadanos acceden por *zapping*.

Fragmentos del mundo ingresan, si se desea, en la cotideanidad de cada uno. Como ha enfatizado Anthony Giddens, los contemporáneos se caracterizan por una reflexividad que reduce la vigencia de las tradiciones ante las circunstancias habituales o novedosas y se abandona lo que eran comportamientos prescritos a favor de opciones resultado de la reflexión en el sentido de uso de la razón o bien de impulsos eventualmente creativos. Esta reflexividad está muy alentada por el acceso virtual y vivido a otras realidades y a otras culturas; circula mucho de lo que de otro modo no sería de público conocimiento. Las redes sociales y otros recursos digitales albergan las reacciones cotidianas que en el pasado quedaban en ámbitos restringidos como la mesa familiar, el café o lugares de asociatividad por fuera de las convenciones y creencias colectivas. De modo que circulan así enunciaciones fantasmáticas sin mostrarse como tales, distorsiones y tergiversaciones e incluso mentiras en el sentido de denegación de verdades fácticas. Por cierto, el anoni-

---

[65] El video del interior de la financiera Madero Center mostrando el recuento de cantidad de fajos de dólares, presuntamente dinero no declarado proveniente de operaciones corruptas, del mismo modo que el video de José López teniendo a su alcance un arma larga y arrojando en medio de la noche bolsos repletos con dólares que caían, reja de por medio, en el interior de un convento, que según se supo era frecuentado por altos funcionarios del gobierno, ilustraban lo que la denuncia periodística acompañada a veces de testimonios de arrepentidos había revelado sobre lavado de dinero en gran escala; un caso particular daba consistencia a lo denunciado, pero sin la fuerza contundente de la imagen.

mato eventual y el hecho de que las relaciones no sean cara a cara en esta nueva sociabilidad plantean un desafío a la expansión de la realidad de lo público, en donde siguiendo a Arendt se pueden generar los juicios reflexionantes que regulan la pluralidad de los puntos de vista.[66]

En definitiva, esa nueva sociabilidad de las redes sociales y las tecnologías digitales se hermana con la tradicional, no es *per se* una fuente de verdad. Pero sin embargo favorece nuevos vínculos, en tanto que la desinstitucionalización e informalidad contemporánea han debilitado los existentes en la modernidad (familia, corporaciones, partidos pero también asociaciones voluntarias de diferente índole).

Ese ámbito de sociabilidad alberga más apropiadamente la aspiración creciente en el mundo contemporáneo a una expansión de la libertad de expresión, un asambleísmo en donde predomina la horizontalidad; se destacan enunciadores o promotores de variado crédito; este ámbito carece de liderazgos y de vínculos líder/masas y por ello los emergentes territoriales, cacerolazos y marchas no constituyen un sujeto unificado aunque convergen en un sentido inteligible de la protesta negativa, los une aquello que rechazan, pero coexisten sentidos de esa negatividad.

Las protestas caceroleras que se sucedieron en los primeros años de la segunda presidencia corresponden a las características apuntadas. Al menos en parte fueron activadas por decisiones del gobierno y las continuas cadenas nacionales, que si no eran directamente vistas por la mayoría, eran fragmentariamente vehiculizadas en los medios de comunicación y en los espacios digitales.

Excepcionalmente los caceroleros y otras expresiones de protesta extrainstitucional dieron lugar a la emergencia de redes políticas partidarias aunque de existencia fugaz y de magnitud menor.

El enunciado del estallido de 2001 "Que se vayan todos" aunque debilitó los partidos existentes en la dirección de una escena fragmentada y cambiante, no dio lugar ni en ese entonces ni ulteriormente a una renovación de la representación política. Surgieron nuevos dirigentes, originados no en el asambleísmo sino en su instalación en el espacio

---

[66] Resulta difícil sostener que la pluralidad de la sociabilidad digital derive en la enunciación de juicios reflexionantes. Sin embargo, la emergencia de sujetos político territoriales autónomos derivados de la sociabilidad de internet permite presuponer que existe la posibilidad de que la interacción en ese ámbito cumpla una función reguladora, que el principio kantiano de la mentalidad ampliada sea en ciertas circunstancias operante.

público por arrastre de una popularidad por fuera de la política o por circunstancias excepcionales, que permitieron emergencias repentinas y el establecimiento de vínculos personalistas de popularidad.

Lo más notorio desde principios de siglo ha sido esa autonomía ciudadana que no renuncia a la expresión electoral, pero no considera que ese acto sea una transferencia duradera de soberanía o poder; coexiste la emergencia de líderes de popularidad inorgánicos y propensos a la concentración del poder, con una ciudadanía autonomizada cuya percepción de los privilegios de la clase política, de la arbitrariedad de decisiones que no provienen de promesas electorales ni de una deliberación amplia, y en consecuencia es fluctuante en sus identificaciones porque preserva el derecho a la acción y la desconfianza hacia la cúspide del poder.

En la segunda presidencia los cacerolazos y marchas se produjeron en el interregno entre elecciones, o en otras palabras, el cuestionamiento ciudadano informal, en la calle, cedía en la proximidad del pronunciamiento electoral. Las campañas electorales tuvieron otros epicentros que los de los actos públicos difíciles de congregar multitudes y de revestir una estética ciudadana informal.

El malestar ciudadano era por cierto difuso pero las revelaciones alimentadas por una parte del periodismo, los medios opositores y por las redes sociales le daban sustento. Las cadenas nacionales de la Presidenta también contribuían a un clima de confrontación pública más que de argumentación y debate cívico.

La secuencia de protestas se inició con "ruidazos" desde los primeros meses del 2012. Pero esas pequeñas expresiones adquirieron envergadura al culminar en un cacerolazo de amplitud el 13 de septiembre.[67] Más allá de los cyberactivistas promotores no participaban expertos o actores políticos, éstos eran explícitamente excluidos en una movilización concebida por fuera del sistema institucional, es decir, era una marcha ciudadana sin portavoces que no buscaba interlocutores gubernamentales o parlamentarios.

---

[67] En las redes sociales intervenían promotores o cyberactivistas que alentaban la movilización. Su activismo y a partir de cierto momento su coordinación permitían coincidir en una convocatoria para una fecha determinada. Pero no se trataba de representantes con capacidad de definir contenidos y rumbos más allá de proponer fecha y lugares para el inicio de la protesta. Sobre los cacerolazos ver Gold (2017).

Este inicio primigenio de los cacerolazos durante los gobiernos Kirchner, con la salvedad de los actos de Blumberg y los de la movilización ruralista de 2008, se valía por sí mismo. La inscripción de ese cacerolazo, y de los subsiguientes, expresaba con matices variados la confrontación con el gobierno, pero con un predominio claro de vocación institucional: crítica al autoritarismo en el ejercicio del poder, reclamo de convivencia invocando la común condición de argentinos. Pero ya cobraba fuerza el rechazo a una eventual reforma de la Constitución –tema mencionado en los ámbitos de la representación política-.

La magnitud de esta movilización no fue excepcional como lo serían las subsiguientes, pero daba figura a una oposición política ciudadana que indicaba la existencia de una expectativa de alternancia.

Se anunciaba un giro que incluía sectores llamados medios, algunos de los cuales habían votado por la reelección en 2011, pero evolucionaban hacia el descontento ilustrando lo que en elecciones anteriores ya se había manifestado: la fluctuación del voto, es decir, una mayoría ciudadana sin identificaciones permanentes.

El otro gran cacerolazo de ese año, en noviembre, fue mucho más multitudinario; predominó en las expresiones de los participantes el sentido de la negatividad; aunque existían para unos y otros el descontento con decisiones específicas, no se formulaba un pedido. Algunos de los más activos participantes que se relacionaban entre sí, aceptaron la participación de políticos a condición de que no buscaran distinguirse del común, es decir, no exhibiendo una condición de representantes institucionales. El predominio de la autoconvocatoria y de la lejanía con los partidos políticos era notorio.[68]

El tercer cacerolazo tuvo lugar el 14 de abril en un contexto en el que ya tenía tratamiento parlamentario el proyecto de reforma de la justicia iniciado por el Poder Ejecutivo. El temor de que esta reforma fuera un recurso decisivo encaminado a una expansión hegemónica del poder, privando al régimen político de la instancia de la justicia que en su principio es imparcial, y es en su instancia federal custodio de la constitucionalidad de los actos de gobierno, alimentó una sensibilidad y preocupación en los sectores democráticos más vinculados con la comunicación política, pero aun para aquellos más alejados de la in-

[68] Uno de los cyberactivistas notorios sostenía: "el 8N fue un cacerolazo anti-sistema".

formación y debates, el argumento oficial según el cual los jueces –por vía directa o interpósita– debían ser electos por voto popular en listas partidarias no tuvo eco. Fue la marcha más multitudinaria y la última del período cristinista, con réplicas en varias capitales y ciudades del interior como Santa Fe y Córdoba. En la provincia de Buenos Aires, La Plata y otras grandes ciudades –incluso algunas localidades del conurbano– participaron de los cacerolazos.

En la ciudad de Buenos Aires siempre los cacerolazos se desplegaron prioritariamente en el Obelisco y la Plaza de Mayo, pero estaban también presentes en los barrios de la zona norte y centro de la ciudad. En este caso políticos y sindicalistas se presentaron frente al Congreso nacional con ostensible visibilidad. El tratamiento de la reforma judicial y la proximidad del ciclo electoral que se iniciaría en agosto incitaban a ser parte de lo que estaba sucediendo.

Los cyberactivistas, algunos de los cuales habían estado en contacto con líderes políticos opositores, se encontraron divididos y en veredas opuestas pues muchos de ellos consideraban que se había sacrificado su independencia.[69]

[69] De hecho, una encuesta durante las marchas registraba un 80% de participantes que, aunque opositores, no se identificaban con ningún partido político (una encuesta realizada durante el cacerolazo respecto a la identificación partidaria daba el PRO con el 14.1 % y la UCR con el 4.3%). Asimismo se consignó que 2/3 de quienes concurrieron se habían informado por las redes sociales. (Gold, 2017). De modo que la reticencia o la hostilidad era parte de un estado de opinión dominante y la autonomía de la acción había sido ajena a la intervención de aparatos partidarios o corporativos.

10.
La disputa por el poder: sucesión o alternancia

Los años de la segunda presidencia de Cristina Kirchner, sobre todo los últimos, abundaron en diversidad de actores/ líderes emergentes y de iniciativas de confrontación en el sistema institucional y en el ámbito público con una presencia ciudadana y popular significativa.

El término "grieta" que comenzó por entonces a emplearse no correspondía a la existencia de una partición permanente y amplia de los ciudadanos en sus preferencias partidistas, pero sí a una intensidad en las acciones militantes contrapuestas impulsadas desde las cúspides políticas e institucionales que apuntaban en perspectiva a dar sustento a la competencia electoral. El cristinismo se anclaba en una pretensión que consideraba inacabada de instalar un régimen político diferente de la institucionalidad republicana tradicional, pero a la que no renunciaría aunque el pronunciamiento electoral le fuese adverso. Esta institucionalidad más invocada que existente, siendo limitada y frágil desde su revalorización y relanzamiento en 1983, había sin embargo echado raíces con la experiencia decisiva de juzgar a la dictadura militar y sus crímenes inéditos generando una consciencia de derechos y de rechazo al ejercicio de la violencia política más sólidas que en el pasado. Y ciertas instituciones cuestionadas por su protección del *status quo* económico-social comenzaron a debilitarse unas y reconvertirse otras al calor de la presencia ciudadana.

El cristinismo que hacía suya parte de esa herencia y que hasta se consideraba aliada y heredera legítima del movimiento por los derechos humanos, así como de las aspiraciones de los jóvenes rebeldes de los 70, procuró en nombre del pueblo permanecer en el poder ya no como su representación parcial –a lo que aspiran todas las fuerzas políticas– sino como encarnación, y extender con esa invocación el control del Estado, y el espacio público. Tenía como sustento el anclaje popular del kirchnerismo de los orígenes que había impulsado la recuperación de la sociedad colapsada en 2001, y en particular, el haber favorecido un fortalecimiento de la corporación sindical que tuvo peso para la recuperación y el incremento del ingreso de los asalariados, sobre todo de los formales, y el haber impulsado políticas públicas que ayudaron a subsistir, por la expansión del empleo, la asignación de subsidios a los servicios básicos de uso popular y de los planes de remuneración a los excluidos, a los informales y a los adultos mayores que no habían hecho los aportes necesarios para la acceder al pago jubilatorio.

Estas decisiones –facilitadas por un contexto internacional muy favorable para la exportaciones agropecuarias que aportaban con un gravamen específico a las finanzas públicas– eran beneficiosas para los sectores populares, y mejoraron también la situación de los llamados sectores medios; pero a la vez, propiciaban un sistema que incluía y dominaba: las organizaciones sociales creaban vínculos de obediencia en detrimento de los beneficiarios de las políticas sociales que con frecuencia ellos gerenciaban, los medios de comunicación –algunos de ellos monopólicos– procuraban ser desarticulados pero en su lugar se gestaba una extensa red de comunicación oficialista valiéndose de los recursos del Estado.

La refundación política promovida por los Kirchner benefició a los "de abajo" pues mejoraron, aunque de un modo desigual, la situación de los asalariados formales y de los excluidos; pero se enraizaron más durablemente en los sectores carenciados donde prevalecían relaciones laborales informales, y en quienes recibían ayuda social. A la vez promovieron un mundo de los negocios –que venía del pasado y que se amplió con los amigos del poder, so pretexto de impulsar una burguesía nacional– que se expandió considerablemente, y sometiendo a reglas de obediencia que ordenaban el reparto de lo obtenido en licitaciones manipuladas bajo la modalidad del cartel acordado entre empresarios y gobernantes.

No se trataba de un nuevo orden ni embrionariamente post liberal ni post capitalista porque el orden heredado solo fue cuestionado de facto al ampliar las atribuciones presidenciales; ni hubo una generalización de derechos –aunque en este registro hubo una inclusión social limitada, alguna legislación progresista y el impulso a los juicios por crímenes de DD.HH. que se habían cancelado en los 80–. Aun en periodos de prosperidad económica persistían la pobreza y el desamparo en una parte considerable de la sociedad, favorecido por una informalidad que obviaba contratos y convenciones colectivas. Y pese a las referencias y actos no realizó un giro bolivariano consistente, porque las libertades públicas, curiosamente denostadas por algunos, se preservaban, y sobre todo porque los representantes se renovaban regularmente en elecciones, que con salvedades eran libres. El haber sobrellevado la caída de 2001 y ser gerentes del crecimiento durante los años iniciales con la consiguiente mejora de la vida de casi todos, otorgó un gran crédito a los Kirchner. Cuando las circunstancias fueron menos favorables, Cristina Kirchner procuró consolidar el poder adquirido y prolongarlo logrando que los aportes de intelectuales, artistas y jóvenes le permitieran dar una imagen visible y pública, pero también festiva de su gobierno nacional y popular. La radicalización emprendida en la segunda presidencia alentada por quienes vivieron esos cambios sociales no desdeñables, pero que estaban en declinación como epopeya, contaba con el respaldo de la nueva clase política que se había gestado junto a Néstor Kirchner y quería preservar los privilegios del poder, pero carecía de todo sustento conceptual. La Presidenta había argumentado que su propósito era según sus palabras "volver al capitalismo en serio" como dijo en numerosas oportunidades, criticando por cierto que el mundo de los negocios careciese de todo control al aludir probablemente al capital financiero que evadía impuestos mientras operaba desde paraísos fiscales; ponía así el acento en regulaciones ordenadoras que no elaboró ni puso en práctica en lo poco que se puede hacer al respecto en el ámbito nacional (*La Nación*, 3 de noviembre de 2011).[1] El atributo de revolucionario para calificar al cristinismo no remitía siquiera a una profundización de la justicia social (salvo verbalmente en el repetido eslogan del *fifty fifty* recordado como el horizonte de Perón, que predicaba un cambio en la distribución, pero no en el sistema mis-

---

[1] Entre las múltiples alusiones a la economía deseable y aludiendo a quienes proponían alternativas, ella manifestó: "Voy a repetir lo que me dice siempre el Dr. Kicillof, que me recuerda que Adam Smith decía que el panadero no está para hacer beneficencia, el carnicero tampoco, el carpintero tampoco, están todos para ganar plata. Así que, por favor, terminen con esas locuras del socialismo y todas esas cosas. Y tienen razón, todos quieren ganar plata, así que bueno, vamos a hacerlos ganar plata, pero por favor hagamos las cosas bien". (Discurso del 07/08/2014)

mo). Unos años después, resulta notorio el contraste entre sus palabras impregnadas de entusiasmo en el periodo de la segunda presidencia, con la magnitud de la apropiación de los fondos públicos por parte del núcleo gobernante de entonces, que ulteriormente la justicia reveló en toda su amplitud. Este fue un límite decisivo en las políticas distributivas proclamadas y parcialmente emprendidas.

Sin embargo, desde el movimiento cristinista se procuró instalar la siguiente alternativa: democracia nacional y popular en la que se consagran liderazgos que gobiernan sin restricciones institucionales, pues prima en cada circunstancia la expresión directa de la voluntad popular encarnada en el líder versus la democracia liberal portadora de un proyecto de sociedad de mercado multiplicador de las desigualdades. Ese antagonismo se exacerbó cuando el gobierno de Cristina Kirchner vio sus leyes nombradas como "democratización de la justicia" declaradas inconstitucionales por la Corte Suprema, al tiempo que las elecciones legislativas de 2013 mostraban al kirchnerismo nuevamente como una minoría de un tercio del electorado y se desvanecía la posibilidad de que la líder compitiera por un tercer mandato. Ello no privaba a la Presidenta en fin de mandato de recursos políticos e institucionales, pero de hecho la debilitó para continuar con reformas que tenían por finalidad limitar la dispersión del poder, a la vez que favorecer reductos institucionales dominados por sus leales con los que procuraría condicionar a su sucesor.

La intensidad política provenía de la confrontación entre esos tipos ideales de democracia liberal/neoliberalismo versus democracia nacional y popular/liderazgo semiencarnado. El cristinismo, que básicamente fue un tipo de gobierno con poder concentrado hegemonista y corrupción estatal, corría riesgo de desagregación ya que no conformaba un régimen político nuevo sino que había congregado un movimiento que no era identificable como "izquierda", pues si bien impulsó mejoras distributivas y algunas reformas progresistas, estas eran limitadas; y sobre todo predominó una nueva clase política que se beneficiaba de privilegios como toda otra, pero que se diferenciaba por su hegemonismo y su intención de perdurabilidad.

Y tuvo dos traspiés mayores en su fase final de gobierno, la emergencia de una alternativa electoral surgida de sus propias filas –el Frente Renovador liderado por Sergio Massa– que en 2013 ganaría las elecciones bonaerenses, y en paralelo el distanciamiento del sindicalismo y de parte de los movimientos sociales de los trabajadores informales y desocupados.

El otro traspié provino de la aparición de actores políticos opositores con posibilidades de acceder a la presidencia en 2015, y al aproximarse los comicios la unificación parcial de las oposiciones en la coalición electoral Cambiemos que logró que a sus adeptos se sumaran los descontentos que querían desalojar al cristinismo aún en la versión presuntamente moderada de Daniel Scioli.

Esta confrontación que en el plano electoral podría formularse como: o continuismo o alternancia, no podía ser considerada tan simplemente en esos términos. Los candidatos que finalmente compitieron en los pasos electorales decisivos habían logrado una adhesión personal en el electorado y no eran *per se* identificados con una fuerza política tradicional, o lo eran imperfectamente para el caso de Scioli y más imperfectamente aún para Massa. El cristinismo no tenía un candidato apropiado pues por su naturaleza su líder carismática era irremplazable y los líderes opositores en presencia en la fase final eran débiles o se habían debilitado en su relación con el electorado. Postulaban una renovación pues uno no provenía y otro no invocaba lo que habían sido las fuerzas políticas tradicionales, pero tampoco eran *outsiders* que viniesen de afuera o de los márgenes.

Daniel Scioli finalmente designado como candidato oficialista fue un postulante no querido pero necesario, impuesto por el estado de la opinión y resistido por el sector radicalizado del movimiento; su imagen se debilitó desde la oficialización de las candidaturas por el modo en que su eventual presidencia aparecía limitada en recursos políticos propios y condicionada por quienes planeaban para él un rol decorativo.

Sergio Massa proponía un rumbo postkirchnerista de contorno cambiante y aglutinó algunos dirigentes, personalidades que le dieron sustento a lo que en 2013 fue esencialmente un voto negativo contra la eternización de Cristina Kirchner y su verticalismo en el ejercicio del poder. Su fuerza política y su popularidad se debilitaron a la hora de la confrontación por la presidencia, pues surgió otra alternativa antikirchnerista más apta para la polarización.

Mauricio Macri tuvo una trayectoria pública durante los gobiernos Kirchner en su condición de jefe de gobierno de la ciudad de Buenos

Aires y líder exclusivo del PRO, y ese fue su punto de partida como eventual candidato presidencial. Precedentemente había sido empresario y ulteriormente se hizo conocer como presidente del popular club Boca Juniors. Sus flirteos con el kirchnerismo disidente de los años anteriores daban cuenta de su disponibilidad a gobernar con variados socios; pero por entonces, un par de años antes de las elecciones presidenciales, tenía una alta tasa de impopularidad que parecía cerrarle una progresión electoral nacional. Sin relación próxima con los partidos o mejor dicho, redes políticas tradicionales y más en general sin haber sido un político afín al peronismo o al radicalismo, pero opositor poco confrontativo con el cristinismo, logró instalar desde la ciudad de Buenos Aires una red de gobierno que él denominaba "equipo", que se extendió a algunas de las grandes provincias seleccionando a figuras públicas sin antecedentes políticos, y sobre todo hacia fines de 2014 comenzó a tener un umbral de reconocimiento ciudadano. Con esos recursos limitados a pocos meses de las elecciones presidenciales logró que los antikirchneristas, en particular algunos considerados progresistas, se coaligaran en el espacio electoral Cambiemos y lo reconocieran como candidato presidencial.

De modo que la confrontación política en estos años fue protagonizada por líderes de movimientos coalicionales heterogéneos que debían impulsar su invitación a la adhesión ciudadana y que en ese proceso experimentaron cambios de perfil y de afinidades, condicionados por la experiencia y por el pragmatismo habitual en quienes procuran representar.

Aunque la sociedad argentina no conoció la democracia institucional de los países del hemisferio norte sino episódicamente y en versiones atenuadas, con la debacle de 2001, de un modo más notorio que en el pasado, los movimientos y redes políticas y la representación en general fueron resquebrajados y enviados a los márgenes en beneficio de liderazgos que no eran populistas en el sentido del pasado, pero que podían devenirlo y sobre todo, por una desinstitucionalización en la propia sociedad que aceleró la fluidez ciudadana y en consecuencia, con asociaciones que emergían y desparecían; en especial, ciudadanos que se relacionaban con la vida pública y líderes con menos ataduras y más libertad para pronunciarse según las circunstancias. La debacle de 2001 exteriorizó y amplió el cambio en la relación de los ciudadanos con el poder; la notoriedad de la presencia activa de los ciudadanos permitió percibir la mutación en curso del régimen político. En ese entonces se vio emerger la ciudadanía en el registro de la desobediencia, no tan solo hacia el Presidente renunciante, sino que toda la clase política que se alternaba en el poder apareció descalificada con el reclamo común y casi único: "Que se vayan todos". En paralelo, una movilización ciudadana involucraba a muchos bajo diferentes modalidades, una de las cuales era las asambleas barriales, que ilustraban la tensión entre ciudadanos y representantes, dando una nueva perspectiva a ese vínculo. Una ciudadanía autoconvocada, sin líderes ni representantes. El deseo o la utopía del autogobierno emergía como retorno de la soberanía a su fuente, lo que se tradujo en las tentativas de dar continuidad a una comunidad política deliberativa.[2]

A pesar de los altibajos en la modernización del país, las transformaciones sociológicas y tecnológicas se reflejaban en una ciudadanía en la que la singularidad se expandía de modo tal que si bien el peso de los anclajes socioculturales de nacimiento persistía, coexistía con la movilidad en las trayectorias y aspiraciones de vida de los individuos por sus propias experiencias.

La complejidad de los procesos productivos tributarios de las nuevas tecnologías y de los vínculos socioculturales han relativizado la unidad que resulta de la cooperación laboral en las actividades de la reproducción de la vida, de las pertenencias y tradiciones partidarias, de las que persisten recuerdos que se reactivan ocasionalmente; así también, como de los lazos que se establecen en las actividades del ocio, del deporte, de la creación puramente cultural. Individuos en posiciones socioeconómicas análogas divergen en lo que es justo, legítimo y aún en lo que conviene a sus intereses. Es que los "intereses" de individuos y grupos son resultado de una atribución de sentido que depende de su experiencia pública y de la reflexión, y en consecuencia, son variados e incluso divergentes entre sí; por consiguiente, ni los trabajadores, ni los empresarios, ni los profesionales constituyen corporaciones homogéneas que actúan como conjunto, sino cuando intereses estrictamente

[2] Esa experiencia fugaz reaparece en las redes sociales de Internet, una sociabilidad horizontal de vocación asamblearia en momentos de febrilidad política y que no se hace representar, aunque su emergencia territorial puede desafiar la legitimidad de los actos de gobierno.

sectoriales están en juego; por el contrario, los individuos están confrontados con alternativas de acción y de vida diferentes cada uno de ellos y a la vez son forzosamente instituidos, es decir, interpelados por quienes ofrecen inteligibilidades distintas de las relaciones sociales, del rumbo político y de los intereses ciudadanos.

Por cierto, el descontento con las desigualdades en las condiciones de vida, en el acceso a bienes y libertades e incluso en la protección de la diversidad cultural están en el centro del malestar colectivo contemporáneo. Malestar por la exclusión y la pobreza con frecuencia invisibilizadas por su localización en los márgenes territoriales y comunicacionales, de modo que para sorpresa de muchos emerge esporádicamente como estallido.

Unos y otros se movilizan por demandas puntuales, pero la ciudadanía como tal deviene irrepresentable, una figura típica de la ciencia política desde los años 50 consideraba como inherente a la democracia tradicional la representación de intereses derivados de la posición social objetiva en la sociedad, y a la política como la administración de los recursos mercantiles en disputa. Si la vida política concebida en términos de clases sociales –por sobre lo mucho que acallaba– tenía en el siglo XX algún sentido, en las democracias y proto democracias del presente ha perdido pertinencia. No la han perdido las diferencias sociales, pero sí su modo de cuestionamiento del *status quo* y su localización en lugares específicos del mundo del trabajo en sentido amplio.

La crisis de 2001 en lo que hace al régimen político fue reveladora. No se trataba ni se trata de una ciudadanía en su gran mayoría afín a una revolución social en el sentido convencional acuñado desde los orígenes de la sociedad industrial, pero sí a un cuestionamiento de las relaciones de poder incluyendo las económicas y financieras. Por cierto que la protesta y acción desafiante de la dominación social existe desde siempre y en particular desde las revoluciones democráticas. Pero los principios de libertad e igualdad han hecho un largo camino incluso en la Argentina; en las condiciones de hipervisibilidad e hiperconectividad contemporáneas los cambios se orientan hacia la democracia continua. La vida pública –y las particulares de cada individuo– tiene una dimensión considerable de rutina y de repetición, pero se han expandido las alternativas de cursos de vida y eso mismo está en la base del debilitamiento de las corporaciones y las identificaciones ideológicas. Por cierto que esta fluidez no se extiende en todo el tejido social, aunque tampoco está simplemente confinada en los solventes y en los poderosos. No han desaparecido las diferencias de cuna, y el inicio en la vida genera una desventaja mayor entre los más pobres. Esas diferencias cuentan, pero suelen no ser decisivas pues el imaginario de un mundo de semejantes alienta tanto los navegantes a contra corriente como rebeliones colectivas que suelen traducirse en reformas favorables a la igualación de condiciones. Y en lo que hace al régimen político en el siglo XXI, la libertad de los individuos y el sistema representativo así como las costumbres del vivir juntos no son un conjunto de normas que contengan criterios de decisión sobre lo que frecuentemente es inesperado en la vida en común. Los ciudadanos participan libremente, directa o indirectamente, en la propia fabricación de sus formas de gobierno y de sus costumbres. Los movimientos colectivos son variados, pero algunos de ellos son particularmente ilustrativos de los cambios revolucionarios –en el sentido del siglo XXI– en curso[3].

El legado que dejaron los Kirchner impregnó la ciudadanía en sus diferentes franjas, la aspiración a una sociedad en donde se recuperase la preservación de la existencia: alimentarse, tener condiciones de vida al menos tan gratas como las que habían experimentado en momen-

---

[3] El ecologismo ha echado raíces y planteado interrogantes sobre el tipo de desarrollo deseable y algunas restricciones en pro de la protección de la naturaleza y del medio ambiente –según los expertos, insuficientes– se han adoptado como políticas nacionales.

La revolución feminista tiene un alcance extraordinario y la legislación que promueve en el trabajo y en la política es un signo de una transformación a futuro de las relaciones humanas de magnitud inédita e imprevisible. Lo que viene desde el fondo de los tiempos es la relegación de la mujer a ciertas tareas y a una posición subordinada tanto en la familia como en otros ámbitos de la vida en común. La igualdad se va instalando en las leyes, pero está muy relegada en las costumbres. Quizás no se trata solo de añadir derechos –entre los que el derecho sobre su propia vida y cuerpo no es menor– sino en cómo la igualdad de género no solamente de hombres y mujeres es una igualdad de semejantes, es decir, de seres que son iguales y son distintos y que el reconocimiento de la igualdad de semejantes tardará décadas en generar nuevas costumbres que deberemos inventar pues no se derivan simplemente del uso de la razón o de alguna objetividad. No son cambios confinados al reparto de las tareas domésticas sino al modo de vivir la diferencia.

Por otra parte, esta centralidad de la ciudadanía no puede ser entendida como una disposición a la movilización y el pronunciamiento cotidiano, pero el alejamiento del conformismo es efectivo con los matices que supone reconocer las franjas de ciudadanía.

tos fugaces del pasado. El gobierno de los Kirchner estuvo asociado a la mejora social y a la estima (trabajo, salarios, reconocimiento en un discurso público que los nombraba) y por ello persiste no como sueño intelectual sino como recuerdo de cambios acaecidos y que para algunos tienen vigencia presente.

Los Kirchner no impulsaron un crecimiento con modernización, no integraron a la gran masa de excluidos que persiste ni generaron un régimen político en donde los de abajo ejerzan más plenamente los derechos políticos y gocen de la libertad creativa posible en la sociedad contemporánea, pero sin embargo dejaron una huella sobre la posibilidad de vivir entre semejantes y dar relieve, aunque fuese en parte retórico, a las condiciones de vida mejoradas y amparadas por la acción del Estado.

El peronismo de Perón por su acción ya había precipitado la brecha entre la "justicia social", la dignificación de los trabajadores, por un lado, y la libertad y autonomía de todos incluso de los propios trabajadores y el ejercicio pleno de los derechos políticos, por otro lado. Y en cierto sentido el kirchnerismo reavivó una disociación en términos análogos. La mejora de la condición de vida de los trabajadores y todo lo ya mencionado al respecto generó el entusiasmo de sectores de tradición peronista y muchos de las variantes de izquierda; pero el proyecto nacional y popular escindía esos logros de las libertades públicas que incluyen la división de poderes, la preservación del pluralismo y en particular de los medios de comunicación aunque se reglamentara su desconcentración, y también la emancipación de los sectores más pobres de la tutela de organizaciones que les proveían los bienes elementales, pero que a la vez, los disciplinaban y educaban en la obediencia.

Los actores políticos, como en las elecciones 2013 y 2015 en la Argentina pero en sintonía con una tendencia que se observa en Occidente, fueron líderes que generaron un vínculo representativo personal con los electores cuyo signo ha sido el del antagonismo, definir un enemigo que si el proceso continuara por canales legales y pacíficos deviene tan solo adversario. Esa acción instituyente del líder puede requerir del sustento de redes de activistas, pero el epicentro es la búsqueda una popularidad que deviene de su llamado a los ciudadanos y de puesta en escena, pero poco o nada de mediaciones organizacionales.

Sin embargo, hay dos observaciones que son importantes para entender cuánto ha cambiado el régimen político en unas pocas décadas. En la Argentina como en muchos otros países no se concibe la legitimidad del poder si no es surgido de las urnas y ése es el umbral de su condición de sociedad democrática. Pero el consenso extendido incluye a la "justicia social" en lo que se refiere al acceso a bienes básicos para todos, y a la "civilidad democrática" entendida como el respeto a la ley, al reconocimiento que siendo semejantes somos diferentes y a veces muy diferentes, y al rechazo a la corrupción. En ese orden de atributos un aspecto que es característico del ciudadano contemporáneo –que ni siquiera suele ser percibido por quienes están más involucrados en el poder– es la desconfianza hacia la "clase política".

De modo que la diferenciación política entre los candidatos presidenciales no es fácil de establecer; cada cual tiene que tomar en cuenta la existencia de un consenso básico y a la vez hacerse cargo de la negatividad, designar un adversario o enemigo y ser el portador de un voto de rechazo hacia él, y si logra una articulación verosímil, será un líder de popularidad con posibilidades de éxito electoral.

El liderazgo de popularidad en situaciones de descontento intenso y de rechazo a la clase política como conjunto, atribuyéndole la responsabilidad del estancamiento económico y de un incremento inaceptable de la inseguridad, puede instalarse como una alternativa de gobierno explícitamente autoritaria y antisistema, deviniendo depositaria de la negatividad absoluta del pronunciamiento electoral que supone dejar de lado el consenso básico.

Pero el mundo contemporáneo, incluyendo a la Argentina, se halla frente al desafío de proveer orden público con condiciones de vida dignas y libertades amplias que sean vivibles y aceptadas en tiempos en que la globalización desregulada ha acrecentado las desigualdades sociales. El descontento ante la incapacidad de los gobiernos de diferente signo a emprender un rumbo de integración en el acceso a bienes de la comunidad política ha favorecido la reemergencia de actores ideológicos radicalizados, en el sentido de que tienen por vocación cuestionar el sistema político y social injusto, y promover un repliegue en un "nosotros" nacionalista o bien en el polo opuesto de cuestionamiento revolucionario.

El consenso democrático básico coexiste y a la vez nutre movimientos contrademocráticos hostiles a las clases políticas gobernantes, al hacerse visibles y gravitantes sus privilegios que de hecho contravienen el consenso mencionado.

Desde inicios de siglo los gobiernos en la Argentina se han encontrado ante una ciudadanía cuya centralidad derivaba de las creencias que la soberanía no se delega completamente en los gobernantes, y en consecuencia preserva su autonomía y eventual ejercicio de un poder de veto.

Estos actores y su modo de actuar por fuera de los cánones de lo que fue la democracia representativa en el pasado han sido posibilitados por la democracia continua cuyos trazos aún en evolución caracterizan al régimen político y a la sociedad sin que los gobiernos kirchneristas hayan podido sobrellevar este modo diferente de la democracia. En ella –la democracia continua– la ciudadanía ya sea opinión pública y audiencia, cacerolazo, movilización popular o electorado está presente y fluctúa. Por cierto, no se puede afirmar que los movimientos políticos –el kirchnerismo y Cambiemos– hayan ejercido el poder político con criterios puramente adaptativos al nuevo condicionamiento ciudadano, pero sus reequilibrios y sus límites admitidos o forzados provenían de la amenaza (de la protesta o el voto) de ese no sujeto –pero fuente de la legitimidad– que procuraban capturar, pero no dominaban y los limitaba o eventualmente los relegaba a los márgenes de la escena al no proveer eco al llamado del líder.

Los gobiernos kirchneristas ejercieron un poder considerable, e incluso tuvieron durante años sobre todo en la fase cristinista el cuasi monopolio de la intensidad política. Las políticas distributivas tenían un gran complemento en una movilización mayoritariamente juvenil posibilitada por el control del aparato estatal que proveía recursos humanos y fondos, pero se generó una mística de estar del lado del pueblo en que los jóvenes funcionarios se entremezclaban con los jóvenes estudiantes que encontraban en el movimiento gobernante un sentido de justicia. Pero aunque tuvieron y tienen un núcleo de leales, los procesos electorales exhibieron una mayoría que no capturaban.

Si el movimiento kirchnerista y sobre todo el cristinismo actuaba en la dirección de una refundación política, ella remitía en su versión elemental a un modelo de los primeros años (superávit fiscal primario y balance positivo en el comercio internacional), es decir, un gobierno con recursos excedentarios genuinos; ulteriormente la invocación retórica del *fifty fifty* que no fue alcanzado siquiera por los asalariados formales más beneficiados y esa pretensión era muy incongruente con una pobreza que osciló en los años del segundo mandato de Cristina Kirchner y posteriormente en el 30% y ello era así porque el modelo con excedente fiscal no tenía ya viabilidad en los gobiernos de los años diez.[4]

¿Qué ha sido el régimen nacional y popular? El consumo y mejoramiento de las condiciones de vida de los trabajadores fue considerable, pero cuando el ciclo de exportaciones extraordinarias cesó y el Estado carecía de recursos genuinos para mantener ese gasto entonces se hizo insustentable sin que el gobierno rectificara el rumbo y se preocupara por un crecimiento económico sólido.

La observación de los procesos electorales y de la competencia política dará una percepción más afinada de los cambios en el régimen político. En 2013, que culminó con protestas sindicales, paros y cacerolazos, el aislamiento del gobierno se tradujo con el resultado de las elecciones legislativas en una retracción de su electorado que se redujo a un tercio de los votos válidos, de modo tal que en vistas a un futuro sin Cristina Kirchner presidenta y sin certeza sobre el control el resultado electoral futuro, se intentó una reorientación para recomponer la economía en vistas a su reinserción en el mundo, pero esa tentativa al cabo de unos meses fue abandonada, de modo que se mantuvo el déficit fiscal y el estímulo al consumo en vistas a favorecer un clima propicio ante la proximidad de las elecciones. Mientras que en el plano político se fueron dando las condiciones para no proponer para las presidenciales un continuismo de máxima, de modo que la candidatura recayó en Daniel Scioli.

En tanto el cristinismo no podía dar una imagen de renovación, y el continuismo en la economía de consumo parecía no sustentable, refugió su discurso electoral en la denuncia de quien fuera finalmente el adversario en el balotaje. En Macri, que según las versiones doctrinarias

[4] El déficit fiscal primario se registró por primera vez en los gobiernos kirchneristas en 2010, fue del 0.4 y en 2011 del 0.8 y se aceleró en la segunda presidencia: 2012 1.2, 2013 2.4, 2014 3.5, 2015 5.2, en INVECQ en base a Ministerio de Hacienda e INDEC.

apuntaba a una "sociedad de mercado", es decir, a la desregulación de la economía y en particular, de las relaciones laborales, supresión o reducción de los impuestos y retiro de la presencia institucional hacia el Estado mínimo; esta no era tampoco una alterna válida. De modo que la referencia a la grieta era pertinente para aludir a la intensidad política antagonista que generó el cristinismo; la ilusión de una inviable continuidad; y la contrapartida de los adversarios que prometían el cambio: superación del estancamiento y del modo de gobernar, pero negaban enfáticamente que fueran a impulsar "un ajuste".[5]

La campaña electoral 2015 tuvo como protagonista silencioso al electorado mayoritariamente indeciso y fluctuante de por sí, pero además porque las PASO fuerzan a elegir en la primera vuelta entre opciones que para muchos significaba abandonar su primera preferencia; lo que inclinó el resultado fue el voto antikircherista, pero los contendientes que llegaron al balotaje hicieron ambos uso de la negatividad y con mayor énfasis Daniel Scioli. Las elecciones en efecto prolongaron un suspenso hasta el escrutinio del balotaje pues fueron muy disputadas por la ausencia de candidatos con caudal electoral decisivo. Las PASO hicieron pensar que el candidato oficialista estaba próximo a lograr los votos necesarios para triunfar en la primera vuelta.[6] Pero la novedad fue que en esa primera vuelta el candidato oficialista disminuyó su por-

[5] Una vez en el gobierno efectivizaron un ajuste que no se mencionaba como tal y que durante un tiempo fue gradualista en su ejecución hasta el momento en que estalló una crisis inicialmente cambiaria que debería llevar a fijar un rumbo inteligible a la política económica, lo que al momento de escribirse estas líneas no ha sucedido aún. La variedad de decisiones emprendidas al instalarse el nuevo gobierno iban desde incremento de las tarifas de algunos de los servicios básicos esenciales, la mantención de las políticas sociales hacia los sectores más desprotegidos y acceso al crédito internacional para paliar el déficit fiscal y disminuir la inflación. Este último recurso –el del crédito internacional que llegó como recurso financiero, por lo esencial no como inversión productiva– es el que posibilitó el retiro brusco de inversiones golondrina, lo que aparejó una colosal devaluación del peso que si era necesaria, no lo era bajo esa modalidad que acarrearía el retorno de los desequilibrios que se quería superar, y el deterioro del nivel de vida de todos, quizás en mayor medida de los "sectores medios", que de los más necesitados que fueron más protegidos por subsidios y asistencia.

[6] La legislación prevé que un candidato se consagra si tiene un caudal electoral superior a sus adversarios alcanzando al menos el 45% de los votos válidos. Una alternativa de consagración es que solo supere el 40% pero que la distancia con su rival inmediato que lo sigue en el orden de preferencias sea de al menos el 10%. En las PASO a Scioli le faltaron tan solo un poco más de 2 puntos para alcanzar dicho 40%, lo que ilusionó al oficialismo.

centaje en tanto que Macri devino *challanger* bien posicionado puesto que reunió más votos de los obtenidos en la primera vuelta por la coalición Cambiemos. Pero la sorpresa mayor fue que en las elecciones bonaerenses, que no tienen previsto el balotaje, María Eugenia Vidal del PRO fue electa gobernadora, habiendo sido una competidora que había iniciado su carrera política exitosa en el distrito porteño y proclamada candidata cuatro meses antes de las elecciones en un distrito donde era poco conocida. En poco tiempo adquirió renombre con una campaña de proximidad poco usual, basada más en escuchar y a la hora de pronunciarse denunciando las carencias de la provincia pero también los poderes fácticos mafiosos.

Finalmente Macri llegó a la presidencia con poco más de dos puntos de diferencia y sobrellevando la campaña del miedo de su adversario. Macri había logrado que sus adeptos de las PASO, apenas un 24,5% del electorado, se multiplicaran pues pese a las reticencias que despertaba apareció como el candidato más apto para desalojar al cristinismo/kirchnerismo.

Se instalaba así una escena institucional particular. Debía tenerse en cuenta la legitimidad electoral acotada del nuevo Presidente, que llegaba al gobierno con un crisis en ciernes; pero sobre todo la fragmentación en su propia coalición electoral, y especialmente en la galaxia peronista. El Congreso reflejó prontamente la crisis suscitada en el Frente para la Victoria que derivó en la formación de varios bloques escindidos en la Cámara de Diputados, y una mayoría no cristinista en el Senado sustentada por varios gobernadores que pensaban en un futuro sin la Presidenta saliente al mando.

Por cierto que no hubo sucesión, pero aunque el Presidente Macri y una nueva elite de gestión –en la que abundaban hombres de negocios y miembros de varias ONG– se hizo cargo del gobierno, no puede considerarse que haya habido alternancia plena dada la carencia de bloques oficialistas mayoritarios. Las alternativas mismas fueron sobreactuadas pues quedará el interrogante de saber cómo hubiese sido el gobierno de Scioli.

El nuevo oficialismo para paliar sus limitaciones y reforzar la certeza que traían progreso, modernización y política en vistas de un interés general, invocaba desde los inicios la perspectiva y certeza de un segundo mandato, que ulteriormente quedó en duda.

Del kirchnerismo al cristinismo

El cristinismo se perfiló como un cambio en el ejercicio del poder y en la dinámica del movimiento oficialista distinto al de los mandatos precedentes de Néstor y Cristina Kirchner.

El kirchnerismo había conocido durante el gobierno de Néstor Kirchner una relación de poder desigual entre los actores políticos, que puede ser calificada de escena unipolar por el predominio del oficialismo. Luego con Cristina Kirchner la popularidad sufrió altibajos notorios, y ya desde mediados del segundo mandato también experimentó el debilitamiento en recursos organizacionales por el distanciamiento de los líderes sindicales y las reticencias de barones del conurbano y gobernadores ante el rumbo de radicalización y al ejercicio más vertical del poder. Esta evolución gubernamental "de izquierda" apuntaba a cohesionar identitariamente sus bases en vistas a tener recursos activos para que si un sucesor llegase a la presidencia lo hiciera sin autonomía, y si hubiese una eventual escena de alternancia limitada, los adversarios en el poder tropezaran con cambios consolidados, denominados los logros del "modelo" y un conglomerado de adeptos que le permitiría una presencia significativa desde la oposición en la escena post-electoral de 2015. El debilitamiento del kirchnerismo se evidenció tanto en la emergencia de cacerolazos, aun en sectores urbanos en que había tenido influencia, como en acciones sindicales y de movimientos sociales de los piqueteros y excluidos. Las elecciones parlamentarias de 2013 reflejaron el drástico cambio que redujo el caudal electoral del oficialismo a un tercio de los votos emitidos, es decir, apareció como electoralmente minoritario.

La radicalización de la Presidenta tenía dos destinatarios, a su parecer asociados: el poder mediático, encarnado por el multimedios Clarín, y el poder judicial, que retardaba o cuestionaba proyectos con sanción legislativa, en particular la ley de Medios de Comunicación, y descalificaba por inconstitucionalidad a las leyes de "democratización de la justicia".

El kirchnerismo en su fase radicalizada, el cristinismo, se caracterizó por la conversión de la Presidenta en agitadora y militante. Su aparición pública invocaba reiteradamente su intención de informar la verdad de su gestión de gobierno que, a sus ojos, era ignorada o distorsionada por los grandes medios de comunicación. Una segunda vertiente de su presentificación era la de recrear un vínculo líder-masas en donde lo más relevante era la fusión comunitaria de los jóvenes, ubicados en ámbitos diferenciados en los actos públicos (por ejemplo, en los patios interiores de la Casa Rosada), con la líder que no los representaba sino que los encarnaba. Esa sacralización fue sintetizada por una diputada adicta con la fórmula "Cristina eterna". El cristinismo completaba un giro que se había iniciado con el conflicto del campo en donde el kirchnerismo disputó y fue perdidoso en la presencia en las calles, que se consideraban patrimonio del peronismo desde sus orígenes. El cristinismo, ulteriormente, atribuyó centralidad a la movilización callejera logrando así hacer suya la figura de la intensidad política cuyo alcance se había hecho visible ya en el funeral de Néstor Kirchner. Si bien los protagonistas más activos provenían de los sectores medios "ilustrados" y las jóvenes generaciones[7], tuvo un enraizamiento de naturaleza diferente entre los beneficiarios de las políticas sociales que participaban de los actos públicos con frecuencia guiados o transportados, aunque no se trataba simplemente del encuadramiento de los punteros o de los movimientos sociales, pues el volumen y entusiasmo de su participación dependía del estado de la opinión popular que era, por cierto, variable. Con todo ha sido notorio que los sectores más humildes hayan sido el contingente electoral más constante del oficialismo de entonces, tanto en el conurbano bonaerense como en el interior del país.

El sedimento más cuantioso y anclado electoralmente residía en el ámbito de los excluidos que fueron incorporados, de los informales que obtenían beneficios y cuyo número disminuyó en pos de su regularización laboral, y de aquellos jubilados que no tenían aportes suficientes pero que fueron incluidos entre quienes se les atribuía una jubilación mínima. Los sectores populares fueron beneficiarios de políticas públicas, aunque el universo de los pobres siguió siendo significativo. Para una parte considerable de estos sectores, menos movilizados que los de la intensidad política, había calado el reconocimiento prodigado por los gobernantes; accedieron al umbral de instrumentos como computa-

---

[7] Un sector significativo de universitarios e intelectuales, que procuraban dar versiones más articuladas del movimiento nacional y popular, y entre los artistas mucho de los cuales se sumaron con sus actuaciones en actos del Frente para la Victoria.

doras, teléfonos celulares, tarjetas bancarias donde se depositaban sus sueldos o subsidios y que materializaba un reconocimiento en la autonomía en el ámbito del consumo básico. Los agentes del clientelismo que proveían orientación para los trámites, materiales diversos para su hábitat y soluciones para emergencias que el Estado no suministraba, no desaparecieron pero su poder se debilitó.

De modo que Cristina Kirchner devino –pues no lo fue desde los inicios cuando secundaba a su marido– una líder de popularidad diferente a las emergentes en el campo opositor. El primer tiempo de gobierno en soledad fue finalmente favorable para ella; logró la reelección en 2011 con un resultado esta vez abrumador ante oposiciones dispersas y muy minoritarias. Pero su modalidad de liderazgo cambió rápidamente.

Se puso en marcha la pendiente "cristinista" como tal con leyes y proyectos ya mencionados que designaban enemigos al rumbo adoptado, definido como nacional y popular, y que se traducía, en consecuencia, en iniciativas que aspiraban a cambios estructurales en la relación entre los poderes, mientras que otras que concernían al consumo popular, que había sido muy estimulado aunque de manera zigzagueante, designaban ahora un enemigo externo, los "fondos buitres".

De modo que el cristinismo puede ser considerado como un movimiento que tenía su sostén principal en militantes juveniles, intelectuales y artistas quienes se expresaban y movilizaban, en tanto que el tradicional PJ –gobernadores e intendentes y sindicalistas– se situaban en la parte periférica del movimiento y tendían a retraerse e incluso algunos de ellos preparaban alternativas rupturistas. La amalgama era provista por la figura de Cristina omnipresente y depositaria de las decisiones a todos los niveles; ella era la voz y la acción. Las obvias mediaciones en el dispositivo estatal eran eslabones de su voluntad. Se trataba entonces de una concentración de poder muy particular, el que se sustentaba en el verticalismo. Existía un entorno íntimo sobre todo familiar. Los presumidos independientes de ese vínculo que la rodeaban no fueron ni interlocutores públicos ni disidentes y con frecuencia se alejaron del gobierno. No era un movimiento que tuviera pares en su cúspide o ámbitos de argumentación y deliberación. Una ilustración de ese verticalismo era el modo de definición de la oferta electoral sobre todo para la provincia de Buenos Aires y la ciudad de Buenos Aires, pero también en la medida que le fuese posible en los otros distritos donde los líderes locales no podían ser completamente ignorados.

La evolución del oficialismo de entonces revelaba los alcances y límites de un liderazgo de popularidad verticalista, que confiaba la confirmación de su popularidad con la promesa de proseguir con el "modelo" en vigencia. La debilidad o ausencia de mediaciones políticas o sociales y la propensión a la concentración del poder y las decisiones derivaba, por cierto, del debilitamiento y disgregación de los partidos y de la informalidad de los movimientos colectivos. Se trata de liderazgos que congregan adherentes si logran canalizar y expresar –aun con componentes de positividad– un alto índice de negatividad en el electorado. Se deposita una expectativa o confianza en un líder cuya consolidación como dirigente se halla a merced, si es electo, de la renovación de la legitimidad en los actos de gobierno, o bien si no es electo, de su comportamiento como opositor crítico/negociador, y cuya debilidad o ausencia suele acarrear la declinación o desaparición de la organización o red política de los inicios.

Una estrategia instituyente[8] de los liderazgos de popularidad radicalizados o "refundacionales" consiste en pretender que aun estando

---

[8] Debe entenderse que estos liderazgos personalistas que surgen en una relación directa con la ciudadanía, expresan el descontento o el malestar ciudadano; pero este estado de la opinión no puede ser considerado como un listado de demandas específicas –aunque estas existan– que deben ser agregadas para configurar una promesa o un proyecto. El líder puede ser simplemente una expresión, con frecuencia radicalizada de los descontentos –pero aun así provee una interpretación y designa un adversario a desplazar. O bien el líder concibe un rumbo de acción gubernamental que aparece como verosímil para una parte de la ciudadanía, es decir, alude pero en general no recoge en sentido elemental las demandas, con frecuencia contradictorias entre sí, sino que integra la negatividad –siempre presente– en un proyecto de cambio o renovación que procura definir un nuevo rumbo de gobierno. En otras palabras, el descontento ciudadano es difuso y oscilante, el líder de popularidad instituye un sentido que amalgama esa diversidad bajo la referencia al cambio y la renovación que aluden críticamente a la cuestionada clase política de la que forman parte los adversarios que compiten en esa lid. Asociado a la negatividad –es decir, a la identificación de un adversario desacreditado o de un enemigo– se delinean estrategias de proximidad e identificación y ello implementado por fuerzas políticas de signo variado. Las recorridas y timbreos se hacen postulando la identificación con un movimiento por sobre la formulación de programas precisos, frecuentemente ausentes, dejando a la proximidad y a la negatividad como receptáculo de la diversidad de descontentos. En esta línea, la difusión televisiva de esas acciones de contacto político vecinal, de spots producidos o de la conformación de videos referidos a contactos políticos reales forman parte de una finalidad común: la de una puesta en

en el poder político, solo gobiernan, pero que el poder está en manos de las corporaciones económicas del capitalismo financiero nacional e internacional que serían más poderosos que los gobernantes. Es decir, se procura que la desconfianza hacia la clase política y la movilización ante sus traspiés se oriente al "verdadero enemigo" y no al gobierno que presuntamente los combate. Se procura sellar una identificación entre gobierno, pueblo y nación, un "nosotros", que no haga imaginables otros cursos de acción política e institucional a los ya emprendidos. El pluralismo político es descalificado y si las circunstancias lo permiten, bloqueado. Las elecciones regulares fueron el sustento inicial de los liderazgos radicalizados, pero luego fueron desdeñadas o ignoradas en sus consecuencias institucionales.

Por cierto, Cristina Kirchner alcanzó a actuar solo parcialmente según el rumbo bolivariano, pero la polarización impulsada por ella era de tal naturaleza que hacía inconcebible por catastrófica la alternancia en el gobierno y aun insoportable los movimientos ciudadanos o populares críticos.

Las campañas electorales cuentan, y las de 2013 y 2015 fueron una ilustración no tan solo de la fluctuación en las identificaciones del electorado, sino también de los propios dirigentes. Tanto el Frente para la Victoria y Cristina Kirchner experimentaron esos altos y bajos, como el propio Mauricio Macri que tuvo en las elecciones porteñas como eventualmente en las nacionales vaivenes significativos tanto en sus alianzas como en su patrimonio electoral. Sergio Massa es quien experimentó más fluctuaciones en su caudal electoral potencial (encuestas) y efectivo (elecciones 2013 y 2015).

Este protagonismo de los liderazgos y su contrapartida, la no adscripción de los ciudadanos a los partidos y movimientos constituyen en la Argentina también una característica propia de la "democracia continua". Cada elección, sobre todo las presidenciales, designa una representación que aun cuando consagre liderazgos de popularidad fuertes, goza de una legitimidad precaria, pese a la eventual fortaleza provista por mayorías parlamentarias. Esto es así porque los electores no transfieren a los representantes plenamente la legitimidad en el acto

escena en donde las imágenes cuentan tanto más que argumentaciones o enunciados adscriptos.

electoral. El período en consideración de la política argentina es una ilustración del alerta vigilante que caracteriza a los ciudadanos y se traduce en que decisiones significativas de gobierno pueden ser vetadas por la opinión y la movilización ciudadana. La informalidad característica de la democracia en mutación en la Argentina supone desplazamientos permanentes en los ciudadanos y en los dirigentes, e incluso flexibilidad en la interpretación de leyes y normativas.

El pragmatismo atento a los intereses individuales y colectivos presentes tiende a prevalecer en el posicionamiento de los actores corporativos y en algunos casos de los individuos, y ha desdibujado los alineamientos y la significación de las historias personales, familiares y grupales de identificación cultural o ideológica.

Aun siendo así, es decir que son los valores emergentes y los clivajes presentes y su interpretación lo que predomina en las cambiantes escenas contemporáneas, sus protagonistas y su competencia, las tradiciones y costumbres políticas cuentan pero ya no como anclajes. La justicia social y la vigencia de las leyes y de la Constitución por caso, pesan en las preferencias ciudadanas pero interpretadas a la luz de los dilemas actuales.

Las escenas pre-electorales, sobre todo a nivel nacional, se dan entre candidatos auto-proclamados y que tienen una relación indirecta o vaporosa con las identificaciones del pasado. Peronismo y radicalismo están presentes como referencia en grados variables y con intensidades distintas entre jóvenes y adultos pero esas denominaciones con frecuencia no corresponden a organizaciones políticas contemporáneas, al menos no a las principales. Pero los valores que evocan esas denominaciones siguen teniendo un sentido difuso que es disputado por los actores políticos.

Esta desagregación de las organizaciones políticas ha sido más evidente en el caso del radicalismo, cuyo caudal electoral y su influencia han decrecido drásticamente a lo largo del nuevo siglo. Pero en lo que hace al peronismo la invocación diferenciadora del nombre si pretendiese aludir a un actor real y no imaginario o a un electorado constante y convergente haría caso omiso de la variedad de redes y movimientos que se diferencian políticamente entre sí y no tienen lazos organizativos, que reclaman esa identificación aunque la exhiben cada vez menos o mucho más débilmente en las acciones públicas. Las redes de esa lejana filiación, y la propia etiqueta "peronismo" han tenido poca vigencia o han sido puesta en sordina en el ciclo de los gobiernos Kirchner. La militancia cristinista sugestivamente se identifica como La Cámpora. La identificación con el peronismo es más consistente que otras pues agrupa ocasionalmente a intendentes y gobernadores –por cierto, de ideologías y sensibilidades diversas, pero que continúan coaligados en la invocación de lo popular como postulado para mantenerse o acceder al poder. Pero su aparato es generalmente el que les provee el Estado.[9]

Pese a la diversidad de liderazgos y organizaciones, de fluctuaciones y coaliciones cambiantes, desde hace años y en particular desde las elecciones de 2011, se ha considerado que existe una grieta. Esta apreciación se deriva de una hostilidad entre el núcleo cristinista y los antikirchneristas, descalificatorios los unos de los otros. Pero la fluctuación en el mundo político y ciudadano y la emergencia de alternativas políticas ajenas a ideologías de pretensión radicalizada dan cuenta de la relatividad de la grieta, un fenómeno que sin embargo ha incluido a parte de los políticos, pero que fue alimentado –sobre todo por la intensidad– por la militancia juvenil y por el relieve que le daba la adhesión del mundo de las letras y del espectáculo y algunos medios de comunicación.

La nueva escena política hacia la mitad del mandato presidencial

Hacia la mitad del mandato presidencial y con las elecciones de 2013 de renovación parcial del Congreso en el horizonte, se hacía posible consignar una nueva configuración de la escena política. Aunque el oficialismo mantuvo sus mayorías en el Congreso, experimentó fracasos en sus proyectos de expansión en detrimento de los medios de comunicación que le eran adversos, y sobre todo en la reforma de la justicia.

El impulso a las políticas sociales fue continuo, con altibajos, y ello se tradujo en el sostenimiento del ingreso salarial y el consumo popular, pero las políticas redistributivas y en especial las que atañen a las condiciones de vida de los trabajadores informales y de quienes se hallan en situación de pobreza e indigencia, se vieron particularmente afectadas

[9] Ver Mair (2015).

por la caída brusca del nivel de actividad y por los altos índices de inflación que perjudican en mayor medida a los más vulnerables.

La popularidad de la presidenta había caído –a fines de 2012 e inicios de 2013 su aceptación era menor al 40%, más de veinte puntos por debajo de la que tenía en 2011 y era equivalente a algún líder del propio oficialismo que pugnaba por sucederla–, aunque su anclaje en los sectores populares seguía siendo muy significativo, así como también, en forma disminuida, en los medios intelectuales y artísticos.

El núcleo de la identificación de los sectores populares con el gobierno fue puesto en jaque por los sindicalistas devenidos opositores, en tanto que el amplio apoyo del que gozaba el oficialismo en los sectores medios urbanos evolucionó a un malestar difuso expresado en reiterados cacerolazos multitudinarios. Hugo Moyano, al frente de una fracción de la CGT y en alianzas esporádicas con otras centrales sindicales, convocó protestas –incluida una huelga general– y manifestaciones en la plaza de Mayo en reclamo del *aggiornamiento* del piso del Impuesto a las Ganancias. Estas acciones adquirieron un claro sesgo político al hacerse hincapié en la soberbia gubernamental que se traducía en la falta de diálogo: que gobiernan sin consultar a nadie, que se imponen "como si fuera una dictadura". Moyano se refirió a "los medios pauta-dependientes", retomando un tema característico de las críticas opositoras. La prédica desde un perfil político alternativo al de Cristina Kirchner se acompañó de una búsqueda de alianzas con el peronismo disidente.

Esos reclamos y críticas se hacían invocando una condición de "auténticos peronistas", a la vez defensores de los intereses de los trabajadores, pero también de los pobres y los excluidos que, según afirmaba Moyano, persistían "inexplicablemente" en esa condición precaria luego de años de crecimiento. La disputa por el legado era explícita: "Quieren sustituir a Perón y Evita. Una locura".

La Presidenta era el enunciador principal y casi único del oficialismo a nivel nacional. Desde su reelección, su presencia en inauguraciones de obras públicas y actos protocolares en los diferentes confines del país y con frecuencia en la Casa Rosada era permanente. A partir de entonces, con un recurso comunicacional que no había sido empleado durante años: la cadena nacional[10] recurrente. Los anuncios nacionalistas y de distribución de recursos hacia los sectores populares se habían alternado: el reclamo a Gran Bretaña de diálogo sobre Malvinas, la nacionalización de la mayoría del paquete accionario de YPF, créditos de vivienda popular según el plan PRO.CRE.AR (Programa de Crédito Argentino), programa ARGENTA (de créditos para jubilados), revalorización del salario mínimo y del pago a los jubilados por sobre la inflación.

El gobierno "cristinista" pretendía ser reconocido en su atención a las demandas populares y en su razonabilidad en la atribución de dichas demandas. Su orientación parecía asociada a los valores prevalecientes en amplias franjas de una sociedad favorable a la presencia del Estado en la provisión de bienes básicos y en la reparación de las contingencias que desfavorecen a los individuos, y más en general en ser garante de los derechos. Pero las críticas proliferaban también, por la abundante obra pública, atribuida arbitrariamente –según habían denunciado los opositores–.

La intervención económica del Estado era seriamente criticada no solo por su arbitrariedad, sino también por su improvisación. Los subsidios para consumos básicos y servicios públicos no habían sido controlados, de modo que en transportes ferroviarios, en particular, se había denunciado el desvío de fondos por los concesionarios y el incumplimiento de inversiones, lo que habría favorecido que ocurrieran tragedias masivas. La producción de hidrocarburos era insuficiente para satisfacer la demanda interna, una novedad que se había producido cuando los Kirchner ya gobernaban.

La desafección ciudadana hacia el oficialismo era vehiculizada solamente en parte por representantes políticos y en gran medida, variando según hábitos de condición social y generacional, por las redes sociales en la web, y en igual medida por la televisión y la prensa gráfica, y solía reflejarse no solo en las mediciones de opinión, sino también en protestas callejeras –en ocasiones verdaderas megamovilizaciones de cen-

---

[10] Una capacidad legal que obliga a todas las emisoras, radiales y televisivas, a transmitir un discurso o un acto presidencial. Es una atribución presidencial que la ley califica de excepcional, pero que ha sido empleada, en ciertos períodos, hasta una o dos veces por semana. La excepción precedente había sido su empleo por parte de Néstor Kirchner para promover el juicio político a miembros de la Corte Suprema.

tenares de miles de personas– efectuadas sin mediación institucional o corporativa y ajenas a los actores políticos.

Reaccionando a la frustración de iniciativas gubernamentales sobre todo respecto a la regulación de los medios de comunicación, pero también con el propósito de consolidar su hegemonía, se fue perfilando desde la presidencia con el apoyo de su núcleo de leales, un proyecto de "revolución institucional" cuyo propósito explícito era colocar la expresión de la voluntad popular –entendida como la acción del gobierno surgido de las urnas– por encima de todo otro poder o restricción, incluso constitucional.

El decisionismo presidencial –con o sin respaldo parlamentario– se presentó como una respuesta eficiente ante los intereses que presentaban obstáculos y adecuada a la rapidez necesaria de las contingencias de gobernar. Con frecuencia se trataba de decisiones que se presentaban como revisión de normativas que favorecían a los poderosos. Según el discurso oficial, entre este grupo no se incluirían a quienes gobiernan, sino a aquellos que detentan el poder económico y especialmente a las corporaciones de diferente índole, en particular los monopolios de medios de comunicación y el sistema judicial.

Se imaginaba una continuidad del "proyecto" cuando éste no se había plasmado en un rumbo explícito y en una organización con reglas y procedimientos sucesorios, sino que era encarnado por la figura de la líder gobernando. La heterogeneidad del movimiento oficialista pronosticaba una ardua disputa por su jefatura en el horizonte de las elecciones de 2015, si la continuidad de Cristina Kirchner se descartaba.

Otro aspecto de la nueva escena era la persistente fragmentación de las oposiciones, pese a que la desafección con el oficialismo era creciente y evidente en los grandes distritos. Los líderes alternativos y la competencia política más significativa, implícita o manifiesta, provenían del campo de los oficialistas o exoficialistas, en tanto que las oposiciones que compitieron como tales en 2011 aparecían desdibujadas en un segundo plano.

Oferta y resultados electorales de 2013

Estas elecciones de diputados nacionales en los veinticuatro distritos, provincias y ciudad de Buenos Aires, de senadores en ocho de ellos y de representantes distritales en algunas provincias tenían una doble significación. Para el cristinismo un triunfo por un margen amplio podría alentar una pugna por encarar una reforma de la Constitución que permitiese a la Presidenta postularse para un tercer mandato. Para los principales aspirantes a la presidencia era la oportunidad de conquistar una posición de candidato verosímil para el 2015.

Los vaivenes en la definición de candidaturas ilustraron el fraccionamiento y el relieve de los líderes en la conformación de la oferta. Esta fluctuación de los dirigentes fue notoria en el kirchnerismo. El distrito bonaerense fue el epicentro de las negociaciones cuyos principales protagonistas incluían disidentes de la galaxia peronista, recientes o más lejanos. Estos líderes, Daniel Scioli, Sergio Massa y Francisco de Narváez, trataron de constituir una coalición que confrontara con el oficialismo cristinista, pero las disidencias entre ellos frustraron las negociaciones que se prolongaron hasta la fecha de presentación de listas. Por su parte, Scioli –que había negociado entre bambalinas– decidió finalmente permanecer en el Frente para la Victoria siendo el que más se debilitó, pues sus adeptos fueron casi totalmente excluidos de las listas de candidatos para legisladores nacionales y provinciales del FPV. En tanto, Massa dio la sorpresa presentando al momento del cierre de la recepción de candidaturas una lista con apoyos y postulantes de variada procedencia bajo la sigla Frente Renovador. Este apartamiento del kirchnerismo y de Cristina Kirchner tenía su contrapartida en la negativa a formar un frente más amplio con la inclusión de Francisco De Narváez, quien desde su triunfo en las elecciones de 2009 cuendo enfrentó al propio Néstor Kirchner, era una expresión de antikirchnerismo radicalizado. Massa parecía en cambio promover un nuevo espacio corrido del antagonismo extremo, una posición que recogía la herencia de las políticas sociales y que, a la vez, desde el inicio rechazaba las pretensiones de una reelección de Cristina Kirchner. Pronto haría extensivo su llamado a un voto de rechazo al modo de gobernar de la Presidenta, enfatizando medidas que diesen satisfacción a la demanda de seguridad en la vía pública y a la confrontación con el crimen organizado. Propiciaba un poskirchnerismo y agrupaba para sus proyectos futuros, con espíritu pluralista explícito, a personalidades provenientes de diferentes filiaciones o notoriedad pública sectorial no partidaria, sin alimentar de ese modo una completa polarización; de modo que era un anticipo de su consigna para las presidenciales de 2015: "una amplia avenida del medio".

Su enunciación inicial era módica: "No tengo consignas de campaña". Aseguró que su candidatura no sería testimonial y su promesa era oponerse a una cláusula de segunda reelección. Por lo demás, su posición era moderadamente crítica del kirchnerismo: "Cuidar las cosas buenas que se lograron y corregir las malas". Contaba con el apoyo de veinte intendentes, desertores del kirchnerismo, pero también del radicalismo e independientes. Su lista incluía candidatos de diverso origen social y laboral: un empresario y algún sindicalista notorio, personas provenientes del espectáculo y una periodista del staff de la comunicación del conglomerado Clarín, a lo que se agregaban los tres candidatos promovidos por el PRO.

El Frente para la Victoria se proponía triunfar en vistas a impulsar una reforma de la Constitución, pero su mayoría parlamentaria no parecía estar en riesgo pues concluían su mandato los que habían sido electos en 2009 en elecciones frustrantes para el oficialismo, de modo que aun una derrota podría permitir mantenerse en una situación confortable en el Congreso. Esas elecciones nacionales pese a ser por distrito –en cada provincia la lista era diferente en su composición, particularmente en la figura que encabezaba, y ni la presidenta ni el gobernador bonaerense figuraban en ninguna de ellas– adquirieron una vez más una dimensión plebiscitaria pues en el pasado habían tenido en general esa característica. La figura que llevaba adelante la campaña sobre todo en los principales distritos era Cristina Kirchner invocando "el modelo" e ilustrando los logros de su gestión; luego de las PASO, en vistas al resultado decepcionante que se avecinaba y a su estado de salud que requería cuidados, ese rol lo desempeñó Daniel Scioli; esperaba de ese modo recuperar posiciones en la red kirchnerista y en la opinión pública.

A nivel nacional el Frente para la Victoria era la única fuerza política que se presentaba en todas las provincias y en siete de ellas habilitó competencia en sus primarias. Varias listas eran encabezadas por intendentes o sus familiares, sin que la oferta política llegase a los niveles "testimoniales" de 2009.

Sin abandonar sus aspiraciones continuistas Cristina Kirchner procuró asegurarse la reelección del núcleo parlamentario más leal, atribuyendo los primeros lugares en la lista bonaerense encabezada por Martín Insaurralde a diez legisladores nacionales que ese año finalizaban su mandato. A la vez, en esa lista como en otros distritos tomó más en cuenta que en el pasado el poder territorial, es decir a los intendentes y gobernadores. Aunque en la campaña para las primarias fue la Presidenta misma el epicentro de la aparición pública y de las diferentes difusiones mediáticas, ya era consciente de que su popularidad que seguía siendo considerable no era tan transmisible a sus candidatos; así, en algunos casos, la ponderación de los dirigentes locales y la movilización de las redes organizacionales cobraban significación en sus provincias al ampliar la significación plebiscitaria nacional que se promovía.

La designación del intendente de Lomas de Zamora, Martín Insaurralde, como cabeza de la lista bonaerense para diputados nacionales procuraba contrarrestar la emergencia de Massa y las figuras de siempre que no despertaban simpatía, con un joven emprendedor, no muy conocido pero de incipiente popularidad en su región y que en consecuencia podía aspirar a superar el alto índice de desconocimiento en el electorado bonaerense dando un perfil de renovación a distancia del aparato que lo acompañaba en la lista.

Francisco De Narváez por su parte lideró una alianza con el sindicalismo de la CGT denominada Frente Unión por la Libertad y el Trabajo, que llevaba al sindicalista próximo a Hugo Moyano, Omar Plaini, como compañero de lista.

Mauricio Macri también formó parte, más marginalmente, de los bordes del Frente Renovador, si bien no se integró formalmente a la coalición de Massa, colocó tres postulantes para la diputación nacional bonaerense en posiciones expectables. Se trataba de una coalición informal por la resistencia persistente al expresidente de Boca Juniors y por entonces jefe de gobierno porteño.

Los vaivenes en la constitución de coaliciones incluyeron asimismo a personalidades notorias. Por caso, Roberto Lavagna y Martín Lousteau consideraron ofertas que no prosperaron para ser candidatos a senadores por el PRO en la ciudad de Buenos Aires, claro que en segunda posición en la lista. Esta disponibilidad fluctuante de una clase política anticipaba el debilitamiento de los antagonismos e inclusive de las diferencias entre los no cristinistas.

La centro izquierda, ajena a esos juegos, consagraba una candidatura encabezada por Margarita Stolbizer, relegando al radical histórico, Ricardo Alfonsín, a ser acompañante. Esta corriente, en sus diferentes variantes, se hizo presente en dieciocho distritos.

Cada uno de los otros partidos con tradición nacional o que aspiraban a tenerla presentaba alianzas variadas[11], salvo el PRO que con la excepción de la provincia de Buenos Aires, presentó listas "puras" encabezadas por personas de notoriedad pública, amén de ciudad de Buenos Aires, en Santa Fe, Córdoba, Entre Ríos, La Pampa y Mendoza.

De modo que, la oferta electoral daba cuenta de los resultados de negociaciones y tironeos en la mencionada zona gris y de una recomposición de alternativas al oficialismo nacional, pero también al porteño.

En la ciudad de Buenos Aires la sorpresa la constituyó el logro de convergencia en una coalición del centro-izquierda –UNEN– en la que se formaron para las PASO cuatro listas de precandidatos sin que ello correspondiera a alineamientos previos.

Las PASO anunciaron una derrota del oficialismo nacional y teniendo en cuenta ello, la campaña oficialista de tono plebiscitaria en su primera fase derivó en una primacía de temas provinciales o locales.

Sin embargo, Daniel Scioli que había rechazado liderar la lista de diputados o incluir a su esposa en segunda posición, es decir, ser candidato testimonial o prometer la renuncia a la gobernación, se hizo cargo de la campaña con foco en la provincia de Buenos Aires. El gobernador se hallaba considerablemente debilitado pues sus adeptos no fueron postulados, pero estimaba que participando en la campaña, en la que era sumamente necesario para identificar la lista oficialista en cada provincia y localidad para contrarrestar el índice de desconocimiento de Insaurralde, se mantendría en el futuro como el "kirchnerista" en mejores condiciones para ser el candidato oficialista a la presidencia. Pese al descenso de su popularidad seguía siendo el oficialista con más crédito.[12]

---

[11] La UCR participaba de la coalición de "centro izquierda " FAP- Unen en la ciudad de Buenos Aires, en una alianza con Gen en la provincia de Buenos Aires y con el PRO en Neuquén.

[12] Una encuesta de Poliarquía, anterior a las primarias, consignaba los siguientes índices de popularidad: Cristina Kirchner: 39%, Daniel Scioli: 58%, Sergio Massa: 64%. Esa misma medición daba 53% de desconocimiento de Martín Insaurralde.

Finalmente, los resultados de las generales a nivel nacional –es decir, agregando los resultados en los veinticuatro distritos según pertenencia o afinidad– fueron efectivamente decepcionantes para el oficialismo que apenas recogió un tercio del electorado. Aunque varios de sus adversarios no eran fáciles de clasificar, si se procedía a una agregación aproximativa de los resultados provinciales se evidenciaba una diversidad que contrastaría con la tendencia a la polarización que sobrevendría en la escena postelectoral: Frente para la Victoria: 33%, "peronismo" no K: 25%, oposición no peronista: 25%, oposición PRO: 7,5%.

El FPV y sus aliados habían sido la primera minoría en once distritos. Pero los principales –provincia de Buenos Aires, ciudad de Buenos Aires, Córdoba y Santa Fe– fueron conquistados por las oposiciones si se tiene en cuenta que Unión Córdoba no era afín al oficialismo nacional.

El debilitamiento electoral del oficialismo era aún más notorio, pues en la provincia de Buenos Aires el caudal del Frente Renovador entre las PASO y las generales se amplió del 35,05% al 43,92%, en tanto que el Frente para la Victoria había progresado en una menor medida del 29.,65 al 32,18.[13]

El frente de Massa ganó en las tres secciones electorales del conurbano, y en veinte de los veinticuatro distritos.[14]

La lista de diputados de UNEN encabezada por Elisa Carrió ganó en las PASO y fue derrotada por estrecho margen en las generales. El reducto del PRO en ciudad de Buenos Aires había sido desafiado, conservando sin embargo su primera minoría en la Cámara de Diputados porteña. El Frente para la Victoria había sido derrotado con una diferencia de más de once puntos en lo que se consideraba aún la sede imbatible del peronismo (la provincia de Buenos Aires), pese a que la historia electoral no convalida esa percepción.

Estos desplazamientos electorales confirmaban y amplificaban algunos del pasado e ilustraban la competencia con candidatos inesperados

---

[13] Esta competencia fue sobre todo en desmedro del Frente Unidos por la Libertad y el Trabajo de De Narváez, que pasó entre las PASO y las generales del 10.54 % al 5.18%.

[14] Las diferencias socioculturales persistían como condicionante de las preferencias electorales, pero no eran definitorias. El Frente Renovador se impuso en la primera sección del conurbano por veinticuatro puntos de diferencia, pero también se impuso en la tercera, la de mayor proporción de pobres y excluidos, aunque por una diferencia mínima: 1.4%.

que se desplegaría en las nacionales de 2015. La derrota del cristinismo se disimulaba pese a ser ostensible, pues en votos era la primera minoría, y preservaba sus mayorías –junto a sus aliados– en ambas cámaras del Congreso nacional.

Pero la radicalización política impulsada por el cristinismo aparecía debilitada, su pretensión de identificación con el pueblo había perdido sustento empírico, sobre todo con la amplia derrota en la provincia de Buenos Aires, y ponía en cuestión el futuro del movimiento nacional y popular. Sin embargo, los años venideros dieron cuenta de la capacidad cristinista de mantener la iniciativa gubernamental.

También es relevante consignar que el sindicalismo de Moyano –asociado a De Narváez– por momentos unificado y en este ciclo frecuentemente fraccionado, pero en todo caso poderoso como corporación, es decir, unificador de una demanda social, no podía sin embargo ser una expresión política de la mayoría de los sectores asalariados y como tal actuar públicamente.

La izquierda radicalizada tradicional estaba dando cuenta de su crecimiento y, aunque con limitado caudal electoral nacional en algunos distritos, obtuvo lo suficiente para alcanzar representación parlamentaria.[15]

Elecciones generales para Diputados Nacionales de 2013

	Nación	Provincia de Buenos Aires	CABA
Kirchnerismo (FPV con aliados)	33.30	32.10	21.59
"Peronismo" no K	24.70	-	-
Massa (FR)	-	43.80	-
De Narváez (ULT)	-	5.51	-
UNEN/FAP/UCR	24.70	11.91	32.23
PRO	7.70	-	34.46
Izquierda trotskista	6.50	5.06	5.56

Composición del Congreso después de las elecciones de 2013
Cámara de Diputados (257 escaños)

---

[15] El Frente de Izquierda de los Trabajadores (FIT) incorporó tres diputados en el Congreso nacional, provenientes de las provincias de Buenos Aires, Salta y Mendoza. En Salta capital fue la coalición más votada.

FPV	No peronismo	"Peronismo" no K	PRO	Otros
132	61	37	17	10

Cámara de Senadores (72 escaños)

FPV	No peronismo	"Peronismo" no K	PRO	Otros
40	19	7	3	3

Las elecciones 2015. La conformación de las fuerzas políticas rivales y de los candidatos presidenciales

Los resultados electorales de 2013 y la escena de afinidades sociopolíticas contraponían dos protagonistas potenciales. El gobierno cristinista, ya en pérdida de popularidad, prolongaría largamente la indefinición sobre la fórmula presidencial, confrontada al desafío del liderazgo de popularidad emergente de Sergio Massa luego de los comicios 2013, habiendo logrado éste en esa contienda un resultado electoral impactante. Ese resultado tuvo un efecto análogo al que había producido Cristina Kirchner a nivel nacional en las presidenciales de 2011: el de instalar un liderazgo de popularidad de pretensión perdurable.

Lo notorio de esa elección de 2013 no había sido la persistencia de los recursos considerablemente disminuidos del cristinismo, sino la emergencia de Sergio Massa al interpelar directamente a los electores y liderar un puñado de intendentes de proximidad inestable, que parecían postular una alternativa de poder postkirchnerita. A esa disidencia del oficialismo –el propio Massa había sido jefe del gabinete nacional y varios de los intendentes disidentes habían dado pruebas de lealtad a los Kirchner habiendo sido electos en listas del Frente para la Victoria– se sumaron algunos disidentes y personalidades de otro origen partidario que aspiraban a conformar una alternativa renovadora y no, al menos explícitamente, para recomponer un peronismo sin los K.

Con todo, los principales partícipes del Frente Renovador hacia fines del 2013 podían ser considerados ya sea como adeptos pragmáticos, que sumándose a un liderazgo emergente con mucha popularidad a nivel provincial se asegurarían preservar sus cargos locales, o bien concebir un nuevo sujeto político que sin renegar de algunos logros del registro nacional y popular se propusiera desplazar al kirchnerismo.

En el tiempo transcurrido hasta la conformación de la oferta electoral formal ambas eventualidades se corporizaron. El Frente Renovador y el liderazgo de Sergio Massa devinieron una identificación política en recomposición frecuente, y cuya evolución o estabilización dependía también del desempeño de los otros actores políticos.

Pero como sucede en tiempos en que las escenas son no de partidos –aunque las etiquetas sean legalmente necesarias– sino de líderes de popularidad, Sergio Massa era el único candidato autoproclamado a inicios de 2014 y que encabezaba las encuestas, primacía que se prolongó durante todo ese año.

Sondeos sobre valoración de la imagen de posibles candidatos

Candidato eventual[a]	Imagen positiva	Imagen negativa
Sergio Massa	59%	28%
Mauricio Macri	38%	52%
Julio Cobos	27%	50%

[a] En este cuadro IPSOS no incluyó un líder del Frente de la Victoria. Pero sí midió la popularidad de la Presidenta que alcanzaba al 46%.

Fuente: IPSOS- Mora y Araujo. Enero 2014.[16]

Las dificultades para mantener un rumbo de crecimiento y la economía de consumo acentuaban un clima pesimista en el propio oficialismo dudando sobre la posibilidad de asegurar el continuismo, lo que favorecía una importante migración de dirigentes hacia el Frente Renovador. Aunque en 2011 Massa había sido electo en las listas oficialistas, un grupo de intendentes en su entorno comenzó a pensar una opción política nueva, tendencia que se acentuó luego de que las legislativas de 2013 descartaran que hubiese continuismo en sentido estricto. Algunos ya habían participado de la primera ola que suscitó

---

[16] Las mediciones de popularidad eran particularmente versátiles en sus estimaciones cuando aún no se había constituido una escena preelectoral con candidatos proclamados; asimismo los procedimientos de sondeo divergen en su metodología y condicionan los resultados. Esa oscilación en las simpatías e intenciones de voto es de todos modos propia de la sociedad en que no predominan las identificaciones permanentes y en la que la sucesión de los hechos y decisiones políticas influyen con más intensidad en la evolución de preferencias.

el Frente Renovador, y se sumaban figuras que habían transitado por la cúspide de gobierno trayendo con ellos sus ambiciones y proyectos.[17]

Massa era inicialmente el líder que había desbaratado las ilusiones de que Cristina "fuese eterna", pero ya había evolucionado en su campaña inaugural con propuestas político-sociales y contaba con el respaldo –que no perdió en momentos de declive– de Roberto Lavagna que daba consistencia a un proyecto y un equipo económico alternativo con connotaciones progresistas pero crítico del "consumismo" continuado en la segunda presidencia.

El liderazgo de Massa postulaba, con matices, las demandas sociales e incluso institucionales a las que aludían los otros candidatos principales, pero esgrimía un eslogan que procuraba diferenciarlo e interpelar, al mismo tiempo, tanto a quienes querían preservar los logros del gobierno saliente, como a quienes deseaban un cambio de política que permitiese la mejora institucional, el crecimiento, y sobrellevar las carencias notorias del desarrollo alcanzado. Sectores medios afectados por el estancamiento económico y la inflación, así como otros beneficiarios de las políticas distributivas públicas, pero sensibles a los vaivenes en su capacidad de acceso a bienes, y la gran franja de los informales con y sin planes sociales prestaban oídos a la prédica de Massa, quien por otra parte, hacía referencia insistentemente a la inseguridad y al narcotráfico, males ilustrativos de la inciertas condiciones de vida amén del magro acceso a bienes básicos. El emblema de su lanzamiento expresaba la ambición de representación amplia: "la ancha avenida del medio", que podía conjugar los logros alcanzados sin los déficit que acarreaba el poder hegemónico, con un nuevo rumbo con preservación e innovación que congregaría –según creía– una mayoría de adeptos, pues

---

[17] Era el caso de Alberto Fernández, exjefe de gabinete en la primera presidencia de Cristina Kirchner, Francisco De Narváez, quien había derrotado en la provincia de Buenos Aires en 2009 a la lista para diputados nacionales que encabezaba el propio Néstor Kirchner con el acompañamiento de Daniel Scioli, el diputado Facundo Moyano, hijo del dirigente sindical de renombre; pero se destacaban otros notorios de la propia política o de ámbitos corporativos que habían accedido a la legislatura nacional o provincial y a otras posiciones representativas: Felipe Solá, exgobernador de la provincia de Buenos Aires; José Ignacio De Mendiguren, dirigente de la Unión Industrial Argentina; Carlos Acuña, dirigente del gremio textil; y sobre todo Roberto Lavagna quien conservaba popularidad e impulsaba los recursos intelectuales y técnicos merced a la autoridad que había preservado en esa élite. Dirigentes de otras provincias se fueron sumando al Partido Renovador a medida que las perspectivas de Massa se fueron consolidando.

recogería sus aspiraciones; que no enfrentara a los trabajadores más solventes con los menos, ni a los más humildes con los "sectores medios". Podía entenderse que aludía a un crecimiento con disminución de las desigualdades sin ampliar una brecha entre ellos. Un ideal de justicia acompañado de una política de desarrollo. Tenía el desafío de preservarse y ampliarse como una fuerza de centro, quizás reformista, a expensas de un kirchnerismo en el *impasse* de su modelo, en declinación, y sin un rumbo inteligible de recomposición, y a expensas también de los promotores de un giro neoliberal en la economía, que era visto como un proyecto de modernización y quizás crecimiento, pero que frenaría políticas redistributivas.

Esta primera escena preelectoral, todavía lejos de los comicios presidenciales, tenía un solo candidato seguro y además promisorio. Massa era desde fines de 2013 un líder de popularidad predominante, con más adeptos que el cristinismo y que siendo así triunfaría inevitablemente. En tanto, los lugares vacíos, el del candidato oficialista, y los que podían provenir de otras fuerzas numéricamente menores como FA/UNEN –que congregaba un heterogéneo centro-izquierda– y del PRO de Mauricio Macri, que era, por ese entonces, una fuerza minoritaria calificada entre "los politizados" como neoliberal, no parecían que fueran a interferir en esa bipolaridad inicial. Este primer momento provisoriamente unipolar se estabilizó, pero con el paso del tiempo sobrevino una caída de preferencias por Sergio Massa, el candidato cuasi consagrado.

Es que la agenda pública colocaba a Cristina y al cristinismo, junto a sus antagonistas: parte del sistema judicial, parte del sindicalismo y la resistencia perdurable de los "medios monopólicos", permanentemente en el centro de la atención. Ese año fue de gran conflictividad, pero los protagonistas que desafiaron al gobierno y a sus aliados en la justicia y con la movilización social, con frecuencia no eran, pese a los dichos de la Presidenta, sus antagonistas políticos o no estaban presentes como tales. Por otra parte, en la gran escena, de la que la puja electoral era parte, las tensiones y enfrentamientos distaban de ser bipolares, el antagonismo era múltiple y cambiante.

En ese período se incrementaron las causas judiciales que afectaban al gobierno. El primer gran proceso se abocó a la tragedia de Once, en tanto la causa que implicaba a Amado Boudou en la expropiación de la imprenta Ciccone prosiguió bajo la autoridad del juez Claudio Bonadío, quien también estaba a cargo de la causa Hotesur –cuya sede fue allanada a inicios de 2015– involucrando tanto al ministro de Planificación Julio de Vido como a la propia Presidenta. Si bien el juez a cargo y otros pocos fueron cuestionados por el oficialismo, no pudieron ser destituidos porque el oficialismo carecía de la mayoría requerida en el Consejo de la Magistratura.

El tema principal era la sospecha e imputación, sustentadas en diferentes fuentes incluyendo la confesión de operadores financieros, de la apropiación ilegítima de dinero obtenido como retribución de los empresarios por la adjudicación de obras públicas, construcción de viviendas populares, adjudicación en la administración de salas de juego de azar y otros.

El periodista *star*, Jorge Lanata, hizo de la denuncia de la corrupción gubernamental el tema del programa "Periodismo para Todos", su emisión con récords de audiencia que influía en la dinámica opositora de la esfera pública y contrarrestaba el programa de publicidad oficialista, restringido en audiencia, denominado "6,7,8" y la reiterada publicidad oficialista.

Este periodo fue de intensa conflictividad con participación de los actores formales e informales mencionados. No obstante, Massa y los presuntos candidatos rivales tenían una oportunidad limitada de intervenir y si lo hacían, de producir un sentido o una promesa audible. Por cierto, la negatividad, el anticristinismo, se expandió pero no tuvo un beneficiario específico.

La conflictividad social también se reactivó. El sindicalismo superó circunstancialmente su fraccionamiento lo suficiente como para activar paros y movilizaciones exitosas. El reclamo más intenso se refería a subir el umbral del impuesto a las Ganancias, que pese a que alcanzaba a una minoría de asalariados, tenía un eco más amplio en la medida en que la inflación incrementaba los salarios nominales, y en consecuencia el número de aquellos que devenían contribuyentes. Pero el reclamo por la existencia misma de ese impuesto era una bandera más abarcativa en torno a la cual se agrupaban los asalariados, pues devino un emblema que implícitamente incluía la diversidad de factores que influían en el deterioro de los ingresos, de las condiciones de vida y en el empleo. Emergía un frente social y no solo gremial que se expandió, incluyendo los asalariados formales, también a los trabajadores informales y de un modo más significativo que en el pasado a los piqueteros y las organizaciones sociales. Incluso sindicatos que habían sido afines al oficialismo en un pasado reciente, como el de metalúrgicos, se aglutinaron, y la izquierda revolucionaria hizo sentir su influencia creciente controlando las comisiones internas de algunas grandes empresas.

El signo de la conflictividad social creciente se había manifestado ya en diciembre de 2013 con una huelga de las policías provinciales que tradujeron sus demandas en el acuartelamiento y en la habilitación de zonas liberadas para saqueos a los comercios. A partir de esta acción, las policías provinciales obtuvieron la renovación de convenios con importantes incrementos, que hicieron inviable la verosimilitud del 18% que el gobierno se proponía establecer como límite para el alza salarial en los convenios que se negociarían en 2014.

Con todo, la renovación del gabinete ulterior a las elecciones legislativas pareció favorecer un cambio de rumbo, una contención del gasto público que fuese más acorde con la productividad y la mejora de la situación cambiaria. La exclusión de Guillermo Moreno de la poderosa secretaria de Comercio insinuaba que habría otro modo de gobernar y la intervención de otros funcionarios en las decisiones económicas. La posibilidad de una apertura económica al saldar deudas con los organismos internacionales[18] y favoreciendo una depreciación gradual de la moneda impulsada desde el Banco Central parecía confirmar el cambio. El gobierno propiciaba por entonces un retraso en los salarios del 5% en relación a la inflación, como parte de esta reorientación, que según los planes, moderaría el consumo interno a la vez que propiciaría inversiones productivas y un regreso a lo que había sido el postulado en época de Néstor Kirchner: superávit fiscal y saldo favorable en el intercambio comercial. Para ello, debía disminuirse el gasto público y mejorar los ingresos fiscales, una de cuyas fuentes cuestionadas era el Impuesto a las Ganancias, y contar con una moneda nacional que pudiera re-

---

[18] En mayo de 2014 se llegó a un acuerdo con el Club de París por el cual se harían pagos anuales durante cinco años hasta saldar la deuda argentina con los acreedores. La significación de este pago era relevante pues la Argentina había dejado de efectuar desembolsos derivados de los intercambios comerciales de ese acuerdo desde 2001. En octubre de 2013 se había rubricado un acuerdo en el Ciadi con cinco empresas que habían ganado en un litigio con el país; ello supuso un pago en bonos y una quita sobre el capital de la deuda.

cuperar un valor depreciado compatible con exportaciones competitivas. Revertir la tendencia de años para instalar productos nacionales a precios competitivos y reducir el déficit fiscal no era tarea simple[19] y presuponía decisiones diferentes a las adoptadas en el periodo de prosperidad y gasto excesivo del periodo precedente.[20]

Pero esta evolución revisora se alteró a poco andar. Como se ha señalado precedentemente, a mediados de 2014 el juez Griesa falló a favor del reclamo de los *holdouts*. El gobierno rechazó esa decisión, denunció su parcialidad y se dispuso a no ceder, poniendo así en riesgo de congelación a los depósitos efectuados para los bonistas reestructurados, a la vez que a la credibilidad del gobierno. De ese modo el rumbo de apertura al mundo se estancó dado que el país quedó en una situación de *semidefault*. El gobierno intensificó una campaña nacionalista contra los "fondos buitres" que especulaban con las negociaciones de deuda y su regulación.[21]

[19] "El promedio de aumento en las paritarias fue del 29% en 2010, 36% en 2011, 25% en 2012 y 24% en 2013 (acumula 172%). Mientras que en esos mismos años la inflación fue del 23% en 2010, 22% en 2011, 24% en 2012 y 25% en 2013 (acumula 133%). Y la devaluación al tipo de cambio nominal fue de 5% en 2010, 8% en 2011, 14% en 2012 y 33% en 2013 (acumula 72%)". Cifras del Estudio Bein citadas por Jorge Fontevecchia en *Perfil* 28/2/ 2014. Las cifras citadas indican el incremento efectivo de las remuneraciones al menos de los trabajadores formales, y la notable apreciación de la moneda nacional, lo que perjudicaba al menos a parte de las exportaciones. De modo que siendo así y con reservas declinantes en el Banco Central, la política de consumo creciente y gasto público debería cesar dando paso a una expansión de la producción y para ello era necesario el ingreso de los dólares que se invirtieran productivamente.

[20] La desigualdad de ingresos, así como la cantidad de pobres e indigentes, ponen en un plano relevante más acentuado aún después de 2001, el desafío de la justicia social. Pero el gasto público deficitario (excesivo entonces) al que aquí se hace referencia constituye un exceso y en buena medida una ficción en lo que se refiere a los salarios, si se fijan incrementos que son rápidamente absorbidos por la inflación y que postergan una estrategia de crecimiento.

[21] Por cierto, el juzgado neoyorkino que era competente para dirimir los conflictos y reclamos interpretaba la ley en un sentido estricto sin tomar en consideración la razonabilidad de la demanda y las consecuencias para el deudor de un fallo favorable a la demanda. Por caso la cláusula Ruffo establecía que todos los bonistas ya reestructurados podrían reclamar un trato semejante a los *holdouts* lo que hubiese generado un *default* mayor; para que esta cláusula no se aplicara debía transcurrir un tiempo desde el fallo judicial, y este fue uno de los argumentos que esgrimió el gobierno para eludir el pago. Funcionarios y organismos internacionales también observaron que de todos modos un tal tipo de fallo dificultaría o haría imposible la renegociación de otras deudas nacionales, si se admitía que una franca minoría, en el caso argentino el 1% de los bonistas —en

El gobierno condujo el rumbo económico a un *impasse*, lo que permitió mantener por un tiempo la ilusión de una política distributiva continua y un nacionalismo sin concesiones. Por ello, hasta cierta altura de la campaña electoral la consigna de "la década ganada" se mantuvo.[22] El año 2014 con un 14% de inflación y una caída del PBI del 4.5%, con la consiguiente depresión en el poder adquisitivo de los asalariados, ilustraba el modo en que el gobierno había combinado nacionalismo y descuido. Sin embargo, durante los dos años siguientes y sin prosperar en la apertura económica al mundo que en su momento se planteó, pues pasó a primer plano la denuncia del fallo Griesa y de las ambiciones de "los buitres", se prosiguió con el gasto deficitario estimulando el ingreso de los sectores más vulnerables, duplicando el gasto en planes sociales y haciendo que la Asignación Universal por Hijo llegara a 3,3 millones de beneficiarios. Se preservó a aquellos que se hubiesen deslizado a la indigencia sin una actualización de la asistencia. Una parte de la opinión ciudadana quedó atrapada en esa representación: si se rectificaba el rumbo se empobrecería aún a los más vulnerables y a los "sectores medios", si en cambio se continuaba con una política nacional y popular, la crisis económica, en parte disimulada en su magnitud latente, se ignoraba y o se remitía su tratamiento y superación para un futuro indefinido.

De modo que el gobierno actuaba en permanencia: tomaba iniciativas, argumentaba y no se limitaba a la rutina de la gestión, ocupando la escena sin que el candidato más ponderado por los ciudadanos pudiese reactivar su presencia y proyecto o que adquirieran visibilidad otros opositores. La naturaleza de los conflictos inhibía intervenciones que descalificaran al gobierno salvo en aspectos puntuales como el del

---

verdad especuladores que habían comprado a los bonistas originales a precios irrisorios– pudiese cuestionar la reestructuración y reclamar un pago integral actualizado.

No puede ignorarse que el gobierno argentino –al momento de la exitosa reestructuración de 2005– propuso a los bonistas una reestructuración con una quita muy importante y prolongación de los plazos, pero ofreció como garantía tribunales conocidos por su inclinación a favor de los acreedores (sobre todo de los grandes) lo que generó confianza en la mayoría de los tenedores de bonos que se sumaron a la reestructuración.

[22] Un grupo de banqueros argentinos en sintonía con algunos ministros iniciaron gestiones para comprarle a los *holdouts* la deuda argentina, pero el gobierno y en particular el Ministro de Economía desecharon esa alternativa que colocaría a los banqueros como salvadores.

Impuesto a las Ganancias. En lo que ya era la Ley de democratización de la justicia, solo la Corte Suprema podía desautorizar la sanción del Congreso, y lo hizo. La agresividad del gobierno favorecía por una parte, al reagrupamiento de los leales, y por otra parte, la búsqueda de una convergencia antikirchnerista. Pero la configuración de una escena preelectoral certera tardó en darse. Recién se esbozó una tendencia a la polarización con protagonistas al menos parcialmente diferentes a los pronosticados, al aproximarse las elecciones cuando surgió una alianza, Cambiemos, con vocación de triunfar y pujando exitosamente en desmedro de Massa.

En ese contexto de progreso de la polarización cuyos términos eran por o contra los K, la "gran avenida del medio" que congregaba a kirchneristas críticos, y antikirchneritas moderados se debilitaba[23] y hacia inicios de 2015 Massa ya no aparecía como el triunfador inevitable.

De modo que la escena con epicentro en Sergio Massa comenzó a debilitarse por la dificultad de una "política de centro", por su limitado enraizamiento a nivel nacional y por las dificultades para conciliar la diversidad de perspectivas y ambiciones del núcleo de dirigentes que lo acompañaban. Massa era por entonces un líder de popularidad, pero no de intensidad y cohesivo de su entorno. Aunque gozaba de una amplia simpatía, la traducción en votos comenzó a estar en duda. La "amplia avenida del medio" por su naturaleza menos confrontativa y mixta entre políticas públicas a retener y nuevos rumbos a emprender favorecía las oscilaciones de quienes tenían preferencia por él. Esto se reflejaba en las encuestas de opinión, Massa podía ser minoritario en la primera vuelta pues su franja de votantes eventuales indecisos hacía dudoso su ingreso al balotaje. Pero si ello hubiese sucedido, las encuestas consignaban que ganaría contra cualquiera que fuese el adversario, es decir, captaría el voto negativo contra cualquiera de ellos. En otras palabras, ya no era por sí mismo el preferido en el voto general, pero si era el mejor adversario de sus rivales en un *vis a vis*, es decir, confrontando con cada uno

---

[23] El electorado fluctuante que registraban las encuestas, los altibajos en la popularidad de Massa y de Cristina Kirchner, daban cuenta de un amplio sector electoral que oscilaba pues estaba compenetrado de un mix entre los éxitos pasados —no solo económicos— y la evolución decadente ulterior, así como un modo de gobernar autoritario que complacía a algunos pues se lo asociaba a la eficiencia, pero que era rechazado por otros pues no correspondía a ideales liberales existentes en parte de la ciudadanía.

de ellos separadamente. Una particular escena tripartita de liderazgos que persistiría luego del cambio de gobierno.

De modo que Massa, que había logrado una embrionaria implantación nacional, asociado en varios casos con líderes provinciales de Cambiemos que aspiraban a la gobernación como Jujuy, Mendoza, Tucumán y La Rioja, había comenzado a declinar cuando Elisa Carrió y ulteriormente la Convención Radical, aunque dividida, se pronunció por una coalición con el PRO, a sabiendas de que las puertas para la unidad amplia de la oposición que incluyera a Massa a nivel nacional estarían cerradas. En ese nuevo escenario Massa retrocedió en su liderazgo nacional, a la vez que se mantuvo y en algunos casos se expandió como componente provincial o local de alianza de todas las oposiciones.

La formación de la coalición Cambiemos se reflejó inmediatamente en las intenciones de voto, aunque ningún candidato prevalecía categóricamente.[24] Algunos notables del Frente Renovador comenzaron a desertar, incluso su jefe de campaña, así como el pretendido heredero de la fase exitosa atribuida a la presidencia de Néstor Kirchner, Alberto Fernández. Los intendentes afines a Massa, alguno de los cuales se habían inscripto en su distrito para las PASO en el espacio PJ con el propósito de preservar para sí la sigla partidaria en su intendencia, permanecieron en la expectativa ambivalente o luego se desgranaron.

Por ese entonces, Massa llamó públicamente a una participación de todas las principales oposiciones en un espacio común en las PASO, es decir junto a Cambiemos, procurando aparecer como el más comprometido con una derrota del kirchnerismo y a la vez incorporarse a una puja en la cual podía avanzar posiciones en candidatos o incluso consagrarse como candidato presidencial de la diversidad antikirchnerista.

La alternativa ante la negativa previsible del PRO a esa diversidad en la coalición fue seguir adelante con los recursos que tuviera, en la expectativa de tener un *score* que le permitiera en las PASO mantener su credibilidad, y para ello persuadió al gobernador de Córdoba, Juan Manuel De la Sota, para participar competitivamente en un espacio común Una Nueva Argentina-UNA, y aunque públicamente persistió en su expectativa de superar a Macri en la primera vuelta, preveía tener

[24] Según la encuesta de Poliarquía de marzo de 2015 el ranking era Scioli: 25 %, Macri: 22% y Massa: 21%.

en todo caso un *score* en sus boletas que lo dotara de un bloque parlamentario numeroso. La expectativa de buenos resultados para UNA en Córdoba se acompañaba de una oferta sólida en el principal distrito con la fórmula bonaerense Felipe Solá –exgobernador– secundado por Daniel Arroyo, que esperaba tuviese un efecto arrastre en la lista de candidatos a diputados nacionales.

Como corolario de esa contraofensiva Massa convocó un acto para el 1° de mayo de 2015. Una asistencia multitudinaria estuvo reforzada por quienes fueron transportados en micros municipales o de sindicatos.[25] Pero poco después el alejamiento de algunos dirigentes notorios continuó. Puede interpretarse que si no pudo recuperar terreno es que a diferencia de 2013 no podía aparecer plenamente como un renovador que recogía el voto del descontento, pues estaba en competencia con una coalición opositora de antikirchnerismo más frontal. No solo su alternativa moderada, sino su propia imagen fue afectada por el recurso a dirigentes de reciente pertenencia al kirchnerismo o a las corporaciones cuyos líderes eran organizativamente poderosos pero impopulares.

Los resultados de UNA en las PASO, ratificados en la primera vuelta, confirmarían el debilitamiento de Massa, pero también la persistencia de un electorado propio y el éxito en su aspiración en contar con una fuerza parlamentaria importante.

De modo que la escena había cambiado. Se llegaba a las elecciones contando con un aspirante cuyas raíces eran ajenas a los partidos y movimientos tradicionales en la Argentina: Mauricio Macri. El jefe de gobierno porteño creció lentamente, pero logró situarse como aspirante a competir en una eventual segunda vuelta con el apoyo auxiliar del radicalismo y la Coalición Cívica, por lo que pretendía ser la verdadera alternativa al continuismo cristinista/kirchnerista y más aún ser portador de una renovación en la política y el modo de gobernar.

Las legislativas 2013 habían visibilizado un segmento electoral clasificable con la sigla centro-izquierda, y con resultados electorales

---

[25] La CGT de Hugo Moyano y la Azul y Blanca de Luis Barrionuevo estuvieron presentes. Hicieron llegar saludos los radicales Gerardo Morales, José Cano, Federico Sciurano y Julio Martínez. Algunos intendentes –en particular, Darío Giustozzi, Luis Acuña y Humberto Zúccaro– que estaban por cambiar de bando se hicieron presentes; algunos dirigentes de primera línea de Chubut y de intendencias del conurbano estuvieron ausentes.

y presencia nacional desigual, pero notoria en algunas provincias. Su emergencia coalicional en la ciudad de Buenos Aires desafiando seriamente al PRO, y en particular la experiencia de las elecciones de jefe de gobierno porteño en 2015 donde una lista afín se aproximó al *score* del jefe de gobierno electo por el PRO, incrementando la expectativa de una presencia de ese signo para las presidenciales; en efecto, Margarita Stolbizer heredaba esa corriente pero habiendo perdido los principales recursos. La tradición FA/UNEN tenía algunos candidatos como Julio Cobos y Hermes Binner que aspiraban también a competir por la presidencia, pero con índices de popularidad disminuidos y sin perspectivas de incrementarlos, por lo que desistieron de una aspiración que había sido verosímil dos años atrás.

En un distrito con un gobernador socialista y en otros con candidatos radicales en condiciones de conquistar las gobernaciones se tejieron alianzas en vistas a la convergencia de todas las oposiciones. La variedad de coaliciones ilustraba una fragmentación que en algunos casos se sobrellevaba con acuerdos pragmáticos. A nivel local esa convergencia se mantuvo o prosperó aun cuando existían divergencias referidas a la coalición nacional, sin que se generalizara una articulación general con boleta única en que el centro izquierda remanente llevara las candidaturas nacionales de Cambiemos. Así, el denostado líder presumido como encarnación del neoliberalismo fue la piedra de la discordia que alejó a la izquierda nacionalista y a la socialista de ese proyecto de convergencia, a la vez que un sector del propio radicalismo la resistía o procuraba condicionarla.

Pero rápidamente las especulaciones sobre una inédita coalición cristalizaron. El 31 de enero de 2015 Elisa Carrió, que en el pasado había denostado al jefe de gobierno de la ciudad de Buenos Aires, protagonizó el anuncio de un frente electoral entre su organización, la Coalición Cívica y el PRO. Esta fuerza política naciente[26] pretendía instalar una nueva cultura política de atención a los problemas y necesidades ciudadanas, sin remitir a un anclaje ideológico definido y procurando establecer un vínculo de proximidad efectiva con los ciudadanos en el ámbito vecinal. Un modo de hacer política que adquiría relieve en contraste con el modo cristinista de ejercer el poder.

---

[26] Ver Vommaro (2017) y di Marco (2017).

La vinculación del PRO –cuyo líder denominaba "el equipo"– con las fuerzas políticas existentes se investía de una cautela propia de un actor que no quería ser identificado de ningún modo con la clase política tradicional y sus prácticas. Elisa Carrió era y es un personaje aparte de la política argentina; considerada como sincera, estridente en sus denuncias, no siempre fundadas, e impoluta. Para los electores no encuadrados, ella proveía una garantía de vigilancia y crítica o interrogación permanente sobre los eventuales actos de gobierno. Votar a Cambiemos, a partir de entonces, contaba para esos electores con una garantía de vigilancia sin concesiones, correspondiera o no esta percepción a la realidad.

De modo que ese acuerdo fue el primer paso para el blanqueo de Macri. El otro evento, el decisivo, que contribuyó a dar solidez y nacimiento a la alianza electoral fue el pronunciamiento de la Convención radical, el 14 de marzo. El radicalismo si bien ya no era un gran partido, sí tenía una magra red nacional de leales y algunos dirigentes locales prestigiosos con electorado potencial significativo, lo que permitía conformar listas comunes para los puestos electivos, aunque el PRO no era particularmente pródigo en esa sociedad electoral. Los radicales por su parte, carentes de un líder nacional convocante, podían sin embargo aspirar a reproducir su organización y conquistar algunas posiciones de poder.

El aval del "partido centenario" probablemente sumaba poco por sí mismo, pero agregaba crédito al ya provisto por Carrió para un liderazgo que, sin embargo, pretendía situarse por fuera de las clasificaciones de antaño, pero aún debía "blanquearse" para dar luz a su pretensión de ser renovador favorable al ingreso de capitales productivos –como la propia Cristina Kirchner se había propuesto en los meses precedentes– y aunque era favorable a una economía de mercado con menos restricciones no era adverso a un rol económico social del Estado, tema sobre el que se había retractado.

Esa Convención radical adquirió relieve pues era promovida por quienes aspiraban a definir un acuerdo novedoso –más de lo que había sido el antecedente de la Alianza con el Frepaso (1997-2000) en el que la UCR había preservado la primacía– a contracorriente de la tradición partidaria. El acuerdo, que se avenía a las condiciones explícitas e implícitas del PRO, era promovido por el lado radical por Ernesto Sanz, quien lo había conversado en reserva a lo largo del año precedente con sus colegas y con sus eventuales socios. Se trataba de formalizar una coalición electoral opositora, pero cerrada a una participación de Massa y el Frente Renovador a nivel federal. A nivel nacional, habría PASO por la presidencia, el PRO tendría una fórmula enteramente propia y competiría con las de la Coalición Cívica y la de la Unión Cívica Radical, ello implicaba que al triunfar la fórmula del PRO Macri-Michetti en las PASO en esa coalición habría un predominio, lo que descartaba la figura de cogobierno con la que por momentos los socios menores habían soñado. Ese perfil era riesgoso y más aún lo era la exclusión del Frente Renovador, pues implicaba por parte del PRO un desafío de diferenciación y aspiración hegemónica de improbable logro puesto que contaría con recursos organizacionales limitados en caso de acceder a la Presidencia. El eventual ejercicio del poder estaría condicionado por la propia heterogeneidad y baja institucionalidad de la coalición Cambiemos, y al renunciar a procurarse una mayoría en la Cámara de Diputados que era inalcanzable sin Massa y algún sector desprendido del kirchnerismo, lo que implicaría el estar forzado a la búsqueda ininterrumpida de acuerdos parlamentarios de variada consistencia.

En vistas a dar visos de paridad y autonomía a los socios de Cambiemos, Sanz manifestaba el día previo a la Convención radical: "formamos parte de una coalición igualitaria con partidos con los que discutiremos un programa común".[27] Pero la realidad era bien distinta y el argumento principal de Sanz en la convención, de la que fue el principal promotor[28] ponía el acento en que aceptando la coalición, tal como el PRO la concebía, la UCR se beneficiaría como aparato partidario puesto que, según su previsión, retendría "todo lo que este año pone en juego, y de allí para arriba, compartir los efectos beneficiosos de un acuerdo ganador".[29] La preservación del aparato, el pragmatismo atento

---

[27] *La Nación*, 13/03/2015.

[28] Aunque en un pasado no muy lejano había pensado en la inclusión de Massa y en las posibilidades del propio radicalismo para liderar la coalición.

[29] Ese perfil de alianza electoral ilustraba una tensión entre la voluntad del PRO de mostrar un modo de gobernar ajeno a la corporación política, pero a la vez dándole un lugar en la coalición, la inexistencia de acuerdos mínimos de gobierno al menos explícitos se correspondía con la negativa del PRO a negociar las decisiones y el rumbo con facciones partidistas. Sin embargo existía el riesgo de que la imagen de la "nueva política" se viera al menos en parte desmentida por las disidencias y rencillas, la puesta

a los réditos en la representación política era un argumento sustentado en acuerdos ya en curso a nivel provincial y que tenían una flexibilidad mayor que el nacional. Las prevenciones políticas ante un pragmatismo que confirmaba el predominio del interés de la corporación partidaria, aun con el riesgo de perder caudal e inclusión electoral, fueron expresados por los convencionales que resultarían minoritarios. La moción coalicional de Sanz contó con 186 votos y la adversaria con 130.

Gerardo Morales, junto con Julio Cobos, fueron las voces disonantes en la Convención. Morales propiciaba la alternativa de la unión de todas las oposiciones al kirchnerismo denunciando que los términos que el PRO imponía para el acuerdo eran funcionales a la candidatura de Macri. Al día siguiente de la convención, una foto publicada mostraba a Massa junto a Morales. El líder radical más adelante postularía como candidato a vicegobernador a un militante del Frente Renovador. Por su parte, Julio Cobos anunció que desistía de la candidatura presidencial que había avanzado hasta entonces, pero con otros socios, y que procuraría que las fuerzas que fueron constitutivas de FAUNEN volvieran a congregarse.

Sin embargo, el radicalismo reanimado por los triunfos para la gobernación en Mendoza y un poco después en Jujuy, así como luego la presencia de algunos ministros en cargos lejanos a la "mesa chica" del gobierno entrante, se acomodó de su posición subordinada. No obstante, cuando el gobierno adoptó decisiones cuestionadas en la opinión pública, se mantuvo en silencio y con el tiempo emergieron voces críticas.

La realidad fue explicitada por el futuro ministro de Interior, Rogelio Frigerio, al día siguiente de la convención de Gualguaychú: "No va haber cogobierno, el que gana gobierna y el que pierde sugiere". La ilusión de un puesto de alta responsabilidad para Sanz en el gabinete se había diluido y su casi inmediato alejamiento de participación en la vida política daba cuenta de su desasosiego y de la ausencia de un interlocutor

en evidencia de oportunismo pragmático con aliados a nivel del federalismo y en las negociaciones parlamentarias. La contraparte del "barro" político, es decir, de intercambios de votos según intereses satisfechos por decisiones *ad hoc* necesitaba de una autoridad que laudara o impusiera; el ejecutivismo presidencial aunque con un estilo sin estridencias repitió en numerosos ámbitos de políticas públicas el decisionismo arbitrario del gobierno precedente.

que hablara en nombre del radicalismo, al menos en el primer período de gobierno.

El PRO fue consistente con la prédica de un perfil renovador. Procuraba establecer un vínculo de proximidad efectiva con los ciudadanos revirtiendo la convergencia en los actos a los que se llegaba de los barrios por una multiplicación de miniencuentros en los lugares de vida cotidiana; los dirigentes se movilizaban para escuchar situaciones y demandas en lugar de la concentración multitudinaria con oradores. Un modo de hacer política que adquiría relieve en contraste con el modo cristinista de ejercer el poder.[30] El barro de la negociación en el sistema representativo y el decisionismo presidencial empalidecían, por cierto esa pretensión de nueva política, pero el cristinismo y la campaña de Scioli ignoraron o tardaron en percatarse que no se hallaban ante una derecha neoliberal clásica[31]. En cierto sentido, Cambiemos recuperaba el centrismo político que había introducido Sergio Massa.

La renuencia de Macri a frecuentar a la clase política tradicional o en todo caso, el no compartir con ella la imagen fortalecía el argumento de la oposición tradicional antiperonista, que agitaba el temor a una segunda vuelta en la que se disputara la presidencia entre Scioli y Massa. Los radicales y lilistas eran, sin duda, parte de la clase política tradicional, necesarios por los recursos humanos que aportaban, pero en la perspectiva del PRO eran probablemente considerados como perecederos, si la evolución del país y el régimen político iban en el curso de modernización esperado.

El argumento de gobernar de otro modo, alejarse de las prácticas de intercambios y negociaciones tenía una paradójica expresión. Al optar por una alianza electoral restringida, pero en la que ejercían la hegemonía, se lanzaban a conquistar la presidencia sin mayorías parlamentarias y con los bloques parlamentarios heterogéneos, es decir poco disciplinados. Ningún pronóstico que les fuese favorable prometía sino esa escena de parlamento fragmentado. Es decir, desistir de una coalición de todos los opositores les permitía controlar el movimiento que impul-

---

[30] Por cierto esta modalidad de proximidad incluyendo el timbreo y la caminata era también una escena comunicativa y la inmensa mayoría accedía a un contacto directo virtual con los dirigentes o militantes a través de la transmisión televisiva y en las redes sociales de Internet.

[31] Ver Verbitsky (2016) y Natanson (2016).

saban, sin someterse en lo inmediato a negociaciones mayores y pretendía mostrar que no se proponían llegar al poder extensivamente y de cualquier modo. Ese avance a nivel nacional tenía un sentido renovador y de lejanía con la clase política, apta para el proceso electoral, pero a la hora de gobernar el perfil de PRO y Cambiemos devino borroso.

La efervescencia cultural está a la orden del día y ella incluye, en primer lugar, el reconocimiento de la diversidad, de la autonomía de los individuos y del peso declinante de los dogmas instalados con pretensión de regir la vida pública. El kirchnerismo tuvo la capacidad de impulsar el matrimonio igualitario así como iniciativas en la producción artística y en actividades culturales; la movilización de jóvenes kirchneristas es en parte tributaria de ese hálito de libertad. Pero el régimen político de pretensiones refundacionales evolucionó a contracorriente, con la práctica de uso ilegal y aun delictivo de los fondos públicos, del verticalismo decisionista en lo que hace a la atribución de recursos y las designaciones de funcionarios, del discurso presidencial omnímodo y continuo, la instalación de antagonismos que no se corresponden con la diversidad y la necesaria incertidumbre que caracteriza a los contemporáneos. La oposición liderada por el PRO prometía gobernar de otro modo, la prédica y ejercicio de costumbres de trato igual –incluso en dirigentes que no lo habían experimentado en su vida– encontró en la sociedad terreno fértil, aunque coexistiera con interrogantes fundados sobre el rumbo de la economía y las condiciones de vida que podía impulsar esa élite de los de arriba que llegaba al gobierno.

De modo que Macri se hizo un personaje apto, afín a las demandas y creencias instaladas en la sociedad, más por su moderación personal que por sus propuestas. Pero su popularidad era limitada, según se evidencia en el transcurso de los pasos electorales: PASO, primera vuelta y balotaje. El aporte electoral mayor lo constituyó el rechazo al kirchnerismo. Ya en el gobierno, siendo negociador en la relación con las oposiciones, el PRO mantenía un dominio de la escena de estilo decisionista en la que las concesiones a los intereses sectoriales aparecían disimuladas.

Su red política nutrida de escuelas de formación y planeamiento –grupo Sophia, Fundación Creer y Crecer, Pensar y algunas ONG como CIPPEC– abundaba en empresarios afines a las libertades del capitalismo financiero con las restricciones apuntadas provenientes de un pragmatismo requerido para gobernar en minoría. Ese espíritu estaba presente entre los recursos humanos del "equipo", era una especie de sentido común que emanaba, aunque PRO era culturalmente y hasta cierto punto, socialmente diverso, esa dispersión sociológico-cultural se acentuó con la formación de Cambiemos. En julio de 2009 en una entrevista televisiva, Macri había sido explícito sobre su eventual acción de gobierno: "privatizaría Aerolíneas Argentinas, la jubilación y Aguas (AySA)",[32] pero el paso del tiempo le hizo atravesar la experiencia de jefe de Gobierno de la Ciudad y de las instituciones y subsidios públicos a su cargo y contrastar con las creencias predominantes en la ciudad de Buenos Aires. En el escenario político que se presentaba con la creación de Cambiemos y los reproches al cristinismo por la pobreza y el estancamiento de la economía debía situarse claramente en otra política "popular", concluyendo el ciclo de su reidentificación.[33]

La expansión de Cambiemos y una cierta reactivación con foco en las elecciones se tradujo en el reposicionamiento de los principales candidatos presidenciales. FAUNEN bajo el nombre de Progresistas había postulado a Margarita Stolbizer como candidata a la presidencia con los sectores remanentes de esa corriente.

El descenso de Massa se acentuaba en tanto que Macri al cabo de un año había duplicado la intención de voto y esa tendencia se acrecentaba[34].

Al cierre de las listas Cristina Kirchner desmintió su posible candidatura para encabezar la lista de diputados nacionales, bonaerenses o

[32] En "Palabras más, palabras menos", programa conducido por Marcelo Zlotogwiazda y Ernesto Tenenbaum en Todo Noticias.

[33] Probablemente tomando en cuenta la reconfiguración de los candidatos principales y en particular del jefe de gobierno porteño, Jorge Fontevecchia afirmaba: "Todos saben que Macri no es de derecha", Caballo de troya radical?, en *Perfil*, 25/04/2014. Ver Verbitsky (2016) y Natanson (2016).

[34] Encuestas para la elección presidencial de 2015:

Candidato	IPSOS - Mora y Araujo, marzo de 2014	IPSOS - Mora y Araujo, marzo de 2015	Poliarquía, abril de 2015	Management & Fit (2014)
Daniel Scioli	24%	27%	33.4%	29.3%
Mauricio Macri	11%	25%	27.3%	28.1%
Sergio Massa	35%	27%	20%	14.3%

de UNASUR, pero hizo lo necesario para dar lugar preeminente a su red de adeptos y en recuperar los intendentes que habían desertado, el pragmatismo obraba en su favor y trajo de regreso a varios de los que se habían sumado al Frente Renovador.

El resultado de las elecciones provinciales que se sucedían confirmaban la cerrada competencia para las presidenciales: las PASO porteñas habían dejado por primera vez en tercera posición –y no en segunda– al Frente para la Victoria, por lo que estuvo ausente en el balotaje, y en Mendoza el triunfo de un candidato radical a la gobernación, con el apoyo de todas las oposiciones, que desalojó al Frente para la Victoria eran signos de alerta que se sumaban a lo que surgía de las encuestas de opinión. Eran datos que la Presidenta debía tomar en cuenta al momento de definir la oferta electoral del oficialismo.

El Frente para la Victoria ensambló los más leales y representativos del cristinismo: Máximo Kirchner al frente de la lista de candidatos a diputados bonaerense. Axel Kicillof al frente de los porteños, y varios dirigentes de la Cámpora en listas de los diferentes distritos, y a la vez, procuró la conciliación con el peronismo "fisiológico" lo que permitió que éste prevaleciera en las listas de varios distritos.

Pero el disciplinamiento falló cuando decidió que Daniel Scioli fuera el candidato a Presidente.[35] Florencio Randazzo, su adversario descartado para las PASO presidenciales por esa decisión, desechó la propuesta de bajar un escalón y ser candidato para la gobernación bonaerense,

---

[35] La expansión de Cambiemos constituía una preocupación para el cristinismo, sobre todo porque habiendo experimentado un aislamiento social estaba nutriendo un reservorio de "clase media" crecientemente independiente en sus preferencias políticas. Que no hubiese competencia en las PASO presidenciales del Frente para la Victoria permitiría unificar el electorado oficialista: unas primarias en que el voto por Florencio Randazzo fuera relativamente significativo hubiese podido dejar a Scioli segundo o aun tercero en votos a su fórmula, apareciendo como una figura cuestionada y fortaleciendo la resistencia de los cristinistas hostiles a Scioli. En verdad el propósito de imponer una fórmula presidencial fue dificultoso como lo ilustran los propios resultados electorales. Solo una metamorfosis de Scioli que lo hizo depositario de la herencia kirchnerista, que él no había asumido plenamente en el pasado, y su investidura de candidato anti-neoliberal –lo que sumaba sectores no kirchneristas de izquierda más o menos radicalizada– le permitieron mejorar sus posibilidades aunque no lo suficiente como para lograr la investidura. La fragilidad de esa conversión muy confrontativa concluyó con los resultados electorales insuficientes pues había perdido credibilidad en el electorado moderado, pero también en los dirigentes del aparato fisiológico –"el peronismo tradicional"– que temían la permanencia solapada de Cristina Kirchner.

alejándose así del juego político y permaneciendo como portador de una potencial disidencia.[36]

Daniel Scioli era considerado por los kirchneristas puros como un recurso de permanencia en el poder y prosecución del "modelo". Al ser presidente Scioli, según creían, contaría con recursos de poder limitados, pues buena parte de los diputados electos, el propio vicepresidente y los leales remanentes en la administración y en la justicia responderían a las directivas de Cristina Kirchner. En vísperas de las PASO y aún de un modo más convincente después de esta instancia, el debate periodístico y académico giraba en torno a esa escena de doble poder en el interior del movimiento kirchnerista que podría producirse, pero que era aún incierta pese a que por ese entonces predominaba la certeza sobre el triunfo oficialista.

El descontento popular por su parte no fue aplacado por algunas medidas adoptadas en los meses precedentes a las elecciones, tales como la elevación del piso a partir del cual se pagaba el Impuesto a las Ganancias o de la extensión a los pequeños monotributistas de la AUH.

El gobierno había cerrado la puerta a una eventual apertura económica con inversiones internas y externas al desconocer el fallo que favorecía a los *holdouts*, y con el aislamiento interno al conjugarse el conflicto con una parte de la justicia y con un sindicalismo que tendía a unificarse y protestar. De modo que la emergencia de Cambiemos se presentaba como una amenaza real para la continuidad del kirchnerismo en el poder. Ello era así no solo por las consecuencias de los conflictos con las cúspides financieras, judiciales y sindicales, y los "círculos rojos" de cada ámbito, sino porque la desafección ciudadana con el kirchnerismo exteriorizada en las elecciones de 2013 no se había reabsorbido.

---

[36] Randazzo había adquirido cierto brillo como Ministro del Interior y Transporte, que hasta entonces se había comprometido en una campaña intensa y creía contar con el apoyo de la Presidenta por su condición de auténtico continuista. Finalmente, para la gobernación bonaerense la presidenta pidió un baño de humildad y el consecuente retiro de los numerosos postulantes. Sólo dos listas quedarían en la lisa: Aníbal Fernández, jefe de gabinete, acompañado de Martín Sabbatella, líder del partido aliado Nuevo Encuentro, que contaba con el respaldo oficialista, y la de Julián Domínguez con Fernando Espinoza.

Aunque las candidaturas presidenciales y, en menor proporción, la oferta para legisladores nacionales para Cambiemos y UNA se definiría en las PASO, las postulaciones de Macri y Massa parecían seguras.

El ciclo electoral

Las elecciones primarias (PASO)

El resultado de las elecciones primarias es considerado un anticipo aproximado de los resultados en las elecciones generales. El caudal obtenido por la fórmula del Frente para la Victoria era prometedor, pero su reiteración no era suficiente para el triunfo en primera vuelta si no se mejoraba. Esa expectativa parecía de cumplimiento probable. Ningún candidato individual exhibía un liderazgo nítido, aunque la distancia entre el voto a Scioli (38.67%) y a Macri (24.5%) era significativa. Por cierto, Macri era el candidato de la coalición Cambiemos cuyo *score* incluyendo a sus socios Sanz y Carrió alcanzaba al 30.12%. Pero si se produjese una polarización para la primera vuelta entre Scioli y Macri el caudal de UNA (20.57%), que era importante, podría decaer y, según algunas estimaciones, la transferencia del voto de Massa a sus oponentes se dividiría por mitades en la primera vuelta; este era otro argumento a favor del pronóstico favorable a Scioli. Sin embargo, algunos resultados electorales constituían una advertencia sobre la imprevisible fluctuación del voto; el más notorio era que en las PASO para la gobernación bonaerense la debutante María Eugenia Vidal con el 29.95% de los votos había superado al preferido del oficialismo (21.21% de los votos, aunque sumados estos a los de su contrincante interno alcanzaban el 40.40%).

Pese a que Massa se hallaba distante de sus competidores, su expectativa era, aun así, poder tener un incremento notable y ser el desafiante de Scioli. De todos modos, apostaba también a que la polarización inevitable del balotaje no se adelantara a la primera vuelta y pudiese delinearse una escena tripartita. Con los resultados para diputados esperaba conformar un bloque parlamentario importante que pudiera condicionar las decisiones del futuro gobierno y lograra una visibilidad que aun no habiendo participado en el balotaje le diera perspectivas para el futuro.

De modo que las PASO reforzaron el pronóstico del triunfo continuista en la primera vuelta, aunque persistían interrogantes sobre las fluctuaciones de los votantes: ¿convergerían los votos de quienes habían competido en la interna en el oficialismo por la gobernación bonaerense?; ¿se efectivizaría una polarización favorable a Scioli reafirmando la opinión de quienes creían que había un voto peronista que se alinearía contra el candidato calificado de neoliberal?

Primera vuelta

Un total de once fórmulas compitieron por la presidencia en la primera vuelta y las tres primeras sumadas reunieron el 92,68% de los votos.[37] Aunque la diferencia de votos entre las fórmulas era significativa y Massa /de la Sota no habían pasado al balotaje, podían considerarse que no hubo una polarización respecto a las PASO, pero a la vez la distancia entre Scioli/Zannini y Macri/Michetti se redujo a 4.93%. Aunque todos esos candidatos aumentaron su volumen de votos, Macri y la coalición Cambiemos habían incrementado su parte en el total de votos positivos, así como Massa/Solá, en tanto que Scioli había retrocedido su parte en más de 1.50%. UNA –la coalición con la fórmula presidencial Massa-de la Sota– permanecería como fuerza política y bloque parlamentario importante en un contexto de fraccionamiento político.

El resultado obtenido por el gobernador bonaerense era decepcionante pues su peso electoral disminuyó, incluso en su provincia no hizo una buena elección. Su parte del electorado se había alejado del 40% presumido para ganar en primera vuelta, en tanto que Macri había progresado entre ambas elecciones en casi el 10%.

La evolución más notoria del electorado se dio en la provincia de Buenos Aires donde, contra todas las expectativas, María Eugenia Vidal fue consagrada gobernadora. Ese resultado exitoso ha sido sin duda tan significativo como el cambio de expectativas en lo que se refiere al resultado de la lid presidencial.

[37] La participación electoral se incrementó considerablemente, en las PASO: 70%, en la primera vuelta: 80.8 %; por ello algunos candidatos incrementaron el volumen de su electorado a la vez que se restringían en una porción menor del voto positivo; ese fue particularmente el caso de Scioli.

**Resultados de las elecciones a
gobernador bonaerense de 2015**

Partido/coalición	Fórmula	% PASO	% General
Cambiemos	Vidal-Salvador	29.95	39.42
FPV	Fernández-Sabbatella	21.21	35.28
	Domínguez-Espinoza	19.19	
UNA	Solá-Arroyo	19.66	19.26

Vidal era entonces el exponente del liderazgo de popularidad al instituir un lazo representativo en una relación directa con su electorado a cuatro meses de haber sido proclamada candidata. En su estrategia de proximidad, el mensaje era la propia candidata que iba a escuchar a los vecinos en sus quejas y que la configuraban como la emprendedora de un programa de reparación y recuperación. Su modo de presentificarse con el timbreo puerta a puerta y las pequeñas reuniones vecinales fueron eficientes, por cierto, imágenes relanzadas en los medios tradicionales y las redes sociales. Ahí donde el PRO tenía escasos recursos organizacionales y el radicalismo, que nominó al vicegobernador, suministró apoyo, fue decisiva la cívica acogida juvenil que se movilizó especialmente para fiscalizar los comicios haciendo de ello –el evitar el fraude en el procedimiento– una pequeña gesta. Para el balotaje, la luminosidad que proyectaba la nueva líder en el escenario de Cambiemos y en los actos y en los festejos proveyó el anticipo de un triunfo en la disputa presidencial.

Por cierto, su adversario, Aníbal Fernández, estaba desacreditado ante una parte importante del electorado por sospechas de complicidad en el tráfico de efedrina y los crímenes que se cometieron en torno a esas actividades del narcotráfico, y no logró reunir el voto obtenido por el Frente para la Victoria en las primarias.

Pero la dinámica que creó la nueva gobernadora incluía un componente de búsqueda de renovación que abarcaba toda la clase política, por lo que superó en votos a ambos candidatos presidenciales. El corte de boleta a favor de Vidal/Salvador había ido en detrimento del oficialismo, pero también de Macri.

Comparación del resultado bonaerense
con el resultado nacional de 2015

Fórmula	%	Votos
Vidal-Salvador	39.42	3.609.312
Scioli-Zannini	37.28	3.563.089
Macri-Michetti	32.80	3.134.779

El PRO logró sobrellevar la denuncia que imputó a Fernando Niembro –cabeza de la lista bonaerense– por un vínculo comercial ilegal con el gobierno de la ciudad de Buenos Aires, forzando su renuncia a liderar la lista de candidaturas a diputados nacionales y sin consecuencias mayores debido al contexto provincial en que el Frente para la Victoria se hallaba dividido y debilitado.

Los votos oficialistas se proyectaban como insuficientes para conquistar la presidencia. El oficialismo se hallaba crecientemente aislado por los conflictos y los procesos judiciales ya mencionados[38], y por la conflictividad en la propia galaxia peronista en la que se multiplicaban las rebeldías de los gobernadores e intendentes y la explícita desafección de un sector del sindicalismo. A inicios de octubre una foto de Macri y Moyano juntos se acompañaba de un juicio del líder sindical quien afirmaba que el PRO trató mejor a los trabajadores que el Frente para la Victoria, agregando jocosamente: "compañero… te iba a decir. Si no te molesta te digo compañero Mauricio".[39] Por su parte, antes del escrutinio general, Macri y Massa se habrían hecho la promesa de apoyar a quien de los dos ingresara al balotaje.

[38] Varios estudios de opinión pública han puesto en duda la influencia de las causas por corrupción en las preferencias del electorado. Sin embargo, algunas denuncias por las redes sociales y los medios han proveído imágenes y videos de delictividad en acciones "en vivo" que parecen haber tenido un impacto distinto: el sumistrado por la evidencia visual.

[39] Jorge Fontevecchia en *Perfil*, 4/10/15.

Resultados comparativos de las PASO y la primera vuelta de las elecciones presidenciales de 2015

Partido/ coalición	Fórmula	% PASO	% primera vuelta	Votos PASO	Votos primera vuelta
Frente para la Victoria	Daniel Scioli - Carlos Zannini	38.67	37.08	8.720.573	9.338.490
Cambiemos	Mauricio Macri - Gabriela Michetti	24.5	34.15	5.523.413	8.601.131
	Ernesto Sanz - Lucas Llach	3.34		753.825	
	Elisa Carrió - Héctor Flores	2.28		514.040	
Unidos por una Nueva Alternativa	Sergio Massa - Gustavo Sáenz	14.32	21.39	3.230.887	5.386.977
	José Manuel de la Sota - Claudia Ricci	6.24		1.408.518	
Progresistas	Margarita Stolbizer - Miguel Ángel Olaviaga	3.47	2.51	781.472	652.551
Frente de Izquierda y de los Trabajadores	Nicolás del Caño-Myriam Bregman	1.67	3.23	375.874	812.530
	Jorge Altamira- Juan Carlos Giordano	1.58		356.977	
Compromiso Federal	Adolfo Rodríguez Saá- Liliana Negre de Alonso	2.09	1.64	472.341	412.578
Otros		1.83		413.156	
Total de votantes: 24.021.816					

Nota: se consignaron 1.216.634 votos en blanco (5.06% del total de votantes) y 254.106 votos anulados.

Balotaje

De modo que la segunda vuelta confrontaría dos líderes que contaban con un apoyo electoral limitado y pugnaban por el tercio de los fluctuantes. Casi uno de cada tres electores efectivos no había votado por ninguno de los dos: 7.082.195 y la mayoría de ellos los había hecho por Massa (5.386.977). Muchos de las predicciones se habían revertido y algunas encuestas reforzaban el pronóstico favorable a Macri.

En el transcurso del periodo hasta el balotaje la campaña devino un cruce de negatividades. Scioli en su argumentación y en un estilo agresivo que no había sido el suyo en el pasado hizo hincapié en los logros, pero sobre todo en el peligro de que un gobierno de los ricos (se refirió en el debate presidencial a Macri como un hijo de "Barrio Parque") retirara los subsidios estatales a los bienes básicos (electricidad, gas, agua, transporte), y en general que promoviera un abandono de las políticas sociales. Aunque Scioli no podía desconocer los graves desequilibrios económicos (y el estancamiento de la producción) los daños que provocaba para el nivel de ingresos y la actividad económica la alta inflación y la sobrevaluación del peso paralelo a las limitadas reservas en el Banco Central, él consideraba que el ajuste no debería tener la brutalidad de la presumida en los planes de su adversario aunque la propia referencia al ajuste era eludida tanto por Scioli como por Macri.

El diagnóstico de Scioli sobre la situación de la economía nacional –al menos el delineado en su círculo próximo– no estaba alejado del de sus competidores tal como lo explicitaron sus economistas de referencia: Miguel Bein y Mario Blejer. Su estrategia electoral era la de reactivar la imagen de "Macri neoliberal" que hacía menos de dos años se correspondía con altos índices de popularidad negativa.

Pero Scioli estaba sometido a un difícil equilibrio, preservar la confianza de los kirchneristas y extenderla a los que habían desertado, y por otra parte, mitigar la imagen de títere que se le atribuía por su cambio discursivo reciente y por el cerco institucional que se le había tendido. Para reforzar la pretensión de gobernar con autonomía, poco antes del balotaje presentó en público un gabinete que le sería afín, pero con postulantes no muy conocidos por los electores.

Se puede afirmar que prevaleció el antikirchnerismo más allá del grado de verosimilitud de Macri como agente de renovación y modernización.

En las elecciones que definieron "el primer mandatario" triunfó Mauricio Macri con el 51.34% de los votos frente al 48.66% de Daniel Scioli. Por primera vez desde el establecimiento de la democracia en 1983 accedía a la Presidencia un candidato que no provenía de las fuerzas políticas tradicionales. Pudo más su caudal electoral que pasó de

5.523.413 votos propios –6.791.278 sumando a quienes compitieron con él como precandidatos– en las PASO, a 8.601.131 en la primera vuelta, y a los 12.988.349 que lo consagró. Es decir que llegó a la presidencia aglomerando desde los que lideraba hasta aquellos que lo votaron como antikirchneristas. Su candidatura no contó con un respaldo explícito de las otras fuerzas no kirchneristas. Massa dio señales indirectas y en vísperas de la elección pronosticó que el exjefe de gobierno porteño sería el ganador. Territorialmente el voto de Macri prevaleció en las provincias del centro del país, con la excepción de la provincia de Buenos Aires, y otras, en total lideró en nueve, en tanto que en quince triunfó el postulante del gobierno saliente.

En el régimen argentino el Presidente dispone de amplios poderes, pero tiene límites institucionales y sociales. En el caso de Macri ello era más notorio puesto que carecía de mayoría en el Congreso nacional: Cambiemos en la primera vuelta había perdido, siendo segunda tanto en votos como en la incorporación de nuevos legisladores; una mayoría de gobernadores provenía de listas del Frente para la Victoria, y los sectores más movilizados de la "ciudadanía popular" le eran hostiles.

Las elecciones legislativas nacionales, que estaban asociadas con la primera vuelta de las presidenciales, habían sido exitosas para el kirchnerismo que preservó entonces la primera minoría al obtener 8.917.269 votos, seguido por Cambiemos con 8.230.605, y en tercer lugar UNA con 4.125.115.[40]

[40] Seguían el FIP con 982.953 votos, Progresistas con 803.610 votos y Compromiso federal con 275.047 votos.

El kirchnerismo ganó en esas elecciones en 16 distritos conquistando 60 diputados y 12 senadores, pero como renovaba 77 bancas en realidad retrocedió en 17 escaños. Cambiemos en su conjunto obtuvo 42 diputados, pero los integrantes de la coalición corrieron suertes dispares, la UCR que tenía 41 antes de las elecciones pasó a 40, el PRO en cambio dio un salto de 18 a 40 y la Coalición Cívica se mantuvo con cuatro representantes. UNA salió tercera obteniendo 15 diputados. Progresistas perdió la mayor parte de su numerosa bancada. Finalmente Compromiso federal renovó sus dos bancas. En el curso del primer año los bloques mencionados, en su mayoría, se desagregaron.

En el Senado el Frente de la Victoria ganó doce escaños habiendo renovado siete; incrementó así su número en esa Cámara. Cambiemos renovaba 11 pero solo logró recuperar 9. El bloque de la UCR se redujo de 13 a 8 escaños, Pro incrementó de 3 a 6. Otros 19 senadores pertenecían a bloques individuales o de dos miembros. La fractura post-electoral más notoria se produjo en el Frente para la Victoria.

Composición del Congreso después
de las elecciones de 2015

Cámara de Diputados (257 escaños)

FPV y aliados	Cambiemos	FR + PJ disidente	Progresistas	FIT	Otros
107	93	30	5	4	18

Cámara de Senadores (72 escaños)

FPV y aliados*	Cambiemos	FR + PJ disidente	Progresistas	FIT	Otros
43	16	10	1	0	1

*Desde la constitución del nuevo Senado el bloque FPV
se fraccionará, quedando los leales a Cristina Kirchner
como una minoría en torno a los diez miembros.

Estos condicionamientos institucionales eran significativos pues daban cuenta de que el gobierno debería lidiar en el Congreso y que si se hubiese mantenido la disciplina cristinita, el clima de confrontación de los años precedentes continuaría con consecuencias imprevisibles.

No hubo sucesión kirchnerista y en los meses que siguieron esa evidencia se consolidó, pero aunque el Presidente Macri y una nueva elite de gestión en la que abundaban hombres de negocios y miembros de distintas ONG, se hizo cargo del gobierno, no puede considerarse que haya habido una plena alternancia.

Cambiemos era una coalición pero sobre todo era la extensión del equipo de Macri. Sin embargo, llegado el momento de gobernar, algunas de las principales decisiones debieron ser negociadas o aun abandonadas. El Congreso cobró un relieve del que hacía tiempo no gozaba, hubo debates sustanciales y promoción de intereses particularistas. Los actores del juego político incluyeron –fuera del recinto, por cierto– gobernadores e intendentes, sin embargo en condiciones de estancamiento económico el logro de acuerdos apropiados en lo que hace a los recursos se hizo difícil. El Congreso, sede de debates, también era destinatario de movilizaciones sociales de descontento y de reclamo que en ciertas circunstancias hacían pesar las relaciones de fuerza de la calle en las decisiones.

La nueva política que prometía Macri confiaba en su enraizamiento ciudadano, sustentado en la creencia de que si los planes de crecimiento y modernización se llevaban a cabo, los hechos hablarían por sí mismos. El decisionismo de Macri y su equipo se producía en un ámbito diferente al de la coalición electoral; los gerentes y decisores que ocuparon posición en el gabinete constituían parte de una elite que había accedido al poder por vía interpósita y al menos algunos entre los más influyentes en las decisiones económicas hacían gala de una creencia inamovible en que los hechos –guiados por la racionalidad y el saber– serían exitosos. Esos hechos eran los de la desregularización de los ámbitos económicos para que un mercado propicio favoreciera las inversiones; poco se sabe de qué inversiones y en qué áreas. Pero los hechos, es decir, la inversión y el crecimiento solo arribaron tenuemente y no constituyeron un rumbo de crecimiento en una sociedad (no tan solo una economía) que los hiciera propios. Se gobernaba sin un rumbo argumentado y deliberado. No se abandonaron las políticas sociales ni ciertos emprendimientos públicos que tan solo formaron parte de un contexto que, según se creía, se estabilizaría por sí mismo.

Era un ideal de evolución y estabilización que confiaba en equilibrios que provendrían de la actividad espontánea de los individuos y los grupos, se llegaría de ese modo a un *status quo* en un mejor nivel de vida. Esta creencia en el mercado como modelo o régimen político óptimo[41] no era completamente compartida por el equipo y el propio Macri impulsó una presencia social e incluso económica que no era afín a ese concepto, pero el ideal de una racionalidad proveniente de la propia naturaleza armoniosa de las actividades humanas estaba presente en buena parte del *staff* estatal. En ese sentido, pensar el gobierno como gestión o administración derivaba los asuntos públicos hacia la impolítica, sin deliberación pública suficiente y sin el reconocimiento de conflictos de intereses y valores que, al persis-

[41] Pierre Rosanvallon atribuye a Adam Smith el considerar al mercado y su justiciera "mano invisible" el *statut* de régimen político.

tir aun con reequilibrios y concesiones de unos y otros, no generan la inexistente decisión neutral.[42]

De todos modos el clima social y político trocó y al menos durante un primer tiempo el nuevo gobierno gozó de una tolerancia social amplia. Grupos opositores antagónicos fueron activos durante varios meses bajo el lema "resistencia con aguante", poniendo en duda a veces explícitamente la legitimidad del gobierno y procurando generalizar las protestas puntuales que suscitaban el incremento de tarifas e impuestos que redujeron el nivel de ingreso de los asalariados, pero los nuevos opositores no prosperaron. La tolerancia y simpatía con el gobierno y la disposición cooperativa de una parte de los legisladores opositores y de los gobernadores no podría ser duradera si no se producía una inflexión acorde con las promesas.

Por el contrario, el desencadenamiento de una crisis que comenzó con una "tormenta" cambiaria llevó la economía a exteriorizar un

---

[42] Por cierto en una comunidad democrática la legitimidad atribuida por mayoría o por consenso puede ser un progreso o beneficiosa para la sociedad, pero otras alternativas con sesgo diferente también podían haber sido adoptadas con otra distribución de recursos y oportunidades. La "verdad política" es construida en el sentido de que las decisiones y su representación corresponden a la realidad porque se ha obrado adecuadamente en términos instrumentales y de creencias; pero ello no significa que una decisión o una forma de actuar es verdadera porque prevalece, puede ser distorsiva o acarrear resultados negativos pues estaba sustentada en equívocos.

Macri ocasionalmente se pronunció por la "igualdad de oportunidades" que alude a las reglas que regirían la vida colectiva, pero sociológicamente la comunidad es desigual porque diferentes personas y grupos vienen al mundo con recursos y horizontes de vida desiguales. Las reformas sociales contribuyen a palear los desniveles del punto de partida –de cuna– limitadamente; por otra parte las contingencias de la vida benefician o perjudican azarosamente a unos y otros. La concepción redistributiva de la igualdad es muy diferente pues concibe la posibilidad de un nuevo inicio para los individuos, para ello el Estado y/o el ámbito público deben procurar los recursos de toda naturaleza para que quienes perdieron el lugar o el rumbo puedan libremente adquirir nuevas capacidades productivas y creativas, palear pérdidas de diverso origen, sobrellevar hándicaps, etc. Es decir que la existencia de un área institucional pública, estatal o no, es el instrumento de la producción de la igualdad. El mercado regulado es un ámbito de creatividad, pero sabemos que en él se generan permanentemente desigualdades que no son simplemente atribuibles a las diferentes capacidades de los individuos, el mercado no premia al mérito o al esfuerzo, el azar o la ilegalidad cuentan. Finalmente en las sociedades de nuestro tiempo se acentúa la diferencia en los planes de vida de los individuos y de los grupos, por lo que debe considerarse la diversidad de modos de vida y sus traspiés. Y dar cabida a esa diversidad sin que un principio grupal devenga incluyente-excluyente (Walzer. 1984).

retroceso que estaba latente. Estancamiento del crecimiento económico, devaluación en alrededor del 130% del valor de la moneda nacional respecto al dólar, incremento de la inflación a niveles superiores a los del pasado indujeron al gobierno a sucesivos acuerdos con el FMI para asegurar el incremento de las reservas en dólares y poder ejecutar el gasto público, aunque muy recortado, y el pago de los intereses de las deudas contraídas por el Estado. Luego del segundo acuerdo al menos parte de las decisiones del gobierno y el Congreso quedaron bajo el tutelaje de los expertos del organismo internacional prestador. Esta situación implica sin duda un retroceso de la política y cabe preguntarse si era inevitable.

Se han conjugado los problemas de la economía instalados en la economía argentina, con cambios críticos y retracción de inversiones en el mundo globalizado hacia los países "emergentes" y aun la adopción de barreras soberanistas para el comercio; pero por cierto ha contado también la incompetencia de los gobernantes, en los diagnósticos y en el rumbo a seguir. La evolución post kirchnerista no puede ser tratada en profundidad en este texto pues no ha sido objeto de investigación rigurosa por parte del autor. Sin embargo, fue notorio el estilo que adoptó el gobierno durante la crisis. En una situación que era de dominio público pues no eran tan solo los valores financieros que estaban en juego, sino que hubo repercusiones inmediatas en el empleo, la inversión planeada y en los límites al consumo cotidiano de los ciudadanos; se debatió quizás poco, en el interior del movimiento gobernante en el que se manifestaron discrepancias y se dialogó con una parte de la oposición que sin embargo aceptó llegar a acuerdos. Estas relaciones, aunque el gobierno no buscara amplios consensos, son auspiciosas para el "vivir juntos".

Pero la cúspide del poder y en particular el Presidente hubiese debido dar cuenta de las sucesivas situaciones y decisiones, y poner el epicentro en procurar inteligibilidad, y prever modos de injerencia ciudadana en los pasos futuros pues el éxito del rumbo que se adopte dependerá de que quienes lo deban sostener lo sientan como propio o al menos como resultado de una mayoría y que se genere algún grado de confianza y esperanza.

Sorprendentemente, de un modo explícito el Presidente y otros responsables gubernamentales daban en sus alocuciones explicaciones a los mercados procurando recibir los signos de una conformidad con las decisiones de gobierno; ello no podía sino descalificar al gobierno ante los ciudadanos. Por cierto los mercados involucran a buena parte de los ciudadanos que se han convertido voluntaria o involuntariamente en "patrimonialistas", es decir, actúan como partícipes directamente o a través de fondos de inversión, y en el uso financiero de seguros y previsiones variadas en las que se inscriben, etcétera. Las crisis las desencadenan los grandes grupos financieros que compiten por la más rápida y pronta obtención de beneficios.[43] Estos últimos nunca consideran que las garantías de donde invierten son suficientes y su moderación solo puede provenir hasta cierto punto de un estado crítico de la opinión que ponga en riesgo sus negocios y de la concertación entre los Estados para regular las transacciones financieras.

La evolución del proceso electoral ilustraba las modalidades incipientes de un nuevo tipo de democracia, con más libertad potencial pues los individuos pueden devenir ciudadanos plenos participando de redes partidarias persistentes o bien creando foros o asociaciones ciudadanas deliberativas que se pronuncian sobre la política nacional o en ámbitos de políticas públicas (comunicación, salud, educación, género, etc.) que deberían diferenciarse de las legítimas corporaciones de interés sectorial. Esa asociatividad o nueva sociabilidad se ha generado en las redes sociales y en diferentes sitios de Internet. Pese a los desafíos de la vinculación digital que pueden ser fuente de diferentes distorsiones y malentendidos sustentados en el prejuicio y en consecuencia antideliberativos, es un ámbito por fuera de los poderes fácticos –aunque no exento de su injerencia– que fomenta una sociabilidad ciudadana nueva y amplia en la que muchos que no lo harían de otro modo, opinan, actúan como periodistas informales, registrando escenas o produciendo videos que en muchos casos revelan lo que permanecería oculto o inexistente, y se concertan incluso en ciertas circunstancias para aparecer territorialmente en la

---

[43] De todos modos hay quienes consideran como André Orléan (1999) que los valores de mercados resultan de expectativas disociadas de la actividad productiva y de los balances de empresas o países. Serían las llamadas expectativas de los actores de todo tamaño del mercado los que sustentarían las oscilaciones en la cotización.

denuncia o el rechazo aunque teniendo generalmente una presencia esporádica.

La vulnerabilidad novedosa de los liderazgos de popularidad cuyas decisiones pueden ser cuestionadas si se trata de presidentas o presidentes, y la fluidez política que se traduce en actores colectivos transitorios en su identificación e incluso en su existencia siendo contrafaz de esos ciudadanos fluctuantes e incluso indiferentes cuando no están acuciados por una crisis que los afecta, son característicos de nuestro tiempo. Las decisiones son potencialmente patrimonio de todos y las restricciones o tradiciones pueden ser cuestionadas y revertidas. Pero la ausencia de una comunidad de la que todos se sientan partícipes lleva al desinterés por la vida en común y en la Argentina la consecuencia es una sociedad fracturada, no por los proyectos político/ideológicos, sino por condiciones de vida radicalmente diferentes. Esta realidad de ciudadanos cuya sobrevivencia no está amenazada en el día a día y que eventualmente gozan de una libertad inédita se contrapone al amplio mundo de la pobreza, con algunos con todo su tiempo puesto en procurarse la satisfacción de las necesidades básicas pero a distancia de la educación, el ocio creativo eventualmente cultural, los recursos tecnológicos que los llevarían a todos los rincones del planeta, y aun lo habitan quienes no alcanzan a reproducir convenientemente su ser biológico en alimentos, salud, prevención frente a las drogas y los actos que los ausenten de su cotidianeidad dolorosa.

El riesgo democrático está a la orden del día y en la Argentina aunque no se ha manifestado con la intensidad que alcanzó en otras latitudes, existe y está potenciado por el curso de la vida política y pública de los años recientes.

La eventualidad de una ciudadanía empujada a la sobrevivencia en el sentido más elemental, así como privada del goce de la libertad potencialmente posible, puede derivar en el surgimiento de un líder de popularidad providencial que recoja el malestar ciudadano y que dé verosimilitud a esa pretensión de sobrevivir y mejorar desplegando la acción de un transgresor que dice llegar para desalojar a la clase política y sus privilegios, y actuando a la vez por fuera de la convivencia social. Este tipo de liderazgos puede aspirar al poder presidencial absoluto, pero aun sin lograrlo fracturar la sociedad ya no en términos sociales sino político ideológicos. La democracia argentina como las democracias occidentales acogen principios y realidades en tensión: la igualdad y el elitismo, pero en tanto haya democracia esos referentes permanecen en una tensión productiva. Pero pueden surgir de las urnas liderazgos prototalitarios que vayan en una dirección contraria a la democracia continua.

Bibliografía

ABAL MEDINA, Juan Manuel (2004), *Los partidos políticos: ¿un mal necesario?*, Colección Claves para Todos, Buenos Aires.

ABAL MEDINA, Juan Manuel (2011), *La política partidaria en Argentina. ¿Hacia la desnacionalización del sistema de partidos?*, Prometeo, Buenos Aires.

ABAL MEDINA, Paula (6 de octubre de 2014), "El mundo del trabajo mutó de manera estructural", en *Página/12*.

ABAL MEDINA, Paula (2016). "Los trabajadores y sus organizaciones durante los gobiernos kirchneristas", en *Nueva Sociedad*, n. 264, pp. 72-87.

ABÉLÈS, Marc (2007), *Le spectacle du pouvoir*, L'Herne, París.

ADROGUÉ, Gerardo y ARMESTO, Melchor (2001), "Aún con vida. Los partidos políticos argentinos en la década del noventa", en *Desarrollo Económico*, vol. 40, n.160, enero-marzo.

ALCÁNTARA SÁEZ, Manuel (2001), "Los partidos políticos en América Latina", en *Fractal*, 22.

ALCÁNTARA SÁEZ, Manuel y FREIDENBERG Flavia (2003), *Partidos Políticos de América Latina*, Cono Sur, Universidad de Salamanca.

ALTAMIRANO, Carlos (2011), *Peronismo y cultura de izquierda*, Siglo XXI, Buenos Aires.

ANNUNZIATA, Rocío (2012), "La légitimité de proximité et ses institutions. Les dispositifs participatifs dans les municipalités de Morón, Rosario et Ciudad de Buenos Aires", Tesis para el Doctorado en Estudios Políticos, École des Hautes Études en Sciences Sociales.

ARENDT, Hannah (1997), *¿Qué es la política?*, Paidós, Barcelona.

ARENDT, Hannah (2004), *La condición humana*, Paidós, Buenos Aires.

AUYERO, Javier (2001), *La política de los pobres. Las prácticas clientelistas del peronismo*, Manantial, Buenos Aires.

AUYERO, Javier (2007), *La zona gris. Violencia colectiva y política partidaria en la Argentina contemporánea*, Siglo XXI, Buenos Aires.

AVRITZER, Leonardo (2010), *Las instituciones participativas en el Brasil democrático*, Universidad Veracruzana, Xalapa.

AVRITZER, Leonardo (2017), *The Two Faces of Institutional Innovation: Promises and Limits of Democratic Participation in Latin America*, Edward Elgar Publishing, Cheltenham.

AZNAR, Luis y DE LUCA, Miguel (compiladores) (2006), *Política. Cuestiones y problemas*. Ariel, Buenos Aires.

BARSKY, Osvaldo y DÁVILA, Mabel (2008), *La rebelión del campo*, Sudamericana, Buenos Aires.

BECERRA, Martín (2015), "Transgresión, propaganda, convergencia y concentración. El sistema de medios en el kirchnerismo", en Gervasoni, Carlos y Enrique Peruzzotti (eds.), *¿Década ganada? Evaluando el legado del kirchnerismo*, Debate, Buenos Aires.

BLANQUER, Jean-Michel y CHERESKY, I. (2004), *¿Qué cambió en la política argentina? Elecciones, instituciones y ciudadanía en perspectiva comparada*, Homo Sapiens, Rosario.

BOTANA, Natalio (2006), *Poder y hegemonía. El régimen político después de la crisis*, Emecé, Buenos Aires.

CALISE, Mauro (2010), *Il partito personale*, Laterza, Roma.

CALVO, Ernesto y ESCOLAR, Marcelo (2005), *La nueva política de partidos en la Argentina: crisis política, realineamientos partidarios y reforma electoral*, Prometeo Libros, Buenos Aires.

CASTELLS, Manuel (1999), *La era de la información: Economía, sociedad y cultura*, v. 1, Siglo XXI, Madrid.

CASTELLS, Manuel (2012), *Redes de indignación y esperanza*, Alianza, Madrid.

CATTERBERG, Edgardo (1989), *Los argentinos frente a la política. Cultura política y opinión pública en la transición argentina a la democracia*, Planeta, Buenos Aires.

CAVAROZZI, Marcelo y ABAL MEDINA, Juan Manuel (compiladores) (2002), *El asedio a la política. Los partidos tras la década del neoliberalismo en Latinoamérica*, Homo Sapiens, Rosario.

CHERESKY, Isidoro (2003), "En nombre del pueblo y de las convicciones. Posibilidades y límites del gobierno sustentado en la opinión pública", en *Postdata,* n. 9, septiembre.

CHERESKY, Isidoro (2006), "Citizenship and Civil Society in Renascent Argentina", en Feinberg, R., Waisman, C. H., y Zamosc, L., *Civil Society and Democracy in Latin America*, Palgrave Macmillan, York.

CHERESKY, Isidoro (2006), *La política después de los partidos*, Prometeo, Buenos Aires.

CHERESKY, Isidoro (2007), *Elecciones presidenciales y giro político en América Latina*, Manantial, Buenos Aires.

CHERESKY, Isidoro (2008), "Percepciones ciudadanas sobre el rol del Estado y su funcionamiento", en Cheresky, Isidoro (director), *Las capacidades del Estado y las demandas ciudadanas*, Programa de las Naciones Unidas para el Desarrollo (PNUD), Buenos Aires.

CHERESKY, Isidoro (2008), *Poder presidencial, opinión pública y exclusión social*, CLACSO-Manantial, Buenos Aires.

CHERESKY, Isidoro (2010), "Representación institucional y autorepresentación ciudadana en la Argentina democrática", en Cheresky, Isidoro (compilador), *Ciudadanos y política en los albores del siglo XXI*, Manantial-CLACSO, Buenos Aires.

COLABELLA, Laura (2011), "Asistentes sociales y peronistas vs. dirigentes y referentes piqueteros en La Matanza: una reflexión sobre grados de autonomía y dependencia con el Estado", en *Publicar*, n. 11, diciembre, pp. 33-50.

DAMÍN, Nicolás y MARTÍN, Mariano (2013), "El partido sindical: la política es algo más que una inmensa masa verde", en *Revista Anfibia*, recuperado de___http://revistaanfibia.com/cronica/la-politica-es-algo-mas-que-una-inmensa-masa-verde/.

DAMÍN, Nicolás y MARINARO, Salvador (2016), "La advertencia", en Revista Anfibia, recuperado de http://www.revistaanfibia.com/cronica/la-advertencia/.

DE ÍPOLA, Emilio (2001), Metáforas de la política, Homo Sapiens, Rosario.

DE LA TORRE, Carlos (2013), "In the Name of the People. Democratization, Popular Organization and Populism in Venezuela, Bolivia and Ecuador", en *European Review of Latin American and Caribbean Studies*, n. 95.

DI TELLA, Torcuato, CHUMBITA, Hugo, GAJARDO, Paz, y GAMBA Susana (1990), *Diccionario de Ciencias Sociales y Políticas*, Ariel, Buenos Aires.

DI, MARCO, Laura (2017), *Macri. Historia íntima y secreta de la élite argentina que llegó al poder*, Planeta, Buenos Aires.

DUVERGER, Maurice (1950), *L'influence des systemes electoraux sur la vie politique*, Armand Colin, París.

ETCHEMENDY, Sebastián y BERINS COLLIER, Ruth (2008), "Golpeados pero de pie: resurgimiento sindical y neocorporativismo segmentado en argentina (2003-2007)", en *Postdata*, n. 13, pp. 145–192.

ETCHEMENDY, Sebastián (abril de 2011), "El retorno del gigante", en *Le Monde Diplomátique*, edición Cono Sur, n. 142.

FORSTER, Ricardo (2011), *El litigio por la democracia. La Argentina en el tiempo kirchnerista*, Planeta, Buenos Aires.

FRAGA, Rosendo (1999), "Elecciones del '99. Análisis de los resultados", Centro de Estudios Nueva Mayoría, Buenos Aires.

FRAGA, Rosendo (2003), "Análisis de la elección presidencial 2003", Centro de Estudios Nueva Mayoría, Buenos Aires.

FRAGA, Rosendo (2004, 2005, 2006), informes y artículos. Centro de Estudios Nueva Mayoría, Buenos Aires.

FRENKEL, Roberto y DAMILL, Mario (2009), "Las políticas macroeconómicas en la evolución reciente de la economía argentina", en Nuevos *Documentos CEDES, n.* 65.

FURET, François (1995), *Le passé d'une ellusion. Essai sur l' idee communiste au XX siècle*, Editions Robert Laffont, París.

GARGARELLA, Roberto (9 de junio de 2009), "El kirchnerismo como conservadorismo", en *Los trabajos prácticos*, recuperado de http://bonk.com.ar/tp/archive/1392/gargarella-el-kirchnerismo-como-conservadorismo#

GERVASONI, Carlos (2015), "Libertades y derechos políticos, 2003-2014: el kirchnerismo evaluado desde siete modelos de democracia", en Gervasoni, Carlos y Enrique Peruzzotti (eds.), *¿Década ganada? Evaluando el legado del kirchnerismo*, Debate, Buenos Aires.

GIDDENS, Anthony (1996), *Mas allá de la izquierda y la derecha*, Cátedra, Madrid.

GIDDENS, Anthony (2000), *Un mundo desbocado. Los efectos de la globalización en nuestras vidas*, Taurus, Madrid.

GODIO, Julio (2003), *Luces y sombras en el primer año de transición*, Biblos, Buenos Aires.

GOLD, Tomás (2017), *De redes y cacerolas: el ciclo de movilización anti-gubernamental en Argentina (2012-2013)*, Tesis de Magister IDAES, Universidad de San Martín.

GORZ, André (1997), *Miseres du present. Richesses du posible*, Galilée, París.

HABERMAS, Jürgen (2010), *Facticidad y validez. Sobre el derecho y el Estado democrático de derecho en términos de teoría del discurso*, Trotta, Madrid.

HARDT, Michael y NEGRI, Antonio (2005), *Multitud. Guerra y democracia en la era del Imperio*, Debate, Madrid..

HARDT, Michael y NEGRI, Antonio (2005), *Imperio*, Ediciones Paidós, Barcelona.

HERNÁNDEZ, Antonio María., ZOVATTO, Daniel y MORA Y ARAUJO, Manuel (2005), *Argentina: Una sociedad anómica*, UNAM – IDEA, Ciudad de México.

HUNTINGTON, Samuel (1995), *La tercera ola*, Paidós, Buenos Aires.

IAZZETTA, Osvaldo (2007), *Democracias en busca de Estado. Ensayos sobre América Latina*, Homo Sapiens, Rosario.

IAZZETTA, Osvaldo (2011), "Estado, democracia y ciudadanía en la Argentina poscrisis 2001", en Cheresky, Isidoro (compilador), *Ciudadanía y legitimidad democrática en América Latina*, CLACSO-Prometeo, Buenos Aires.

KIRCHNER, Néstor y DI TELLA, Torcuato (2003), *Después del derrumbe*, Galerna, Buenos Aires.

LACLAU, Ernesto (1990), *Nuevas reflexiones sobre la revolución de nuestro tiempo*, Nueva Visión, Buenos Aires.

LACLAU, Ernesto (2005), *La razón populista*, Fondo de Cultura Económica, Buenos Aires.

LACLAU, Ernesto y MOUFFE, Chantal (2004), *Hegemonía y estrategia socialista*, Fondo de Cultura Económica, Buenos Aires.

LEFORT, Claude (1985), "La cuestión de la democracia", en *Opciones*.

LEFORT, Claude (1986), *Essais sur le politique*, Seuil, París.

LEIS, Héctor y FERNÁNDEZ MEIJIDE, Graciela (2015), *El diálogo. El encuentro que cambió nuestra visión sobre la década del 70*, Sudamericana, Buenos Aires.

LEVITSKY, Steven (2003), "Chaos and Renovation: Institutional Weakness and the transformation of Argentine Peronism, 1983-2002", paper presentado ante el XXI Congreso de la Latin American Studies Association, Dallas.

LO VUOLO, Rubén (2009), "Asignación por Hijo", en *Análisis de Coyuntura n°* 22, Centro Interdisciplinario para el Estudio de Políticas Públicas (CIEPP).

MAIR, Peter (2015), *Gobernando el vacío*, Alianza, Buenos Aires.

MALAMUD, Andrés y DE LUCA Miguel, (2011), *La política en tiempos de los Kirchner*, Buenos Aires, Eudeba.

MANIN, Bernard (2012), *Principes du gouvernement représentatif*, Champs, París.

MARCH, James G. y OLSEN, Johan P. (1989), *Rediscovering Institutions. The Organizational Bases of Politics*, The Free Press, New York.

MAYORGA, Fernando (2012), "Estado y pueblos indígenas, pasado y presente: la deconstrucción del movimiento indígena", en *Nueva Crónica y Buen Gobierno*, n. 108.

MOCCA, Edgardo (2004), "Los partidos políticos entre el derrumbe y la oportunidad", en Cheresky, Isidoro y Blanquer, Jean-Michel (compiladores), *¿Qué cambió en la política argentina? Elecciones, instituciones y ciudadanía en perspectiva comparada?,* Homo Sapiens, Rosario.

MORLINO, Leonardo (2003), "The Quality of Democracy: Improvements or Subversion? Introductory Remarks", Stanford University, mimeo.

NATALUCCI, Ana (2017), "Del piquete a la economía popular", en *Revista Anfibia*, recuperado de http://revistaanfibia.com/ensayo/del-piquete-a-la-economia-popular/

NATANSON, José (2004), *El presidente inesperado*, Homo Sapiens, Buenos Aires.

NATANSON, José (24 de octubre de 2010), "El sindicalismo en cuestión", en *Página/12*.

NATANSON, José (31 de julio de 2016), "El kirchnerismo está en una etapa de mucho desconcierto", entrevista en *La Izquierda Diario*.

NATANSON, José (2018), *¿Por qué? La rápida agonía de la Argentina kirchnerista y la brutal eficacia de una nueva derecha*, Siglo XXI, Buenos Aires.

NOVARO, Marcos (1994), *Pilotos de tormentas. Crisis de representación y personalización de la política en Argentina (1989-1993)*, Ediciones Letra Buena, Buenos Aires.

NOVARO, Marcos (2006), *Historia de la Argentina contemporánea: De Perón a Kirchner*, Edhasa, Buenos Aires.

NOVARO, Marcos (2010), *Historia de la Argentina (1955-2010)*, Siglo XXI, Buenos Aires.

NOVARO, Marcos y PALERMO, Vicente (1998), *Los caminos de la centroizquierda*, Losada, Buenos Aires.

NUN, José (2002), *Democracia. ¿Gobierno del pueblo o gobierno de los políticos?*, Fondo de Cultura Económica, Buenos Aires.

O'DONNELL, Guillermo (1992), "¿Democracia delegativa?", en *Cuadernos del CLAEH*, n. 61.

O'DONNELL, Guillermo (1996), "Otra institucionalización", en *Agora*, n. 5.

O'DONNELL, Guillermo (1997), "The (Un)Rule of Law and Polyarchies in Latin America", paper presentado ante la reunión de APSA, Washington, DC.

O'DONNELL, Guillermo, IAZZETTA, Osvaldo y QUIROGA, Hugo (coordinadores) (2011), *Democracia delegativa*, Prometeo, Buenos Aires.

O'DONNELL, Guillermo, IAZZETTA, Osvaldo y VARGAS CULLELL, Jorge (2003), *Democracia, Desarrollo Humano y Ciudadanía*, Homo Sapiens, Santa Fe.

OLLIER, María Matilde (2015), "El ciclo de las presidencias dominantes: Néstor y Cristina Kirchner (2003-2013)", en Gervasoni, Carlos y Enrique Peruzzotti (eds.), *¿Década ganada? Evaluando el legado del kirchnerismo*, Debate, Buenos Aires.

ORLÉAN, André (1999), *Le pouvoir de la finance*, Odile Jacob, París.

PALOMINO, Héctor (2011), "El sindicalismo frente a los cambios en el escenario regional. Tendencia de cambio en los sindicatos en Argentina", en Pérez, Germán, Aelo, Oscar y Salerno, Gustavo (editores), *Todo aquel fulgor: la política argentina después del neoliberalismo*, Nueva Trilce, Buenos Aires.

PERELMITER, Luisina (2016), *Burocracia plebeya. La trastienda de la asistencia social en el Estado Argentino*, Buenos Aires, UNSAM Edita.

PEREYRA, Sebastián (2016), "La estructura social y la movilización. Conflictos políticos y demandas sociales", en Kessler, Gabriel (compilador), *La sociedad argentina hoy: radiografía de una nueva estructura*, Siglo XXI, Buenos Aires.

PÉREZ, Germán (2011), "Neoliberalismo y política", en Pérez, Germán, Aelo, Oscar y Salerno, Gustavo (editores), *Todo aquel fulgor. La política argentina después del neoliberalismo*, Nueva Trilce, Buenos Aires.

PERUZZOTTI, Enrique (2016), "Ciudadanía, rendición de cuentas y modelos de democracia en la Argentina", en Iazzetta, Osvaldo y Stabili, María Rosaria (coordinadores), *Las transformaciones de la democracia. Miradas cruzadas entre Europa y América Latina*, Prometeo-Roma Tre, Buenos Aires.

PERUZZOTTI, Enrique y PLOT, Martín (editores) (2013), *Critical Theory and Democracy*, Routledge, Londres.

PERUZZOTTI, Enrique y SMULOVITZ, Catalina (editores) (2002), *Controlando la política: ciudadanos y medios en las nuevas democracias latinoamericanas*, Temas, Buenos Aires.

PITKIN, Hanna (1985), *El concepto de representación*, Centro de Estudios Constitucionales, Madrid.

PLOT, Martín (2001), *El kistch político*, Tesis de Maestría, Universidad de San Martin, Buenos Aires.

PLOT, Martín (2011), *Indivisible: democracia y terror en tiempos de Bush y Obama*, Buenos Aires, Prometeo.

PNUD - Programa de Naciones Unidas para el Desarrollo (2008), "Las condiciones políticas para la igualdad de derechos", Buenos Aires.

POCOCK, John G. A. (1995), "The Ideal of Citizenship since classical times", en Beiner, Ronald (editor), *Theorizing Citizenship*, State University of New York Press, New York.

PORTANTIERO, Juan Carlos (2000), *El tiempo de la política*, Grupo Editorial Temas, Buenos Aires.

POUSADELA, Inés (2004), "¡Los partidos políticos han muerto! ¡Larga vida a los partidos!" en Cheresky, Isidoro y Blanquer, Jean-Michel (compiladores), *¿Qué cambió en la política argentina? Elecciones, instituciones y ciudadanía en perspectiva comparada*, Homo Sapiens, Rosario.

POUSADELA, Inés (2006), *Que se vayan todos. Enigma de la representación política*, Capital Intelectual, Buenos Aires.

QUIROGA, Hugo (2003) "Democracia y legitimidad de la moneda: la experiencia argentina", en Quiroga, Hugo (2005), *La Argentina en emergencia permanente*, Edhasa, Buenos Aires.

QUIROGA, Hugo (2006a), "Déficit de ciudadanía y transformaciones del espacio público", en Cheresky, Isidoro (compilador), *Ciudadanía, sociedad civil y participación política*, Miño y Dávila editores, Buenos Aires.

QUIROGA, Hugo (2006b), "La arquitectura del poder en un gobierno de la opinión pública", en Cheresky, Isidoro (compilador), *La política después de los partidos*, Prometeo, Buenos Aires.

QUIROGA, Hugo (2010), *La república desolada. Los cambios políticos de la Argentina (2001-2009)*, Edhasa, Buenos Aires.

QUIROGA, Hugo (2011), "Ciudadanía y democracia en la Argentina. Problemas de representación en perspectiva comparada", en Cheresky, Isidoro (compilador), *Ciudadanía y legitimidad democrática en América Latina*, Clacso-Prometeo, Buenos Aires.

QUIROGA, Hugo (2016), *La democracia que no es. Política y sociedad en la Argentina (1983-2016)*, Edhasa, Buenos Aires.

QUIROGA, Hugo (2018), "Las democracias latinoamericanas ante un nuevo escenario: ¿hacia un presidencialismo sin liderazgos excepcionales?", paper presentado ante el XXXVI Congreso de la Latin American Studies Association, Barcelona.

QUIROZ, Julieta (2011), *El porqué de los que van. Peronistas y piqueteros en el Gran Buenos Aires*, Antropofagia, Buenos Aires.

RANCIÈRE, Jacques (2005), *La haine de la démocratie*, Le Fabrique, París.

REICH, Robert (1993), *El trabajo de las naciones*, Vergara, Ciudad de México.

ROSANVALLON, Pierre (2000), *Le peuple introuvable*, Gallimard, París.

ROSANVALLON, Pierre (2006), *La contre-démocratie. La politique à l'âge de la défiance*, Seuil, París.

ROSANVALLON, Pierre (2008), *La legitimité démocratique –impartialité, reflexivité, proximité.* Seuil, París.

ROSANVALLON, Pierre (2015), *Le bon gouvernement*, Seuil, París.

ROUSSEAU, Dominique (1995), *La démocratie continue*, Bruylant-LGDJ, París.

ROUQUIÉ, Alain (2016), *Le siècle de Perón. Essai sur les démocraties hégemoniques*, Seuil, París.

SARLO, Beatriz (2011), *La audacia y el cálculo. Kirchner 2003-2010*, Sudamericana, Buenos Aires.

SARTORI, Giovanni (1994), *Comparative Constitutional Engineering*, New York University Press, New York.

SARTORI, Giovanni (2004), "¿Hacia dónde va la ciencia política?", en Política y gobierno, v. XI, n. 2.

SCHNAPPER, Dominique (2004), *La démocratie providentielle. Essai sur l'égalité contemporaine,* Gallimard, París.

SCHUSTER, Federico, NAISHTAT, Francisco, NARDACCHIONE, Gabriel y PEREYRA, Sebastián (2005), *Tomar la palabra. Estudios sobre protesta social y acción colectiva,* Prometeo, Buenos Aires.

SEMÁN, Pablo y FERRAUDI CURTO, Cecilia (2013), *La politicidad de los sectores populares desde la etnografía: ¿más acá del dualismo?,* en *Lavboratorio,* año 14, n. 25, pp. 151-165.

SEMÁN, Pablo y FERRAUDI CURTO, Cecilia (2016), "Los sectores populares", en Kessler, G. (compilador), *La sociedad argentina hoy: radiografía de una nueva estructura,* Siglo XXI, Buenos Aires.

SLIMOVICH, Ana (2017), "Discursos políticos para todos y todas. Reflexiones sobre las redes sociales del Presidente argentino", en *Sociales en debate,* n. 12, pp. 37-48.

STIGLITZ, Joseph (2002), *El malestar en la globalización,* Taurus, Buenos Aires.

STRAFACE, Fernando y PAGE, María (2009), "Reforma política 2009: ¿cómo impacta en el sistema de partidos y en los electores?", en *Documento de Políticas Públicas: Análisis nº 71,* Centro de Implementación de Políticas Públicas para la Equidad y el Crecimiento (CIPPEC).

STRASSER, Carlos (2000), *Democracia y desigualdad: sobre la democracia real a fines del siglo XX,* CLACSO, Buenos Aires.

SVAMPA, Maristella (2005), *La sociedad excluyente,* Taurus, Buenos Aires.

SVAMPA, Maristella (2008), *Cambio de época. Movimientos sociales y poder político,* Siglo XXI, Buenos Aires.

SVAMPA, Maristella (2011), "Revisitando la Argentina, 2001-2013. Del 'que se vayan todos' a la exacerbación de lo nacional-popular", en Levey, Cara, Ozarow, Daniel y Wylde, Christopher (compiladores), *De la crisis de 2001 al kirchnerismo: cambios y continuidades,* Prometeo, Buenos Aires.

SVAMPA, Maristella y PEREYRA, Sebastián (2003), *Entre la ruta y el barrio,* Biblos, Buenos Aires.

TAGINA, María Laura (2014), "Las elecciones legislativas 2013 en Argentina", en *Revista Latinoamericana de Política Comparada,* n. 8.

TOCQUEVILLE, Alexis (1981), La democracia en América, Alianza, Madrid.

TORRE, Juan Carlos (2003), "Los huérfanos de la política de partidos. Sobre los alcances y la naturaleza de la crisis de representación partidaria", en *Desarrollo Económico*, v. 42, n. 168.

TORRE, Juan Carlos (2004), "La operación política de la transversalidad. El presidente Kirchner y el partido Justicialista", ponencia presentada en las jornadas "Argentina en perspectiva", Universidad Torcuato di Tella.

TORRE, Juan Carlos (2012), *Ensayos sobre movimiento obrero y peronismo*, Siglo XXI, Buenos Aires.

TULA, María Inés (editora) (2004), *Aportes para la discusión de la reforma política bonaerense*, Prometeo, Buenos Aires.

URBINATI, Nadia (2013), *La mutazione antiegualitaria. Intervista sullo stato della democrazia*, Laterza, Roma.

URBINATI, Nadia (2014), *Democracy Disfigured. Opinion, Truth and the People*, Harvard College, Cambridge, MA.

VERBITSKY, Horacio (10 de julio de 2016), "Ninguno de los partidos fundamentales está interesado en ponerle límite a la corrupción", entrevista en *La Izquierda Diario*.

VIRNO, Paolo (2002), *Grammatica della moltitudine*, Derivi Approdi, Roma.

VOMMARO, Gabriel (2017), *La larga marcha de Cambiemos. La construcción silenciosa de un proyecto de poder*, Siglo XXI, Buenos Aires.

WAINFELD, Mario (2016), *Kirchner, el tipo que supo*, Siglo XXI, Buenos Aires.

WALZER, Michael (1983), *Spheres of Justice: A Defence of Pluralism and Equality*, Basic Books, New York.

WOLTON, Dominique (1999), *Éloge du grand public. Une théorie critique de la televisión*, Champs Plamarion, París.

Fuentes periodísticas

– *Chequeado.*

– *La Nación.*

– *Página 12.*

– *Perfil.*

Impreso por TREINTADIEZ S.A. en 2019
Pringles 521 (C1183 AEI)
Ciudad Autónoma de Buenos Aires
Teléfonos: 4864-3297 / 4862-6794
editorial@treintadiez.com

www.ingramcontent.com/pod-product-compliance
Lightning Source LLC
Chambersburg PA
CBHW081510250726
48659CB00009B/2762